1964

Jorge Ferreira e Angela de Castro Gomes

1964
O golpe que derrubou um presidente, pôs fim ao regime democrático e instituiu a ditadura no Brasil

3ª edição

CIVILIZAÇÃO BRASILEIRA

Rio de Janeiro
2023

Copyright © Jorge Ferreira e Angela de Castro Gomes, 2014

CAPA
Elmo Rosa

CIP-BRASIL. CATALOGAÇÃO NA PUBLICAÇÃO
SINDICATO NACIONAL DOS EDITORES DE LIVROS, RJ

Ferreira, Jorge, 1957-

F44m   1964: o golpe que derrubou um presidente, pôs fim ao regime democrático
3ª ed.   e instituiu a ditadura no Brasil / Jorge Ferreira, Angela de Castro Gomes. –
3ª ed. – Rio de Janeiro: Civilização Brasileira, 2023.
406 p.; 23 cm.

Inclui bibliografia
Inclui encarte de fotos
ISBN 978-85-200-1238-3

1. Controle civil do poder militar – Brasil. 2. Brasil – História, Revolução, 1964. 3. Brasil – Política e governo, 1961-1964. 4. Brasil – Política econômica. I. Gomes, Angela de Castro, 1948-. II. Título. III. Título: Mil novecentos e sessenta e quatro: o golpe que derrubou um presidente, pôs fim ao regime democrático e instituiu a ditadura no Brasil.

14-08228

CDD: 981.062
CDU: 94(81)'1961/1991

Todos os direitos reservados. É proibido reproduzir, armazenar ou transmitir partes deste livro, através de quaisquer meios, sem prévia autorização por escrito.

Texto revisado segundo o Acordo Ortográfico da Língua Portuguesa de 1990.

Direitos desta edição adquiridos
EDITORA CIVILIZAÇÃO BRASILEIRA
Um selo da
EDITORA JOSÉ OLYMPIO LTDA.
Rua Argentina, 171 – Rio de Janeiro, RJ – 20921-380 – Tel.: (21) 2585-2000

Seja um leitor preferencial Record.
Cadastre-se no site www.record.com.br e receba
informações sobre nossos lançamentos e nossas promoções.

Atendimento e venda direta ao leitor:
sac@record.com.br

Sumário

Apresentação	7
Introdução	11
1. Um brinde ao imprevisível	21
2. A posse: golpe militar e negociações políticas	31
3. O parlamentarismo e a estratégia do presidente	49
4. Direitas em ação	63
5. O PTB e o avanço das esquerdas	75
6. Um presidente em apuros	87
7. O parlamentarismo em queda livre	103
8. Em campanha pelo presidencialismo	113
9. O plebiscito: a hora e a vez de João Goulart	127
10. O governo João Goulart e o Plano Trienal	143
11. A luta pela reforma agrária	161
12. "O país quer trabalhar": radicalização à esquerda e à direita	177
13 1963: o ano que não acabou	195
14. Rumo à esquerda	211
15. Duas Frentes e um presidente	229
16. O longo março de 1964	243
17. O Comício da Central do Brasil	263
18. O governo das esquerdas	279

19.	Rumo à direita	299
20.	A gota d´água	315
21.	O golpe civil e militar: o movimento em marcha	333
22.	O golpe civil e militar: o presidente sitiado	355
23.	E o golpe virou revolução...	375

Notas   393

Fontes   411

Bibliografia   415

Apresentação

À primeira vista, *1964* parece se inserir em um conjunto de livros sobre a história do Brasil que se tornou grande sucesso editorial. O ponto em comum entre essas obras foi a escolha de datas históricas já consagradas na memória nacional, bem como de elementos de fácil identificação, para o leitor, dos fatos e personagens tratados.

Certamente, o ano de 1964 está mais próximo de nós do que 1822 ou 1889. E bem mais perto agora, em 2014, cinco décadas depois, do que em 1974, quando a ditadura celebrou seus primeiros dez anos de vigência. Essa proximidade, como se sabe, tem menos a ver com o tempo efetivamente decorrido, e muito mais com a sensação de que, a cada aniversário, o golpe de 1964 está mais presente nos debates sobre a política brasileira. A Comissão da Verdade, criada pela presidenta da República, Dilma Rousseff, ex-presa política durante o regime ditatorial, passou a ocupar as páginas dos principais jornais do país. Depoimentos de homens e mulheres, que foram torturados, são transmitidos nas redes de televisão em horário nobre e assistidos por uma plateia que nem sequer havia ouvido falar do "golpe que depôs o presidente João Goulart".

Nas universidades, são numerosas e diversas as interpretações sobre os significados da deposição do presidente Jango e a ascensão ao poder do general Castello Branco, que inaugurou uma linhagem de generais-presidentes que se manteria até 1985. O foco desses estudos tem sido, sobretudo, o período entre 1945 — quando se encerrou o Estado Novo, de Getúlio Vargas — e 1964. Espremido entre duas ditaduras, a vivência democrática experimentada entre 1945 e 1964 foi chamada, por vários estudiosos, de "República populista". Segundo essa interpretação, o "golpe militar" seria o resultado do fracasso dos "líderes populistas", em especial Goulart, de conduzir a bom termo a participação das massas populares ao processo político. Por isso, tais lideranças teriam sido as maiores "responsáveis" pela incapacidade da sociedade brasileira de resistir ao golpe e se tornar uma "verdadeira democracia".

Contrários a essa corrente, os autores de *1964*, Ângela de Castro Gomes e Jorge Ferreira, reconhecem o valor da experiência brasileira na construção de uma democracia nesse período, identificável na regularidade do processo eleitoral e na livre atuação de partidos políticos. Por exemplo, o Partido Comunista, embora na ilegalidade, se fazia representar em várias agremiações partidárias e tinha presença marcante na vida sindical. Mais importante, no entanto, foi o reconhecimento do *povo* como ator político a ser conquistado e incorporado ao regime democrático representativo, que levou até mesmo os políticos menos calejados no trato com as camadas populares a se obrigarem a rever suas estratégias de aproximação com os trabalhadores, o que requereu um aprendizado nada desprezível.

De modo semelhante também foi o esforço de Ângela e Jorge, dois historiadores de renome, para atingir o grande público interessado em entender, afinal, o que foi 1964, e o que significou esse importante marco da história republicana do Brasil. De imediato, o leitor é lançado no calor da hora, seguindo os periódicos que informavam o que estava acontecendo naqueles dois dias — 31 de março e 1º de abril. Os noticiários se perguntavam se aquilo "não ia dar em nada", se seria uma simples rebelião ou algo mais sério, talvez uma revolução? O que aconteceria com o presidente Goulart, que governava o país desde setembro de 1961? Seria preso, sairia do país ou resistiria à tentativa de derrubá-lo do poder? Para muitos, que conquistavam um amplo espaço na mídia, a deposição de Jango evitaria a imposição de um regime "comunista e antidemocrático"; para outros, que resistiam ao que consideravam um "golpe de Estado", seria o início de uma ditadura de direita.

Esse é um dos grandes méritos de *1964,* que certamente encantará o leitor, não por desfiar a "crônica de uma morte anunciada", mas por contar de forma surpreendente um evento cujo desfecho já é conhecido. Longe de procurar "causas distantes e próximas" que conduziram ao golpe de 1964, o livro abre o leque de possibilidades que se apresentaram aos diversos personagens, partidos e organizações políticas que viveram aqueles conturbados "anos Jango" (1961-64).

Para restaurar a complexidade dos acontecimentos, os autores lançam mão de um conjunto de documentos capaz de conduzir o leitor ao coração da História como disciplina e saber. Ao longo do livro, são numerosos os

APRESENTAÇÃO

depoimentos dos principais personagens que viveram o período. De seus testemunhos sobressaem valores, tradições, emoções e relações pessoais, que colocam em cena o indivíduo como ator histórico. O que se tem em *1964* é uma história de carne e osso, de figuras que possuem diferentes passados e modelos de fazer política. São indivíduos que amam, odeiam, têm dúvidas e medos. Aqui, acontecimentos repletos de tensão, como o comício da Central do Brasil, realizado no dia 13 de março de 1964, convivem com notícias do cotidiano. Entre elas, o incêndio do Gran Circus Norte-Americano, em Niterói, em 1961, e a vitória do Brasil na Copa do Mundo de 1962, quando o país também conquistou a Palma de Ouro no Festival de Cannes, com o filme *O pagador de promessas*.

O excepcional e o comum, as expectativas e as surpresas de quem não conhecia o fim do jogo político que estava sendo jogado, são apresentados ao leitor por meio de uma narrativa de estilo simples e direto, livre da argumentação teórica comum nos trabalhos acadêmicos. O que não significa dizer que Ângela e Jorge abriram mão de enfrentar os debates políticos e intelectuais sobre esse período histórico, cada vez mais decisivo para o esclarecimento de alguns impasses ligados à consolidação da democracia no Brasil. Ao contrário, percebe-se logo de início a preocupação com o uso da palavra mais adequada para designar o ocorrido: foi "golpe" ou "revolução" o que ocorreu em 1º de abril de 1964, quando o presidente foi deposto? A primeira — "golpe" — foi sumariamente rejeitada pelos civis e militares que comandaram o movimento vitorioso. Eles preferiram "revolução, vitoriosa e legítima por si mesma", como proclamaram no Ato Institucional de 9 de abril. Já "revolução", mesmo associada a movimentos vitoriosos de esquerda no mundo, foi assumida de imediato pelos autoproclamados "revolucionários de 64". Nesse último caso, seria uma referência à Revolução de 1930, ainda muito forte no imaginário nacional como um momento de ruptura com um passado, a denominada "República Velha"?

Ângela e Jorge não têm dúvidas de que o movimento ocorrido em 1º de abril de 1964, que acabou com a experiência democrática iniciada no final de 1945, foi um *golpe civil e militar*. O acréscimo do termo *civil* é fundamentado, tanto pelo apoio de parte expressiva da opinião pública ao golpe, quanto pela mobilização de líderes civis de oposição radical ao governo Jango, com o apoio militar, é claro. Ao longo do livro é possível ver como a atuação dos governadores dos estados mais fortes da federação — São Paulo (Ademar de

1964

Barros); Minas Gerais (Magalhães Pinto) e Guanabara (Carlos Lacerda) — levou sempre em conta, ao lado das disputas com vistas às eleições de 1965, a antecipação compulsória do mandato de Jango, ou seja, sua deposição.

No entanto, longe de levar o leitor a acreditar que o golpe — e a consequente decretação da ditadura civil e militar — estavam escritos nas estrelas, os autores mostram as múltiplas possibilidades de escolha existentes na segunda metade de 1963. Opções quase sempre assentadas no fio da navalha. Jango enfrentava desafios dentro das esquerdas, que tinham seu próprio projeto de poder, tangenciando e até competindo com o dele. Leonel Brizola, Miguel Arraes, o PTB, o Partido Comunista, o movimento sindical e o movimento estudantil pressionavam Jango em várias direções, tendo em vista aquilo que melhor servia aos interesses de cada grupo. O presidente não conseguiu sustentar a estratégia de consolidar a aliança política do PTB com o PSD, e até mesmo de apoiar Juscelino Kubitschek em sua pretensão de voltar à presidência em 1965.

Em um contexto de radicalização, tudo indicava que sob o ano de 1964 pairava uma espécie de morte anunciada. Mas não foi assim. E esse é, repito — e acho que o leitor irá concordar —, o grande mérito do livro de Ângela e Jorge. É nesse momento que tanto as esquerdas como as direitas fazem suas apostas, ao mesmo tempo, nas eleições presidenciais de 1965 e em soluções extrainstitucionais, definidas por expressões conhecidas, como "na marra" ou "intervenção redentora".

Havia muita incerteza, mas, é claro, havia também as experiências do passado. Tanto a posse de Juscelino em 1955 quanto a de Goulart em 1961 foram garantidas pela vitória de forças legalistas. Que modelos de atuação seguiriam os militares e civis vitoriosos em 1964? A imprevisibilidade era grande, como deixam antever os depoimentos das principais figuras sobre o futuro do recente movimento: não havia um projeto definido para depois da tomada do poder. O caminho seria aberto no próprio caminhar.

Tal como Ângela e Jorge, não pretendo ir além das "aclamações de 1º de abril", levando em conta o tom jocoso que envolve essa data como o "dia da mentira". Paro por aqui esta apresentação, e espero que o leitor esteja ansioso para abrir a primeira página de *1964*.

Marly Motta
Professora do curso de pós-graduação em
Administração Pública (Cipad/FGV)

Introdução

"O dia 1º de abril foi de tráfego congestionado, avançado passo a passo no Rio de Janeiro. (...) Filas extensas na Rua Barata Ribeiro e Avenida Nossa Senhora de Copacabana. Casas comerciais, mercearias, bares, cafezinhos, restaurantes continuaram a atender ao público, normalmente, embora devagar e em grupos, pois entravam poucos consumidores nas lojas ao mesmo tempo. Soldados do Exército patrulhavam as ruas, nas proximidades da praia, cujo ambiente era de otimismo, com populares se manifestando: "Isso não vai dar em nada." — Essas são palavras da matéria "Guanabara hora a hora", publicada na página 37 da revista *O Cruzeiro, Edição Histórica*, de 10 de abril de 1964. Ela é bem mais longa e finaliza procurando descrever o clima reinante na mesma praia, à tardinha: "homens, mulheres e crianças empunham bandeiras, lençóis, comemoram o que ficou sendo o carnaval da vitória."

A imagem de um carnaval da vitória, que festeja o anúncio do sucesso da "Revolução pela Ordem" — título do sumário dessa edição —, é a tônica que invade as páginas de *O Cruzeiro*, revista de grande circulação no Brasil, desde os anos 1930. Não foi a única: sua maior concorrente, a revista *Manchete*, lança não apenas uma, mas duas edições para cobrir o extraordinário evento que o país acabava de viver. Numa edição de abril, sem dia, há uma advertência importante: "Número para ser guardado pelos leitores como documento histórico." Também há outra edição, "Extra", datada de 11 de abril de 1964.

Assim como os jornais, tais revistas cobrem de maneira cuidadosa os fatos decorridos entre o fim do mês de março e os primeiros dias de abril de 1964. Mas com algumas vantagens. Como são publicações semanais, elas procuram fazer uma síntese clara e ao mesmo tempo minuciosa, sob o ponto de vista de seus editores, que explique aos leitores quais seriam as

1964

razões da vitória do movimento armado que derrubou, sem travar batalhas, o presidente João Goulart. Como são revistas de fotojornalismo estão repletas de imagens de diversos tamanhos e tipos, fixando na memória visual do leitor as faces dos principais atores desse evento, bem como suas ações, emoções e declarações.

Entre tais atores, e com destaque, está a população das cidades do Rio de Janeiro, de São Paulo e de Belo Horizonte. Imensas fotos mostram como festejaram a boa notícia, jogando papel picado das janelas dos prédios, buzinando freneticamente e carregando bandeiras do Brasil pelas ruas. Houve também lençóis e lenços brancos, que eram conhecidos símbolos do partido político que forneceu alguns dos principais líderes civis do movimento: a União Democrática Nacional (UDN), dos governadores Carlos Lacerda, da Guanabara, e Magalhães Pinto, de Minas Gerais. Tanto que a capa de *O Cruzeiro* estampava Magalhães Pinto "logo após a vitória da rebelião que comandou contra a comunização do país", sendo beijado por sua nora.[1] Já nas duas capas de *Manchete,* quem dominava era Carlos Lacerda, que permanecia em destaque no corpo da revista. Na edição histórica, na matéria "Deus, família e liberdade", muitas fotos coloridas captavam o júbilo popular na Marcha da Vitória, ocorrida na Guanabara, com a presença do ex-presidente Eurico Gaspar Dutra e, claro, de Lacerda.[2]

Os periódicos são fontes magníficas para os historiadores que quase sempre os utilizam, com abundância, quando fazem suas pesquisas. Diversos jornais e revistas, com posições políticas diferentes, permitem ao historiador avaliar como importantes veículos de formação de opinião noticiavam determinado evento, em um dado momento, principalmente quando ele tem a envergadura de uma rebelião ou revolução. Aliás, essas eram as palavras presentes nas matérias e legendas das duas revistas que estamos citando nesta introdução. Tratava-se de uma rebelião ou de uma revolução. Não se lê o termo golpe. Ou seja, pela seleção do vocabulário, pelo ângulo e tamanho das fotos, pelas manchetes e sumários, é possível analisar o que os editores das revistas desejavam informar aos leitores.

Trabalhando com tais revistas, percebemos como os editores interpretaram os eventos de 31 de março e 1º de abril. Por intermédio dos textos, fotografias, entrevistas, entre outros recursos do jornalismo, um amplo público tomou conhecimento do que havia acontecido e do que ainda estava acontecendo. Como o leitor logo se dará conta, utilizamos muito

INTRODUÇÃO

esse tipo de fonte ao lado de vários outros documentos: jornais, manifestos, panfletos, discursos parlamentares, bem como depoimentos de políticos de diversos partidos políticos, militantes sindicais, militares etc., em vários momentos distintos.

Os periódicos também nos dão acesso à maneira como determinadas parcelas da população se comportaram diante de um fato dramático, como o ocorrido em 1964 — que nós, neste livro, consideramos um golpe civil e militar. Mais uma vez, a ótica é a dos editores das revistas e, nesse caso, há grande convergência quanto à manifestação de alegria cívica, percebida em várias cidades do país. Porém, há notas de adesões mais contundentes, como a ocorrida em São Paulo, no escritório regional da Superintendência da Reforma Agrária (SUPRA), transformado em posto de alistamento de voluntários para combater, se preciso fosse, ao lado dos militares que se rebelavam. Segundo dados divulgados, "no fim do dia 31 de março, mais de quatro mil voluntários haviam se apresentado".[3] Tudo muito simbólico. São Paulo, terra da Guerra Paulista de 1932, lembrada como uma luta em defesa da legalidade, durante a qual muitos voluntários quiseram combater Getúlio Vargas. O escritório do órgão encarregado de realizar a reforma agrária, transformado em quartel de recrutamento de soldados civis que lutariam contra os responsáveis por essa reforma, bem como de outras reformas sociais, promovidas pelas "esquerdas comunistas".

Sem dúvida, é fácil imaginar por que aqueles que estavam contra o golpe civil e militar não puderam se manifestar abertamente. Mesmo assim, houve menções aqui e acolá. Em *O Cruzeiro,* há notícia de que, no dia 1º de abril, o porto de Santos foi paralisado. "A COSIPA, as indústrias petroquímicas de Cubatão e a Estrada de Ferro Santos-Jundiaí foram igualmente paralisadas." Mas isso foi de manhã. À noite, já com a proclamada revolução vitoriosa, "a única nota dissonante (e isto não era noticiado) era a tomada de posição de Brizola, no Rio Grande do Sul".[4] Por conseguinte, houve alguma resistência à marcha do movimento, sendo que parte dela o próprio repórter nos informa que não podia ser veiculada, embora fosse sabida nas redações. Em Pernambuco, a mesma revista estampa grandes fotos do governador Miguel Arraes sendo preso, pois se negara a assinar uma carta-renúncia. E havia João Goulart, com suas "últimas declarações" e com muitas e muitas fotos. Em *Manchete,* de 11 de abril de 1964, uma grande matéria de Murilo Melo Filho intitulada, "Jango, sete dias em

1964

março", cobria vários episódios, desde a rebelião dos marinheiros ao discurso no Automóvel Clube, feito a sargentos das três Forças Armadas. Uma sequência montada para evidenciar o desprezo do presidente pela questão da disciplina e hierarquia militares, e como tal atitude selou seu destino.[5]

Essas menções a alguns dos textos e imagens contidos nas três edições históricas de *O Cruzeiro* e *Manchete* permitem ao leitor deste livro fazer o exercício de se imaginar lendo e vendo tais revistas. Apenas pelo que aqui se informou, acreditamos que ele concordaria que seria muito difícil ignorar a importância então atribuída — estampada nas capas das revistas —, às lideranças civis do movimento: Carlos Lacerda e Magalhães Pinto, mas também Ademar de Barros, governador de São Paulo, do Partido Social Progressista (PSP).

Igualmente seria muito difícil não se impressionar com a grande comemoração realizada pela população do Rio e de São Paulo. As fotos, sob esse aspecto, são espetaculares. Um mar de gente na Avenida Rio Branco, no Rio de Janeiro, e também em frente à igreja da Candelária, sob chuva de papel picado. A mesma chuva que desaba de prédios de São Paulo em impecável trabalho de fotojornalismo. Algo a ser registrado desde o início deste livro, pois, com o passar das décadas, sobretudo a partir dos anos 1980, construiu-se uma memória que isentou a população brasileira de qualquer apoio ao que ocorreu no Brasil antes e a partir de 31 de março de 1964. Também se construiu a ideia de que o golpe e a ditadura que se seguiu foram obra exclusiva de militares, até porque as principais lideranças civis que participaram da deposição de João Goulart foram logo descartadas. As duas versões são insustentáveis. Basta, por exemplo, consultar as revistas.

O apoio de diversos setores da população das grandes capitais do país ao golpe que derrubou Jango da presidência da República foi grandioso e está documentado; e não apenas em periódicos. Por isso, é bom entender tais reações, a começar pelos valores que a chamada revolução vinha colocando sob sua bandeira: a defesa da ordem, da liberdade, da Constituição, da democracia. Enfim, tudo isso contra um presidente considerado, por um lado, extremamente ameaçador e, por outro, muito fraco. Logo, uma versão que combina elementos extremamente negativos, concentrando-os em um único indivíduo, o presidente João Goulart, acusado de promover a comunização do Brasil.

INTRODUÇÃO

No calor dos acontecimentos de março e abril de 1964 e das notícias propagadas pelas principais mídias do país, uma dicotomia foi se estabelecendo de forma clara: de um lado, o bem; de outro, o mal. Era impossível não tomar uma posição. Algo que foi facilitado pelo fato da religiosidade da população estar sendo mobilizada para o combate contra o mal. Pelo menos, acreditava-se nisso, quando mulheres marchavam com rosários, fazendo orações contra os comunistas que infestavam o Brasil. Sobretudo, contra os que estavam no governo. O lado bom era o da família e o da fé. No mês de março de 1964, o momento político foi muito tenso e a luta ocorreu em diversas frentes. Mas esse momento teve antecedentes.

Dessa forma, para se compreender a deposição de Goulart é fundamental compreender o processo histórico que resultou na vitória dos golpistas civis e militares. É esse o objetivo principal deste livro. Nosso desejo é permitir que o leitor entenda como foi possível dar o golpe e como tal golpe assumiu determinados rumos que resultaram em uma ditadura. Como importantes lideranças civis e militares foram se articulando, crescentemente, contra um governo que se estabeleceu com dificuldades, mas com legitimidade. Como se montou um discurso para combater as esquerdas em nome da democracia e da legalidade. Como lideranças políticas, por diversas vezes, não conseguiram negociar para viabilizar, mesmo que em parte, as reformas pretendidas. Como desse desentendimento resultou um crescente processo de radicalização das direitas e das esquerdas. Como diversos e significativos setores da sociedade brasileira, que repudiaram a tentativa de impedir o vice-presidente Goulart de tomar posse em 1961, exigindo a continuidade da legalidade democrática, aceitaram o rompimento constitucional em março de 1964. Como a vitória veio sem batalhas, apesar de Goulart contar com diversos contingentes militares. Como o presidente abdicou de qualquer resistência armada, embora houvesse grupos dispostos a lutar. E como se conseguiu apoio contundente da população das maiores cidades do país, antes e depois de 31 de março.

Com tal perspectiva, decidimos contar essa história, começando bem antes dos dias em que o movimento civil e militar se desencadeou. Em um momento que foi selecionado por nós, autores do livro, como suficientemente simbólico e pertinente: a renúncia do presidente Jânio Quadros, em agosto de 1961.

1964

Tal recuo é imprescindível, a nosso ver. Isso porque escolhemos contar essa história por meio de uma narrativa que acompanha um conjunto numeroso de episódios, ocorridos entre 1961 e 1964. Por meio deles, diversos personagens vão dividindo a cena e assumindo posições diferenciadas, que se alteram ao longo desse curto, mas denso, período de tempo. Tais personagens podem ser indivíduos, organizações, partidos políticos ou instituições, que vão se posicionando segundo seus interesses e crenças. Eles vão tomando decisões e elegendo estratégias políticas. Ao fazerem isso, acreditavam que as decisões que tomavam tivessem resultados previsíveis e controláveis. Mas eles eram previsíveis e controláveis apenas em parte. Em outra parte, tornaram-se imprevisíveis, fugindo completamente a seu controle.

Por tal razão, aquilo que aconteceu ao final não tinha de forma alguma que acontecer. O golpe civil e militar de 1964 não estava contido na profunda crise política que abalou o Brasil em 1961. Tal golpe tampouco estava contido na crise política de 1954, que resultou no suicídio de Getúlio Vargas, como algumas vezes se aventa. Os que vivenciaram o governo Goulart não poderiam saber que o resultado das ações então empreendidas geraria um golpe, menos ainda com as características que tomou em seus desdobramentos. Nós, que estamos no futuro, é que sabemos o que ocorreu naquele passado. Por isso, ao longo de nossa narrativa, desejamos mostrar ao leitor como, em diversas oportunidades, se os personagens históricos tivessem se comportado de outra maneira, se tivessem adotado outras estratégias políticas, outra teria sido a história. O golpe de 1964 aconteceu, mas poderia não ter acontecido.

É claro que jamais saberemos qual seria essa outra história. Por isso, vamos insistir e repetir, diversas vezes, que havia alternativas para contornar a crise política e margens para escolhas para os que viveram esse tempo. Elas poderiam abrir novos caminhos; outros futuros para o presente que então se vivia. Sem golpe de Estado.

Fazer história, sobretudo história política, é fugir de narrativas teleológicas. Narrativa teleológica é o seguinte: como sabemos o fim de uma história, ela é contada como se o seu fim fosse conhecido desde o seu início. Como se houvesse um destino traçado anteriormente para homens e sociedades. Exemplo: afirmar que o golpe civil e militar de 1964 era inevitável. Isso não é história. O historiador sabe o que aconteceu, mas precisa escrever a

INTRODUÇÃO

história compreendendo os múltiplos e diferentes pontos de vista dos personagens com que trabalha. Personagens que não podiam saber o que iria acontecer. Assim, ele deve mostrar a variedade de situações nas quais esses personagens vivenciaram os acontecimentos de seu tempo. Acontecimentos que podiam se apresentar de maneiras muito distintas, sendo avaliados, por uns, como promissores, enquanto por outros, como ameaçadores. O historiador precisa ressaltar os projetos, as dúvidas, as crenças, os medos que cercavam as decisões tomadas pelos participantes dos fatos que narra.

Certamente, nos eventos que decorrem entre os dias 31 de março e 1º de abril de 1964 não estava contido o que viria depois: uma ditadura civil e militar, comandada por generais presidentes, cuja face mais tenebrosa foi a violência e a tortura, como políticas de Estado. Quer dizer, aqueles que aplaudiam e festejavam a vitória da "revolução pela ordem" não tinham como saber o que sucederia nos anos seguintes. Seus aplausos, naquele preciso momento, não devem ser confundidos com apoio a um regime autoritário, violento e ditatorial que perduraria até 1979, quando foi votada a lei da Anistia. Isso vale para muita gente que fez festa nas ruas. Vale também para diversos políticos, que julgavam não só participar, mas até comandar a "revolução". Dessa forma, é muito interessante e esclarecedor voltar às páginas de O Cruzeiro de 10 de abril de 1964. Em uma de suas matérias, estão os depoimentos de alguns desses líderes. Vale observar suas falas para conhecer o futuro que eles então vislumbravam.[6]

Primeiro, o governador de São Paulo, Ademar de Barros: "Agora, caçaremos os comunistas por todos os lados do País. Mandaremos mais de 2 mil agentes comunistas — numa verdadeira Arca de Noé — para uma viagem de turismo à Rússia. Mas uma viagem que não terá volta." Mesmo não sabendo o que iria acontecer, o governador sinaliza para a violência imediata que o movimento civil e militar pretendia desencadear sobre seus inimigos de primeira hora: os comunistas, em sentido amplo, as esquerdas. Acertou na mosca. Os inimigos, além de cassados, iriam ser caçados, com ç. Iriam ser tratados como animais e postos em uma Arca de Noé, em viagem sem volta. Aconteceu com muita gente, desde esse momento inicial. A viagem foi terrível para todos e muitos não voltaram: foram mortos no caminho e, em alguns casos, nem seus corpos retornaram também para suas famílias. Permanecem na Arca de Noé. Quanto a Ademar de Barros, foi também cassado pelo regime militar. Isso, ele não poderia supor.

Segundo, o governador da Guanabara, Carlos Lacerda, candidato em potencial às eleições de 1965: "O Sr. João Goulart foi o maior entreguista que já teve este País. (...) O desprestígio atingiu a todos os setores do Governo (...) e a própria Casa Civil da Presidência, onde estava Darcy Ribeiro, um instrutor de língua tupi-guarani, que acabou reitor da Universidade de Brasília, sem jamais ter sido professor." Jango, herdeiro do nacionalismo de Vargas, que caía defendendo as reformas de base, consideradas por muitos a melhor forma de trazer desenvolvimento econômico e justiça social para o país. Um presidente indesejado pelo governo dos Estados Unidos e considerado, pela CIA, uma ameaça para a América Latina. Jango transformava-se no maior dos "entreguistas" do Brasil. E todo o seu governo? Travestido em um "instrutor de tupi-guarani", que nos faz lembrar, imediatamente, de Lima Barreto e de seu herói trágico Policarpo Quaresma. Lacerda era mesmo um artista com as palavras. Mas suas artes não evitaram sua cassação política. Foi cassado e perseguido, como Jango e Darcy. Isso, ele não imaginava.

Por fim, o senador do Partido Social Democrático (PSD), Juscelino Kubitschek, de quem Goulart fora vice-presidente. O partido e JK lhe deram apoio durante muito tempo, mas acabaram por retirá-lo ante as posições de Jango nesse março de 1964. Em sua fala, o ex-presidente e mais forte candidato às eleições de 1965 dizia: "A legalidade democrática nos conduzirá às eleições. Será a continuidade do regime, já restaurado com a posse, pelo Congresso, do meu eminente companheiro de partido, Ranieri Mazzilli. O ritual democrático está firme." Não estava. JK errou feio ao acreditar, como outros (talvez o próprio Jango), que os militares respeitariam o poder civil, materializado pelo Congresso Nacional. Ocorre que em 1964 eles não estavam dispostos a "devolver" o poder que conquistaram. As disputas pelo comando da "revolução" se deram no interior das Forças Armadas, mais especificamente do Exército, de onde saiu vitorioso o general presidente Humberto de Alencar Castello Branco. Mazzilli foi muito útil; mas sua utilidade teve curta duração. JK também não duraria muito; foi cassado e amargou um triste exílio.[7]

Mas este livro não pretende se alongar para além dos festivos dias que aclamaram a chamada Revolução de 1964. Sua narrativa chega até ela, desejando que o leitor vá construindo seus entendimentos sobre o que se passou. Pretendemos ser claros e sabemos que estamos oferecendo a nossa

INTRODUÇÃO

interpretação, que não é e nunca será a única. Mesmo assim, consideramos que ela pode ser bastante esclarecedora, fazendo o leitor se familiarizar com fatos decisivos da História do Brasil contemporâneo. Como somos ambiciosos, no bom sentido, queremos também que o leitor vá tomando contato, no curso da narrativa, com vários procedimentos fundamentais para se pensar historicamente. Ao final, gostaríamos que fechasse o livro podendo discutir pontos polêmicos desse acontecimento, que é, inequivocamente, um marco para gerações de brasileiros. Seus graves desdobramentos estão ainda bem longe de serem inteiramente sanados. O golpe civil e militar de 1964 é um bom exemplo de um acontecimento que demarca um "passado sensível"; um passado que ainda não passou. Por isso, exige que Estado e sociedade o enfrentem corajosamente, em nome de um futuro que não tema o conhecimento desse passado, e que, em seu nome, abra arquivos e permita o acesso a informações existentes, mas não disponibilizadas ao público de pesquisadores e cidadãos do país. Um acontecimento e um período, que durante um bom tempo, quis ser chamado e considerado como revolucionário.

Afinal, revoluções são eventos que sempre atraem a atenção dos leitores, não importando, no caso, se são ou não revoluções "de fato e de direito". Certamente foi por isso que, na contracapa de *O Cruzeiro*, em sua edição histórica já citada, havia um grande anúncio comercial. "História das Revoluções Brasileiras: o mais completo documentário levantado pela imprensa brasileira. A partir do próximo número, uma síntese de 75 anos de Brasil Republicano."

1

Um brinde ao imprevisível

Na terça-feira, 24 de agosto de 1961, o *Jornal do Brasil* informava, em sua coluna Coisas da Política, que Juscelino Kubitschek seria o orador oficial da solenidade que se realizaria às 18h na sede do Partido Trabalhista Brasileiro (PTB), no Rio de Janeiro. A reunião homenageava a memória de Getúlio Vargas, no sétimo aniversário de sua morte. JK, como era conhecido o ex-presidente da República, que acabara de construir a nova capital — Brasília —, nela dando posse a seu sucessor, Jânio Quadros, gozava então de grande popularidade. Era, sabidamente, um dos maiores nomes do Partido Social Democrático (PSD), candidato às eleições de 1965, já que, nos anos 1960, não havia reeleição para cargos executivos. Mesmo não sendo um trabalhista, possuía antigos e estreitos laços com Vargas: fora prefeito de Belo Horizonte quando da interventoria de Benedito Valadares, aliado incondicional de Getúlio no Estado Novo; ocupara o governo de Minas Gerais quando da crise que levou o presidente ao suicídio, sendo dos pouquíssimos políticos que se mantiveram a seu lado até o fim. Tinha, portanto, credenciais para falar em nome do povo brasileiro em ocasião tão especial. Afinal, JK era o sucessor de Vargas, não só porque foi o primeiro presidente eleito após sua morte, como porque deu

1964

continuidade, evidentemente com transformações, às diretrizes políticas e econômicas do getulismo, sintetizadas no que se convencionou chamar de nacional-desenvolvimentismo.

Mas JK não era o herdeiro político de Vargas. Essa posição, demarcada pelo próprio Vargas, era de João Goulart, o então presidente do PTB. Jango também gozava de grande popularidade, tendo sido vice-presidente de JK e sendo, naquele momento, o vice-presidente de Jânio Quadros. Entre 1945 e 1964, o vice-presidente era igualmente eleito por voto popular, concorrendo de modo independente na chapa à presidência e podendo, inclusive, ser reeleito. Mas Jango naquele momento estava bem longe do Brasil. Encontrava-se na China, chefiando uma missão diplomática e comercial composta por empresários e políticos, que também fora à União Soviética.

A viagem constituía uma importante iniciativa da Política Externa Independente do Brasil, no contexto internacional da época, dominado pela Guerra Fria. Sobretudo levando-se em conta que se vivia a época posterior à Guerra da Coreia e à Revolução Cubana.

É justamente nesse período de extrema tensão que o governo brasileiro assumiu a posição de não mais se alinhar automaticamente aos Estados Unidos, defendendo sua independência para manter relações diplomáticas e comerciais com qualquer país que fosse de seu interesse, entre eles os de regimes comunistas. Assim, no governo de Jânio Quadros, o Itamaraty dedicou especial atenção às relações com os novos países africanos, às nações comunistas do Leste Europeu, à União Soviética, à China e a Cuba. Nesse contexto, o Brasil havia recusado apoio aos Estados Unidos para a expulsão de Cuba da Organização dos Estados Americanos (OEA) e Jânio Quadros condecorou com a Ordem do Cruzeiro do Sul ninguém menos do que o líder revolucionário Che Guevara.

Na viagem, Goulart encontrou-se com o líder soviético Nikita Khruschov, com o primeiro-ministro chinês Chou En-lai e com o próprio Mao Tsé-tung. Proferiu vários discursos, participou de jantares e liderou encontros entre empresários brasileiros e funcionários soviéticos e chineses, com resultados considerados muito bons. No dia 24 de agosto, estava de regresso ao Brasil. Em Xangai, na festa de sua partida, declarou ser favorável à substituição da China Nacionalista

UM BRINDE AO IMPREVISÍVEL

(atual Taiwan) pela China Comunista na Organização das Nações Unidas (ONU), embora falando como presidente do PTB e não como vice-presidente do Brasil.

É absolutamente compreensível que essa polêmica política externa, conduzida pelo chanceler Afonso Arinos de Mello Franco, da União Democrática Nacional (UDN), não saísse das manchetes dos jornais. Na primeira página do *Jornal do Brasil* desse dia 24 de agosto, por exemplo, a manchete era: "Lacerda: só comunistas apoiam a política externa", e, na página 2, anunciava-se que Jânio iria reafirmar tal orientação em discurso a ser pronunciado no Dia da Independência do Brasil. Porém isso não aconteceu; o que aconteceu, entretanto, surpreendeu ainda mais o país, e bem antes do Sete de Setembro.

Retornando ao Brasil com parte da comitiva, mas ainda do outro lado do mundo, em Cingapura, Goulart hospedara-se no Raffles Hotel. Foi aí que, na madrugada do dia 26 de agosto (tarde do dia 25 no Brasil), ele foi acordado com pancadas na porta de seu quarto. Ao abrir, deparou-se com dois amigos e assessores assustados. A notícia era, de fato, tão imprevista como impactante. Jânio Quadros havia renunciado. Goulart era o novo presidente do país.[1]

A informação parecia não fazer sentido, não só para Jango como para todos os brasileiros. Afinal, Jânio Quadros havia sido eleito com a maior votação que um candidato à presidência da República já recebera no país: 48% do total de votos. Derrotara o marechal Henrique Teixeira Lott, candidato apoiado pelos dois maiores partidos políticos, o PSD e o PTB, batidos pela primeira vez desde 1945. Henrique Lott também era apoiado pelas esquerdas, caso do Partido Comunista Brasileiro (PCB). Democrata e nacionalista, apoiado por JK, Lott era um homem reconhecido por sua seriedade, competência e ilibada conduta política e militar. Jânio, que concorrera com o apoio da UDN, vencera oponentes de grande peso político, mobilizando multidões com um discurso que prometia "limpar" a política e que usava uma vassoura como símbolo de campanha.

1964

> **Eu estive lá**
>
> **Salomão Malina, secretário de organização do PCB em 1960, avalia a vitória de Jânio Quadros quarenta anos depois**
>
> O resultado objetivo das eleições presidenciais de 1960 foi uma derrota do conjunto das forças democráticas e nacionalistas, que patrocinaram a candidatura do general Lott. A vitória de Jânio Quadros (...) encerrou uma lição: a maioria do povo votou contra nós — contra as forças progressistas, democráticas e nacionalistas.
>
> (Francisco Inácio de Almeida [org.]. *O último secretário: A luta de Salomão Malina.* Brasília, Fundação Astrojildo Pereira, 2002, p. 90)

É verdade que o presidente encontrou duas grandes dificuldades em seu governo. A primeira tinha formulação simples: o país estava em sérias dificuldades financeiras. Em termos econômicos, o Brasil crescera muito durante o governo de JK. A produção industrial aumentara 80%. Em alguns ramos da indústria o crescimento fora impressionante, bastando citar a elétrica e de comunicações, com 380%, e a de equipamentos e transportes, com 600%. A renda *per capita* do país alcançara o patamar de três vezes o da América Latina.[2] Se Vargas lançara as bases para a industrialização do Brasil, Juscelino fizera o restante. Mas, ao final de seu governo, o país estava com as contas públicas e a balança de pagamentos deficitárias, a inflação em alta, e com problemas para realizar o pagamento das parcelas da dívida externa que venceriam a curto prazo.

Jânio enfrentou esse problema como os governos considerados conservadores, do ponto de vista econômico-financeiro, costumavam fazer. Estabeleceu acordos com o Fundo Monetário Internacional (FMI) e, seguindo à risca os padrões da ortodoxia monetária, encontrou recursos para rolar a dívida externa. Em contrapartida, deu início a um rígido controle das contas públicas. Desvalorizou o cruzeiro em 100% em relação ao dólar, estabelecendo o que chamou de verdade cambial. Também cortou os subsídios ao trigo e à gasolina, o que se refletiu no cotidiano da população.[3]

A segunda dificuldade era de natureza política: Jânio não tinha maioria parlamentar no Congresso Nacional. A oposição, formada pelo PSD, pelo PTB e pelo PSP, representava quase dois terços das cadeiras do Congresso,

UM BRINDE AO IMPREVISÍVEL

cerca de duzentas. A base política do presidente, formada pela UDN, pelo Partido Republicano (PR) e pelo Partido Democrata Cristão (PDC), não chegava a cem parlamentares. Mas isso não o impediu de governar, pois contou com os votos da oposição para aprovar medidas importantes, como a lei antitruste e a lei que disciplinava o envio de remessa de lucros para o exterior por empresas estrangeiras.[4] Jânio, como se disse, ainda levou adiante algo inédito nas relações exteriores com a política externa independente.[5] Assim, pode-se afirmar que os dois principais problemas que enfrentou — o desequilíbrio financeiro e a falta de base parlamentar — não eram obstáculos intransponíveis para seu governo e, portanto, razões suficientes para sua renúncia.

É verdade que seu estilo peculiar e personalista de fazer política alimentava a oposição, tornando-se mote de anedotas na imprensa em geral. As fotografias escolhidas para publicação eram as mais pitorescas e desgastantes para a imagem do presidente: óculos e ternos desalinhados, olhos esbugalhados, cabelos revoltos, desengonçado etc.[6]

Seus bilhetinhos tornaram-se famosos. Eles versavam sobre a proibição de desfiles de misses com maiôs cavados, rinhas de galo, corridas de cavalo em dias de semana, entre outras medidas desse quilate. Tudo noticiado com estardalhaço, principalmente na imprensa oposicionista. Mas nada que apontasse para uma crise institucional de gravidade, que pudesse resultar na renúncia de um presidente. Algo, aliás, inédito na política brasileira. De fato, não ocorria nenhum grande impasse entre os Poderes da República. Não havia crise militar. O governo tinha apenas sete meses de duração. Jânio vencera indiscutivelmente eleições limpas e disputadas, tendo seus projetos aprovados no Parlamento.

Sua renúncia permanece, por conseguinte, ainda alvo de debates. Porém, mesmo sem provas documentais, a literatura de história e ciências sociais concorda que o presidente desejava dar um golpe de Estado. São vários os indícios apontados. Um deles era um tipo de ação, em nome da moralização da política, que resultava em profundo desgaste do Legislativo em face do Executivo.

Logo após sua posse, Jânio criou as chamadas comissões de sindicância, que tinham ordens expressas para realizar devassas em órgãos públicos em nome do presidente da República. Alguns dos primeiros órgãos investigados foram a Superintendência do Plano de Valorização Econômica da

1964

Amazônia, o Instituto Brasileiro de Geografia e Estatística, o Instituto de Aposentadoria e Pensões dos Bancários e a Comissão Federal de Abastecimentos e Preços. Mas era sabido que dezenas de outras comissões do mesmo tipo estavam previstas.[7] Tais comissões, como se pode imaginar, descobriram delitos contábeis, superfaturamentos, licitações fraudulentas, favoritismos etc. Nesses casos, em geral, encontravam-se envolvidos deputados federais e/ou senadores de diversos partidos políticos. A questão, vale lembrar, não era basicamente o que se fazia: buscar sanear as finanças públicas, moralizar a política. A questão era como se fazia: incriminando, de maneira sensacionalista, os representantes do Legislativo e capitalizando os resultados para o fortalecimento do Executivo. Ou seja, Jânio batia de frente com o Congresso, no qual não tinha maioria.

Além disso, ele queria tornar-se um líder terceiro-mundista com sua política externa independente. Só que tal política não conseguia agradar inteiramente nem mesmo os integrantes do mais importante partido de sua base política: a UDN. O governador da Guanabara, Carlos Lacerda, verbalizava agressiva e claramente um descontentamento que era o de muitos outros políticos brasileiros anticomunistas. Uma aproximação com países "desse credo político" era inadmissível no contexto internacional da Guerra Fria, ainda mais após a Revolução Cubana. Enfim, Jânio ameaçava o Parlamento, de forma geral, e contrariava governadores de estado e muitos outros políticos com o espectro de seu personalismo e da aproximação de seu governo com os países comunistas.

PERSONAGEM

Jânio da Silva Quadros nasceu em 1917 em Campo Grande, no atual estado do Mato Grosso do Sul. Formou-se em Direito pela Universidade de São Paulo. Trabalhou como advogado e professor, lecionando na Universidade Presbiteriana Mackenzie. Iniciou sua carreira política em 1948, como vereador da cidade de São Paulo, eleito pelo Partido Democrata Cristão. Em 1951, foi o deputado estadual mais votado, elegendo-se a seguir como prefeito da cidade de São Paulo com apoio do PDC e do Partido Socialista Brasileiro (PSB). Exerceu o cargo entre 1951-3, licenciando-se em 1954 para concorrer ao governo do estado. Candidatando-se pelo Partido Trabalhista Nacional (PTN) e pelo PSB

UM BRINDE AO IMPREVISÍVEL

venceu o popular político paulista, Ademar de Barros, por estreita margem de votos. Governador entre 1955-8, nesse ano concorreu ao mandato de deputado federal pelo Paraná, elegendo-se, mas não chegando a assumir. Candidatou-se então à presidência da República pelo PTN, com o apoio da União Democrática Nacional e de partidos menores. Sua campanha tinha o jingle: "Varre, varre vassourinha/varre, varre a bandalheira" etc. Eleito para o mandato 1961-5, com 5,6 milhões de votos, venceu o marechal Henrique Lott, da aliança PSD-PTB, de forma esmagadora. Porém, seu candidato a vice, Milton Campos, da UDN, não se elegeu. O vitorioso foi João Goulart, do PTB, numa formação que ficou conhecida como a "chapa Jan-Jan". Teve carreira rápida e surpreendente, surpreendendo mais ainda ao renunciar em 25 de agosto de 1961, sete meses após sua posse em Brasília. Com o movimento civil e militar de 1964, foi um dos três ex-presidentes cassados, só recuperando seus direitos políticos em 1974. Nos anos 1980, voltaria ao cenário político como prefeito de São Paulo pela segunda vez, em 1985, pelo novo PTB de Yvete Vargas. Faleceu na capital paulista em 1992.

Foi exatamente nesse contexto que ele convidou seu vice-presidente para chefiar uma comitiva à União Soviética e à China. Para muitos analistas, nada disso foi casual. Sobre João Goulart pairava, desde os tempos em que foi ministro do Trabalho de Vargas (1953-4), fortes acusações de proximidade com os comunistas, por conta de seus diálogos e negociações com o movimento sindical.[8] Mesmo quando vice de JK, não deixou de ser identificado por grupos políticos conservadores poderosos como um esquerdista perigoso. Na presidência do PTB, defendia as chamadas reformas de base. Para o PTB e grupos nacionalistas de esquerda, elas eram um conjunto de medidas que permitiriam o desenvolvimento econômico e a justiça social no Brasil. Mas para muitos setores políticos conservadores, tais reformas seriam danosas para as estruturas econômicas e político-sociais do país. O melhor e mais temido exemplo era a reforma agrária.

1964

DEU NO JORNAL

Câmara investiga as Ligas

Sob a direção dos Deputados Andrade de Lima Filho, Carlos Gomes, Clidenor Freitas e Neiva Moreira, foi constituída ontem uma Comissão Parlamentar de Inquérito que estudará as causas e a atual situação das Ligas Camponesas no Nordeste.

(*Jornal do Brasil,* Rio de Janeiro, 24 de agosto de 1961, p. 3)

Jânio sabia que amplos setores sociais e fortes grupos políticos e militares dificilmente tolerariam a possibilidade de Goulart assumir a presidência da República. Renunciar ao cargo abruptamente, tendo como vice um nome com tal histórico e ainda por cima tão longe — literalmente na China —, fez parte de seus planos. Ele desejou ameaçar os políticos brasileiros, jogando com a ampla rejeição civil e militar ao nome de Goulart. O estopim para sua renúncia teria sido o discurso pronunciado por Lacerda, nesse mesmo dia 24 de agosto, no qual o governador denunciava que um ministro de Jânio havia lhe pedido apoio para um golpe de Estado. Impossível saber com certeza o que ocorreu. O fato é que, na manhã do dia 25 de agosto, logo após as comemorações do Dia do Soldado, o presidente do Congresso Nacional, Ranieri Mazzilli (PSD), recebeu uma carta de renúncia de Jânio Quadros. Os dois primeiros parágrafos diziam:

> Nesta data e por este instrumento, deixando com o ministro da Justiça as razões de meu ato, renuncio ao mandato de presidente da República. Fui vencido pela reação e, assim, deixo o governo. Nestes seis meses, cumpri o meu dever. Tenho-o cumprido dia e noite, trabalhando infatigavelmente, sem prevenções nem rancores. Mas baldaram-se os meus esforços para conduzir esta nação pelo caminho de sua verdadeira libertação política e econômica, o único que possibilitaria o progresso efetivo e a justiça social, a que tem direito seu generoso povo.

UM BRINDE AO IMPREVISÍVEL

Desejei um Brasil para os brasileiros, afrontando, nesse sonho, a corrupção, a mentira e a covardia que subordinam os interesses gerais aos apetites e às ambições de grupos ou indivíduos, inclusive do exterior. Sinto-me, porém, esmagado. Forças terríveis levantam-se contra mim e me intrigam ou informam, até com a desculpa da colaboração.[9]

A carta estava lançada. Com grande carga retórica, ela deixava ver que o presidente aceitaria voltar. Só que com mais poderes, para vencer as tais forças terríveis da reação que se levantavam contra ele. Na carta, com atenção, também se podiam ouvir os ecos de outra carta, escrita sete anos antes por outro presidente. Só que Vargas se matou. Naquela ocasião, o Brasil conseguiu vencer uma grave crise política, que trouxe às ruas o povo soberano, como escrevia Rui Barbosa, quando queria lembrar a todos a fonte original do republicanismo. Em 1955, realizaram-se eleições e a posse de JK foi garantida, a despeito das resistências de grupos minoritários da direita civil e militar. Seu governo transcorreu bem, ainda que não tão dourado. As instituições políticas do país haviam se fortalecido ao longo dos anos 1950. Os partidos políticos se consolidavam e os mecanismos eleitorais se aperfeiçoavam.

O Congresso Nacional demonstrou isso ao receber a renúncia. Nenhum parlamentar propôs negociações políticas com o presidente. Estava claro que o preço seria o Legislativo abrir mão de poderes, em nome de uma crise institucional criada inteiramente pelo próprio Executivo. O PSD e o PTB queriam ver Jânio Quadros fora da presidência. Nem em sua base parlamentar encontrou grandes defensores. O presidente do Congresso leu o documento e, alegando que se tratava de ato unilateral, declarou que nada havia a ser votado.

O que ocorreu, não era, acredita-se, o que Jânio esperava. Ele contava que o povo e os militares defendessem seu mandato. A partir daí, governaria com eles e a despeito do Congresso Nacional. Nada disso aconteceu. Ainda em Brasília, antes de viajar para São Paulo, convocou os três ministros militares — da Guerra (atual Exército), Marinha e Aeronáutica — e os aconselhou a formar uma Junta Militar.

As manchetes do *Jornal do Brasil* do dia 26 de agosto dão a medida do clima tenso que se vivia. De um lado lia-se: "Sindicatos ordenam parede e pedem a Jânio que reassuma." De outro: "País em calma espera a chegada

29

1964

de João Goulart." E ainda: "Jânio isolado em Cumbica." Nesse aeroporto de São Paulo, ele esperou pelo desfecho dos acontecimentos. Quando o Congresso Nacional aceitou sua renúncia e o presidente da Câmara dos Deputados foi empossado presidente da República — devido à ausência do vice-presidente —, verificou que seu plano fracassara por completo. Nada podia fazer. Não era mais o presidente da República.

Enquanto isso, em Cingapura, o senador pernambucano pelo PTB Barros de Carvalho pedia a um garçom uma garrafa de champanhe para brindar o novo presidente do Brasil. Goulart, com serenidade, respondeu ao amigo: "Brindemos, antes, ao imprevisível."[10]

Jango estava certo. A renúncia de Jânio, como o Congresso avaliou e bancou, abriu uma crise política grave e profunda para as instituições democráticas e o futuro do país. Suas consequências eram então imprevisíveis. Os três ministros militares, de fato, formaram uma Junta. Assim, apesar de Ranieri Mazzilli assumir legitimamente a presidência da República, quem mandava no país era essa Junta Militar. Sem declaração formal, o Brasil estava sob estado de sítio. Nesse contexto, o presidente em exercício enviou mensagem ao Congresso Nacional, comunicando que a Junta Militar lhe manifestara a "inconveniência" do regresso ao país do vice-presidente. Sobretudo, a "inconveniência" de sua posse na presidência da República, chegando a aventar que, se Goulart chegasse ao Brasil, seria preso.[11] Uma declaração que valia, na prática, por um golpe de Estado, pois se opunha frontalmente à posse do vice-presidente legitimamente eleito.

Nas palavras da cientista política Argelina Figueiredo, os ministros militares tinham o objetivo de dar um "golpe de baixo custo".[12] Estavam intimidando o Congresso Nacional. Queriam o *impeachment* de Goulart, mas sem o ônus de tomar o poder *manu militari*. Porém, o Congresso Nacional não aceitou a coação militar, como não aceitara a coação vinda de Jânio Quadros. Formou-se então uma ampla aliança entre os partidos políticos pela defesa da ordem constitucional. Todos os partidos apoiaram a posse do vice-presidente e repudiaram a intimidação militar, inclusive a UDN. Estabelecia-se um confronto aberto entre o Congresso Nacional e a Junta Militar. Seus resultados? Imprevisíveis.

2

A posse: golpe militar e negociações políticas

O governador do Rio Grande do Sul, Leonel de Moura Brizola, no dia 25 de agosto de 1961, participava das solenidades do Dia do Soldado. Porto Alegre sediava o III Exército. Embora os generais presentes ao evento se esforçassem para demonstrar que tudo corria bem, ele percebeu algo de anormal. Logo chegou ao governador o boato de que o presidente Jânio Quadros tinha renunciado. Algo tão inusitado que ele desconfiou que o presidente podia ter sido deposto por um golpe militar.

Naquela época, as comunicações ainda eram muito difíceis. Brizola não conseguiu se certificar imediatamente do fato. Algum tempo depois, foi notificado do que acontecia: Jânio entregara uma carta-renúncia ao Congresso Nacional. Mais adiante, vieram informações sobre a formação de uma Junta Militar, bem como sua declaração sobre a "inconveniência" da posse de Goulart. O governador era um dos mais importantes políticos do PTB, além de cunhado e um dos líderes trabalhistas mais próximos ao vice-presidente. A um amigo próximo, teria confidenciado: "Dessa vez não darão o golpe por telefone", referindo-se à prática comum na América Latina de se desferir golpes militares.[1] Sua decisão era trazer Jango à capital gaúcha e defender a todo custo seu mandato presidencial.

1964

Ironicamente, Brizola recorreu ao telefone. Ligou para vários oficiais militares no Rio Grande do Sul, na Guanabara e em outros estados. De alguns ouviu insultos, devolvidos no mesmo tom. De outros, não. Sobretudo do marechal Henrique Teixeira Lott — que havia garantido a posse de JK em novembro de 1955 e estava na reserva. Dele, recebeu orientações. Lott era experiente e tinha muito prestígio no Exército. Indicou a Brizola nomes de generais e coronéis no Rio Grande do Sul que poderiam ajudá-lo a resistir a um golpe militar. O ministro da Guerra, Odílio Denys, soube do fato e mandou prender Lott. Mas o Exército estava dividido. O general Amaury Kruel, por exemplo, também muito respeitado pelo oficialato e pela tropa, viajou clandestinamente da cidade do Rio de Janeiro para o Rio Grande do Sul a pedido de Brizola, para auxiliá-lo na resistência.[2]

Em Porto Alegre, milhares de pessoas passaram a se concentrar na Praça da Matriz, em frente ao Palácio Piratini, esperando orientações para a resistência democrática. Todo o Palácio foi cercado por barricadas. Ninhos de metralhadoras foram instalados no alto do prédio e na Catedral Metropolitana.

Os quatro exércitos

Para compreendermos bem as peças que se montavam no perigoso xadrez político daquele momento, é preciso conhecer a divisão administrativa do Exército brasileiro. Ele era formado por quatro exércitos: o I Exército tinha jurisdição nos estados da Guanabara, Rio de Janeiro, Espírito Santo e Minas Gerais; o II Exército, nos estados de São Paulo e Mato Grosso; o III Exército tinha suas bases no Rio Grande do Sul, Santa Catarina e Paraná; o IV Exército em todos os estados do Nordeste. De todos eles, o mais poderoso era o III Exército, quer em equipamentos, artilharia, carros de combate, munição, instalações para manutenção ou número de homens e quartéis. O III Exército era mais equipado que todos os outros três juntos, em função de estar situado em área de fronteira no Prata, considerada mais vulnerável devido à proximidade da Argentina. Daí o poderio do III Exército, cujo comandante era o general José Machado Lopes.

A POSSE: GOLPE MILITAR E NEGOCIAÇÕES POLÍTICAS

A situação do governador gaúcho era muito difícil. Mesmo com o apoio da Brigada Militar do Rio Grande do Sul, da solidariedade de alguns oficiais militares e da mobilização popular, não tinha como enfrentar o poderio do III Exército. Brizola então determinou que técnicos do Palácio Piratini monitorassem as comunicações entre o comando do III Exército, em Porto Alegre, e o Ministério da Guerra, na Guanabara. Durante todo o dia 26 de agosto, o país viveu sob grande tensão. Os ministros militares mostraram sua força. Embora sem declaração legal, como se disse, o Brasil estava sob estado de sítio: jornais, rádios e televisões eram censurados e prisões realizadas arbitrariamente. O Congresso porém resistia, não cedendo ao cerco que crescia.

Os militares não ficaram sozinhos. Tiveram como importante aliado civil o governador da Guanabara, Carlos Lacerda. Contrariando seu próprio partido, a UDN, Lacerda apoiou de maneira ostensiva o golpe militar. A Polícia Civil, a Polícia Militar e o Departamento de Polícia Política e Social (DOPS) foram para as ruas centrais do Rio de Janeiro dispersar manifestações populares em defesa da posse de Goulart. A mando de Lacerda, sedes de vários sindicatos foram invadidas e membros de suas diretorias, presos. Todos os jornais foram censurados, menos a *Tribuna da Imprensa*, que seguia a orientação do governador. Havia ainda censura telefônica, telegráfica e radiotelegráfica.[3] Lacerda submeteu o estado da Guanabara a dura repressão política, sendo a única liderança civil de expressão a apoiar os ministros militares.

Em Porto Alegre, Brizola foi percebendo que, para resistir ao golpe já em curso, necessitava de apoio militar e político, mas precisava igualmente de se comunicar com a população. Mantendo-se apenas no Palácio Piratini, a derrota seria certa. Era fundamental romper com a censura dos meios de comunicação para ganhar e manter aliados à posse de Goulart. Na manhã do dia 27 de agosto, as rádios gaúchas Capital, Farroupilha e Difusora tinham sido tomadas por tropas do III Exército. Brizola, então, ordenou que homens da Guarda Civil invadissem a sede da Rádio Guaíba e levassem seus equipamentos para os porões do Palácio Piratini. Os transmissores da rádio ficaram a seu dispor, sob a proteção de duzentos homens da Brigada Militar.[4] Foi por meio da Rádio Guaíba que o governador passou a defender a legalidade do mandato de Jango, mobilizando de imediato a população da capital e do interior do estado do Rio Grande do Sul.

1964

Seu alvo, contudo, era bem maior. Tratava-se de falar para todo o país. Como não poderia vencer os militares pelas armas, Brizola compreendeu que seu único e grande trunfo era a capacidade de furar o bloqueio da censura que alimentava, com o silêncio e a violência, o golpe de Estado. Assim, a Rádio Guaíba foi interligada a 150 outras rádios no Rio Grande do Sul e, por ondas curtas, chegou a outros estados do país e a outros países. Formou-se a Cadeia Radiofônica da Legalidade. O governador começava a desmontar a censura imposta pelos ministros militares, difundindo um discurso centrado na defesa da legalidade. Por isso, tornava-se um problema inesperado, pois os militares não contavam com esse tipo de reação por parte de lideranças civis. Diante da ousadia de Brizola, no mesmo dia 27 de agosto a Junta Militar ordenou ao comandante do III Exército que fosse ao Palácio Piratini e depusesse o governador. Se ele resistisse, o Palácio deveria ser bombardeado por tanques ou pela aviação de caça. Uma frota da Marinha de Guerra ia ser enviada para o Sul. Tudo parecia muito simples e necessário, pois o Congresso continuava resistindo às pressões militares, não declarando o *impeachment* de João Goulart.

O comandante do III Exército, general Machado Lopes, recebeu as ordens por código morse. Mas elas foram interceptadas por técnicos do Palácio Piratini. Para Brizola, a situação era extremamente perigosa; ele não tinha nenhum trunfo. Apenas uma rádio, a Brigada Militar, alguns oficiais legalistas e o apoio crescente da população do Rio Grande do Sul. Nada que fosse capaz de derrotar os ministros militares e o poderio do III Exército. Por isso, partiu para o ataque, ao receber um comunicado do próprio general Machado Lopes solicitando uma conversa. Para ele, só podia se tratar do anúncio de sua deposição do governo, algo que não aceitaria de maneira alguma. Acuado e sem alternativa, foi para o estúdio improvisado no Palácio Piratini, segundo testemunhas, com uma metralhadora na mão. Com voz trêmula e não escondendo a emoção, falou à população de Porto Alegre pedindo calma. Mas informou que o comandante do III Exército estava a caminho para conversar com ele. Ressaltou que o general seria recebido com toda a civilidade, mas que não se atrevesse a tentar depô-lo do governo do estado. Garantiu, com veemência, que não pretendia se submeter: "Que nos chacinem, neste Palácio! Chacinado estará o Brasil com a imposição de uma ditadura contra a vontade de seu povo. Esta rádio será silenciada (...). O certo, porém, é que não será silenciada sem balas."[5]

A POSSE: GOLPE MILITAR E NEGOCIAÇÕES POLÍTICAS

Nesse discurso atacou particularmente o ministro da Guerra, Odílio Denys. Este, no noticiário *Repórter Esso*, da Rádio Nacional, declarara que a escolha entre a posse ou o *impeachment* de Goulart significava, na verdade, uma escolha entre o comunismo e a democracia no Brasil. Brizola considerava isso uma falsidade, lembrando que o golpe militar é que estava jogando o país em uma guerra civil. Depois de denunciar que uma força-tarefa da Marinha de Guerra rumava para o Rio Grande do Sul e que caças da Força Aérea poderiam bombardear o Piratini, prometeu ficar no Palácio até o fim. Dali não sairia: "Poderei ser esmagado. Poderei ser destruído. Poderei ser morto. Eu, a minha esposa e muitos amigos civis e militares do Rio Grande do Sul. Não importa. Ficará o nosso protesto, lavando a honra desta Nação. (...) Estaremos aqui para morrer, se necessário."

EU ESTIVE LÁ

Marino Boeira, na época estudante, lembra do discurso de Brizola em 1991

Naqueles dias de fins de inverno e início de primavera, eu era apenas mais um jovem de 20 anos, encharcado de cinema e literatura, sonhando com a chegada de uma sociedade socialista para o Brasil. Para mim, o radical populista que ocupava o Palácio Piratini não parecia ser a pessoa mais indicada para comandar esse processo de busca do socialismo. Os discursos de todas as sextas-feiras pela Rádio Farroupilha eram motivos de ironias e piadas. Mas o Movimento pela Legalidade começara a mudar a ótica das coisas. Naquele meio-dia, que a memória localiza hoje entre fins de agosto e início de setembro, o governador fez o discurso mais emocionante da sua carreira de político. Os "inimigos", os "imperiais" iriam bombardear o Piratini e ele convocava a todos para defender a legalidade ameaçada. Uma das figuras mais utilizadas na literatura diz que o personagem fica com um "nó na garganta" e a "voz embargada" quando a emoção é demais. Naquele dia, eu fiquei com um "nó na garganta" e a "voz embargada" ao ouvir o Brizola pela rádio. Como milhares de outros, eu fui para a frente do Palácio Piratini para defender a justiça da nossa causa.

(Marino Boeira. "A última utopia". In *Nós e a legalidade*. *Depoimentos*. Porto Alegre, Instituto Estadual do Livro/ Editora Agir, 1991, p. 146)

1964

O general Machado Lopes chegou num carro militar acompanhado dos generais de seu Estado-Maior quando o discurso do governador chegava ao fim. Cerca de 100 mil pessoas estavam na praça em frente ao Palácio. Em uma só voz, a multidão repetia palavras como "Legalidade" ou "Brizola". Mas houve silêncio com a chegada do general. Ao subir os primeiros degraus, vozes na multidão começaram a cantar os primeiros versos do Hino Nacional. Logo, um forte coro também cantava o hino. Machado Lopes e seus generais, que então subiam para o Palácio, pararam em um dos degraus e incorporaram-se à multidão, cantando o hino até o final. Sem dúvida, isso era um sinal. Muitas pessoas começaram a chorar e a esperar.

Eu estive lá

Adauto Vasconcelos, jornalista da *Ultima Hora*, de Porto Alegre, assiste à chegada do general Machado Lopes ao Piratini

Brizola ainda não encerrara o pronunciamento e eu saía da redação com alguns companheiros e nos dirigimos ao Piratini, na Rua Sete de Setembro, sede da *Ultima Hora,* à Praça da Matriz, assistimos a cenas inenarráveis. Dezenas de pessoas chorando nas ruas. Mulheres do povo com os filhos ao colo, jovens e velhos subiam às pressas a Rua da Ladeira dispostos a resistir e morrer com o governador do Rio Grande. (...) Alguém da multidão deu um grito que poderia ter determinado uma tragédia: "Ali estão os golpistas." O general Machado Lopes, comandante do III Exército, à frente de um grupo de oficiais, aproxima-se do palácio lentamente. A massa começou a deslocar-se na direção dos militares. Foram segundos da mais alta dramaticidade. O Hino Nacional, brotado da garganta de milhares de pessoas, petrificou os oficiais. Eles pararam e cantaram com o povo. Machado Lopes estava emocionado e trêmulo. O III Exército estava aderindo à legalidade.

(Citado em Vivaldo Barbosa. *A rebelião da legalidade*.
Rio de Janeiro, FGV, 2003, p. 109)

O comandante do III Exército entrou no Palácio, onde Brizola estava disposto a ir às últimas consequências. Tinha armado alguns funcionários e jornalistas e os posicionara em locais estratégicos. Se Machado Lopes

A POSSE: GOLPE MILITAR E NEGOCIAÇÕES POLÍTICAS

lhe desse voz de prisão, os homens sacariam as armas, tendo ordens para deter o comandante e seus generais. Depois disso, só lhe restaria desafiar a Junta Militar a bombardear o Piratini com os generais lá dentro.[6] Mas nada disso foi preciso. Machado Lopes comunicou a Brizola que estava ao lado da legalidade e da Constituição. Portanto, ao lado do governador. Ele e os generais do Estado-Maior do III Exército haviam rompido com Odílio Denys e decidido defender a posse de João Goulart. Não aceitariam nenhuma solução fora da Constituição e da legalidade. Brizola inicialmente ficou desconcertado. Porém, logo lhe estendeu a mão, declarando não esperar outra atitude do III Exército.

A situação mudara: completamente, rapidamente. Na verdade, para cumprir as ordens do ministro da Guerra, o III Exército seria obrigado a praticar verdadeira carnificina no estado do Rio Grande do Sul. E em nome de quê? Não da legalidade das instituições democráticas. João Goulart era o vice-presidente eleito e tinha o direito constitucional de assumir a presidência. Para os generais do III Exército, a decisão acertada era cumprir a Constituição que juraram obedecer. Só assim estariam do lado da lei e da ordem. Dito dessa maneira parece algo muito lógico; contudo, política não se faz só com lógica, e tal decisão tinha implicações consideráveis e ainda desconhecidas. De toda forma, o momento era glorioso para Brizola. Ele se dirigiu para a sacada do Palácio, ao lado de Machado Lopes, e comunicou a boa notícia à população que se mantinha concentrada na praça. Em novo discurso, pelos microfones do Piratini, defendeu a legalidade, a Constituição e a posse de Jango. Desafiou mais uma vez Odílio Denys; só que agora tinha a seu lado o mais poderoso dos exércitos do país.

O governador tornava-se, no Brasil, a primeira liderança civil a enfrentar abertamente um golpe militar. Essa marca ficou em seu currículo, tornando-se algo inesquecível para muitos militares. Como se disse, o Exército estava dividido cada vez mais. A possibilidade do início de uma guerra civil era considerável. O general Machado Lopes constituiu o Comando Unificado das Forças Armadas do Sul, formado pelo III Exército, pela V Zona Aérea e pela Brigada Militar. O Comando possuía os mais importantes regimentos de infantaria, a mais completa artilharia, além de unidades blindadas. Eram 40 mil soldados lutando ao lado de 13 mil homens da Brigada Militar. E houve inúmeros oficiais militares que abandonaram seus postos em diversos estados do país para se apresentar

1964

a Machado Lopes, reconhecendo nele o comandante militar legítimo das Forças Armadas do Brasil.[7]

A Junta Militar reagiu. O general Cordeiro de Farias foi nomeado comandante das forças unificadas do I e do II Exércitos. Mesmo assim, não tinha como enfrentar o poderio bélico de Machado Lopes. A situação do país era cada vez mais tensa. Contudo, com essa nova configuração de forças, o Congresso Nacional ficou fortalecido para enfrentar os três ministros militares, como já vinha fazendo.

PERSONAGEM

Leonel de Moura Brizola

Leonel Brizola nasceu em 22 de janeiro de 1922 no povoado de Cruzinha, no Rio Grande do Sul. Seu pai morreu quando ele tinha apenas 1 ano de idade. Muito pobre, sua mãe, Oniva Moura, entregou o menino para ser criado pela irmã. Depois, ele foi entregue a um tropeiro. O menino Brizola viveu de lavar pratos, vender jornais, carregar malas na estação ferroviária, sem poder estudar. Um casal de religião protestante assumiu a responsabilidade pelo garoto. Estudando muito, conseguiu ser admitido em escola técnica de Porto Alegre. Aos 17 anos, formou-se em técnico agrícola. Trabalhou como jardineiro da prefeitura para pagar os estudos da faculdade de engenharia. Em 1945, muito jovem, participou da fundação do PTB no Rio Grande do Sul. Eleito deputado estadual em 1946, exerceu o mandato entre 1947 e 1955. Em março de 1950, casou-se com Neusa Goulart, irmã de João Goulart. Em 1951, candidatou-se a prefeito de Porto Alegre, mas perdeu as eleições por margem mínima, cerca de 1%. No ano seguinte assumiu a Secretaria de Obras do estado, no governo de Ernesto Dornelles. Em 1954 foi eleito deputado federal, mas, no ano seguinte, disputou novamente a prefeitura de Porto Alegre, sendo vitorioso. Sua gestão ficou conhecida pela dedicação aos moradores dos bairros mais pobres, sobretudo com construção de escolas públicas, obras de saneamento básico, melhoria dos transportes. Em outubro de 1958, foi eleito governador do estado do Rio Grande do Sul. Sua votação foi expressiva: mais de 55% dos votos. Realizou governo de viés desenvolvimentista e nacionalista. Fundou as estatais Aços Finos Piratini e a Companhia Rio-grandense de Telecomunicações. Estatizou duas empresas norte-americanas, indenizando-as

A POSSE: GOLPE MILITAR E NEGOCIAÇÕES POLÍTICAS

com valor simbólico. Na crise da renúncia de Jânio Quadros, renúncia de Jânio Quadros, liderou a resistência que abortou o golpe liderado pelos ministros militares. Devido a suas políticas públicas no governo do estado, a partir daí, tornou-se grande liderança entre as esquerdas brasileiras. Em 1962 foi eleito deputado federal pelo estado da Guanabara com quase 270 mil votos. No início de 1963, fundou a Frente de Mobilização Popular, unificando vários grupos de esquerda e, ao final desse ano, os Grupos de Onze Companheiros. Com o golpe militar de 1964, foi obrigado a exilar-se no Uruguai, onde fundou o Movimento Nacionalista Revolucionário. Recebendo apoio de Fidel Castro, preparou planos para derrubar a ditadura. Em 1977, foi expulso do Uruguai e obteve asilo político nos Estados Unidos. Em Lisboa, entrou em contato com líderes da Internacional Socialista e promoveu o Encontro de Trabalhistas no Brasil e no Exílio. Com a anistia em 1979, retornou ao Brasil. No ano seguinte, a sigla PTB foi entregue ao grupo político de Ivete Vargas. Brizola, então, fundou o Partido Democrático Trabalhista (PDT). Em 1982, foi eleito governador do Rio de Janeiro. Em 1989 disputou a presidência da República. Em 1990 foi eleito novamente governador do estado do Rio de Janeiro. Em 1994, começou seu descenso político. Disputou as eleições presidenciais, mas obteve votação inexpressiva. Nas eleições presidenciais de 1998, foi vice-presidente na chapa encabeçada por Lula, também sem sucesso. No ano 2000 disputou e perdeu as eleições para a prefeitura da cidade do Rio de Janeiro. Em 2002, perdeu as eleições para o Senado. Dois anos depois, em 2004, faleceu no Rio de Janeiro.

Enquanto essa queda de braço se montava, Jango retornava de sua longa viagem. Primeiro foi a Paris, com uma parada em Zurique, onde as comunicações com o Brasil eram bem melhores do que em Cingapura. No dia 27 de agosto soube, com mais detalhes, da crise política. Inicialmente pensou em renunciar e convocar eleições presidenciais, para evitar uma tensão maior que desembocasse em conflito armado. Mas a radical rejeição dos ministros militares a seu nome, somada à atitude em relação a Brizola, teríam impedido que ele tomasse tal decisão.[8] E havia o Congresso, onde uma frente de partidos políticos não se curvava à Junta Militar.

Jango ia mantendo conversações com os líderes dos dois mais importantes partidos do país. Com o PTB, seu interlocutor foi o próprio Leonel Brizola. Ainda em Zurique ficou sabendo que o ministro da Guerra declarara que o mandaria prender se retornasse ao Brasil. O conselho de Brizola foi enfático: "Escolhe o local onde desejar descer e não traz sequer um revólver, porque tua força é o Direito, a Legalidade e a Constituição."[9] O outro interlocutor foi o presidente do PSD, Amaral Peixoto. O conselho que dele recebeu foi bem diferente: "Nós [do PSD] não o apunhalaremos pelas costas... Mas não faça declarações, não se precipite. Sobretudo não venha para o Brasil já. Preste bem atenção no que estou lhe dizendo: não volte para o Brasil [agora]."[10]

Em Paris, Goulart recebeu a visita do deputado trabalhista cearense Carlos Jereissati. Foi quando dimensionou a extrema gravidade da crise cujo resultado poderia ser, de fato, a guerra civil. Pelo telefone, ouviu um diagnóstico semelhante do intelectual e muito respeitado líder do PTB, San Tiago Dantas. Também conversou com dois grandes nomes do PSD: Tancredo Neves e Juscelino Kubitschek. Ambos garantiram que ele teria total apoio do partido; mas que seguisse a linha da moderação política. E, ainda, que retornasse ao Brasil pelo caminho mais longo. Com isso, as lideranças político-partidárias, em especial as do PSD que representavam, teriam tempo para negociar, junto aos militares, uma saída política pacífica. Foi quando a "solução" parlamentarista apareceu no horizonte do Congresso Nacional.

Assim, se de um lado o golpe de Estado militar abria caminho para uma guerra civil, por outro, as lideranças do Parlamento começavam a construir uma opção política alternativa, que precisava ser muito bem costurada e, por isso, exigia algum tempo. De toda a forma, desenhou-se para Jango uma saída que não recorria às armas. Algo mais do seu feitio, político negociador que também era. Por isso, certamente, entre o conselho de Brizola e o de Amaral Peixoto, preferiu o último. A viagem seria longa: Paris, Nova York, Cidade do Panamá, Lima, Buenos Aires, Montevidéu e, por fim, Porto Alegre. A bancada do PTB no Congresso foi avisada e apoiou o roteiro de volta.

Enquanto Goulart retornava ao Brasil, o país se mobilizava pela sua posse na presidência da República. Em Porto Alegre foi formado o Comitê Central do Movimento de Resistência Democrática. Calcula-se que perto de 45 mil pessoas se alistaram e muitas receberam revólveres do governo

A POSSE: GOLPE MILITAR E NEGOCIAÇÕES POLÍTICAS

do estado. Também foram distribuídos alguns fuzis e metralhadoras da Brigada Militar. Quem necessitasse poderia ter instruções de tiro. Muitas mulheres participaram das aulas; igualmente conhecidos militantes comunistas.[11] Ao final da crise, consta que todos devolveram as armas. Batalhões foram constituídos para defender Porto Alegre, como o dos ferroviários, bancários, metalúrgicos, estudantes, entre outros.[12] Nas cidades do interior gaúcho, os Centros de Tradições Gaúchas produziram lanças, boleadoras e arcos e flechas. O Rio Grande do Sul convergiu para a defesa da legalidade. Para que se tenha uma ideia, os clubes do Grêmio e do Internacional emitiram documento conjunto defendendo a posse de Goulart.[13]

Mas a defesa da legalidade não se restringiu a esse estado da federação. Amplos setores da sociedade brasileira se mobilizaram. A começar pelas Forças Armadas, que aprofundavam sua divisão, enfraquecendo o poder efetivo e simbólico da Junta Militar. Centenas de oficiais militares se apresentaram a seus comandantes declarando-se favoráveis à legalidade. Muitos eram presos, outros liberados. Diversos deles, clandestinamente, foram para Porto Alegre se apresentar ao general Machado Lopes.

Greves de trabalhadores eclodiram em vários estados do país. O resultado foi a unificação de várias categorias profissionais na fundação do Comando Geral dos Trabalhadores, o CGT, um ano depois. A Ordem dos Advogados do Brasil (OAB) e a Conferência Nacional dos Bispos do Brasil (CNBB) se pronunciaram exigindo a manutenção da ordem democrática. Em São Paulo, líderes de diversos partidos políticos formaram a Frente da Legalidade Democrática. No Paraná, na Bahia e em Minas Gerais, milhares de estudantes declararam greve pela defesa da Constituição. A diretoria da União Nacional dos Estudantes (UNE) aderiu à greve geral, e seus diretores foram para Porto Alegre, de onde podiam falar pela Rede da Legalidade.[14] O governador de Goiás, Mauro Borges, juntou-se a Brizola na luta pela ordem constitucional. Ele também criou um Exército da Legalidade, formado por homens da Polícia Militar, por estudantes e pessoas do povo, todos armados.

Entidades religiosas, grupos de intelectuais, representantes dos setores do comércio e da indústria lançavam manifestos exigindo o cumprimento da Constituição. *O Estado de S. Paulo* e a *Tribuna da Imprensa* apoiaram o veto dos ministros militares à posse de Goulart. *O Globo*, logo após a renúncia de Jânio, sustentou a solução legal, mas logo recuou diante do veto dos ministros militares. Com exceção desses três jornais, a imprensa majoritariamente seguiu a solução constitucional para a crise. Avaliando a situação política daqueles dias, causa estranheza análises que afirmam que a posse de Jango nasceu sob o signo de um golpe. Só se considerarmos que a posse de Jango resultou da resistência a um golpe, e por isso conseguiu reunir setores sociais tão diversos. Sem dúvida, as bandeiras da legalidade e da manutenção do processo democrático foram as responsáveis pelo sucesso da campanha em defesa da posse do presidente.

Editorial: Hora grave e solene

A Constituição Federal de 1946 continua presa ao seu destino: ser periodicamente violada. (...) Agora se afirma que as Forças Armadas negarão ao vice-presidente João Goulart o direito que a Constituição lhe assegura de substituir o presidente renunciante. Não discutiremos se esse político tem ou não idoneidade para exercer o cargo, pois isso é matéria própria do período de propaganda eleitoral. A acusação de comunista, que contra ele se levanta, não é mais verdadeira do que a que se formulou contra o sr. Jânio Quadros. Eleito que foi e vagando-se a presidência, deve assumi-la, simplesmente porque ela lhe cabe. As Forças Armadas que meditem profundamente nas consequências da ilegalidade que estão na iminência de praticar. São, aliás, imprevisíveis. Se tudo correr bem, estaremos, no mínimo, fixando o terrível hábito de desacatar frequentemente a grande lei. Coisa própria de republiquetas, não de uma grande nação. E na hipótese pior, ficaremos sujeitos a atos de violência, até mesmo a guerra civil.

(*Folha de S. Paulo*. São Paulo, 28 de agosto de 1961, p. 4)

O Congresso Nacional esteve todo o tempo afinado com as demandas que cresciam e se organizavam na sociedade brasileira. Assim, no dia 29 de agosto, o *impeachment* de Goulart foi posto em votação: a proposta foi

A POSSE: GOLPE MILITAR E NEGOCIAÇÕES POLÍTICAS

derrotada por 299 votos contra o impedimento do presidente. Apenas 14 parlamentares votaram a favor. Até a UDN, partido do governador Lacerda, defendeu o mandato de Goulart. O poder civil queria impor-se ao poder militar. Mas estava difícil. No dia seguinte, 30 de agosto, a Junta Militar emitiu uma nota oficial:

> Na Presidência da República, em regime que atribui ampla autoridade e poder pessoal ao chefe do governo, o sr. João Goulart constituir-se-á, sem dúvida, no mais evidente incentivo a todos aqueles que desejam ver o país mergulhado no caos, na anarquia, na luta civil. As próprias Forças Armadas, infiltradas e domesticadas, transformar-se-iam como tem acontecido noutros países, em simples milícias comunistas.[15]

A crise política era profunda e os ministros militares confirmavam que não aceitariam a presidência com Jango, para eles sinônimo de caos e de comunismo. O golpe militar permanecia armado. Ou se partiria para uma guerra civil ou se encontraria uma saída pacífica negociada. Setores do PSD, do PTB e mesmo de outros partidos políticos já vinham pensando em uma alternativa possível. Como o veto militar estava concentrado nos poderes exercidos pelo presidente da República, a saída encontrada foi a proposta de implantação de um regime parlamentarista. Jango tomaria posse como presidente legítimo que era. Só que, com o parlamentarismo, quem governava era o primeiro-ministro. A Junta Militar precisava ser consultada. Um grupo de generais procurou então o ministro da Guerra, Odílio Denys. Argumentaram que não interessava ao Exército golpes de Estado, menos ainda guerras civis. Que Denys aceitasse a proposta do Congresso Nacional, pois a adoção do parlamentarismo era uma "saída honrosa" para todos. Conseguiu-se, a partir daí, a concordância dos três ministros militares. Faltava a de Goulart.

Existia, de fato, uma emenda parlamentarista em tramitação no Congresso Nacional havia muitos anos.[16] Ninguém nunca a levou muito a sério. Mas nesse novo e dramático contexto, um grupo de políticos do PSD e do PTB foi encarregado de dar uma nova redação ao projeto que, de imediato, entrou em pauta para votação no Congresso Nacional.

1964

Eu estive lá

Afonso Arinos de Mello Franco depõe sobre a emenda parlamentarista em 1982-3

Quando cheguei a Brasília, fui direto para o Senado e vi que o negócio estava feito, era só redigir. A decisão militar estava tomada. San Tiago telefonou para Jango, que se encontrava em Paris: "O Afonso está aqui e estamos pensando em uma solução." Falei com Jango e ele foi muito preciso, muito correto: "Aceito quaisquer entendimentos que sejam acompanhados pelos meus amigos." Para redigir a emenda, nós nos reunimos numa sala no Senado, acho que na minha sala, na Comissão de Justiça — e a luz havia sido cortada. Tivemos que acender velas. Havia umas vinte ou trinta pessoas presentes. Há trechos escritos ora com a minha letra, ora com a letra do San Tiago. Aquilo foi sendo feito com todos dando palpites, até que tomou aquela forma. Não houve falha, tudo funcionou sem infringir a legislação existente.

(Afonso Arinos de Mello Franco, Depoimento, CPDOC/FGV, 1982-3)

O pessedista Tancredo Neves, que fora ministro de Vargas em seu segundo governo, foi encarregado de levar a proposta a Jango. No dia 1º setembro, ele chegou a Montevidéu, onde Jango o aguardava. Mesmo sendo inteiramente favorável a uma saída pacífica e já informado de que se buscava uma negociação política com os militares, Jango se surpreendeu e resistiu à proposta. A conversa com Tancredo Neves não foi fácil. Com o regime parlamentar, ele tomaria posse, mas praticamente sem poderes. Tancredo insistiu. O país encontrava-se fraturado; ameaçado por um conflito armado. A possibilidade iminente de uma guerra civil fez com que aceitasse o regime parlamentarista, mesmo a contragosto. Tancredo ainda fez mais. Persuadiu Goulart a não fazer nenhuma declaração ao chegar a Porto Alegre. Tratava-se de uma exigência dos ministros militares. Evidentemente muito irritado, Jango achou melhor concordar e acabar de vez com aquela situação.[17]

Goulart sabia da gravidade da crise. Resolveu aceitar o parlamentarismo para tomar posse e conduzir o país à tranquilidade constitucional. Na presidência da República, teria outras condições políticas para agir.

A POSSE: GOLPE MILITAR E NEGOCIAÇÕES POLÍTICAS

Pesquisa do IBOPE

Pesquisa do Instituto de Opinião Pública e Estatística (IBOPE) realizada no estado da Guanabara concluiu que 81% dos eleitores desejam que Goulart tome posse no regime presidencialista; 10% no regime parlamentarista, 9% não souberam responder. Entre os eleitores do governador Carlos Lacerda, 69% desejam que Goulart assuma a presidência da República no regime presidencialista.

(Jornal do Brasil. Rio de Janeiro, 2 de setembro de 1961, p.1)

Na noite do dia 1º de setembro, Jango chegou a Porto Alegre. A festa da população gaúcha foi imensa. Na Praça da Matriz a população exigia um discurso, mas Goulart recusou-se a falar, limitando-se a acenar e sorrir. Às 3h30 da madrugada do dia 2 de setembro, a Emenda Constitucional nº 4, também chamada de Ato Adicional, que instituía o parlamentarismo, foi aprovada por 233 votos contra 55. Enfim, Goulart podia tomar posse.

Em Porto Alegre, o clima era de frustração. Muitos jornalistas ficaram revoltados; afinal haviam arriscado suas vidas, ao lado da população do estado, para que ele tomasse posse. Esperavam um depoimento de Jango, sobretudo rejeitando governar sob regime parlamentarista. Mas Goulart limitou-se a escrever uma nota. No texto, dizia que seu desejo era o de identificar-se com os anseios do povo brasileiro, respeitar a Constituição e as leis. No final, terminava com a frase: "Que Deus me ilumine, que o povo me ajude e que as armas não falem."[18]

EU ESTIVE LÁ

O jornalista Flávio Tavares avalia a decisão de Goulart em 2004

Implantado naquelas circunstâncias, o parlamentarismo significava a mutilação dos poderes do presidente da República. Mas, se o mutilado aceitava, por que todos nós continuávamos inflexíveis? Talvez por uma única razão: Jango o aceitava sem dar nenhum tipo de explicação ou justificativa àqueles que, armas na mão e o perigo rondando, haviam tornado possível o seu retorno, anulando na prática a ordem de que ele fosse preso "ao pisar o solo do Brasil". E Jango aceitava porque, com.

1964

> parlamentarismo ou presidencialismo, ele é que ia para a Presidência e teria que enfrentar os problemas que já se mostravam difíceis. (...) Só muito tempo depois, já abrandado o ardor das noites insones da Legalidade em Porto Alegre, quando adentrei no jogo de poder maior do país e conheci o Congresso e as pressões que nele desembocam, fui perceber que Jango Goulart estava muito à nossa frente naqueles dias em que pensávamos que ele retrocedia ao aceitar o parlamentarismo. O golpe frustrado dos ministros militares tinha fragmentado o país e Jango se dispôs a reunir os cacos ou estilhaços e colá-los com paciência, num governo de coalizão, mesmo com o sacrifício dos poderes presidenciais.
>
> (Flávio Tavares. *O dia em que Getúlio matou Allende e outras novelas do poder*, 2004, pp. 214-5)

O governador Leonel Brizola gostou menos ainda da atitude de Jango. Na Rede da Legalidade, denunciou a aprovação da emenda parlamentarista. Para ele, o Congresso Nacional, ao votá-la, perdia sua legitimidade política. Cansado, após dias liderando a resistência democrática, Brizola conversou com Goulart, apresentando seu ponto de vista: Jango deveria marchar liderando o III Exército até Brasília. A seguir, fecharia o Congresso Nacional sob o argumento de que ele violara a Constituição. Depois, convocaria uma Assembleia Nacional Constituinte.

A proposta de Brizola era, para dizer o mínimo, muito ousada. E, tudo levava a crer, não era viável. Ela precisava do acordo do general Machado Lopes, comandante do III Exército, que se posicionou ao lado de Goulart por entender que defendia a legalidade. Por que, então, comandaria o fechamento do Congresso Nacional? Por que, àquela altura, enfrentaria os ministros militares e o Congresso que aceitaram a "solução" parlamentarista? E, se o fizesse, não estaria dando início a uma guerra civil, que ele mesmo e o país inteiro quiseram evitar?

Não importa. Os planos de Jango eram outros. Para ele, o importante era chegar ao poder sem guerra civil, sem derramamento de sangue. Assim, queria assumir a presidência, e só então minar o sistema parlamentarista até reconquistar os poderes presidenciais. Este era seu plano e foi o que fez.

A POSSE: GOLPE MILITAR E NEGOCIAÇÕES POLÍTICAS

Tudo indicava que a crise havia sido contornada, quando Jango sofreu novas ameaças. Boatos diziam que o avião que o levaria de Porto Alegre à Guanabara poderia ser abatido por caças. Tratava-se do que, posteriormente, ficou conhecido como Operação Mosquito. Os ministros militares, contudo, lavaram as mãos diante de um atônito presidente interino, que também foi informado dessa possibilidade. Ou seja, ela certamente era bem mais que um mero boato. Só que o general Ernesto Geisel, chefe da Casa Militar, presente ao encontro entre Ranieri Mazzilli e os ministros militares, resolveu agir. Ordenou que tropas do Exército tomassem as bases aéreas onde estavam os aviões de caça e garantiu o pouso do avião presidencial.[19]

EU ESTIVE LÁ

Ernesto Geisel em depoimento nos anos 1990

Pessoalmente só tive um contato, quando ele [Jango] chegou a Brasília em 1961, de avião, para tomar posse. Houve naquela época alguns problemas com a Aeronáutica. Primeiro foi a "Operação Mosquito", cujo objetivo óbvio seria abater o avião. Depois quiseram impedir o pouso em Brasília, colocando tonéis na pista. Eu reagi dizendo: "Não permito. Já que resolveram dar posse, ele toma posse. Vamos cumprir aquilo com que nos comprometemos." Fui ao aeroporto, de onde foram retirados os tonéis, e esperei o avião. Recebi Jango junto com o presidente Mazzilli e fomos deixá-lo na Granja do Torto.

(Maria Celina D'Araujo e Celso Castro. *Geisel*. Ed. FGV, 1997, p. 148)

Tudo indica que assim ocorreu, embora outras versões aleguem que os sargentos é que sabotaram as aeronaves. Por isso, apenas no dia 5 de setembro Goulart viajou em segurança até Brasília.

3

O parlamentarismo e a estratégia do presidente

No Dia da Independência do Brasil, 7 de setembro de 1961, às 15h, João Goulart tomou posse em sessão solene no Congresso Nacional. O ambiente era de alívio e esperança nos destinos do país. Afinal, diante de gravíssima crise, com feitio de um golpe militar, a sociedade brasileira se mobilizou em defesa da Constituição e da legalidade democrática. O Parlamento também atuou de forma decisiva, encontrando uma saída política para a guerra civil que ameaçava o país.

Em seu discurso de posse, Goulart enfatizou o intuito de conciliar um país esgarçado, mas que, no calor daquela grave hora, conseguira formar uma grande união nacional. Portanto, o momento aconselhava "dissipar ódios e ressentimentos pessoais, em benefício dos altos interesses da Nação". Para o presidente, não havia razão para pessimismo: "A nossa grande tarefa é a de não desiludir o povo, e para tanto devemos promover, por todos os meios, a solução de seus problemas, com a mesma dedicação e o mesmo entusiasmo com que ele soube defender a Lei, a Ordem e a Democracia."[1]

1964

PERSONAGEM

João Belchior Marques Goulart nasceu em São Borja em 1919. Filho de estancieiro, cursou a Faculdade de Direito, mas sua vocação era para os negócios. Em 1945, conheceu Getúlio Vargas, de quem se tornou amigo e afilhado político. Vargas o levou para a política, tornando-o importante personalidade do PTB gaúcho. Em 1947, foi eleito deputado estadual e, em 1950, participou ativamente da campanha eleitoral de Vargas para a presidência da República. Nesse mesmo ano, foi eleito deputado federal. Licenciou-se do cargo e assumiu a Secretaria de Interior e Justiça do estado do Rio Grande do Sul. Mas Vargas, em 1952, indicou-o para a presidência do PTB, preparando claramente um sucessor dentro do trabalhismo. Além disso, em junho de 1953 nomeou-o ministro do Trabalho. Sua gestão foi impactante, sobretudo porque alterou as relações então mantidas entre governo e movimento sindical. Foi nesse momento que a oposição civil e militar ao trabalhismo e ao getulismo descobriu Goulart. Seus críticos criaram imagens extremamente negativas para Jango: seria um homem despreparado, demagogo, manipulador dos trabalhadores, corrupto etc. Sob forte pressão, devido à sua proposta de 100% de aumento do salário mínimo, em fevereiro de 1954 deixou o ministério. Em 1955, candidatou-se a vice-presidente pelo PTB, na chapa encabeçada por Juscelino Kubitschek, sendo eleito com um número maior de votos do que JK. Nesse período, também exerceu a presidência do Senado Federal, conforme mandava a Constituição. Novamente candidato à vice-presidência pelo PTB, em chapa com o marechal Henrique Teixeira Lott (PSD), voltou a ser eleito, mas com a vitória de Jânio Quadros, que se tornou presidente da República. Com a renúncia de Jânio e após grave crise, assume a presidência da República em regime parlamentarista. Em janeiro de 1963, após plebiscito popular, mantém-se no cargo sob regime presidencialista, sendo deposto em março de 1964. A partir de então viveu no exílio, no Uruguai e na Argentina, onde faleceu em 1976. Voltou ao Brasil morto, para ser enterrado em São Borja, ao lado de Getúlio Vargas. Em 2013, seu corpo foi exumado em busca de provas de que teria sido assassinado por envenenamento. Assim, em dezembro desse mesmo ano, foi novamente sepultado, dessa feita, com honras de chefe de Estado.

O PARLAMENTARISMO E A ESTRATÉGIA DO PRESIDENTE

Mas como governar o país sob regime parlamentarista? Era a primeira vez, em toda a história republicana, que o Brasil adotava o regime de gabinete. Algo complexo para os políticos e para o novo presidente, habituados a compor ministérios segundo uma lógica presidencialista. Além disso, a crise político-militar não se dissipara completamente, tanto que as tropas do I Exército, que haviam se deslocado para o Sul, permaneciam em suas posições, aguardando o recuo dos contingentes do III Exército, comandados por Machado Lopes. Até a meia-noite da véspera de sua posse, Jango ainda não havia indicado quem seria o *premier*. Os nomes de Auro de Moura Andrade e Tancredo Neves eram os mais cogitados. Goulart teria declarado que desejava um homem de sua confiança pessoal, um raciocínio presidencialista, pois um primeiro-ministro precisa da confiança de ampla maioria do Parlamento. Sem isso, não pode governar. Tanto que o Congresso havia previsto outra sessão após a posse de Jango, exatamente visando a apreciar o Gabinete.

O regime parlamentarista

O parlamentarismo implica os seguintes procedimentos políticos: por meio de eleições, os partidos políticos elegem suas bancadas para o Parlamento. Um partido pode ter maioria, mas também pode formar aliança com outro partido ou formar uma coligação com vários partidos políticos. Seja como for, o partido majoritário indica o primeiro-ministro. Ele é o chefe de governo. É ele quem indica os ministros de Estado e governa o país. O presidente da República também é eleito, mas não governa. Ele é chefe da Nação, o mesmo ocorrendo quando se trata de monarquias parlamentaristas. Mas o presidente tem uma prerrogativa importante para a estabilidade do sistema político: quando há conflitos entre partidos políticos ou quando o primeiro-ministro perde maioria no Parlamento, o presidente da República dissolve o Congresso Nacional e convoca novas eleições. Assim, os cidadãos votam em partidos políticos de sua preferência que, por sua vez, elegerão um novo primeiro-ministro.

A adoção do parlamentarismo no Brasil foi imaginada em função das difíceis circunstâncias políticas que o país vivia. Esse regime não era desejado nem pela Junta Militar nem pelo Congresso nem por Goulart.

1964

Todos o aceitaram como um mal menor. Seu maior objetivo, impedir a guerra civil garantindo a posse de Goulart, só se cumpria com a diminuição dos poderes do presidente da República. Dificilmente, portanto, poderia ser uma experiência política proveitosa para a vida democrática do país. Ninguém de fato lutava pelo parlamentarismo; todos o combatiam em partes ou no todo.

A começar pelos ministros militares. Durante as negociações para aprovar a Emenda Constitucional nº 4 que instaurou o novo regime, o ministro da Guerra, Odílio Denys, não aceitou o instrumento básico do parlamentarismo: a prerrogativa de o presidente da República dissolver o Congresso Nacional e convocar eleições. Para Denys, Goulart poderia assumir a presidência e, imediatamente, dissolver o Congresso. Dessa forma, conseguiria eleger uma maioria trabalhista, ganhando o controle do Parlamento e anulando os "limites" de sua presidência. A negociação política entre o ministro da Guerra e os parlamentares que conduziram a mudança de regime resultou em um procedimento *sui generis*: o presidente da República poderia dissolver o Congresso Nacional, mas só na legislatura seguinte. Ou seja, Jango teria que conviver com aquele Parlamento, no qual, sabidamente, tinha poucas chances de maioria. Não satisfeito, Denys também exigiu que, em qualquer situação em que se considerasse "risco de segurança nacional", o Congresso poderia votar o *impeachment* do presidente.[2]

Além disso, a Emenda Constitucional nº 4 não delimitava com clareza o que era de responsabilidade do presidente da República e do primeiro-ministro. Era o presidente da República, por exemplo, quem nomeava os ministros de Estado e não o primeiro-ministro, como nos regimes parlamentares conhecidos. O próprio primeiro-ministro não era escolhido pela coligação partidária majoritária no Congresso Nacional, mas sim pelo presidente. Seria, portanto, Goulart que indicaria seu nome, submetendo-o à aprovação dos parlamentares. Daí as especulações da imprensa e da previsão de uma segunda sessão do Congresso, no dia 7 de setembro, visando à formação do Gabinete.

No parlamentarismo instaurado no Brasil, era o presidente da República e não o primeiro-ministro quem vetava os projetos de lei. No entanto, todos os atos do presidente deviam ser referendados pelo primeiro-ministro, o que na prática podia produzir dificuldades e mesmo impasses para o

O PARLAMENTARISMO E A ESTRATÉGIA DO PRESIDENTE

funcionamento do governo. Algo realmente confuso, não se sabe bem se pelas circunstâncias da pressa e/ou da tensão política. De qualquer forma, a falta de clareza da legislação era um limitador para as ações do presidente João Goulart. Isso explica sua resistência inicial em aceitar a proposta e, principalmente, seu claro posicionamento a favor do retorno ao presidencialismo, desde o momento de sua posse. Algo que não era simples e dependeria, em grande parte, do sucesso ou fracasso desse novo e complexo parlamentarismo brasileiro.

DEU NO JORNAL

Plebiscito

O sr. João Goulart manifestou o desejo de que se realize, o mais breve possível, um plebiscito para que o povo responda se aprova o parlamentarismo ou prefere voltar ao presidencialismo. A menos que o Congresso faça novo retoque na Constituição, para emendar o Ato Adicional recentemente promulgado, o plebiscito não poderá ser feito, entretanto, tão cedo. Segundo o Artigo XXII do Ato Adicional, a consulta plebiscitária dependerá da votação de uma lei complementar pelo Congresso; e segundo o Artigo XXV só poderá ser realizada nove meses antes do término do atual mandato presidencial, isto é, em 1965.

(*Jornal do Brasil.* Rio de Janeiro, 7 de setembro de 1961, p. 3)

Plebiscito nacional sobre melhor meio de governo

O deputado Fernando Ferrari iniciou hoje a coleta de assinaturas para apresentar à Mesa uma emenda constitucional, dispondo sobre a realização de um plebiscito nacional, a fim de que o povo se manifeste sobre o sistema de governo que prefere, o presidencialismo ou parlamentarismo.

(*Correio da Manhã.* Rio de Janeiro, 9 de setembro de 1961, p. 7)

Foi, portanto, nesse clima de esperança, mas também de muitas dúvidas quanto ao funcionamento do novo regime, que Goulart organizou seu primeiro Gabinete. Ele foi sugestivamente chamado de "Gabinete da conciliação nacional". O primeiro-ministro foi o pessedista mineiro

Tancredo Neves. Tratava-se de homem de muito bom trânsito político e pertencente ao maior partido do Congresso Nacional, o PSD. Tinha antigas e boas relações com Goulart, tanto que fora o escolhido para "convencê-lo" quando estava em Montevidéu.

No governo, a distribuição dos ministérios obedeceu ao número das bancadas partidárias. O PSD ficou responsável por três ministérios. O partido do presidente, o PTB, com dois ministérios, mesmo número de pastas da UDN. O PDC, PSB e PSP receberam um ministério cada. A montagem do Gabinete demonstrava a intenção de agregar as principais forças políticas do país. Alguns nomes se destacavam: Walter Moreira Salles (PSD), na Fazenda; Ulysses Guimarães (PSD), na Indústria e Comércio; San Tiago Dantas (PTB), nas Relações Exteriores; Hermes Lima (PSB), na Casa Civil; Amaury Kruel na Casa Militar; e Franco Montoro (PDC), no Trabalho e Previdência Social.[3]

A estratégia política conciliadora do presidente, em relação aos partidos políticos que compunham o Congresso, era evidente, e só pode ser compreendida tendo-se em vista as turbulentas condições de sua posse. Ela fora viabilizada, sem dúvida, pela resistência civil e militar expressa pela Campanha da Legalidade, liderada por Brizola com amplo apoio popular, e decisivamente sustentada pelo III Exército. Mas o que muitas vezes as análises sobre esse episódio não ressaltam é o peso que nele teve o Poder Legislativo. Desde o aceite da renúncia de Jânio Quadros, passando pela rejeição do *impeachment* de Jango, até a formulação da "solução" parlamentarista, a ação de importantes lideranças congressuais foi igualmente decisiva. Fazendo-se o que os cientistas sociais chamam de exercício contrafactual, é possível imaginar que, se o Congresso não tivesse se posicionado pela legitimidade de o vice-presidente assumir o Executivo federal desde o dia 25 de agosto, talvez a história fosse outra. Afinal, é bem possível imaginar que Jânio contava não apenas com a rejeição do nome de Goulart entre militares. Sua carta-renúncia esperava, no mínimo, que o Parlamento titubeasse em reconhecer o vice como futuro presidente da República. Contudo, desde o momento em que Ranieri Mazzilli assumiu interinamente a presidência, até a promulgação da Emenda Constitucional nº 4 que instalou o parlamentarismo, o que se viu foi um Congresso defendendo, a seu modo, a posse de Jango. Sem dúvida, porque entendeu que, quer o "retorno" de Jânio, quer o impedimento de Jango significavam

O PARLAMENTARISMO E A ESTRATÉGIA DO PRESIDENTE

uma diminuição de seus próprios poderes. No primeiro caso, porque abdicariam de tais poderes; no segundo, porque estariam se submetendo ao poder das armas da Junta Militar.

Em síntese, naquelas circunstâncias, Jango era a alternativa menos ameaçadora para o Legislativo, sobretudo quando negociada a saída parlamentarista. Do ponto de vista dos parlamentares do Congresso Nacional, a defesa da posse de Goulart, não só evitava uma guerra civil de desdobramentos imprevisíveis como garantia seus próprios poderes, igualmente ameaçados pela crise. Daí a frente suprapartidária que se formou, embora não sem fissuras dentro dos partidos, sendo o posicionamento do líder udenista Carlos Lacerda o exemplo mais paradigmático. Goulart, portanto, assumiu a presidência com apoio dos grandes partidos do Congresso, com destaque do maior deles, o PSD.

Assim, não se deve estranhar o esforço conciliador do presidente para compor com diversos partidos políticos, sobretudo nesses momentos iniciais, como ainda ocorre em algumas análises sobre o governo Goulart. Especialmente, não se deve estranhar o lugar que o PSD ganhou e que se traduziu pela escolha do primeiro-ministro, Tancredo Neves. Aliás, para avaliar a importância desse partido, é bom conhecê-lo um pouco melhor. Para Lucia Hippolito, autora de um dos primeiros e mais férteis estudos sobre o PSD, esse partido pode ser considerado o fiador da liberal-democracia brasileira dos anos 1945-64. Ele foi, durante todo o período, o partido mais solidamente organizado em termos nacionais. Tinha diretórios políticos e grandes lideranças em praticamente todos os estados da federação. Criado no fim do Estado Novo, sob as bênçãos de Vargas, o PSD elegeu todos os presidentes da República desde 1945, exceto Jânio Quadros. Para tanto, estabeleceu alianças, em especial com o PTB, outro partido getulista. A dobradinha PSD-PTB foi duradoura e bem-sucedida em inúmeras eleições, inclusive para executivos estaduais.

Nesse sistema partidário, segundo Lucia Hippolito, o PSD estava instalado no que se considera o "centro político". Vale dizer, sua força repousava, de um lado, em seu vigor eleitoral e, de outro, em sua capacidade de atrair e equilibrar tendências políticas, situando-se longe de posições radicais.[4] Sendo o partido dominante até, pelo menos, o início da década de 1960, não se interessava por conspirações contra o regime democrático ou qualquer tipo de rompimento institucional. Ao contrário, tinha um perfil conser-

1964

vador, mas moderado e apostava nas negociações políticas. Justamente por isso, preocupava-se em não apoiar teses consideradas antidemocráticas e antipopulares, estando aberto ao diálogo. Homens como Juscelino Kubitschek, Amaral Peixoto, Tancredo Neves e Ulysses Guimarães são exemplos paradigmáticos de lideranças pessedistas: conservadores, mas não reacionários ou golpistas.

Ao longo de sua trajetória, por exemplo, o PSD manteve as conquistas sociais da legislação trabalhista, apoiou a criação de empresas estatais estratégicas para o país, além de mostrar-se disposto a discutir questões polêmicas, como a própria reforma agrária, desde que fosse moderada e com algum tipo de indenização ao proprietário. Em toda a experiência liberal-democrática de 1946-64, o PSD teve maioria no Congresso Nacional e, em aliança com o PTB e partidos menores, garantiu a estabilidade política do regime. Jango, inclusive, vale recordar, foi duas vezes eleito vice-presidente em chapas encabeçadas por pessedistas: JK, em 1955, e o marechal Lott, em 1960. Por fim, o PSD claramente lutou por sua posse em 1961.

Portanto, pode-se mesmo aventar que Goulart não tinha praticamente alternativa quando assumiu a presidência da República, ainda mais em um regime parlamentarista. Ele precisava manter o apoio do Congresso Nacional, e o PSD era então o maior partido do Parlamento. Além disso, o PSD já dera sinais de que estava disposto a negociar as reformas de base, fundamentais na plataforma política do PTB e no programa de campanha de Jango quando das eleições para a vice-presidência em 1960. A estratégia política de Goulart foi, então, a de reforçar os vínculos de seu partido, o PTB, com seu aliado histórico, o PSD. Só a coligação PTB-PSD lhe daria maioria parlamentar. Vale lembrar que a Câmara dos Deputados, eleita em 1958, era composta por 326 parlamentares. Naquele momento, 1961, o PSD era o partido que tinha a maior bancada, com 115 parlamentares. O PTB estava em terceiro lugar, com 66 cadeiras. A UDN formava a segunda bancada, com 70 deputados. No total, a coligação PTB-PSD alcançava 181 parlamentares, ou seja, 55,5% das cadeiras, permitindo ao presidente obter maioria na Câmara. Goulart, possivelmente, esperava repetir o sucesso da aliança dos dois partidos, experimentado durante o governo de JK.

No entanto, no início dos anos 1960, o contexto político era inteiramente diverso e a aliança entre trabalhistas e pessedistas não conseguiu

O PARLAMENTARISMO E A ESTRATÉGIA DO PRESIDENTE

ser viabilizada como nos tempos de Juscelino. Muitas e óbvias eram as diferenças, mas algumas delas tinham a ver com alterações que o perfil dos partidos políticos vinha sofrendo.

Os petebistas tiveram que reestruturar seu partido após o impacto do desaparecimento de Vargas. Embora sendo os maiores herdeiros do getulismo, sofreram perdas consideráveis. O trabalhismo deixou de ser exclusividade de sua legenda, pois outros partidos e lideranças dele fizeram uso. Mas o PTB vinha crescendo muito nas cidades, e começava a se interiorizar com mais força. Seus diretórios se multiplicavam em vários estados, com o partido ganhando maior abrangência nacional. Sua plataforma político-eleitoral abraçava o nacionalismo, o trabalhismo e, a partir do final dos anos 1950, o reformismo, ou melhor, as reformas de base.

As reformas de base

Os trabalhistas, com Jango à frente do partido, desde fins dos anos 1950 defendiam um conjunto de reformas econômicas, sociais e políticas que ficaram conhecidas como reformas de base. As organizações nacionalistas e de esquerda adotaram as bandeiras dos trabalhistas. O conjunto de reformas era amplo: a reforma agrária, bancária, fiscal, urbana, tributária, administrativa e universitária. A ampliação dos direitos políticos também fazia parte da pauta reformista, como o direito de voto aos analfabetos e aos oficiais não graduados das Forças Armadas, além da legalização do Partido Comunista Brasileiro. Outra questão importante era o controle do capital estrangeiro e o monopólio estatal de setores estratégicos da economia brasileira. Para os trabalhistas e as diversas esquerdas, as reformas de base permitiriam alterar as estruturas do país, garantindo o desenvolvimento econômico autônomo, livre da dependência estrangeira, e o estabelecimento da justiça social.

Não por acaso, o PTB conquistava e fidelizava um grande eleitorado junto ao movimento sindical urbano e rural. Este último se organizava cada vez mais em vários estados do Sudeste e do Nordeste, desde o governo Juscelino, sendo especialmente sensível à bandeira da reforma agrária. Aliás, desde as eleições de JK, o PTB aproximara-se do PCB, inclusive cedendo sua legenda para candidatos sabidamente ligados àquele partido, desde 1947 na clandestinidade. Também se aproximara do movimento estudantil e de oficiais militares que se identificavam como nacionalistas. Além disso, recebia e dava apoio ao associativismo de suboficiais, como era o caso dos sargentos do Exército. Todo esse novo espectro de alianças e eleitores se explicava em grande medida pelas mudanças programáticas que o PTB viveu enquanto Goulart foi seu presidente. Considerando-se tudo isso, ele era um partido bem distinto daquele formado em 1945 para ser uma alternativa, junto aos trabalhadores, a um discurso de esquerda, com destaque o comunista.

Mas o PSD também não era o mesmo. Sobretudo porque via sua posição de partido dominante ameaçada pelo crescimento eleitoral do PTB e da UDN que, pela primeira vez em sua história, se tornava um partido de apelo popular, como a eleição de Jânio Quadros havia demonstrado. De acordo com as pesquisas de opinião, a tendência era a da perda de eleitores por parte do PSD, o que, se não abalava de imediato seu poder no Parlamento, punha o partido de prontidão para um futuro próximo.[5]

Carta de leitores

O sr. Paulo Monteiro escreveu para *Diário Carioca*

O sr. Jânio Quadros era considerado o democrata, o salvador, o redentor, o único homem capaz de transformar a fisionomia do país e tantas outras coisas, que chegou a ter o apoio das classes conservadoras, da elite e, finalmente, da grande massa popular, para acabar em nada. (...) João Goulart é moço, idealista, líder da classe proletária, e, depois de empossado, com o peso da sua responsabilidade poderá se transformar em um presidente ideal para o nosso país, procurando o bem-estar para o povo, o engrandecimento de sua pátria, repudiando as suas qualidades negativas, e mostrando, finalmente, que o seu patriotismo é bem diferente do daquele que tentou lançar o Brasil no caos, ludibriando não só aos seus amigos mais íntimos, senão todos os que lhe confiaram o voto. Se Jânio involuiu para o mal, por que o sr. João Goulart não evoluirá para o bem? É mais uma esperança.

(*Diário Carioca*. Rio de Janeiro, 10 de setembro de 1961, p. 4)

O PARLAMENTARISMO E A ESTRATÉGIA DO PRESIDENTE

Para Goulart, a coligação PTB e PSD era vital. Com tal base política, tornava-se muito mais fácil ganhar a adesão de vários e importantes partidos menores, como o PDC e o PSP, muito fortes no rico e estratégico estado de São Paulo. Só assim poderia isolar a UDN, o grande partido de oposição ao seu governo.

A UDN sempre fora, por excelência, um partido antigetulista e antitrabalhista. Ferozmente anticomunista, os udenistas eram liberais e privatistas no plano econômico, defendendo a abertura do país ao capital estrangeiro e o alinhamento incondicional à política externa norte-americana. Também eram contra as reformas sociais, consideradas comunizantes. Pela mesma razão, opunham-se aos movimentos sociais, em especial às organizações de trabalhadores urbanos e rurais. Mas exatamente por essa plataforma anticomunista e moralizadora da política, a UDN vinha crescendo e se fortalecendo junto às classes médias urbanas. Como outros partidos, tinha várias alas. Uma delas, muito forte e de extrema direita, era liderada pelo então governador da Guanabara, Carlos Lacerda. Ele e seu grupo político já haviam ameaçado abertamente, e com sustentação militar, a posse de Juscelino, o que se repetira, de modo ainda mais temerário, com a posse de Jango. Lacerda era, reconhecidamente, um dos personagens do cenário político mais poderosos no que dizia respeito à desestabilização do regime constitucional do país.[6]

Goulart sabia disso, pois era igualmente um político experiente, que ocupara funções no Executivo e Legislativo de seu estado e do país. Ao assumir a presidência da República, escolheu determinada estratégia e se esforçou por levá-la adiante, pelo menos até fins do ano de 1963. Ele queria unir o centro pessedista e a esquerda trabalhista, conseguindo maioria no Congresso para implementar as reformas de base por via negociada. Desejava e acreditava, inicialmente, que podia conduzir as reformas pela via parlamentar, isto é, por meio de acordos e compromissos políticos firmados entre o PSD e o PTB. Dessa forma, por certo reconhecia que tais reformas não poderiam ser tão acanhadas, como já admitia o PSD, mas também não podiam ser tão profundas, como queriam setores mais à esquerda do PTB.

Cotidiano

Tragédia do Gran-Circus Norte-Americano

Pouco mais de dois meses da posse de Goulart na presidência, a sociedade brasileira viveu grande comoção com uma tragédia ocorrida na cidade de Niterói, então capital do estado do Rio de Janeiro. O Gran Circus Norte-Americano se instalou na cidade com sessenta artistas e 150 animais. A lona pesava seis toneladas, confeccionada de algodão revestido de parafina, material facilmente inflamável. No dia 17 de dezembro de 1961, funcionários planejaram vingar-se do dono do circo ateando fogo à lona. Em apenas cinco minutos, as chamas se espalharam, pegando de surpresa as 3 mil pessoas que assistiam ao espetáculo. O número de mortos durante e depois da tragédia chegou a 872 pessoas, sendo que 70% eram crianças. Foi grande a mobilização da população da cidade para minorar tanto sofrimento. O estádio de Caio Martins transformou-se em base de coordenação de atividades. O presidente Goulart visitou crianças sobreviventes no Hospital Antônio Pedro. Muitos profissionais da área médica, inclusive o jovem cirurgião Ivo Pitanguy, atuaram na recuperação dos queimados. O personagem conhecido mais tarde como Profeta Gentileza também ajudou, consolando os feridos e seus parentes. Durante décadas, Niterói não quis ver um picadeiro.

O presidente talvez estivesse superestimando a capacidade de negociação política das lideranças partidárias e de si próprio, e subestimando a força de alas, dos dois partidos, ou mais conservadoras ou mais radicais. Talvez não pudesse dimensionar as marcas deixadas pela crise que recentemente atravessara. Afinal, os militares não se esqueceriam da postura de Brizola, e os legalistas, dificilmente, da de Lacerda. Mas Jango, tudo indica, concentrava-se nos políticos do PTB e do PSD. Os pessedistas, para ele, eram conservadores, mas não reacionários, como os udenistas. Por isso, ele apostava na possibilidade e disposição de discutirem as reformas de base, inclusive a agrária. Já em relação ao PTB, apostava no peso de seu nome, tão incensado pelo partido, o que também pode ter se revelado um equívoco. De toda forma, sabia que, quer no presidencialismo, quer no parlamentarismo, necessitava de maioria parlamentar. Jango precisava da aliança entre o PTB e o PSD para neutralizar a UDN.

O PARLAMENTARISMO E A ESTRATÉGIA DO PRESIDENTE

Contudo, Goulart enfrentaria muitas dificuldades, a começar pelas criadas dentro do PTB. Para setores mais à esquerda, que saíram fortalecidos do episódio da posse, pela liderança que nele tiveram, essa estratégia foi recusada com veemência. Acordos e negociações políticas com o PSD eram vistos como uma "política de conciliação" indevida, desnecessária, equivocada. Uma perda de tempo; uma falta de força. Para tais setores trabalhistas, aliados a outros grupos de esquerda, o PSD era, sim, um partido reacionário, e negociar com ele, como propunha o presidente, era negociar com a direita. Com certeza, nem todo o PTB se posicionou dessa forma, nem em 1961, nem nos anos imediatamente posteriores. Mas os setores radicais do partido não se enfraqueceram, muito ao contrário.

Ou seja, a posse de Jango não alterou substancialmente um clima de radicalização política que cresceu durante a crise político-militar, tanto dentro como fora do PTB. Esse radicalismo acabou impedindo o desenvolvimento de um debate sério, cujo objetivo fosse, de fato, a busca de pontos de acordo para a formulação de políticas públicas, que eram muito inovadoras e polêmicas. Evidentemente algo, em tese, sempre difícil. Mais difícil ainda em contextos como os vividos no início da década de 1960. Pactos e negociações são práticas políticas que implicam, por princípio, a necessidade de concessões mútuas: é preciso que as partes, primeiro, acreditem no diálogo; em seguida, que estejam dispostas a ceder algo em nome de um entendimento maior. Negociar significa aceitar "soluções", mesmo que não sejam inteiramente do agrado de qualquer das partes. Algo que exige grandeza e vivência políticas, não sendo, de forma alguma, indicador de fraqueza programática. Algo que petebistas radicais, crentes em seu recente sucesso, e pessedistas assustados com o que assistiam não conseguiram realizar. O custo foi altíssimo para todos eles; para Jango, o resto de sua vida. Mas isso eles não podiam ainda saber. Só desconfiar.

4

Direitas em ação

A posse de Goulart na presidência da República restabeleceu a legalidade no país. A nova tentativa de um golpe militar, com apoio civil, fracassara e desgastara os setores golpistas, em boa parte os mesmos que provocaram a crise de agosto de 1954 e a de novembro de 1955. A despeito disso, eles de imediato se rearticularam e começaram a conspirar. Entretanto, constatar esse fato não significa concordar com análises de que o governo Jango nasceu condenado ao fracasso, o que seria sancionar uma visão teleológica da história; quer dizer, imaginar que o fim conhecido de um processo político explica todo o seu curso.

Muito ao contrário. O que se pode verificar é que, em seus dois primeiros anos, ao menos, não havia ambiente propício a golpes e rupturas institucionais. Uma das razões para tanto era justamente o fato de a sociedade brasileira ter passado, recentemente, por experiências frustradas desse tipo. A primeira, em agosto de 1954, resultara da insatisfação dos udenistas em perder as eleições presidenciais em 1950 para Getúlio Vargas. Com o retorno do ex-ditador por meios democráticos, e diante de um governo que abraçava orientações trabalhistas consideradas perigosamente de esquerda, articulou-se a tentativa de tirar Vargas do poder. Mas ela foi abortada pelo suicídio do presidente, seguido de uma inesperada e impressionante reação popular, que se alastrou pelo país.

1964

A segunda tentativa visou a impedir a posse de Juscelino Kubitschek na presidência da República, com o argumento de ele não ter conseguido maioria absoluta na eleição, quando essa não era uma condição prevista pela legislação eleitoral. A intervenção do Exército, em 11 de novembro de 1955, garantiu a legalidade constitucional e, mais uma vez, houve manifestações de diversos setores sociais em prol da continuidade do processo democrático. A terceira tentativa foi a de agosto de 1961, como se viu. Uma crise longa e gravíssima, que levou o país à beira de uma guerra civil. Nos três episódios, os golpistas não conseguiram mobilizar a sociedade para o rompimento da ordem institucional. Do mesmo modo, não tiveram êxito em convencer a maioria da oficialidade das três Forças Armadas a aderir a seu intento. O próprio ministro da Guerra, Odílio Denys, imediatamente após a posse de Goulart, reconheceu que era preciso

> levar em conta o fato de muitos oficiais serem legalistas por índole ou norma, apesar de nada terem com o comunismo. Apesar das Forças Armadas brasileiras estarem bem politizadas e com compreensão de seus deveres, alguns ainda pensavam que devem apoiar qualquer governo.[1]

Um comentário que deixa evidente a importância da bandeira da legalidade para a mobilização de militares, políticos e da população contra tentativas golpistas. Um comentário que igualmente dá a chave dos discursos golpistas daquele momento. Eles buscavam sempre combater o comunismo e os comunistas, enfim, as esquerdas, entendidas como inimigas da pátria e capazes de lançá-la no caos das agitações políticas e sociais. Discurso que não era novo, tendo fortes antecedentes nos anos 1930, mas que ganhava novo ímpeto ante o perigo socializante da Revolução Cubana, que alimentava as inquietações dos Estados Unidos quanto aos rumos dos regimes políticos latino-americanos.

Era preciso, porém, convencer a sociedade e suas lideranças civis e militares de que tal perigo era real para então desencadear ações visando à ruptura da ordem constitucional, em defesa dos chamados ideais liberais das democracias ocidentais. Justamente o que não havia acontecido em agosto de 1961, apesar das alegações e acusações de que Jango era um agitador, um demagogo com tendências comunizantes, que precisava ser impedido, com a liderança das Forças Armadas, de chegar ao poder.

DIREITAS EM AÇÃO

Exatamente o que o editorial do *Jornal de Brasil*, do dia 7 de setembro de 1961, rebate de forma muito clara. Segundo o editorial, mal o presidente tomava posse, a campanha a favor de um novo golpe tinha começado. Para o *JB*:

> Não é necessário demonstrar a falsidade dessa tese, que só atende aos interesses de uma massa falida de políticos e para a nossa vergonha de jornalistas partidários de golpes, arranhões constitucionais, censura à imprensa, prisões etc. Mas é preciso que a opinião pública fique alerta — ela que impediu, em 12 dias de resistência ativa e passiva, que o Brasil se transformasse em uma republiqueta — e que essas manobras sejam, imediatamente, desmascaradas. O Brasil não quer o fidelismo nem o comunismo. E também não quer que alguns indivíduos, em nome da defesa contra o fidelismo e o comunismo, insistam em salvá-lo por meio da adoção de métodos iguais aos do comunismo e do fidelismo. O Brasil quer paz e liberdade para trabalhar. E está farto de conspirações.[2]

Ou seja, era de conhecimento geral — estava na imprensa — que o golpismo continuava articulado e investiria contra o governo Jango. Algo que a sociedade brasileira não mais desejava, após tantas crises traumáticas. Portanto, se de um lado o momento era propício ao encaminhamento de uma estratégia conciliadora, como a proposta pelo presidente, de forma alguma era empecilho para a reestruturação de um núcleo conspirador de extrema direita, cujo objetivo era a desestabilização e a derrubada do governo Goulart. No Exército, os nomes de maior destaque eram os do próprio Odílio Denys, acompanhado dos generais Cordeiro de Farias e Golbery do Couto e Silva. Entre os políticos civis, o grande nome era Carlos Lacerda, mas havia muitos outros udenistas em São Paulo e outros estados, vários deles com estreitas ligações com setores empresariais. Contudo, sob o impacto do ocorrido em 1961, constituíam um grupo minoritário, sem maior ressonância na sociedade brasileira. Segundo o historiador Rodrigo Patto Sá Motta, naquele contexto, os movimentos conspiradores se limitavam a "confabulações de grupos radicais à margem do processo político".[3]

1964

Personagem

Carlos Frederico Werneck de Lacerda nasceu em Vassouras em 1914 e era filho do deputado federal Maurício de Lacerda, socialista ligado às lutas dos trabalhadores desde a Primeira República. Seu nome foi escolhido em homenagem a Karl Marx e Friedrich Engels. Carlos Frederico, nos anos 1930, aderiu ao Partido Comunista do Brasil e à Aliança Nacional Libertadora (ANL), tendo indicado o nome de Luís Carlos Prestes como seu presidente de honra. Expulso do PCB, tornou-se ferrenho anticomunista e antigetulista. Com a democratização de 1945, percebeu que o lugar ocupado pela extrema direita no Brasil estava vago, desde que Plínio Salgado, grande líder integralista, perdeu prestígio nos anos do pós-Segunda Guerra. Atuando na UDN, ele ocupou esse espaço, envolvendo-se nas principais crises políticas do país. Sempre defendendo golpes militares e alternativas antidemocráticas, liderou a campanha que resultou no suicídio de Getúlio Vargas; tentou suspender as eleições presidenciais de 1955; foi protagonista da tentativa de golpe para impedir a posse de Juscelino Kubitschek; esteve no centro da crise que resultou na renúncia de Jânio Quadros; e participou ativamente da conspiração contra o presidente João Goulart. Em 1964, foi um dos líderes civis do golpe. Porém, foi cassado pelos militares, assim como JK e Jango. Por isso, tentou a eles se aliar, compondo a Frente Ampla, rapidamente fracassada. Seu estilo verbal era extremamente agressivo, recorrendo a insultos, ofensas e calúnias para atacar os adversários, razão pela qual se tornou conhecido como o "Corvo" e o "demolidor de presidentes". Faleceu no Rio de Janeiro em 1977.

Mas tais "confabulações" tinham enraizamento em organizações muito atuantes desde os anos 1950. Entre elas, o Instituto Brasileiro de Ação Democrática, o IBAD, fundado em 1959. Esse instituto, por meio de sua revista e de outros meios de comunicação, divulgava mensagens fortemente anticomunistas, criticando também a atitude moderada da imprensa contra o "esquerdismo", como foi o caso da campanha contra o *Jornal do Brasil*. No entanto, ia muito além, recebendo fundos de empresas privadas brasileiras e dinheiro da CIA (Central Intelligence Agency) norte-americana — o que era uma absoluta ilegalidade, segundo a legislação brasileira —, para financiar candidaturas de políticos conservadores. Segundo levantamento de René Dreyfuss, várias empresas multinacionais contribuíram para o IBAD, entre elas a Shell, a Esso, a Bayer, a IBM, a Coca-Cola, a Souza Cruz, a General Motors, entre muitas outras.[4]

O IBAD agiria em conjunto com o Instituto de Pesquisas e Estudos Sociais, o IPES, praticamente desde sua fundação, em novembro de 1961, com ramificações pelo território nacional, entre setores empresariais, políticos e militares. O IPES foi criado após a posse de Jango, por empresários do Rio de Janeiro e de São Paulo; mas somente durante o ano de 1962 começou a unificar os interesses do empresariado dessas duas importantes cidades.[5] Do mesmo modo que o IBAD, o IPES tinha apoio de grandes corporações americanas e de grupos privados nacionais. O próprio IBAD era um canal para a transferência de fundos multinacionais para o IPES que, em função de seus recursos, patrocinava grande variedade de atividades, organizações e instituições, entre as quais partidos políticos, sindicatos rurais, grupos do movimento estudantil e setores do clero brasileiro, quando afinados com seus objetivos.

O principal desses objetivos, em seus próprios termos, era disseminar os valores do capitalismo, do livre mercado e do anticomunismo na sociedade brasileira, para enfrentar as ideias esquerdizantes que, segundo suas avaliações, avançavam perigosamente no país desde o governo de Juscelino, ganhando força inequívoca com a presidência de Goulart. Com suas bases no setor empresarial e militar, em especial na Escola Superior de Guerra (ESG), o IPES, em 1962, fazia parte de uma rede de organizações congêneres, existente na América Latina a partir de meados dos anos 1950. Dedicadas a manter a "liberdade política e econômica", elas eram coordenadas por agências norte-americanas como o Latin American Information Committee (LAIC) e o Committee for Economic Development (CED).[6]

Segundo o industrial paulista Paulo Aires, um dos fundadores do IPES, alguns empresários não concordavam inteiramente com as pregações da instituição:

> Sua concepção de economia livre e aberta não foi bem recebida pelos industriais ineficientes, que já estavam perturbados com o número crescente de companhias estrangeiras que vinham introduzindo no Brasil técnicas avançadas e marketing agressivo.[7]

1964

Ou seja, como o estudo de Dreifuss corrobora, havia dificuldades de entendimento no interior do grupo de empresários industriais e financeiros, e entre eles e setores ruralistas. Isso se devia, em grande parte, ao fato de os dirigentes do IPES, mesmo se opondo à proposta de reforma agrária dos "setores trabalhistas-esquerdistas", reconhecerem que este era um tema que ganhara a "imaginação de grandes segmentos da população", a tal ponto que era necessário não ser radicalmente contra ele.[8] Como se vê, para setores mais nacionalistas do empresariado (os "ineficientes") o IPES era muito radical, no sentido do que se chamava de entreguismo, enquanto para setores ruralistas, ferozmente contra a reforma agrária, ele era pouco radical.

Os dirigentes do IPES souberam usar a mídia. Recorreram a empresas de relações públicas e de propaganda e se articularam com importantes jornais, rádios e televisões. Produziram amplo material de divulgação e publicidade, como colunas de jornal, livros, cartilhas, manifestos e panfletos que se espalharam pelo país entre 1962 e 1964. Interfeririam diretamente em assuntos políticos, sobretudo pelo financiamento ilegal de candidaturas nas eleições de outubro de 1962. As denúncias de envolvimento de capital estrangeiro nessas eleições, inclusive, fizeram com que a Câmara dos Deputados criasse uma CPI para investigar o IBAD e o IPES. Após as investigações, o IBAD, em setembro de 1963, foi fechado por ser considerado culpado de corrupção política. Mas o IPES foi absolvido, nada tendo sido encontrado contra sua atuação.[9] Como se pode imaginar, mesmo antes da CPI, os cuidados no recebimento e na utilização de recursos eram muitos, tendo redobrado a partir de então.

De início, não havia no IPES projetos que explicitamente visassem a derrubar o presidente da República ou dar franco apoio a golpes militares. Houve notícias de que alguns empresários mais radicais já estavam estocando armas e mantendo contatos com militares golpistas.[10] Mas esses empresários e militares eram então extremistas minoritários. Algo que se alteraria, por completo, entre 1961 e 1964.

DIREITAS EM AÇÃO

Texto explicativo do filme: *IPES — Omissão é crime.*

O Brasil vive momentos difíceis. As manifestações populares tornam-se cada vez mais agressivas. A inquietação atinge os meios rurais. Os demagogos agitam a opinião pública enquanto a inflação desenfreada anula os melhores esforços dos brasileiros. Sobre a crise econômica e social desenvolve-se uma crise política. O governo está indeciso. (...) Nós os intelectuais, nós os dirigentes de empresas, nós os homens com responsabilidade de comando, nós que acreditamos na democracia e no regime da livre-iniciativa não podemos ficar omissos enquanto a situação se agrava dia a dia. A omissão é um crime. Isolados, seremos esmagados. Somemos nossos esforços. Orientemos no sentido único a ação dos democratas para que não sejamos vítimas do totalitarismo. E é justamente para coordenar o pensamento e a ação de todos aqueles que não querem ficar de braços cruzados diante da catástrofe que nos ameaça que é necessário criar um organismo novo (...). O Instituto de Pesquisas e Estudos Sociais tem essas finalidades básicas. (...) A ele caberá executar um plano que leve a esses objetivos: fortalecimento das instituições democráticas, superação do subdesenvolvimento, estabilização da moeda, moralização e eficiência da estrutura governamental. Mas o IPES não pode ficar em palavras. É preciso agir. (...) Dar um conceito novo à democracia; dar um conceito novo ao desenvolvimento; levar esse conceito aos estudantes; levar esse conceito aos operários; levar esse conceito aos homens do campo. Democracia política é inseparável de democracia econômica e democracia social. Desenvolvimento é elevação do nível de vida da população. É dar um basta à inflação desenfreada. É multiplicar as poupanças e os investimentos em todos os setores da economia. É redistribuição da renda para diminuir as desigualdades geradoras de conflitos. (...) O IPES, portanto, além de nossa colaboração, deverá contar com uma excelente equipe técnica. Uma série de serviços terá que ser criada para que o pensamento elaborado pelo IPES ganhe força na convicção da maioria do povo. Para isso precisamos: propagar as soluções democráticas para o grande público. Todos os problemas devem ser resolvidos dentro da democracia. (...) Depende de nós. Da minha, da sua colaboração.

(Citado em Jango, filme de Silvio Tendler, 1984)

1964

A conjunção de interesses entre o IBAD e o IPES levou-os a um processo de total cooperação. Junto a eles, surgiram igualmente vários grupos anticomunistas, alguns com apoio financeiro das duas organizações. Antes de Goulart tomar posse já existia a Cruzada Brasileira Anticomunista, a Sociedade Brasileira de Defesa da Tradição, Família e Propriedade (TFP), a Liga de Defesa Nacional e o Movimento por um Mundo Cristão. Após a posse de Jango surgiram: a Liga Feminina Anticomunista, a União Feminina Anticomunista, o Centro Cívico do Brasil, os Voluntários da Pátria para a Defesa do Brasil Cristão, a Liga Cristã contra o Comunismo, a Resistência Democrática dos Trabalhadores Livres, a Cruzada Cristã Anticomunista, o Centro Brasileiro da Europa Livre e a Patrulha da Democracia. O Grupo de Ação Patriótica cresceu entre estudantes universitários, sendo importante ressaltar as duas organizações mais conhecidas, o Movimento Anticomunista (MAC) e o Comando de Caça aos Comunistas (CCC).[11]

A quantidade de organizações anticomunistas existentes no Brasil, antes e depois da posse de Goulart na presidência da República, indica, no mínimo, que não se podem subestimar o número e a mobilização dos cidadãos brasileiros que se opunham ao comunismo. Entre tais organizações, como fica evidente, a presença da Igreja Católica era uma tônica. Porém, mesmo a Igreja Católica estava dividida no início dos anos 1960, sendo integrada por várias tendências. Entre elas, segundo Paulo Cezar Loureiro Botas, havia os "ultrarreacionários", então um grupo pequeno. A maioria, em sua avaliação, era formada pelos "conservadores", sendo também numerosos os "moderados", que apoiavam as reformas econômicas e sociais, embora lutassem contra o avanço do comunismo. Por fim, havia a "ala avançada", afinada com as teses das esquerdas.[12]

Em 1961, a encíclica *Mater et magistra*, do papa João XXIII, reconheceu as responsabilidades da Igreja perante os problemas sociais. O documento papal reforçou as posições progressistas dentro da Igreja Católica. Com o Concílio Vaticano II (1962-5), a chamada "Igreja dos Pobres" passou a influenciar parte dos bispos integrantes da CNBB e de leigos católicos. Entre os últimos, a chamada Ação Católica tinha o objetivo de incentivar os leigos a participar do apostolado da Igreja. A Ação Católica coordenava a Juventude Estudantil Católica (JEC), a Juventude Universitária Católica (JUC), a Juventude Operária Católica (JOC), entre outras. A Igreja Católica continuava sendo formada por maioria conservadora, mas a

DIREITAS EM AÇÃO

CNBB e a Ação Católica, durante o governo Goulart, assumiram posições francamente favoráveis às reformas de base. Em 1963, a encíclica *Pacem in terris* aprofundou o engajamento social da Igreja Católica junto aos pobres. Como reação à atuação desse grupo progressista da Igreja, setores conservadores mais radicais reagiram, apoiando fortemente a Tradição, Família e Propriedade (TFP), organização católica leiga de extrema direita. A insatisfação dos conservadores com o engajamento reformista da CNBB e da Ação Católica foi aumentando e ganhando visibilidade.[13]

Portanto, a Igreja, de resto como o movimento sindical e estudantil, onde o IPES procurou e encontrou interlocução, estava dividida. Nela havia pluralidade de tendências, não podendo ser vista como uma instituição homogênea, que atuou no campo golpista, como algumas versões interpretativas desse período consideram. De toda forma, os dados oferecidos por Dreifuss demonstram que o "complexo IPES-IBAD" estabeleceu uma ampla e diversificada rede de aliados e se utilizou de vasta campanha publicitária, difundindo amplamente mensagens anticomunistas. O objetivo era convencer a sociedade brasileira de que ela estava em vias de perder valores como os da liberdade e democracia, pois Goulart tinha o objetivo precípuo de comunizar o país. Segundo o autor, o IPES esteve engajado em ações para conter a sindicalização dos trabalhadores urbanos e rurais; para apoiar o grupo mais conservador na hierarquia da Igreja Católica; para desarticular o movimento estudantil; para combater empresários considerados moderados e até excessivamente progressistas; e para impedir o crescimento das forças reformistas no Congresso Nacional.[14]

Ainda segundo o autor, jornalistas, escritores e artistas de cinema e teatro, "emprestavam seu prestígio" para divulgar as propostas do IPES.[15] Sem dúvida, diversos meios de comunicação, setores do clero, intelectuais e estudantes, além obviamente de empresários e militares, se aliaram ao IPES nessa grande campanha contra o governo Goulart. Contudo, em geral, tal interpretação superestima em demasia o poder da propaganda anticomunista para o desprestígio de Jango e sua derrubada do poder. O IBAD-IPES não deve ser considerado esse grande manipulador da opinião pública, até porque qualquer mensagem precisa fazer sentido para um grupo social, para encontrar ressonância. Nada é mecânico e direto. Sem desconsiderar a importância dessas organizações no ataque a Goulart, pesquisas mais recentes relativizam o peso da propaganda anticomunista

1964

para a crise política da época. A pesquisa, já citada, de Rodrigo Sá Motta demonstra que, até fins de 1963, o discurso anticomunista fez sucesso apenas entre setores que já estavam no que se considerava a extrema direita. Os líderes políticos de centro e mesmo os de direita moderada sabiam que Goulart não era comunista, devendo ser poupado de tais desconfianças, exatamente para que não se aproximasse em demasia das esquerdas, com as quais dialogava, e que obviamente lhe davam sustentação. Esse autor demonstra que, nos primeiros meses de seu governo, o presidente foi bastante elogiado por sua capacidade de negociação. O exemplo citado é o do jornalista Roberto Marinho, proprietário do jornal *O Globo,* identificado como de posição conservadora. De início, ele apoiou a decisão dos ministros militares de vetar a posse de Goulart. Alguns meses depois, contudo, passou a apoiá-lo e, em editorial, considerou-o "uma revelação de comedimento, moderação e prudência", o que era extremamente positivo para a política.[16] O *Correio da Manhã,* jornal conhecido por suas posições legalistas e constitucionais, registrou a mesma tendência, evidenciando o apoio que o presidente estava ganhando, o que colaborava para neutralizar ataques mais duros da direita radical.

Editorial: Olhando para o futuro

O país está vivendo um período de pacificação política e de esforço quase geral em benefício do regime. (...) Seria injusto deixar de reconhecer que para isto muito tem contribuído a atuação ponderada do sr. João Goulart, que tem sido na presidência uma revelação de comedimento, moderação e prudência. Fosse outra a atitude de S. Exª. e a Nação não teria conseguido tão rapidamente recuperar a confiança em si mesma, no seu futuro, em seu desenvolvimento pacífico e democrático. (...) A obrigação de todos é ajudar o sr. João Goulart a conduzir-se bem, aplaudindo quando acertar e com ele manter as relações e os diálogos que o serviço do Brasil exige. O sr. João Goulart é o Chefe do Estado e nesta qualidade deve ser considerado e respeitado por todos os brasileiros e, especialmente, pelo que dispõem de outros mandatos populares, tão autênticos e dignos de reverência como do próprio presidente da República.

(*O Globo*. Rio de Janeiro, 12 de abril de 1962, 1ª página)

DIREITAS EM AÇÃO

> **Editorial: Brasileiros nos Estados Unidos**
>
> Durante muitos anos combatemos o sr. João Goulart e a política do sr. João Goulart. Em setembro do ano passado, no momento da crise constitucional, advogamos sua sucessão à presidência da República. Mas não nos inspiraram, para tanto, preferências pessoais ou interesses partidários. Nossa atitude foi ditada pelo fato de que o sr. João Goulart tinha o direito certo e líquido de suceder ao presidente demissionário. (...) Desde então, muita água correu rio abaixo. Assistimos a muitas conversões (...) O sr. João Goulart mudou muito, e não para pior. Ainda continua preso nas redes do empreguismo trabalhista. Mas deixou de instigar a intranquilidade social. Registram-se manifestações ponderadas e sensatas. O presidente da República é hoje um elemento de equilíbrio.
>
> (*Correio da Manhã*. Rio de Janeiro, 6 de abril de 1962, p. 6)

Como não poderia deixar de ser, Jango permanecia estreitamente vinculado às suas bases trabalhistas. Mas, como a imprensa em geral reconhece, ele estava se dedicando a manter a esquerda mais radical afastada do poder, "não instigando a intranquilidade social", no dizer do *Correio da Manhã*. O próprio Dreifuss admite que, com todo o seu poder financeiro e sua máquina publicitária, o IPES não estava alcançando seu objetivo de desacreditar as ações do governo perante a opinião pública. Ou seja, mesmo com toda a propaganda contra a proposta governamental de reforma de base, em especial a agrária, engrossada pelas ameaças de comunização do país, o presidente governava com apoio da sociedade.[17] Um episódio importante, que atesta tal avaliação, são os resultados das eleições parlamentares e para governadores de alguns estados em outubro de 1962, como Miguel Arraes (PE) e Ildo Meneghetti (RS). A despeito de toda a campanha anticomunista e dos milhões que financiaram candidaturas ligadas ao IPES, os setores identificados como de centro e de esquerda foram amplamente vitoriosos no pleito. Quer dizer, o governo parlamentarista de Jango, com todas as dificuldades trazidas pelo novo regime, estava conseguindo funcionar; mais ainda, estava obtendo resposta favorável da população, como os votos dados aos seus aliados evidenciavam.

1964

Não é casual, por conseguinte, que um dos mais importantes dirigentes do IPES da época, o general da reserva Golbery do Couto e Silva, também concluísse que, apesar dos esforços políticos e financeiros despendidos naquele pleito, "havia uma constante tendência esquerdista-trabalhista no eleitorado", difícil de vencer. Sendo assim, para ele, se os meios persuasivos não surtiam efeito, as "soluções teriam que ser impostas" de outra maneira.[18]

PERSONAGEM

Golbery do Couto e Silva nasceu na cidade de Rio Grande (RS) em 21 de agosto de 1911. Em 1927, iniciou sua trajetória militar ingressando na Escola Militar do Realengo, no Rio de Janeiro. Serviu na Segunda Guerra Mundial como oficial de informações. De volta ao Brasil, foi crescendo na hierarquia militar e consolidando uma imagem de prestígio entre seus pares. Como tenente-coronel, foi adjunto da Escola Superior de Guerra (ESG), em 1952. Com suas concepções de geopolítica, foi um dos mais importantes ideólogos na construção de uma doutrina de segurança nacional, que se tornou o eixo político principal da ESG. Ao longo dos anos 1950, aumentou sua participação política, chegando a ser chefe de gabinete da Secretaria Geral do Conselho de Segurança Nacional de Jânio Quadros. Logo após a posse de João Goulart, o coronel Golbery reformou-se com patente de general. Na reserva, em 1962 tornou-se um dos líderes do Instituto de Pesquisas e Estudos Sociais (IPES), órgão que teve ativa participação na conspiração que terminou no golpe militar de 1964. Nesse mesmo ano, foi nomeado chefe do recém-criado Serviço Nacional de Informações (SNI). Atuou como ministro do Tribunal de Contas da União, durante o governo Costa e Silva, e ministro-chefe do Gabinete Civil nos governos de Geisel e Figueiredo. Foi um dos principais articuladores do processo de reabertura política "lenta e gradual". Faleceu em São Paulo, no dia 18 de setembro de 1987.

5

O PTB e o avanço das esquerdas

O suicídio de Vargas é, sem dúvida, um dos acontecimentos mais dramáticos e importantes da história política do Brasil. Um de seus desdobramentos foi forçar um rearranjo no sistema partidário montado no pós-45, uma vez que este tinha no getulismo um divisor de águas. Os partidos haviam se formado com ou contra Vargas. Ele se constituía em uma força política paralela, ao mesmo tempo independente e concorrente, que extrapolava os próprios partidos. Mas o impacto da morte de Vargas atingiu particularmente o PTB, o maior herdeiro dessa liderança carismática.[1] Apenas para se ter uma ideia da dimensão desse fato no interior do partido, nas primeiras eleições que se seguiram ao suicídio, em outubro de 1954, no Rio Grande do Sul, Jango — o ex-ministro do Trabalho de Getúlio e então presidente do Diretório Nacional do PTB — não foi eleito para o Senado. Sinal evidente, não sendo o único, de que o partido não conseguira converter o suicídio em votos e precisava reestruturar-se para se tornar bem-sucedido eleitoralmente.

Foi o que se procurou fazer, sob o comando de Goulart, então sua maior liderança. Embora muito dividido por disputas internas, o PTB investiu em duas estratégias fundamentais: expandir seus diretórios em vários estados da federação, inclusive em municípios rurais, até aquele momento,

1964

quase inteiramente controlados pelo PSD; e lutar pelo monopólio do apelo getulista, reinventando um trabalhismo sem Vargas. Tarefa nada fácil, a que o PTB se aplicou, com bastante sucesso, na década que vai de 1954 a 1964. Nesse período, ele cresceu e se interiorizou, ganhando grande número de novos eleitores. Alguns indicadores comprovam isso. Após as eleições parlamentares de 1962, o PTB tornou-se a segunda maior força eleitoral no Senado e na Câmara dos Deputados, atrás apenas do PSD, mas suplantando a UDN. Em pesquisa realizada pelo IBOPE sobre taxas de identificação partidária nas oito principais capitais do país, o PTB alcançava 29%, enquanto a UDN tinha 14% e o PSD apenas 7%.[2] Números que evidenciavam uma nova tendência no que se chama fidelização de eleitores, apontando o PTB como grande partido popular do país, além de indicar que seu maior concorrente era a UDN. Esse partido também buscava renovar-se, voltando-se para estratégias de campanha que atingissem um eleitorado menos elitizado. A vitória de Jânio Quadros, com sua vassoura, atestava o sucesso dessa nova estratégia de "popularização" do partido.

Nessa década, de forma sintética, mas correta, pode-se dizer que o PTB deu uma guinada à esquerda. Na avaliação de Maria Celina D'Araujo, o partido esteve afinado com o debate ideológico da época, acompanhando ideias que se difundiam pela América Latina e encontravam grande acolhida nas esquerdas brasileiras. Para a autora, "trata-se do discurso nacionalista que, de maneira geral, atribuía as dificuldades dos países sul-americanos às pressões econômicas e aos interesses 'imperialistas' da América do Norte".[3] Desde fins dos anos 1950, os trabalhistas lutavam para que o Brasil alcançasse autonomia política e liberdade econômica. Para tanto, como se viu, defendiam um conjunto de reformas econômicas, sociais e políticas que ficaram conhecidas como "reformas de base". Outros partidos e grupos de esquerda adotaram as bandeiras trabalhistas, inclusive as reformas de base, mas até aquele momento não ofereciam potencial de concorrência ao PTB.

Portanto, o PTB tornara-se um grande partido. Mas era um partido com grandes fissuras, a despeito da rigidez que seu diretório nacional utilizava para controlar as crescentes disputas internas por liderança, recorrendo algumas vezes até a expulsão de quadros. Mesmo assim, no Congresso Nacional, entre 1961 e 64, o partido formou importantes grupos parlamentares, comprometidos com as reformas de base. Desde 1956,

76

O PTB E O AVANÇO DAS ESQUERDAS

o PTB já integrava a Frente Parlamentar Nacionalista (FPN). A FPN foi formada por congressistas de diversos partidos, mas com grande atuação do PTB. Cabe também destacar a criação, dentro do partido, do Grupo Compacto, integrado por parlamentares que, mantendo sua autonomia em relação às lideranças de Goulart e Brizola, igualmente defendiam as reformas de base. Outra dessas frentes foi formada em 1963. Tratou-se da Frente de Mobilização Popular (FMP), sob a liderança de Leonel Brizola, que se tornou o principal porta-voz dos grupos de esquerda que lutavam pelas reformas de base, dentro e fora do Congresso, segundo uma proposta radical ou, como se dizia, "na lei ou na marra". Dessa forma, além de Jango, vários outros líderes disputavam o comando do PTB e, sobretudo, lutavam por determinada orientação do trabalhismo. Portanto, antes e durante o governo Goulart houve vários trabalhismos. Nessas disputas, além de Goulart, dois nomes se destacam: Leonel Brizola e San Tiago Dantas.

É a partir de 1958, quando se elege governador do estado do Rio Grande do Sul, que Brizola projeta seu nome em escala nacional. Seu governo foi polêmico, sobretudo no que se refere a políticas públicas voltadas para o desenvolvimento econômico. Sua atitude de desapropriar duas empresas norte-americanas — uma de energia e outra de comunicações — repercutiu de maneira positiva entre outras organizações nacionalistas e de esquerda, mas de forma muito negativa entre os que se colocavam no campo da defesa da livre-iniciativa, o que incluía o capital estrangeiro. O prestígio de Brizola cresceu, alimentado por sua atuação na área da educação, pois então construiu muitas escolas primárias, ginásios, escolas normais e também escolas técnicas. Sua popularidade aumentou ainda mais durante a Campanha da Legalidade, quando garantiu a posse de Goulart. Foi a primeira vez que, no Brasil, uma liderança civil enfrentou abertamente as cúpulas militares golpistas, ganhou sustentação dentro do Exército e foi vitorioso. Tanto que, em 1962, foi eleito deputado federal pela Guanabara, fora portanto de seu estado natal, com uma votação recorde: quase 270 mil votos, o que equivalia a 27% do eleitorado da Guanabara.

Integrando o grupo janguista do PTB durante o governo Goulart, Brizola vai radicalizando suas posições e assumindo a liderança da ala de extrema esquerda do partido, conhecida como nacional-revolucionários. Cunhado de João Goulart, seria, ao mesmo tempo, garantia de apoio e fator de pressão e desestabilização do presidente da República.

1964

Leonel Brizola fala aos estudantes em 25 de novembro de 1961

Sem a eliminação do processo espoliativo não conseguiremos criar as condições necessárias a um desenvolvimento autônomo no Brasil. Ou escolhemos este caminho e conquistaremos a nossa emancipação real, autêntica, ou então estaremos condenados a testemunhar ainda por longo espaço de tempo o quadro que hoje nos enche de terror e de revolta: o de um país novo convertendo-se rapidamente num país de favelados e marginais (...). Emancipação econômica significa em primeiro lugar fazer uma profunda revisão dos termos de nosso intercâmbio internacional. Enquanto continuarmos exportando matérias-primas a preços aviltados e importando bens elaborados a preços continuamente valorizados, submetidos aos acordos, às fraudes, a todo este complexo cipoal de normas e regras que rege o nosso intercâmbio com o mundo exterior, submetidos a uma estrutura econômica-social decorrente desse vaivém do processo espoliativo, dos juros, dos *royalties*, da exportação legal e ilegal de lucros extorsivos, dos investimentos antinacionais e dos tentáculos da exploração e do colonialismo, nossa economia e o homem brasileiro estarão submetidos a um processo de esclerosamento (...). Como pertencemos ao Mundo Ocidental e como a nossa grande corrente de comércio internacional e o nosso maior intercâmbio é com os Estados Unidos, não temos a dizer senão que, ou revisaremos os termos das nossas relações com aquele país, ou continuará a se agravar o processo de empobrecimento do Brasil. (...) Somos, sim, contra um sistema econômico internacional que tem sua sede nos Estados Unidos e que é a fonte, a causa dos sofrimentos, das frustrações e de toda a sorte de deformações da vida dos povos cuja economia domina como é o nosso caso e o de toda a América Latina.

(Leonel Brizola, "Palavras à mocidade do meu país". Citado em Moniz Bandeira. *Brizola e o trabalhismo*. Rio de Janeiro, Civilização Brasileira, 1979, pp. 164-5)

Brizola representava um amplo segmento de esquerda, que definia nacionalismo em associação com um programa de estatização, radicalizando as demandas e os meios para se realizar as reformas de base. Porém, havia outros trabalhismos e havia outras tendências nas esquerdas brasileiras na virada da década de 1950. San Tiago Dantas encarna uma dessas alternativas. Desde 1959 ocupando o cargo de secretário-geral da seção mineira do

O PTB E O AVANÇO DAS ESQUERDAS

PTB, era muito respeitado dentro do partido. Também integrante do grupo janguista, tinha trânsito no PSD e até na UDN, como se viu quando da redação da emenda parlamentarista, em agosto de 1961. Seu trabalhismo, entre outros aspectos, buscava desfazer o que considerava uma errônea identificação entre nacionalismo e estatismo, pois, para ele, não se podia confundir o legítimo intervencionismo estatal em matéria econômica e social com iniciativas contrárias ao regime de livre-empresa, que prejudicassem a estabilidade do mercado, trazendo instabilidade política. Como maus exemplos desse estatismo, citava os altos custos de produção de algumas empresas estatais, os impostos excessivos e a política de câmbio que, de tão complexa, fazia com que o comércio exterior dependesse menos do mercado que de concessões governamentais.

Para San Tiago, essas equivocadas relações entre nacionalismo e estatismo produziam consequências danosas ao desenvolvimento socioeconômico do Brasil, mas eram ainda mais preocupantes em termos políticos. Ele via o crescimento de um autêntico "surto antiliberal e mesmo antidemocrático", que alimentava o radicalismo político dentro de setores da esquerda e também fora deles, ganhando numerosos adeptos entre grupos conservadores e até moderados, que engrossavam a direita e igualmente a tornavam mais radical. A grande tarefa histórica do PTB e do trabalhismo, para ele, era justamente defender o nacionalismo e a democracia, bloqueando quaisquer radicalismos. Por isso, as reformas de base deviam ser implementadas de forma gradualista, tendo a democracia como meio e como fim. Contudo, esse trabalhismo não conseguiria impor-se na conjuntura complexa e radicalizada de início da década de 1960. Tal projeto sucumbiu completamente em 1964, juntamente com o líder que melhor o encarnou. San Tiago Dantas morreu nesse mesmo ano, vítima de um câncer.

Os trabalhismos foram diversos, mais moderados ou radicais, porém, de forma geral, todo o PTB concordava com o aprofundamento de alianças com grupos de esquerda e, sobretudo, em um diálogo com o PCB. Se o PTB era então o grande partido reformista de caráter popular, o maior partido de esquerda marxista era o PCB. Ele também renovara seu perfil. Com longa tradição no país e a liderança carismática de Luís Carlos Prestes, a partir de 1958, o "partidão", como era chamado, reconheceu a importância do regime democrático e a possibilidade da passagem pacífica ao socia-

1964

lismo.[4] Portanto, naquele momento, o PCB tinha um programa político muito próximo ao PTB. Ambos defendiam políticas restritivas ao capital estrangeiro e, principalmente, as reformas de base, em especial, a agrária.

Em momentos de eleições sindicais, militantes comunistas e petebistas, juntos, assumiam o controle das diretorias. Assim, durante o governo Goulart, parte significativa dos sindicatos de trabalhadores urbanos era dirigida por uma aliança entre comunistas e trabalhistas.[5] O Comando Geral dos Trabalhadores (CGT), a grande central sindical, foi o resultado de várias lutas e conquistas de sindicalistas do PTB e do PCB. Essa central sindical, fundada em agosto de 1962, tinha sua direção partilhada por sindicalistas dos dois partidos. O CGT aglutinou sindicatos, federações, confederações e intersindicais, centralizando as decisões a serem tomadas. Seu programa defendia políticas nacionalistas, estatistas e reformistas, a exemplo das reformas de base, da presença do Estado na economia, da defesa das empresas públicas, da estatização de empresas estrangeiras em setores estratégicos da economia, do controle do capital estrangeiro e da remessa de lucros, por exemplo.

Outros partidos de esquerda revolucionária atuaram durante o governo Goulart, embora tivessem menor expressão. É o caso do Partido Comunista do Brasil (PCdoB), dissidência stalinista do PCB, e do Partido Operário Revolucionário-Trotskista (POR-T). Tanto stalinistas quanto trotskistas tinham pouca inserção na sociedade e no próprio movimento operário. Eram partidos muito pequenos. O mesmo ocorria com a Organização Revolucionária Marxista, responsável pelo jornal *Política Operária*, conhecido por ORM-POLOP. Também muito pequena e sem inserção sindical, a POLOP encontrou apoio de muitos professores e estudantes universitários.

O movimento estudantil despertou a atenção dos partidos políticos em geral e ainda mais daqueles que compunham as esquerdas. Era também muito diferenciado internamente. Havia, por exemplo, um significativo grupo de estudantes católicos de esquerda. Muitos deles atuavam na Juventude Universitária Católica (JUC) e na Juventude Estudantil Católica (JEC). Vinculando-se à hierarquia da Igreja, as duas organizações passaram a defender teses cada vez mais esquerdistas. Em 1962, boa parte deles rompeu com a hierarquia e fundou a Ação Popular (AP), organização de esquerda católica que defendia um programa revolucionário. Durante o governo Goulart, dirigentes estudantis da AP, em aliança com o PCB,

O PTB E O AVANÇO DAS ESQUERDAS

elegeram os presidentes da União Nacional dos Estudantes (UNE). Desde então, era comum que os documentos da UNE apoiassem a aliança entre operários, estudantes e camponeses, sendo as reformas de base consideradas apenas uma etapa da revolução brasileira. Em março de 1962, por exemplo, a diretoria da UNE ampliou essa chamada, convidando os "militares democratas" e os "intelectuais progressistas" a lutar pelas reformas.

Nota da diretoria da UNE de 1961

As batalhas que ainda temos a travar, pela Escola Pública, pela Reforma Universitária, pela consolidação da luta anti-imperialista e anticapitalista do povo brasileiro, por uma união operário-estudantil-camponesa cada vez mais efetiva, denunciam a opção irrecusável da luta universitária atual: ou o compromisso total com as classes exploradas ou a aliança com uma ordem social caduca e alienada. Não há meio-termo.

("Declaração da Bahia" — I Seminário Nacional da
Reforma Universitária,
1961, em Paulo César Loureiro Botas. *A bênção de abril:
Brasil Urgente: memórias e engajamento político, 1963-64.*
Petrópolis, Vozes, 1983, pp. 21-2)

Uma das iniciativas do movimento estudantil no governo Goulart foi a criação do Centro Popular de Cultura, o CPC. O texto fundador da organização contrapunha o que chamavam de "arte popular" — a arte para o povo, a arte revolucionária, a qualquer outra manifestação artística, todas elas vistas como alienadas.[6] Os estudantes-artistas do CPC apresentavam sua "arte revolucionária" — como peças teatrais, poesias e músicas — nos congressos de camponeses, nos sindicatos, nas associações de sargentos e nas universidades.

A Igreja Católica, como se viu, estava igualmente dividida. Muitos católicos se identificavam com as ideias de esquerda publicadas no jornal *Brasil Urgente*. O católico que orientava esse jornal era Carlos Josaphat, que expressava as orientações da Ordem Dominicana em São Paulo, fundadas na Doutrina Social da Igreja e no Concílio Vaticano II. Tal grupo era adepto de uma proposta revolucionária anticapitalista, mas alternativa ao comunismo

1964

soviético. *Brasil Urgente* apoiava as reformas de base e criticava a propaganda do IPES, tendo como referência a Frente de Mobilização Popular, organização liderada por Leonel Brizola, formada em 1963 e já mencionada.[7]

Uma das frentes de atenção das esquerdas no período, com destaque da esquerda católica, era o movimento de organização de camponeses, de especial importância no Nordeste, em Pernambuco. Mas havia também exemplos no Rio de Janeiro, Rio Grande do Sul, entre outros estados. As Ligas Camponesas, que surgiram durante o governo JK, foram se tornando cada vez mais ativas no início da década de 1960.

A proposta inicial das Ligas era defender os camponeses da exploração dos latifundiários, conscientizando-os sobre suas péssimas condições de trabalho e procurando esclarecê-los de que tinham direitos a reclamar. Contudo, sua orientação mudou quando Francisco Julião assumiu a liderança do movimento, tornando-o muito mais radical na luta pela reforma agrária. Na época, Julião visitou Cuba e voltou bastante influenciado pela experiência revolucionária que ocorria naquele país. Vale lembrar, também em Pernambuco, a liderança de Miguel Arraes, eleito governador em 1962, o que o transformou em um líder de esquerda de caráter nacional.

PERSONAGEM

Miguel Arraes de Alencar nasceu na cidade de Araripe, Ceará, em 1916. Iniciou sua carreira profissional no Instituto do Açúcar e do Álcool, na cidade do Recife. Em 1937, formou-se em Direito pela faculdade do Recife. Dez anos depois foi indicado para o cargo de secretário de Fazenda do estado de Pernambuco. Em 1950, concorreu à vaga de deputado estadual pelo Partido Social Democrático, tendo conseguido a suplência. Nas eleições de 1954, conseguiu ser eleito deputado estadual pelo Partido Social Trabalhista. Arraes já era conhecido como defensor das lutas dos trabalhadores, principalmente nos canaviais de Pernambuco. Concorreu às eleições para o governo do estado em 1955, perdendo para o general Cordeiro de Farias, mas em 1959 venceu as eleições para a prefeitura da cidade do Recife. Sua gestão voltou-se principalmente para os serviços públicos, como abastecimento de água iluminação da cidade e pavimentação de ruas, beneficiando a popu lação mais pobre. Em 1962, com o apoio do Partido Social Trabalhista,

O PTB E O AVANÇO DAS ESQUERDAS

do Partido Social Democrático e do Partido Comunista Brasileiro, foi eleito governador de Pernambuco com 47,98% dos votos. Arraes tomou duas medidas que beneficiaram os camponeses e suas lutas. Primeiro, determinou que nenhum trabalhador no estado ganhasse menos de um salário mínimo. Segundo, que as forças policiais do estado não fossem utilizadas para reprimir greves de trabalhadores. As duas medidas foram impactantes. A renda dos trabalhadores subiu e, efetivamente, eles passaram a ter direito de greve. Arraes também apoiou as Ligas Camponesas e a sindicalização rural. Seu nome tornou-se conhecido nacionalmente no então disputado campo das esquerdas. Os setores de direita, no entanto, passaram a identificá-lo como comunista. Com o golpe militar de 1964, Arraes foi preso e confinado na ilha de Fernando de Noronha. Libertado devido a *habeas corpus*, sofreu com as perseguições da ditadura. Sem alternativa, exilou-se na Argélia. Com a anistia em 1979, retornou à vida política do país como liderança do Partido Socialista Brasileiro. Foi eleito deputado federal e, em 1986, mais uma vez governador do estado de Pernambuco. Em 1994, foi reeleito governador, falecendo, no Recife, em 2005.

O PTB, em sua estratégia de expansão de suas bases político-eleitorais, também estabeleceu relações com setores nacionalistas e reformistas das Forças Armadas, principalmente do Exército e da Aeronáutica. Nesse sentido, participou ativamente da chamada Frente de Novembro, organização formada em 1955 por militares nacionalistas e militantes trabalhistas, além de sindicalistas de orientação de esquerda. Essa frente foi declarada ilegal e fechada em 1956.

Assim, muitos sargentos da Aeronáutica e do Exército se definiam como janguistas ou brizolistas, havendo igualmente os comunistas. Apresentavam-se como o "povo em armas", reivindicando seus direitos políticos, como o de eleger e ser eleito para cargos legislativos. Em seus clubes e associações, os sargentos indicavam candidatos ao Legislativo federal e estadual, além de prefeituras. Algo que não estava claro na Constituição, havendo interpretações dúbias, tanto a favor como contra sua elegibilidade. O *slogan* desse movimento era "sargento também é povo". Por meio dele, o sargento Antônio Senna Pires candidatou-se a deputado estadual pela Guanabara, distribuindo panfletos nas ruas da cidade. Neles se lia que deveriam ser

1964

eleitos "não só o fazendeiro mas também o camponês; não só o patrão mas também o operário; não só o general mas também o sargento. Basta de deputados que protelam as reformas de base que o povo exige".[8] Nas eleições legislativas de 1962, outro sargento, Antônio Garcia Filho, concorreu para a Câmara dos Deputados pelo PTB da Guanabara, recebendo mais de 16 mil votos, um número expressivo para a época. A quantidade de votos que Garcia Filho obteve demonstrava que ele não tinha sido sufragado apenas por sargentos, mas também por muitos outros eleitores.

Com interesses em comum, sindicalistas do CGT, líderes das Ligas Camponesas, dirigentes da UNE e militantes de organizações de esquerda revolucionária receberam com entusiasmo a participação dos sargentos na vida política do país. A aliança com os subalternos das Forças Armadas abria novas perspectivas para as lutas nacionalistas pelas reformas de base. Para os militantes de esquerda de várias tendências surgia a oportunidade de terem o que ainda faltava para o embate com as forças conservadoras do país: militares em armas. Já para os sargentos, o apoio dos movimentos sociais e dos partidos políticos dava maior peso à sua luta contra as discriminações que sofriam, facilitando o enfrentamento com as cúpulas militares. Contudo, para as chefias das Forças Armadas, o movimento associativo dos sargentos e sua politização eram intoleráveis, constituindo-se em uma quebra da disciplina e da hierarquia.

EU ESTIVE LÁ

Moacyr Félix, secretário-geral do Comando dos Trabalhadores Intelectuais e responsável pela articulação com os partidos de esquerda e o movimento sindical depõe nos anos 1980

Produzimos um sem-número de manifestos a favor das reformas e de mudanças sociais. Comparecíamos a todas as reuniões dos setores progressistas. Procurávamos manter o equilíbrio, mas, se necessário,

metíamos o pau no Jango quando ele conciliava. Agitamos bastante e conseguimos ter filiais pelo país.

(Citado por Dênis de Moraes. *A esquerda e o golpe de 64: Vinte e cinco anos depois, as forças populares repensam seus mitos, sonhos e ilusões.* Rio de Janeiro, Espaço e Tempo, 1989, p. 52)

O PTB E O AVANÇO DAS ESQUERDAS

As esquerdas, portanto, eram muitas, mas dois grandes partidos políticos nela se destacavam, atuando cada vez mais próximos: o PTB e o PCB. Os movimentos sindical, camponês e estudantil estavam bem organizados, não se podendo desconsiderar, também, as esquerdas militares e católicas. Tratava-se de um grupo que se fortalecia como um todo, mas que era recortado por disputas de lideranças, e marcado por cisões quanto às formas de implementação das principais medidas de seu ideário.

João Goulart tinha que se precaver em face do crescimento dos setores radicais de direita, que entre 1961 e 1964 se tornavam cada vez mais golpistas. Porém, tinha igualmente que administrar os confrontos políticos e pessoais no campo das esquerdas. Sua situação era muito difícil e nada confortável.

6

Um presidente em apuros

João Goulart assumiu a presidência em uma situação absolutamente inédita em termos políticos. O parlamentarismo à brasileira, que se montara como condição para que ele tomasse posse, era um regime híbrido, complexo e desconhecido para todos. Como se vê, um imenso desafio para o presidente e seu primeiro-ministro, o pessedista Tancredo Neves. Só que o desafio não se limitava à área política, estendendo-se também à econômica. Nesse caso, não se pode dizer que fosse inédito. Mas, considerando-se a conjuntura como um todo, é possível avaliar que, mesmo que governos anteriores tivessem enfrentado questões econômico-financeiras muito difíceis, não o haviam feito no apagar de uma crise militar que quase chegara a uma guerra civil e, para completar, sob um novo regime político.

Por isso, para melhor dimensionar os problemas econômicos que o governo Jango enfrentou, é necessário saber que eles vinham do período de JK, e que já haviam sido identificados e denunciados pelo presidente Jânio Quadros. No discurso de sua posse, em 31 de janeiro de 1960, Jânio anunciou ao povo brasileiro que "o país estava falido". Segundo inúmeros analistas contemporâneos ao período e posteriores a ele, o presidente diagnosticava uma situação econômico-financeira que era assustadora.

1964

Nos cinco anos anteriores, o papel-moeda circulante no país aumentou de 57 bilhões de cruzeiros para 206 bilhões. A dívida externa alcançou a cifra de 3 bilhões e 435 milhões de dólares. Essa dívida, na verdade, não era tão alta para o patamar que a economia brasileira alcançara nesses últimos anos. O problema era que, do total dela, 2 bilhões de dólares deveriam ser pagos durante o governo de Jânio. E, tecnicamente, não havia como fazê-lo. Em novembro de 1959, por exemplo, o governo Juscelino Kubitschek não pagara mais de 47 milhões de dólares ao FMI, e mais de 28 milhões de dólares ao Eximbank. O país, portanto, estava insolvente e sem ter como pagar as parcelas da dívida externa acumuladas. Esse problema ainda era agravado pelo fato de as exportações brasileiras não terem acumulado dólares suficientes para honrar os compromissos do país. Para isso, muito contribuiu a queda dos preços do café, do algodão e do cacau no mercado internacional. No caso do café, se em 1956 a libra valia 47 centavos de dólar, em 1960 custava apenas 33 centavos.[1]

Em seu discurso de posse, Jânio denunciou os déficits nos orçamentos do governo federal: em 1955, era de quase 39 bilhões de cruzeiros; em 1960, chegava a mais de 193 bilhões. A inflação era outra questão percebida como gravíssima. Tendo-se como marco o número 100 para o ano de 1948, a inflação chegou a 259 em 1955, alcançando a marca 820 em fins de 1959. Era muito! Além disso, para piorar, a carga tributária dos brasileiros aumentara nos últimos anos de 22% para 30%. Não à toa, San Tiago Dantas falaria insistentemente dos impostos excessivos... E, para agravar ainda mais a situação, durante a crise da renúncia de Jânio, os três ministros militares foram responsáveis pela emissão de 58 bilhões de cruzeiros em apenas duas semanas. Esse foi o custo de pôr em movimento a máquina militar para tentar impedir a posse de Goulart. Custou caro a tentativa de ruptura da ordem constitucional: caro, política e financeiramente.

É nesse quadro econômico-financeiro que Jango chegou à presidência da República: o país continuava em gravíssima situação econômica. Em setembro de 1961, as contas públicas permaneciam descontroladas, não se tendo como pagar as parcelas da dívida externa. A inflação chegava ao índice anual de 45%. Uma barbaridade! Como bem avaliou Amir Labaki, "a batata quente que JK passara a JQ chegaria ainda mais pelando às mãos de JG. No governo deste, ficaria estorricada".[2]

Diante da grave crise econômica herdada dos governos anteriores, o Gabinete de Tancredo Neves teve ação rápida. Apresentou um plano de governo ao Congresso Nacional com quatro diretrizes fundamentais:

desenvolvimento econômico, estabilidade da moeda, integração nacional e justiça social. No entanto, como Jânio Quadros havia sinalizado, "a situação do país era de total descalabro". Ao jornal *Correio da Manhã*, o primeiro-ministro afirmou, logo após tomar posse:

> Ninguém espere facilidades. Os primeiros meses deverão ser duros e difíceis. Vencida a crise político-militar, cumpre agora aos homens de responsabilidade do país vencer a crise econômico-financeira e social.[3]

A proposta do primeiro-ministro para enfrentar a crise consistia, basicamente, em um receituário afinado com medidas conservadoras em termos econômico-financeiros da época, mas que buscava evitar a recessão. O controle da inflação e do déficit público era fundamental. Essa orientação, contudo, não devia eliminar o encaminhamento de reformas, inclusive a agrária. Tancredo Neves, em uníssono com Jango, concordava que não bastava dar terras aos camponeses; era preciso pressionar a grande propriedade improdutiva por meio de aumento de impostos, até mesmo para se aumentar a produtividade no campo. Quer dizer, para o bem do Brasil e dos próprios proprietários de terras.

No que se refere às relações exteriores, a orientação assumida foi dar continuidade à política externa independente. Embora muito polêmica — devido ao clima político internacional posterior às revoluções na China e em Cuba —, a sustentação dessa política tinha como argumento a necessidade de ampliar os mercados de exportação dos produtos brasileiros. Um novo tipo de diplomacia, voltada para os interesses econômicos públicos e privados, ganhava terreno no Brasil e no mundo. A China, nesse panorama, emergia como um país absolutamente estratégico, não sendo casual que Jango lá estivesse, na chefia de uma missão comercial, quando da renúncia de Jânio. Por tudo isso, o governo brasileiro manteve essa diretriz, estabelecendo relações diplomáticas com países do bloco socialista e com a própria União Soviética três meses após sua posse.

Assim, na Conferência de Punta del Este, no Uruguai, em janeiro de 1962, o ministro das Relações Exteriores, San Tiago Dantas, defendeu a neutralidade em relação a Cuba, opondo-se às iniciativas de sanções econômicas propostas pelo governo dos Estados Unidos. Também se opôs à proposta norte-americana de que a Organização dos Estados Americanos (OEA)

1964

formasse uma força militar conjunta de vários países para invadir a ilha. Ou seja, o chanceler brasileiro sustentou com determinação uma postura de não intervenção em relação a Cuba, causando profundo desagrado no secretário de Estado norte-americano.[4] A posição brasileira, embora apoiada por amplos setores políticos e sociais, criou tensão entre Washington e Brasília. Logo a seguir, em março do mesmo ano, em Genebra, na Conferência de Desarmamento, a delegação brasileira definiu o Brasil como país não alinhado a nenhum dos dois blocos político-militares.

Editorial: Punta del Este encerrada: Brasil unido

A posição assumida pelo Brasil na Conferência de Punta del Este não pode mais, a partir de hoje, ser objeto de debate. Por isso mesmo: porque é a posição assumida pelo Brasil. Por nosso governo constitucional. Pelo governo brasileiro que é reconhecido pelos governos de todo o mundo. Pelo governo brasileiro como membro da Organização dos Estados Americanos e, acima desta, da Organização das Nações Unidas. (...) Este país é uma democracia — uma grande democracia — e todos os rumos que a Nação se apresta a tomar devem ser objeto de debate democrático. (...) A posição assumida pelo Brasil e seus aliados, determinante de toda a conferência, é agora história. E um grande capítulo da história. Um passo fundamental, definitivo, para a consolidação do sistema interamericano como um conjunto de nações livres que têm exatamente os mesmos objetivos mas que podem, livremente, divergir quanto aos métodos de alcançá-los. Nações livres e aliadas que, divergindo embora, não permitem que essas divergências as separem. Nações verdadeiramente unidas que prezam todas, acima de tudo, a soberania de cada uma. Nações que não temem inimigos mesquinhos. Nações que reconhecem o primado do jurídico sobre o político e do político sobre o bélico. Nações pacíficas, nações democráticas, nações livres, nações soberanas.

(*Jornal do Brasil*, 1º de fevereiro de 1962, 1ª página)

Apesar de todas essas medidas de caráter progressista em termos políticos, foi conservador em matéria econômica. O programa do Gabinete Tancredo Neves sofreu duras críticas. Elas vinham principalmente de lideranças de grupos da esquerda, vinculados a partidos e a movimentos

UM PRESIDENTE EM APUROS

sociais. Na avaliação de tais setores, embalados pelo sucesso da Campanha da Legalidade, o governo Goulart pendia para a direita ao "conciliar" com o PSD. A hora era de reformas mais profundas, alegavam, uma vez que as condições lhes pareciam oportunas.

Tanto que, dias depois do término da Conferência de Punta del Este, o governador do Rio Grande do Sul, Leonel Brizola, desapropriou os bens da Companhia Telefônica Nacional, subsidiária da International Telephone & Telegraph. Essa medida criou novos atritos nas já tensionadas relações entre o governo brasileiro e o norte-americano. Até porque, em 1959, Brizola já havia encampado a Companhia de Energia Elétrica Rio-Grandense, subsidiária da American & Foreign Power, grupo ligado à Bond & Share. Segundo Brizola, como ocorrera com esta empresa de energia elétrica, também aquela do setor de comunicações não realizava os investimentos necessários em infraestrutura para garantir sua capacidade de expansão, visando ao bom atendimento do público. Mas, para o governo dos Estados Unidos, tratava-se de uma expropriação, definida como um confisco ilegal de uma empresa norte-americana.

COTIDIANO

Bat Masterson foi um seriado produzido para televisão pelo canal NBC, entre 1958 e 1961. A série, com 108 episódios, alcançou grande sucesso, chegando ao Brasil em 1961. Gene Barry era o ator que representava Bat Masterson, um herói do Velho Oeste norte-americano. Porém, ao contrário dos tipos mais comuns no *western*, ele era um personagem elegante, de ternos com fino corte, chapéu-coco, gravata e bengala. Exímio jogador de pôquer e sempre cavalheiro com as mulheres, preferia resolver os conflitos com a inteligência e não com o revólver. Mas era um excelente pistoleiro e sua bengala, na verdade, escondia uma espingarda. Apresentada na TV Record, a série foi um grande sucesso, sob o patrocínio do sabonete Cinta Azul. Convidado para apresentações no Brasil, o ator Gene Barry chegou ao aeroporto do Galeão, na Guanabara, em 23 de novembro de 1961, sendo recepcionado por uma multidão. A popularidade de Bat Masterson era tanta que Gene Barry foi recebido pelo presidente João Goulart para uma conversa, em Brasília.

1964

Mais uma vez o governo brasileiro devia tomar posição no embate. Nesse caso, a nacionalização foi aprovada, pois verificou-se que, de fato, não haviam sido feitos investimentos compatíveis com o crescimento da demanda, enquanto as remessas de lucros para o exterior eram substanciais. O grande problema era que, se o país quisesse crescer economicamente, como queria, precisaria de muita energia elétrica e de um sistema de telecomunicações eficiente. Esse era um dilema, já que a produção desses recursos estava, em grande parte, nas mãos de empresas estrangeiras, não engajadas no esforço desenvolvimentista em curso. Em função de tais diagnósticos, Goulart instituiu uma comissão de trabalho, cujo objetivo era planejar a criação de uma empresa estatal de energia: a futura Eletrobras. Uma orientação absolutamente convergente com as diretrizes de política econômica da época, que defendiam a necessidade de o Estado controlar diretamente a produção de bens estratégicos, como petróleo, minerais, energia, aço etc. A independência política do país não se completaria sem sua independência econômica e, nesse longo e difícil caminho, o papel do Estado era incontornável.

Mesmo tendo pouca margem para efetivar propostas reformistas de maior fôlego, devido aos limites impostos pelo parlamentarismo, o Gabinete Tancredo Neves conseguiu aprovar várias iniciativas de caráter nacionalista e estatista. Em outubro de 1961, por exemplo, aceitou a proposta do ministro das Minas e Energia para cancelar as concessões da empresa norte-america Hanna Company, que explorava minério de ferro em Minas Gerais. Nessa empresa, como se sabia de há muito, os mineiros tinham péssimas condições de trabalho, ao que se aliava um sem-número de problemas no contrato de concessão. Assim, a Hanna Company foi estatizada, em nome de sua maior produtividade e do bem-estar dos trabalhadores.

É importante frisar que, nos anos 1950-60, diretrizes nacionalistas e desenvolvimentistas incluíam como complemento necessário políticas de intervenção do Estado na economia e em assuntos sociais. O que se defendia era que apenas com a presença do Estado em setores-chave da economia o país venceria alguns gargalos decisivos, criando condições para investimentos privados (nacionais e estrangeiros) e diminuindo as injustiças sociais. As advertências de San Tiago Dantas e de outros políticos de esquerda não radical sobre os limites dessa intervenção estatal ilustram a delicadeza e complexidade do debate. Era preciso atentar onde e até onde o

UM PRESIDENTE EM APUROS

Estado podia e devia intervir, sem atingir ou ameaçar a iniciativa privada, que se desejava, de fato, estimular. O governo Goulart não tomara posse para fazer uma revolução, muito menos uma revolução socialista. Mas podia conduzir reformas progressistas, de forma negociada, em diversas questões cruciais. Os pactos eram imprescindíveis, mas não deviam impedir avanços, desde que houvesse negociações. Tudo muito difícil. Mais difícil ainda em um contexto instável e propenso à radicalização. É o que vai ficando evidente quando entram em cena os trabalhadores do campo organizados.

Se não bastassem os desafios do parlamentarismo e da gravidade da crise econômica, Goulart ainda teve que enfrentar uma questão política muito sensível: o aumento das lutas no campo. Em processo de organização desde o governo JK, os trabalhadores rurais iriam se tornar atores políticos de grande relevância no início da década de 1960. Seu associativismo crescera e eles realizavam invasões de terras em vários estados: Maranhão, Paraíba, Goiás, Bahia, Rio de Janeiro e Rio Grande do Sul. Em novembro de 1961, em Belo Horizonte, ocorreu o I Congresso Nacional de Lavradores e Trabalhadores do Campo. Com seiscentos delegados vindos de todo o país, estiveram também presentes representantes da classe operária, dos estudantes, intelectuais e políticos, entre os quais o governador de Minas Gerais, Magalhães Pinto (UDN) e o próprio presidente da República, como convidado especial.[5]

Nesse Congresso ficou demarcada uma importante cisão entre os delegados dos trabalhadores. De um lado, o líder das Ligas Camponesas, Francisco Julião, defendia uma bandeira radical de luta, como a única capaz de levar o Brasil e as massas trabalhadoras ao progresso e bem-estar. Em seus termos, "a reforma agrária será feita na lei ou na marra, com flores ou com sangue". Em outras palavras, com ou sem a aprovação do Congresso Nacional. De outro, os líderes da União dos Lavradores e Trabalhadores Agrícolas do Brasil, a ULTAB, dirigida pelo Partido Comunista, escolhiam a estratégia de aprofundar a luta pela sindicalização rural e negociar com o governo a ampliação dos direitos trabalhistas no campo.[6] Mas a despeito das profundas diferenças, ambos os grupos desejavam pressionar o presidente, exigindo dele ações urgentes e efetivas.

No documento aprovado no Congresso — a "Declaração de Belo Horizonte" —, argumentava-se que 28 milhões de brasileiros viviam no campo, enquanto o número de propriedades rurais era de dois milhões. Desse total, 70 mil delas correspondiam a 62,33% da área de cultivo, o que dava a monta do secular processo de concentração da propriedade no campo. A luta contra o monopólio da terra, contra o latifúndio, como se dizia, era identificada como a ponta de lança para se ultrapassar o subdesenvolvimento crônico e a miséria disseminada das áreas rurais. Daí o documento afirmar:

> A reforma agrária não poderá ter êxito se não partir da ruptura imediata e da mais completa liquidação do monopólio da terra, exercido pelas forças retrógradas do latifúndio e o consequente estabelecimento do livre e fácil acesso à terra dos que queiram trabalhar.[7]

A reforma agrária é, assim, um tema central para a compreensão do governo Goulart e do golpe civil e militar que o destituiu da presidência da República. Muitas análises defendem que a resistência dos grupos políticos conservadores às reformas de base, com destaque para a agrária, foi a razão principal para a conspiração. Nessa interpretação, a reforma agrária é vista como uma medida que assombrava as forças políticas do país. Daí seu bloqueio pela força de um golpe civil e militar. Contudo, fontes documentais da época e pesquisas mais recentes mostram que a reforma agrária não era um tema tabu no Brasil de início dos 1960. Ela vinha sendo discutida e aceita de forma muito diferenciada, é verdade, até por setores empresariais. É claro que havia resistências intransigentes. Porém, examinando-se o contexto da época, é impossível afirmar que as reformas de base, até mesmo a agrária, não pudessem ser negociadas de forma alguma.

Em abril de 1961, ainda no governo Jânio Quadros, líderes da Confederação Rural Brasileira e de 21 federações entregaram ao presidente da República um memorial de apoio à reforma agrária. Nesse mesmo mês, o Instituto Brasileiro de Ação Democrática (IBAD) foi responsável por simpósio nacional, composto por especialistas e políticos, para discutir a reforma agrária.[8] Alguns trechos do documento conclusivo do simpósio comprovam que mesmo grupos muito conservadores começavam a entender que algumas alterações na estrutura fundiária brasileira deveriam ser feitas. Tratava-se, para eles, de esvaziar a propaganda comunista que

UM PRESIDENTE EM APUROS

se alastrava no campo. Ignorar o que vinha se passando não era mais uma boa estratégia política para a continuidade do que chamavam democracia ocidental:

> A reforma da estrutura agrária brasileira, atrasada de mais de um século, é uma exigência dos tempos. O desenvolvimento deve subentendê-la. A industrialização deve pressupô-la. (...) Não é possível recuperar o homem do campo no Brasil, isto é, 65% de sua população, sem lhe dar o instrumento por excelência que é a propriedade da terra. (...) A reforma agrária é um instrumento eficaz de democratização e promoção social de que lançam mão hoje os governos dos mais diversos matizes, com maior ou menor sucesso, mas todos obedientes à necessidade de ascensão das massas camponesas, que é uma das constantes de nossa época. A democracia não se exerce no vácuo. O exercício do voto exige certas condições mínimas (...). A miséria, a doença, a subnutrição são outras tantas formas de dependência, incompatíveis com o regime democrático.[9]

Convenhamos, esse é um texto que poderia ter sido escrito por um grupo de orientação de esquerda. Mesmo relativizando seus termos, pelo fato de estar sendo entregue ao presidente da República e, portanto, querer produzir uma boa imagem do empresariado, fica claro que havia margens para alguma transformação no campo, embora elas tivessem que ser muito bem negociadas. Quando o IBAD mencionava uma reforma agrária, evidentemente não estava se referindo às mesmas propostas dos setores de esquerda, ainda mais dos grupos radicais, como era o caso das Ligas Camponesas. Sua ideia de reforma estava afinada com as diretrizes norte-americanas da Aliança para o Progresso, programa lançado entre 1961 e 1969 com o objetivo de promover o desenvolvimento da América Latina, mediante a colaboração financeira e técnica dos Estados Unidos, para que o continente ficasse livre de novas Cubas.

O fato é que a estrutura fundiária brasileira estava realmente muito atrasada. No vocabulário da época, vastos latifúndios improdutivos conviviam com minifúndios que mal alimentavam uma família camponesa. A agricultura, mesmo a de exportação, não conhecia a mecanização em grande escala, não se utilizando colheitadeiras, tratores ou implementos agrícolas. A indústria química também inexistia, o que significava escassez

1964

ou completa ausência de uso de fertilizantes ou dos chamados defensivos agrícolas. O Brasil do campo ainda era o da foice e da enxada. Por isso, a defesa da reforma agrária ia ao encontro de exigências de uma nova racionalidade econômica e de uma nova condição de vida para a população rural.

DEU NO JORNAL:

Militares recomendam ao Gabinete Tancredo Neves prioridade para a reforma agrária

Os ministros militares, em manifestação unânime na última reunião do Conselho em Brasília, recomendaram providências urgentes do governo no sentido de obter do Congresso a votação de uma lei de reforma agrária capaz de atender aos reclamos da opinião nacional, cada vez mais influenciada pelas revelações que se fazem em torno da situação das populações rurais. (...) Os ministros militares não ignoram que organizações como aquelas [Ligas Camponesas e Associações dos Lavradores Sem Terra], tanto no Nordeste como no Sul e no Centro do país, estão sendo ou podem ser utilizadas como instrumentos de agitações políticas, por comunistas e outros grupos interessados em substituir o regime em que vivemos; mas acham que seria erro, de consequências fatais para a segurança do próprio regime, desconhecer que os movimentos camponeses estão tomando corpo e alastrando-se, porque se firmam num fundo de verdade política e social a ser encarado objetivamente pelo governo.

(*Jornal do Brasil*, 5 de fevereiro de 1962, p. 5)

Por isso, a situação do campo era reconhecida como um obstáculo ao desenvolvimento e uma brecha à propaganda comunista, que se beneficiava da real miséria do homem rural. Em tese, a reforma agrária recebia apoios diversos, desde setores da extrema esquerda até da direita radical, o que incluía políticos, intelectuais, empresários, militares e trabalhadores. Algumas vezes, a defesa de uma reforma agrária se articulava à crítica ao parlamentarismo, visto como um complicador para a efetivação de políticas públicas. Assim, a luta por reformas ia se combinando com a luta pelo retorno do presidencialismo.

UM PRESIDENTE EM APUROS

A questão, portanto, não era realizar ou não realizar a reforma agrária. Com tantos e tão diferenciados defensores, estava claro que muitas e muito diversas eram as reformas propostas. O problema era outro: que reforma? E, principalmente, como fazê-la?

Editorial: Reformas, já

O Brasil se acha em condições de superar o subdesenvolvimento. Com suas próprias forças. Há terras em abundância. Mão de obra subutilizada. (...) Agricultura e pecuária capazes de assegurar alimentação para o povo e divisas para o comércio internacional. (...) O atual sistema de governo é uma farsa. Não há autoridade nem responsabilidade. Sob a ameaça dos ministros militares, implantou-se este regime de emergência que não tem condições de funcionar. (...) Restabelecido o governo, impõe-se, de imediato, reconhecer que o surto nacional de industrialização tende à paralisação, pois o mercado interno estaciona. Para aumentar a demanda, precisamos mobilizar a grande maioria da população que vive nos campos, à margem de tudo. Devemos, por conseguinte, realizar, sem mais delongas, a reforma agrária. Não se trata apenas de um imperativo de justiça social. É uma exigência inelutável de caráter econômico.

(*Correio da Manhã*. Rio de Janeiro, 13 de maio de 1962, 1ª página)

As forças políticas em conflito sabiam onde estavam as maiores dificuldades. Uma delas era o parágrafo 16 do artigo 141 da Constituição Federal de 1946: "É garantido o direito de propriedade, salvo o caso de desapropriação por necessidade ou utilidade pública, ou por interesse social, mediante prévia e justa indenização em dinheiro." O parágrafo era bastante claro: terras para a reforma agrária deveriam ser indenizadas, em dinheiro, a preço de mercado, antes mesmo da desapropriação. Para os chamados latifundiários, interessava que a indenização fosse feita dessa maneira. Só assim não oporiam resistência à compra de suas terras pelo Estado. Porém, diversos setores das esquerdas, não apenas os mais radicais, consideravam que indenização "prévia e justa em dinheiro" não era reforma agrária. Era, sim, a abertura de uma negociata de terras que ninguém sabia onde iria dar.

1964

A discórdia era clara e ia se transformando em impasse. As esquerdas, como um todo, inteiramente contrárias à indenização em dinheiro, adotaram a posição que defendia a tomada das terras, improdutivas ou produtivas, sem indenização. Era o "programa máximo" que, para ser efetivado, demandava alterações na Constituição, para sua efetivação dentro da lei. As direitas, também divididas, mas nesse caso reunidas, não aceitavam mudanças na Constituição.

Setores considerados conservadores dentro do PSD, por exemplo, até admitiam negociação em torno do artigo 141. Mas insistiam em dois pontos: as terras produtivas deveriam ficar de fora da reforma agrária e algum tipo de indenização ao proprietário era imprescindível. No PTB, em que crescia o processo de radicalização à esquerda, o "programa máximo" ganhou terreno. O conflito foi inevitável e Goulart não encontrou condições políticas para enviar ao Congresso Nacional um projeto de reforma agrária pactuado, que tivesse condições de ser aprovado por uma maioria de trabalhistas e pessedistas. Sendo assim, nenhum projeto foi enviado, o que agravou a tensão já existente em torno do tema dentro e fora do Congresso.

Em outro cenário, o internacional, a posição de Goulart também não melhorou. Tendo em vista a necessidade de negociar a dívida externa e obter novos empréstimos junto ao governo e bancos norte-americanos, o Itamaraty organizou, em abril de 1962, uma viagem oficial aos Estados Unidos. O ministro da Fazenda, o banqueiro Walter Moreira Salles, e o ministro das Relações Exteriores, San Tiago Dantas, viajaram com Jango. Na base aérea de Andrews, João Goulart foi recebido pessoalmente por John Kennedy.[10] Na Casa Branca, tiveram conversa franca. A agenda de discussões era difícil. Havia a questão da posição brasileira quanto a Cuba. Jango repudiou os regimes marxistas, mas insistiu na defesa da não intervenção militar na ilha e do não alinhamento automático do Brasil com os Estados Unidos. Quanto às nacionalizações de empresas americanas, algo muito incômodo para Kennedy, o diálogo caminhou no sentido do aceite do "princípio de justa compensação". Ele significava que os ressarcimentos pela estatização deveriam ficar no Brasil, sob forma de investimentos em setores importantes para o desenvolvimento do país. Foi a partir desse entendimento que o governo brasileiro começou a estudar a criação da Comissão de Nacionalizações das Empresas Concessionárias de Serviços Públicos (CONESP), que seria efetivada em maio desse mesmo ano.

UM PRESIDENTE EM APUROS

De toda forma, a conversa protocolar foi anunciada como mais que amigável, estendendo-se por horas, quando estava prevista para 15 minutos. Na ocasião, Goulart foi convidado a discursar na Organização das Nações Unidas (ONU) e no Congresso norte-americano. Neste, bem recebido, teve aplausos de um minuto e meio. Explicou as causas da inflação brasileira com base no pensamento da Comissão Econômica para a América Latina, a CEPAL. Demonstrou a grande deterioração dos preços dos produtos primários brasileiros, ante os manufaturados, desde o fim da Segunda Guerra Mundial. O presidente ressaltou que os países latino-americanos não tiveram um Plano Marshall. Goulart também falou da necessidade da reforma agrária e das encampações de empresas estrangeiras no Brasil. E reiterou a política externa independente de seu governo: "O Brasil não integra bloco político-militar algum, sendo que o objetivo maior da sociedade brasileira é o fortalecimento da paz. Acreditamos que o conflito ideológico entre o Ocidente e o Oriente não poderá e não deverá ser resolvido militarmente." Nada que na verdade agradasse aos congressistas. Nada que já não fosse esperado.

Enquanto tudo isso acontecia, técnicos e políticos brasileiros e norte-americanos conversavam sobre os problemas econômicos e financeiros do Brasil. Os assessores dos Estados Unidos insistiam que a alternativa era o país adotar o receituário indicado pelo Fundo Monetário Internacional (FMI). Porém, como se tratava de programa muito ortodoxo, os brasileiros argumentavam que não queriam aplicá-lo, devido às inevitáveis consequências recessivas que traria. De fato, os próprios dirigentes do FMI não acreditavam que Goulart levasse adiante um duro programa de combate à inflação.[11]

Os resultados políticos dessa viagem foram contraditórios. Goulart retornou ao Brasil com grande prestígio. Seu encontro com Kennedy e a maneira amigável como foi recepcionado, inclusive pelo Congresso norte-americano, reduziram as apreensões dos grupos conservadores. Na Casa Branca, ao lado de Jango, Kennedy declarou: "Diga-me o que está precisando, com sinceridade e sem limitações, pois é ponto de honra do meu governo ajudar a fazer do Brasil uma grande poderosa Nação. (...) Hoje, de uma vez por todas, cessam os nossos desentendimentos." Kennedy despediu-se de Goulart chamando-o de "meu grande amigo".[12] Posteriormente, chegou a comentar a boa impressão que teve de Goulart.[13]

1964

> **Editorial: Brasileiros nos Estados Unidos**
>
> O presidente João Goulart foi bem recebido nos Estados Unidos. Conforme as primeiras notícias, ainda incompletas, a recepção superou mesmo aquilo que se costuma chamar de *honras de estilo*. Foi uma acolhida cordial, se não calorosa. (...) E já se fala em vantagens substanciais para o Brasil: quer dizer, em sucesso completo da viagem. (...) Não se pode negar que também houve algo como um sucesso pessoal do presidente João Goulart. Basta lembrar o fato de que ele foi vivamente aplaudido por essa corporação pouco entusiasmada por países estrangeiros e menos ainda por líderes trabalhistas, que é o Congresso dos Estados Unidos. (...) Têm razão os que o receberam tão bem nos Estados Unidos.
>
> *(Correio da Manhã.* Rio de Janeiro, 6 de abril de 1962, p. 6)

O Partido Comunista Brasileiro, fugindo ao tom dominante, criticou duramente João Goulart por sua visita aos Estados Unidos. Em seu jornal *Novos Rumos*, denunciou o presidente como "entreguista" pelo discurso pronunciado na Câmara de Comércio Americana. Por isso, Goulart merecia "a repulsa de todos os patriotas".[14]

Não havia fundamento para acusar de comunista um presidente recebido como aliado pelo governo dos Estados Unidos — e repudiado pelos comunistas brasileiros. Contudo o prestígio político de Goulart não veio acompanhado dos tão necessários recursos externos. De concreto, em termos econômico-financeiros, o Brasil não avançara. Contudo, mesmo com todos esses problemas, o encontro entre os presidentes demonstra que as relações entre os dois governos não foi a mesma durante todo o mandato de Jango. Elas iriam se deteriorar posteriormente.

Argelina Figueiredo tem toda a razão quando conclui que o parlamentarismo foi instituído para impedir que Jango levasse adiante seu projeto de governo e, sobretudo, de reformas. Elas eram conhecidas e já defendidas pelo PTB. No entanto, tal afirmação não deve nos fazer acreditar que mudanças, sobretudo graduais, moderadas e negociadas, estivessem totalmente fora do horizonte político de seu governo. Talvez a maior dificuldade enfrentada por Goulart foi se deparar com um processo de radicalização política, que ganhou seu próprio partido; sua base de apoio por excelência.

UM PRESIDENTE EM APUROS

No caso do PTB e de outros grupos organizados de esquerda, abraçou-se um "programa máximo" de reforma agrária, não se aceitando concessões ou negociações.[15] Leonel Brizola, por exemplo, afirmava que o Congresso Nacional era reacionário, formado por latifundiários e parlamentares eleitos pelo IBAD. Brizola partia do pressuposto de que o Congresso não aprovaria nenhuma reforma agrária. Ele então incitava Goulart a desconhecer o Poder Legislativo, assumindo seus poderes presidencialistas para realizar as reformas, sobretudo a agrária, a despeito da Constituição.

Os problemas de Goulart, ainda no início de seu governo, eram graves e diversos. Setores conservadores de direita, sabidamente, conspiravam contra ele. A situação econômico-financeira do país continuava grave. A manutenção da política externa independente criava animosidades com o governo dos Estados Unidos, o que também era muito ruim. Os dois grandes partidos, cuja aliança poderia lhe dar bases políticas para aprovar algumas das reformas que defendia, afastavam-se um do outro. Tudo era muito difícil. E ainda podia piorar.

7

O parlamentarismo em queda livre

Goulart aceitara o regime de gabinete, desde a crise de sua posse, a contragosto. Como se viu, a adoção do parlamentarismo foi uma solução de circunstância política, embora houvesse parlamentaristas entre os políticos brasileiros e existisse, de fato, uma emenda com essa proposta no Congresso. Considerando-se o momento de sua adoção, pode-se dizer que o novo regime angariava muito mais descontentes do que defensores. Todos os presidenciáveis ao pleito de 1965, como Juscelino Kubitschek, do PSD, e Carlos Lacerda e Magalhães Pinto, da UDN, desejavam o seu fim. Mas o maior opositor do parlamentarismo, por razões óbvias, sempre foi João Goulart.

Só que Jango precisava governar o país, até mesmo para investir contra aquele novo regime que lhe cassara poderes. Sua estratégia implicava algo que, nos regimes de democracia representativa — presidencialistas ou parlamentaristas —, é necessário e desejável: conseguir maioria parlamentar. Desse modo, o presidente buscou, para ampliar sua base política, o apoio do maior partido do Congresso, o PSD. Ele queria unir o centro político, representado pelo pessedismo, com a esquerda trabalhista do PTB. Com a tradicional aliança entre o PSD e o PTB, os partidos menores convergiriam para as propostas encaminhadas pelo governo, e a oposição mais radical seria neutralizada. Esse era o caminho para a realização de reformas negociadas e pactuadas pela via parlamentar.

1964

Nos primeiros meses de seu governo, conduzido pelo primeiro-ministro Tancredo Neves, conseguiu relativo sucesso, dadas as imensas dificuldades iniciais. Basta constatar o apoio da imprensa, como o do *Jornal do Brasil, O Globo* e *Correio de Manhã*. Setores empresariais reforçaram sua política de ajuste das contas públicas, visando a controlar a inflação. A viagem aos Estados Unidos, em abril de 1962, demonstrou que o presidente, apesar de voltar com as mãos vazias, era um líder confiável e respeitado pela grande potência do Norte.

Mas nem tudo que brilha é ouro. O sucesso era relativo. Durante esses oito meses de governo, setores da esquerda — parlamentar ou não — fortaleceram-se e aprofundaram suas demandas por reformas imediatas e radicais. Brizola, Prestes, Arraes e Julião eram algumas de suas lideranças. Se não concordavam inteiramente entre si, cada vez mais se uniam contra a estratégia conciliatória do presidente. Conciliação, para eles, não era algo positivo: um caminho para o diálogo e concessões mútuas. Conciliação era uma categoria de acusação, vista como fraqueza ante as forças reacionárias de direita, que além da UDN de Lacerda passaram a incluir o PSD de Tancredo Neves. Para diversas organizações de esquerda, bem como para expressivos nomes do movimento sindical e estudantil, aquele era o momento de implementar as reformas de base e pressionar Jango.

A radicalização à esquerda estava em curso. De forma sintética, tratava-se de desacreditar o Congresso Nacional — que jamais faria qualquer reforma — e o próprio presidente da República. A alternativa era o que se chamou de ação direta. Quer dizer, lançar mão da mobilização de trabalhadores e estudantes que, nas ruas, com passeatas, comícios, greves, entre outras manifestações, obrigariam os congressistas a aprovar as reformas de base. Bem, desejava-se acreditar que obrigariam...

De outro lado, estavam os setores conservadores, que igualmente caminhavam para a radicalização vendo toda essa movimentação como um plano orquestrado para comunizar o país. As ações do IBAD e do IPES cresceram em 1962. Grupos bem financiados foram formados no interior do movimento sindical e estudantil, considerados estratégicos. A propaganda alertando contra o comunismo, como se mencionou, era também abundante. Além de tudo, em 1962 haveria eleições parlamentares em outubro. Esse era um dos principais objetivos da ação dessas organizações de direita: financiar candidatos, de vários partidos, afinados com as propostas de resistência ao comunismo ou, o que passava a ser o mesmo, de defesa da democracia oci-

O PARLAMENTARISMO EM QUEDA LIVRE

dental. Ou seja, se as esquerdas radicais diziam que o Congresso não faria as reformas necessárias, as direitas, que também se radicalizavam, cuidavam para que o Congresso efetivamente não votasse reforma alguma.

Goulart, porém, precisava aprovar as reformas. Ele também queria recuperar seus poderes presidenciais. Além disso, vivia e sentia o processo de radicalização política, sobretudo dentro de seu próprio partido. Nesse contexto, uma de suas primeiras manifestações de crítica aberta ao parlamentarismo foi o discurso proferido nas comemorações do 1º de maio de 1962. Ele pode ser visto como um ponto de inflexão do governo Goulart.

O momento era simbólico para o herdeiro do carisma de Vargas. Era Dia do Trabalho e a cidade era Volta Redonda. Diante dos trabalhadores da primeira indústria de bens de capital do Brasil, Jango propôs as reformas.[1] Perguntou se o povo, as classes médias e os trabalhadores do campo e da cidade estavam satisfeitos e respondeu: "Minha opinião sincera é de que não." Com o aumento do custo de vida, afirmou, as soluções não podiam demorar: "Chegou o momento de uma tomada de posição mais enérgica." E defendeu as reformas de base. A agrária permitiria que a população rural participasse dos "benefícios da civilização industrial"; a do sistema bancário asseguraria uma "organização de crédito e de financiamento capaz de alimentar o progresso econômico do país"; a eleitoral evitaria "injunções estranhas na formação das assembleias populares". Enfim, o presidente concluiu que só com tais medidas se poderia instaurar no Brasil "uma ordem social mais justa".

Mas foi além. Muito além. Em seu discurso, sustentou a inviabilidade do parlamentarismo e sua incapacidade de conduzir as reformas necessárias ao país. Por fim, propôs algo surpreendente. Que os parlamentares eleitos em 7 de outubro de 1962 tivessem poderes para alterar a Constituição, transformando-se em uma Assembleia Nacional Constituinte.

Jango tinha assessores. Tinha que saber o que estava fazendo. Após tal discurso, o Gabinete liderado por Tancredo Neves não teve mais condições de se manter no poder. Em 26 de junho, ele se desfez. O argumento foi de que os ministros necessitavam se desincompatibilizar para concorrer às eleições de outubro de 1962. Ninguém engoliu essa. Com o discurso do Dia do Trabalho, Jango dava início à campanha de retorno ao regime presidencialista. O parlamentarismo entrava em queda livre. De saída honrosa a bode expiatório em poucos meses de vida.

O discurso de Goulart surpreendeu. Mas também desagradou. Nas esquerdas foi mal recebido, uma vez que a convocação de uma Constituinte implicaria adiar, por prazo longo, qualquer reforma. Nos grupos de direita, propor mudanças constitucionais significava abrir possibilidades indesejáveis, como a ampliação do direito de voto para os analfabetos, entre outras. Até mesmo, vale lembrar, a possibilidade de reeleição do presidente da República.[2] A sugestão não seguiu adiante, mas evidenciou as intenções de Jango.

De toda forma, o discurso do presidente abriu o processo para a sucessão do Gabinete. O nome aventado para substituir Tancredo Neves foi o de San Tiago Dantas. Para as esquerdas, ele era o chanceler que defendeu a política externa independente e a autodeterminação de Cuba na OEA. Era um grande nome do PTB e tinha o respeito do PSD e de outros partidos. Intelectuais, estudantes e trabalhadores lhe davam apoio.

Em junho de 1962, o Pacto de Unidade e Ação (PUA), organização intersindical que unia ferroviários, marítimos, portuários e estivadores, promoveu um comício diante das escadarias do Palácio Tiradentes, no Rio, para defender a indicação de San Tiago ao cargo. O líder sindical Oswaldo Pacheco considerou-o

> capaz de enfrentar com a necessária energia a luta contra os sonegadores de gêneros alimentícios, de pôr fim à onda aumentista e de se colocar no lado da maioria da Nação, tomando as medidas necessárias para realizar a reforma agrária, a reforma urbana, promover a disciplinação do emprego de capitais estrangeiros e a limitação da remessa de lucros para o exterior.[3]

ABAIXO-ASSINADO

Manifesto de intelectuais de apoio a San Tiago Dantas

Os intelectuais brasileiros signatários expressam sua solidariedade e integral apoio à orientação adotada pelo chanceler San Tiago Dantas à frente da política externa do país, dando-lhe um cunho afirmativo e dinâmico em completa sintonia com as tradições e com as aspirações da maioria do povo brasileiro. (...) Josué de Castro, Jorge Amado, Ênio Silveira, Djanira, Edison Carneiro, Iberê Camargo, Moacir Werneck de Castro, Dalcídio Jurandir, João Gilberto, Vinicius de Moraes, Carlos Lyra Dias Gomes, Orígenes Lessa, Moacyr Félix, Candido Mendes de Almeida,

O PARLAMENTARISMO EM QUEDA LIVRE

> Roland Corbisier, Abdias Nascimento, Paulo Alberto Monteiro de Barros, Maria Iêda Leite Linhares, Oscar Niemeyer, Barbosa Lima Sobrinho, Antonio Callado, Di Cavalcanti, Lúcio Rangel, José Carlos de Oliveira, Clarice Lispector, Guerreiro Ramos, Eduardo Portella (...) entre outros.
>
> (*Ultima Hora*. Rio de Janeiro, 7 de junho de 1962, p. 4)

San Tiago Dantas tinha muitos e diversos apoios. Era um político do grupo janguista, um conselheiro do presidente, um homem próximo, que chegou a escrever alguns de seus discursos políticos. Era culto e estava preparado para a função. Goulart indicou seu nome ao Congresso Nacional para assumir a chefia do Gabinete. Porém, como a literatura que trata do governo Jango concorda, nos bastidores trabalhou contra sua própria indicação. Levando-se em conta todas as dificuldades que o país atravessava, por que Jango fez isso?

A resposta mais provável está no próprio nome de San Tiago Dantas, que se esforçaria para viabilizar o regime parlamentarista — o que contrariava as pretensões presidencialistas de Jango naquele momento. Dantas era amigo pessoal do presidente. Mas, em seus cálculos, certamente atrapalharia os planos acalentados para a rápida recuperação dos poderes presidenciais. Dantas não era um radical; prezava a democracia e apostava na negociação política. Isso era por todos conhecido. Por isso, nunca saberemos com certeza o que teria ocorrido se o nome de San Tiago tivesse sido aprovado. Mas é provável que Jango tivesse razão: San Tiago apostaria no parlamentarismo. Nesse caso, a história poderia ter sido outra.

PERSONAGEM

Francisco Clementino de San Tiago Dantas nasceu no Rio de Janeiro em 1911. Em 1928, ingressou na Faculdade Nacional de Direito e, ainda estudante, vinculou-se ao movimento integralista liderado por Plínio Salgado. Formou-se em 1932, abrindo escritório de advocacia e dedicando-se ao magistério. Permaneceu ligado ao integralismo até 1938, quando se afastou devido à tentativa de golpe frustrada. Tornou-se catedrático da Universidade do Brasil e, em 1948, participou da importante Comissão

1964

Brasileiro-Americana de Estudos Econômicos, que analisou possibilidades para o desenvolvimento do país. No segundo governo Vargas atuou como conselheiro da delegação brasileira em vários congressos internacionais, entre os quais o que negociou com o Banco Internacional de Reconstrução e Desenvolvimento (BIRD), ao lado de Walter Moreira Salles, Roberto Campos e Glycon de Paiva. Em 1952, integrou o Conselho Permanente de Arbitragem, em Haia, e funcionou como um assessor direto de Vargas. Em 1955, entrou no PTB e foi eleito deputado federal por Minas Gerais, integrando o grupo de João Goulart. Em 1956, estava na vice-liderança do bloco parlamentar formado pelo PSD-PTB para a sustentação do governo JK-Jango. Na crise político-militar para a posse de Goulart, San Tiago foi um dos políticos que trabalharam pelo projeto que resultou na emenda pelo parlamentarismo. No Gabinete Tancredo Neves, foi ministro das Relações Exteriores, e uma de suas medidas mais impactantes foi restabelecer relações com a União Soviética, rompidas desde 1947. Em junho de 1962 teve seu nome indicado para primeiro-ministro, sofrendo forte oposição e sendo rejeitado pelas bancadas do PSD e da UDN. Em outubro de 1962, reelegeu-se deputado federal pelo PTB de Minas Gerais. Após o plebiscito e com a formação do primeiro ministério presidencialista, assumiu a pasta da Fazenda. Propôs um plano de austeridade, chamado Plano Trienal, em conjunto com Celso Furtado. Diante das dificuldades e de muita oposição, San Tiago Dantas, que estava doente com um câncer de pulmão, renunciou em junho de 1963. Mas não se afastou da política e, em janeiro de 1964, tentou organizar uma frente única, unindo várias forças para dar apoio a Goulart e à Constituição. Não obteve êxito. Com o golpe de 1964, a cassação de seu mandato foi negada por Castello Branco. Algo inédito. Morreu no Rio, em setembro do mesmo ano.

San Tiago era um teórico do trabalhismo. Um dos políticos que o renovaram na segunda metade dos anos 1950. Suas ideias e posições eram conhecidas e firmes. Já em 1959, na Câmara dos Deputados, defendera a realização de "reformas decididas, mas prudentes". Era um intransigente defensor das reformas de base, a seu ver, irrefutavelmente necessárias ao desenvolvimento econômico e social do Brasil. Mas era também um intransigente defensor da democracia, entendendo que o alcance das reformas e as estratégias para alcançá-las precisavam estar dentro da legalidade. Para

O PARLAMENTARISMO EM QUEDA LIVRE

ele, o reformismo só traria progresso longe dos radicalismos de direita e de esquerda. Queria fazer uma "revolução branca", isto é, uma revolução democrática. Quando foi indicado primeiro-ministro, fez alguns pronunciamentos que dão a exata medida de seus propósitos, como o realizado em rede de televisão e rádio, em 22 de junho de 1962:

> Temos que realizar no nosso país, como em todos os países subdesenvolvidos que têm nossas características políticas, uma autêntica revolução democrática. Esta revolução é que nos salvará de uma revolução extremista e antidemocrática. Ela é que consolidará nossas instituições.[4]

Os conservadores no Congresso Nacional, quer do PSD quer da UDN, acabaram por ajudar os propósitos do presidente. Embora San Tiago fosse homem de posições políticas moderadas, suas iniciativas no Ministério das Relações Exteriores foram muito avançadas para a época. A despeito de ele afirmar que a defesa de reformas sociais não era uma proposta exclusiva de ideologias políticas de esquerda, e que poderiam ser realizadas de forma democrática, não convenceu o Congresso. Udenistas e pessedistas vetaram sua indicação.

Tudo indica que era o que Jango esperava. Ele queria desgastar o parlamentarismo e, para tanto, usou o prestígio de San Tiago. Diante do veto a um nome moderado e progressista, indicou um conservador para o cargo: Auro de Moura Andrade, então presidente do Senado. Embora seu nome fosse rapidamente aprovado pelo Congresso, a reação das esquerdas veio logo, como certamente Jango imaginava. Sindicalistas deflagraram uma greve geral em desagravo a San Tiago Dantas. Auro de Moura Andrade imediatamente renunciou. A situação voltava ao ponto zero.

Porém, mesmo com a renúncia de Auro de Moura Andrade, uma greve geral de 24 horas foi realizada em 5 de julho de 1962. Jango então procurou contatar as lideranças do movimento sindical para contornar essa questão política. Os descontentamentos eram grandes e chegavam às classes médias, assoladas pela inflação e pelo desabastecimento de gêneros no mercado. Algo realmente assustador para a população, em especial a das cidades.

COTIDIANO

Três viaturas da radiopatrulha e um choque da Polícia Militar tiveram que intervir, na tarde de ontem, na Praça Serzedelo Correia, Copacabana, para conter a multidão que cercava um caminhão da Cofap que estava vendendo açúcar diretamente ao povo, máximo de dois quilos para cada comprador. (...) A penosa espera e a apreensão que dominava a cada um, de não conseguir adquirir o produto, ainda que sob o rigoroso racionamento imposto — geraram um "rififi" que só a custo foi contido pelo contingente policial requisitado.

(*Ultima Hora*. Rio de Janeiro, 9 de junho de 1962, p. 2)

Se tudo isso fazia parte de uma manobra política para desgastar o parlamentarismo, ela foi muito bem-sucedida. Com um detalhe: Jango também se desgastou, e o país ficou em compasso de espera, sem chefe de governo, por vários dias.

O problema da sucessão do Gabinete só foi resolvido com a indicação de Francisco de Paula Brochado da Rocha, ex-secretário do Interior e Justiça do governo de Leonel Brizola, no Rio Grande do Sul. Seu nome foi aprovado pelo Congresso Nacional, em 10 de julho, com ampla maioria de votos. Brochado era um político de confiança das esquerdas radicais, mas com posições políticas consideradas moderadas. Com o novo primeiro-ministro, enfim tomou posse o novo ministério.[5]

Seus desafios eram enormes. Sem considerar a queda livre do regime parlamentar, havia a situação econômica, que se deteriorava a olhos vistos. Em 1962, a inflação no estado da Guanabara chegou a 49,4%, quando em 1960 havia sido de 29,5%.[6] Quer dizer, em dois anos, ela acelerou muito, não existindo, na época, correção monetária. A crise financeira se agravava. O empresariado, que nos meses iniciais do governo Jango apostara suas fichas em sua política financeira, não escondia sua frustração. Pior, o "descalabro" econômico, diagnosticado por Jânio Quadros, seguia mais grave, até porque acompanhado de um "descalabro" social de greves e manifestações de poder de lideranças sindicais.

Entretanto, a despeito de toda a instabilidade que o país viveu nos meses de junho e julho de 1962, o governo não ficou paralisado. Em junho, por exemplo, Goulart fundou a Eletrobras e aprovou o 13º salário

O PARLAMENTARISMO EM QUEDA LIVRE

para os trabalhadores da iniciativa privada. Ambas as iniciativas, já anunciadas, eram o resultado de estudos e demandas antigos.

COTIDIANO

A Copa do Mundo de 1962

Depois de conquistar a primeira Copa do Mundo de Futebol em 1958, praticamente os mesmos jogadores foram disputar a Copa de 1962 no Chile. O jovem Pelé sofreu grave contusão no segundo jogo, não podendo mais atuar e sendo substituído por Amarildo, que não decepcionou. Garrincha foi o grande nome dessa Copa, mostrando toda sua genialidade e marcando vários gols. O Brasil venceu o México por 2 a 0 e empatou por 0 a 0 com a Tchecoslováquia. A seguir, derrotou a Espanha por 2 a 1, a Inglaterra por 3 a 1 e o Chile por 4 a 1. A final foi contra a Tchecoslováquia, e a vitória, por 3 a 1. A seleção foi recebida pelo presidente João Goulart. Nas ruas, os torcedores festejaram muito. Foi nessa Copa que surgiu a conhecida marchinha: "A taça do mundo é nossa, com brasileiro, não há quem possa..."

Quando tudo parecia voltar ao normal, o país foi novamente surpreendido com uma das primeiras iniciativas do novo primeiro-ministro. Ele enviou mensagem ao Congresso solicitando delegação de poderes ao governo para legislar sobre uma série de questões que agitavam o debate político da época. Entre elas: o monopólio da importação de petróleo e derivados; o comércio de minérios e materiais nucleares; o controle da moeda e do crédito; o Estatuto do Trabalhador Rural; a desapropriação de terras por interesse social; e a criação de um órgão estatal para viabilizar a reforma agrária.[7]

A solicitação era, no mínimo, polêmica. Não era a primeira vez que o Poder Executivo pedia delegação de poderes ao Legislativo. Por isso, o Congresso Nacional havia aprendido que qualquer delegação de poderes significava ameaça a seu funcionamento e mesmo à sua existência. E isso em um regime presidencialista. Como fazer tal solicitação em regime parlamentarista, no qual o Congresso Nacional era a base de poder do Gabinete? O Congresso negou o pedido e anotou mais uma tentativa de desconsiderá-lo como parceiro de governo. Algo muito grave para Goulart.

Em setembro de 1962, o processo de radicalização política ganhou novos contornos. Leonel Brizola, falando em nome das esquerdas radicais,

1964

defendeu o fechamento do Congresso Nacional e pediu que o Exército restaurasse os poderes presidenciais de João Goulart. A resposta foi imediata. Carlos Lacerda, mais uma vez, em nome das direitas radicais, denunciou o perigo iminente de um golpe comunista e a necessidade de forte reação ante as intenções antidemocráticas de Goulart e Brizola.[8] Ou seja, dessa vez, à diferença do que ocorrera em 1961, eram as direitas que se propunham a falar em ameaça à legalidade democrática. Uma mudança de importância fundamental, mas que não foi muito considerada pelas esquerdas, sobretudo a radical. O decurso dos acontecimentos demonstraria o equívoco de avaliação.

MANIFESTO

À Nação

Permanentemente preocupadas em que se mantenha no país uma atmosfera de irrestrita confiança no império da lei e no respeito à autoridade dos poderes constituídos, as classes produtoras procederiam com indesculpável omissão se em momento de tão profundas agitações, capazes de abalar a própria estrutura das instituições democráticas, não trouxessem ao povo, ao Parlamento e ao Poder Executivo a sua palavra, que é ao mesmo tempo de advertência e de confiança. Advertência contra os que pretendem — sejam quais sejam os métodos ou processos a que recorram — violentar a Constituição ou impor fórmulas que contrariem a própria essência do regime. (...) O país precisa sobretudo de tranquilidade para trabalhar e progredir. No clima de agitação ninguém encontrará soluções adequadas e duradouras para os problemas que desafiam a capacidade de sua gente. As classes produtoras confiam na independência e no patriotismo do Congresso Nacional. Confiam na serenidade, no equilíbrio e no espírito legalista do Senhor Presidente da República. Confiam nas Classes Armadas, sempre fiéis à sua vocação de sentinelas da lei e das instituições democráticas. Confiam no povo, que sabe o que quer e não pode ser confundido com as minorias exacerbadas que lhe deturpam o pensamento e tentam conduzi-lo através de caminhos contrários às suas tradições e ideais.

a) Confederação Nacional do Comércio

b) Confederação Nacional da Indústria

c) Confederação Rural Brasileira

(*Correio da Manhã*. Rio de Janeiro, 30 de junho de 1962, p. 3)

8

Em campanha pelo presidencialismo

Segundo semestre de 1962. O regime parlamentar parecia agonizar. E Goulart tinha um trunfo importante para enterrá-lo de vez. A Emenda Constitucional nº 4, que implantou o parlamentarismo, dizia no seu artigo 25 que, a critério do Congresso Nacional, um plebiscito poderia ser convocado para que o povo se manifestasse sobre sua continuidade ou o retorno ao presidencialismo. Caso o plebiscito fosse convocado, ele deveria ocorrer nove meses antes do término do mandato de João Goulart. O artigo 25 era, certamente, mais um dispositivo contra o governo Goulart. Seu mandato teria que decorrer sob o parlamentarismo. Apenas seu sucessor poderia reaver os poderes presidencialistas. Então, a conjuntura política seria outra e outro o presidente da República, já que a reeleição era proibida.

A estratégia de Goulart, nesse caso, foi a de usar o feitiço contra os feiticeiros. Já com o Gabinete Brochado da Rocha instalado, a luta seria para o plebiscito não apenas ser convocado como também antecipado. Algo que, muito certamente, um primeiro-ministro como San Tiago Dantas não aceitaria. Mas Brochado era um homem do círculo de Brizola, afinado com a diretriz então assumida: acabar com o próprio regime que comandava. As articulações e manifestações, a partir daí, são claras e contundentes.

1964

De forma um tanto paradoxal, elas começam entre os setores militares. Afinal, foram eles que impuseram o parlamentarismo, mas seriam os primeiros a se manifestar abertamente contra o novo regime. As Forças Armadas estavam divididas em 1961, e assim continuaram em 1962. É nessa nova configuração militar que o marechal Henrique Teixeira Lott, em agosto de 1962, deu uma entrevista de grande repercussão. Segundo Lott, "com um ano de parlamentarismo na República, o país já experimentou a ação de dois Conselhos de Ministros e um interregno de governo de quase três semanas, numa acefalia que causou grandes prejuízos à Nação".[1] Moral da história: o parlamentarismo devia acabar.

Também em agosto de 1962, os ministros militares pediram a antecipação do plebiscito. O primeiro-ministro, como era de esperar, concordou com seus ministros militares. O Congresso Nacional passou então a sofrer fortes pressões das Forças Armadas, às quais se associaram as do movimento sindical, que vinha se mobilizando com o mesmo objetivo. Sentindo-se fortalecido com o apoio militar e sindical, Brochado da Rocha enviou nova mensagem à Câmara dos Deputados, pedindo delegação de poderes para propor a antecipação do plebiscito para o dia 7 de outubro de 1962. Essa data coincidia exatamente com as eleições parlamentares. O que se desejava era que aquela Câmara e não a futura votasse o plebiscito. Parecia que, dessa feita, haveria um acordo em torno dessa reivindicação. Mas, como da vez anterior, isso não ocorreu.

O problema era o mesmo e deve ser bem entendido. O Congresso Nacional não era um bastião na defesa do parlamentarismo. Como se afirmou, dentro do PSD e da UDN, os dois partidos mais importantes além do PTB, havia muitos interessados no retorno do presidencialismo. Entre eles, o maior inimigo de Jango, Carlos Lacerda. Ele, como JK, era candidato potencial à presidência, desde 1961, quando começou o governo Jânio Quadros. Os maiores partidos políticos que integravam a Câmara dos Deputados não eram ideologicamente parlamentaristas. Muito ao contrário. O Poder Legislativo, porém, não iria entregar de bandeja seus poderes ao Executivo, ainda que fosse um Executivo chefiado por um primeiro-ministro. Naquela conjuntura, abrir mão de poderes era um passo decisivo para um processo que podia acabar em seu fechamento. O Congresso Nacional não era suicida. Além disso, nele havia mestres na negociação política; só que delegar poderes não é negociar. Essa estratégia não vingaria.

EM CAMPANHA PELO PRESIDENCIALISMO

Em setembro de 1962, contudo, um episódio desencadeou uma nova e grave crise político-militar. Quando Jango completava um ano na presidência, o comandante do poderoso III Exército, sediado no Rio Grande do Sul, general Jair Dantas Ribeiro, tornou público um documento. Ele era endossado pelos comandantes do I e II Exércitos, generais Osvino Ferreira Alves e Peri Bevilacqua. Tratava-se de uma carta dirigida ao presidente da República, com cópias para o primeiro-ministro e para o ministro da Guerra, general Nelson de Melo. Na carta, o comandante do III Exército afirmava:

> Encontro-me sem condições de assumir com segurança e êxito a responsabilidade do cumprimento da missão, se o povo se insurgir contra o fato de o Congresso recusar o plebiscito. O povo é soberano no regime democrático. Negar-lhe o direito de pronunciar-se sobre o sistema de governo que lhe foi imposto é abominar o regime ou querer destruí-lo.[2]

O texto não podia ser mais claro. Três comandantes de Exército declaravam explicitamente que não defenderiam o Congresso Nacional caso o povo contra ele se insurgisse. A razão? A Câmara dos Deputados se recusava a aprovar o plebiscito sobre a continuidade ou não do regime parlamentarista. Ora, a carta era uma ameaça ao Poder Legislativo, que as Forças Armadas deviam garantir. Ela levantava a possibilidade de o Congresso Nacional ser fechado por um ato de força. O argumento da vontade popular mal escondia a decisão dos comandantes de Exército de forçar o Legislativo a antecipar o plebiscito.

A situação ficou ainda mais grave. A carta do general foi apoiada pelos ministros da Marinha e da Aeronáutica. Ambos se manifestaram favoráveis à antecipação do plebiscito. Logo, posicionaram-se contra o Congresso Nacional. Em outros termos, a carta era um golpe militar a favor do retorno ao presidencialismo. Ou seja, um golpe a favor de João Goulart. Ao menos, tudo indicava que era isso.

O ministro da Guerra, o general Nelson de Melo, também apoiava a antecipação do plebiscito. Mas ele era o ministro da Guerra e não aceitou pacificamente um ato que entendeu como uma ameaça à disciplina e à hierarquia militar. Seus comandados a ele se dirigiam, publicamente, por meio da cópia de uma carta cujo destinatário era o presidente da República.

Um pouco demais. Manifestações políticas no Exército só podiam ter um porta-voz: o próprio ministro da Guerra. Ele não deixou passar. Acusou prontamente o governador Leonel Brizola de estar por trás da atitude de indisciplina do general Jair Dantas Ribeiro. Ele tinha razão.

DEU NO JORNAL:

Pronunciamento do governador Leonel Brizola em 14 de setembro de 1962

O Congresso Nacional até agora nada decidiu sobre a realização do plebiscito. Dos senhores deputados que se pronunciaram publicamente, a maioria continua intransigente contra a tese de que ao povo, através do plebiscito, deve ser conferida a solução da crise. (...) Desde a manhã de hoje, terça-feira, se encontram em prontidão o III Exército e a Brigada Militar, e de sobreaviso o Departamento de Polícia Civil. O senhor general Jair Dantas, comandante do III Exército, dirigiu importante mensagem ao sr. Presidente da República, ao primeiro-ministro e ao senhor ministro da Guerra reiterando suas apreensões em face da intransigência do Congresso (...). Afirmou o sr. Comandante do III Exército, em sua mensagem, que o povo é soberano no regime democrático. Negar-lhe o direito de pronunciar-se sobre o sistema de governo que lhe foi imposto é abominar o regime ou querer destruí-lo.

(*Novos Rumos*. Rio de Janeiro, n. 187, 14 de setembro de 1962, p. 2)

Como esse é um episódio complexo, que guarda desdobramentos importantes, vale acompanhá-lo com vagar. De imediato, o que chama a atenção é o fato de Goulart contar com o apoio de praticamente toda a cúpula militar das Forças Armadas, no sentido de realizar o plebiscito e restaurar o presidencialismo. A situação, em setembro de 1962, invertia a de um ano antes, quando os ministros militares forçaram a "solução" parlamentarista. Era muito difícil acreditar que atos como esse se articulassem sem o conhecimento do presidente. Na prática, a interpretação de todos os contemporâneos, com destaque os que estavam em posições de centro-direita e, obviamente, de extrema direita, era a de que se estava à beira de um novo golpe político-militar. A nota destoante foi dada pelo

EM CAMPANHA PELO PRESIDENCIALISMO

ministro da Guerra. Quer dizer, a movimentação militar tinha brechas. De toda forma, não foi por essa razão que o golpe não se efetuou.

A interpretação que sustenta que os atos então vividos eram um novo golpe tem fundamento. Paulo Schilling,[3] homem ligado a Brizola naquela época, em livro escrito décadas depois, afirma que o objetivo do governador e dos generais de Exército era pressionar o Congresso com pronunciamentos militares. A eles se agregaria um conjunto de greves comandadas pelo CGT. Se não fossem atendidos em suas reivindicações (antecipação do plebiscito), o Congresso poderia ser fechado por golpe militar, conduzido pelos generais Jair Dantas Ribeiro e Osvino Ferreira Alves, com o apoio sindical e a liderança política de Leonel Brizola.[4] Luís Mir, em pesquisas posteriores, tem versão próxima, corroborando o depoimento de Schilling. Brizola e os dois generais fechariam o Congresso e dariam a Goulart poderes excepcionais para decretar as reformas de base.[5] Para Moniz Bandeira, também o general Amaury Kruel, na época chefe da Casa Militar, defendia o golpe de Estado e a antecipação do plebiscito.[6]

Embora com tantos apoios, o golpe não se efetuou. Segundo documentação disponível, não se efetuou surpreendentemente porque Jango se opôs. San Tiago Dantas, por exemplo, afirma que o presidente foi totalmente contrário à alternativa golpista. Quer dizer, mesmo considerando que Goulart estivesse informado das articulações militares visando a pressionar o Congresso a antecipar o plebiscito, é admissível pensar que ele não desejasse que elas chegassem ao fechamento do Congresso Nacional. Isso porque, além dos riscos contidos numa ação desse tipo, sua opção imediata foi justamente buscar negociação política com o Congresso. Nessa decisão, muitos fatores devem ter pesado, inclusive a demonstração de força que o episódio deixava clara. Mas, de toda forma, naquele momento o presidente escolheu manter seu governo dentro da legalidade, afastando-se das articulações golpistas. Até porque tais articulações fortaleciam as alianças militares de Leonel Brizola.

Goulart apostou em sua capacidade de negociador. Sem uma solução política, a crise militar poderia se agravar. O Congresso sabia disso e, como se disse, não era uma trincheira em defesa do parlamentarismo. Assim, o presidente estabeleceu contatos com os líderes dos partidos políticos, em especial os do PSD. Ele procurou e conseguiu convencê-los de que não era a favor do golpe; ao contrário, na verdade, era quem "segurava os exaltados e se interpunha entre eles e o Congresso para impedir um golpe de Estado".[7] O golpe consistia na imediata convocação do plebiscito ou na simples revogação do Ato Adicional, com o restabelecimento do presidencialismo, para posterior referendo. Era preciso reverter tal corrente exaltada e, para tanto, o presidente precisava do PSD. Os parlamentares, inclusive os udenistas, convenceram-se disso. Contudo, a UDN só concordava com a antecipação do plebiscito se este não coincidisse com as eleições parlamentares de 7 de outubro de 1962. Foi o que ocorreu.

Outro indicador na direção da rejeição ao golpe é a posição de Goulart ante o primeiro-ministro. Ele o adverte quanto aos riscos de um novo golpe, que poderia levar o país, mais uma vez, à beira de uma guerra civil. Esse teria sido o motivo maior da renúncia de Brochado da Rocha — já esperada por todos —, mas que Jango desejava que ocorresse apenas depois de estabelecidas as negociações com o Congresso, sob o comando parlamentar do PSD e com apoio da UDN e do PTB janguista. Segundo o jornalista Carlos Castello Branco, Brizola exprimia pitorescamente suas divergências com Goulart, dizendo que o cunhado "não podia ver papel à sua frente que logo assinava um acordo".[8]

Um dado também relevante é que Jango entendia perfeitamente que um dos grandes beneficiados pelo golpe seria Leonel Brizola. Brizola era seu aliado, mas com ele competia abertamente pela liderança do PTB e dos setores de esquerda, levando-os, cada vez mais, à radicalização política. O presidente não desejava alimentar esse tipo de liderança. Por isso, transferiu todos os generais que apoiaram Brizola de comandos de tropa. O esquema militar do governador do Rio Grande do Sul foi desfeito.[9] Porém, é importante notar que, com a renúncia de Brochado da Rocha, todo o seu ministério caiu. O ministro da Guerra, portanto, não teve tempo de punir o comandante do III Exército por indisciplina, como queria. O general Jair Dantas Ribeiro saiu do comando, mas saiu sem qualquer punição. Era evidente que isso também fazia parte dos planos de Goulart. Ele apoiou o ministro Nelson de Melo, mas quis evitar constrangimentos a um general que se colocou ao lado da luta pelo plebiscito.

Brochado da Rocha renunciou no dia 14 de setembro de 1962. O Comando Geral dos Trabalhadores imediatamente anunciou a convocação de uma greve geral. A diretoria do CGT enviou mensagem a Goulart. No texto, os líderes sindicais diziam: "Não vacile, não concilie

EM CAMPANHA PELO PRESIDENCIALISMO

com as impatrióticas cúpulas partidárias que não representam os interesses de nossa emancipação econômica e política e bem-estar do povo brasileiro."[10]

EU ESTIVE LÁ:

Clodesmidt Riani, presidente do CGT, comenta a greve pela antecipação do plebiscito, no ano 2000

Houve a greve de 14 de setembro pelo plebiscito. Foi uma das maiores vitórias. Há um memorial do CGT, mostrando que decidimos muitas coisas. Exigimos que, se até o dia 15 não resolvessem, iríamos para a greve geral. Em setembro, o Congresso aprovou o plebiscito para 6 de janeiro de 1963. (...) Mas, tendo em vista a crise política militar, o Dr. João Goulart, que não era temperamental como o Brizola, pensou: devagar a gente vai conseguir. Ficou provado que o Jango estava com a razão. Conseguiu que fosse tudo reavido dentro da lei... Para nós foi uma grande vitória e acho que para o povo brasileiro também.

(Hilda Resende e Nilo de Araújo Campos [orgs.]. *Clodesmidt Riani: Trajetória*. Juiz de Fora, Funalfa Ed., 2005, pp. 229-30)

Na primeira página de *Novos Rumos*, jornal do Partido Comunista Brasileiro, a mensagem era de convocação para a luta. Segundo os comunistas,

> a crise política agravou-se de tal maneira que exige a imediata e decidida intervenção das massas trabalhadoras e populares no sentido de obter a formação de um governo nacionalista e democrático, a realização das reformas profundas reclamadas pela Nação.

Ainda segundo o jornal, a renúncia de Brochado da Rocha foi causada pela "criminosa ação dos grupos reacionários que controlam as direções do PSD e da UDN e a maioria parlamentar". Com apoio do embaixador dos Estados Unidos, os parlamentares negavam o direito ao plebiscito. "Recusam-se a atender as justas reivindicações do Comando Geral dos Trabalhadores." Os comunistas juntavam-se a outras organizações de esquerda que discordavam da estratégia de Goulart de unir o PSD ao PTB no sentido de obter maioria parlamentar. Para os comunistas, "qualquer conciliação com a camarilha antinacional e antipopular, qualquer tentativa de novo compromisso com as cúpulas partidárias retrógradas significa traição aos interesses nacionais".[11]

Leonel Brizola também lançou uma "Proclamação ao povo brasileiro". O documento atacava o Congresso Nacional:

> O povo não poderia esperar outra coisa de um Congresso constituído, em sua maioria, de latifundiários, financistas, ricos comerciantes e industriais representantes da indústria automobilística, empreiteiros e integrantes das velhas oligarquias brasileiras.[12]

Assim, com o acordo político entre Goulart e Congresso, no momento pressionado pela greve geral convocada pelo CGT, foi votada uma Lei Complementar pela qual o plebiscito se realizaria em 6 de janeiro de 1963. Foi, portanto, nessa situação de pressão militar e sindical, mas com o desmonte de um golpe político-militar, que se aprovou a lei que antecipou o plebiscito. Goulart tinha sido vitorioso, já que o plebiscito era considerado quase uma formalidade para o país retornar ao presidencialismo, dado o imenso desgaste e falta de apoios políticos ao parlamentarismo. Porém, é difícil afirmar que sua vitória tenha sido completa. A sombra de Brizola, as desconfianças do Congresso, a rejeição dos setores da direita e as críticas das esquerdas radicais à sua atitude conciliatória cresceram muito.

COTIDIANO

Juca Chaves canta *A situação*

Política confusa, ninguém chega à conclusão,
um lado diz que sim, e o outro diz que não.
Feijão aumenta o preço,
Cofap tem razão,
governo diz que sim,
o povo diz que não.
Se continuar assim haverá revolução,
o povo diz que sim
governo diz que não.

EM CAMPANHA PELO PRESIDENCIALISMO

> *O parlamentarismo é útil pra nação,*
> *governo diz que sim,*
> *o povo diz que não.*
> *Sairá vitorioso Francisco Julião,*
> *Lacerda diz que não.*
> *Aqui não há problemas, pra que tanta confusão?*
> *o povo passa fome, mas Brasil é campeão!*

A tarefa imediata do presidente, depois de tudo isso, era indicar o nome de um novo primeiro-ministro capaz de desfazer o clima de tempestades e anunciar um horizonte político menos tenso. Precisava ser alguém muito especial. E Jango encontrou esse nome em Hermes Lima. Político do Partido Socialista Brasileiro (PSB), historicamente ligado às esquerdas, era considerado um grande intelectual e homem de reputação ilibada. Indicado para o cargo, seu nome encontrou resistências dentro da ala de extrema esquerda do PTB, que o considerou muito moderado. Foram seis as votações até se conseguir a aprovação. Não foi fácil, mas dessa feita Jango lutou por sua indicação.

Um novo ministério foi empossado em 18 de setembro de 1962, apenas quatro dias depois da renúncia de Brochado da Rocha.[13] Sua principal missão, naquele momento, era preparar a transição para o retorno ao presidencialismo. Ao mesmo tempo, todo o país se mobilizava para as eleições parlamentares que ocorreriam em menos de um mês. Estavam marcadas para 7 de outubro de 1962.

O episódio de setembro de 1962, no qual se incluiu uma reforma ministerial — que todos sabiam não seria a última —, ecoou com força entre os opositores de Jango. Sobretudo entre aqueles políticos, empresários e militares que já vinham se articulando para desestabilizar o governo, em organizações como o IBAD e o IPES. Naquele momento, Goulart deixara uma mensagem clara para todos. Optara por uma estratégia negociada para alcançar seu objetivo, já que fazer o plebiscito era permitir que se retornasse ao presidencialismo. Ele iria recuperar seus poderes. A Emenda Constitucional nº 4 fora "flexibilizada", mas não a Constituição. A solução golpista fora rejeitada e o Congresso, preservado. Mas ficara evidente

1964

que havia um dispositivo militar poderoso disposto a dar apoio a Jango, inclusive desfechando um golpe para fechar o Congresso Nacional. O presidente tinha apoios na cúpula militar do Exército, em especial em sua facção nacionalista de esquerda, estendidos à Marinha e à Aeronáutica. Esteve a um passo de governar como um ditador. Não o fez. Permaneceu, como defendia San Tiago Dantas e setores moderados de esquerda, lutando pelas reformas e pela democracia: dentro da legalidade.

Porém, se o final do episódio teve esse desfecho, poderia ter tido outro. Sob a ótica dos grupos que se mobilizavam contra o governo Jango, as suspeitas de que havia uma conspiração comunista de esquerda radical montada para dar um golpe estavam comprovadas. Tudo era muito ameaçador: as palavras de um comandante de Exército; a convocação de uma greve geral; o governador Brizola mais uma vez em campo, falando para a nação; os comunistas se expressando livremente. De imediato, o IPES e o IBAD mobilizaram-se ainda mais fortemente para influenciar os resultados das eleições de outubro de 1962.

Segundo as pesquisas de Dreifuss, o IBAD e o IPES gastaram milhares de dólares produzindo mensagens anticomunistas, em nome de uma ordem social baseada no livre mercado. Quinze programas de televisão foram produzidos para três canais diferentes, a um custo de 10 milhões de cruzeiros. Aos que argumentavam que transmissões de "assuntos políticos" tinham dificuldades para conseguir patrocinadores, o general Golbery respondia que, "naquelas circunstâncias, não havia assunto relevante que não fosse político".[14] Para o general, "a premência" da situação devia ser entendida pelos financiadores.

Muitas candidaturas foram sustentadas com recursos do IBAD e do IPES. Os candidatos se comprometiam a defender o capital estrangeiro e a recusar a reforma agrária e a política externa independente. Assim, credenciavam-se a receber ajuda financeira para suas campanhas eleitorais. Cifras, citadas por Moniz Bandeira, indicam que o financiamento dessas candidaturas alcançou 5 milhões de dólares.[15] O IBAD, na verdade, mantinha articulações com parlamentares do Congresso Nacional desde outubro de 1961. De início discretamente, mas sempre em busca de mais apoios e influência. O nome mais citado era o do deputado udenista baiano, também proprietário rural, João Mendes da Costa Filho. Ele pertencia à Ação Democrática Parlamentar, ADP, que se tornou um canal do IBAD no Parlamento.[16]

EM CAMPANHA PELO PRESIDENCIALISMO

O IBAD e a ADP tinham várias conexões. Com a Igreja Católica através do Centro D. Vital, no qual o intelectual de extrema direita Gustavo Corção era liderança estratégica. Também se articulava a movimentos anticomunistas diversos. Até 1962, o IBAD desenvolveu muitas ações. Mas foi durante a campanha eleitoral de outubro desse ano que ele apostou pesados recursos financeiros para influenciar a atuação de organizações, associações e candidatos. Contudo, a despeito dos milhões de dólares e da propaganda política anticomunista, o resultado das urnas deu a vitória aos candidatos esquerdistas, reformistas e trabalhistas.

Para os governos dos estados, houve derrotas importantes. No estado do Rio de Janeiro, venceu Badger da Silveira, candidato do PTB. Na Guanabara, Brizola, pelo PTB, obteve a maior votação já recebida por um candidato a deputado federal no país. Em Sergipe, Seixas Dória, aliado de Goulart em coligação encabeçada pelo PSD, venceu com um programa nacionalista e reformista. Outra vitória das esquerdas foi a de Miguel Arraes (PST), em Pernambuco. Nas eleições parlamentares, a derrota do IBAD e do IPES foi ainda maior. Para o Senado Federal, o PSD alcançou 21 cadeiras; o PTB cresceu para 18; a UDN ficou com apenas 15.[17] Na Câmara dos Deputados, o grande vitorioso foi o PTB: de 66 deputados passou para 116. Foi nesse momento, como se disse, que os petebistas se tornaram a segunda bancada na Câmara e do Senado, tomando o lugar dos udenistas e deslocando-os para terceiro lugar. O PSD manteve sua condição de maior partido do Congresso. Para René Dreifuss, o IPES e o IBAD não conseguiram

> impedir a eleição de algumas figuras muito influentes do bloco nacional-reformista. Ademais, o complexo IPES/IBAD não logrou êxito em impedir que a integração das várias forças da esquerda trabalhista dentro do movimento estudantil, da classe camponesa, das classes trabalhadoras industriais e de políticos nacional-reformistas chegasse a uma Frente de Mobilização Popular, cujas incipientes atividades foram abruptamente interrompidas pelo golpe de 31 de março de 1964.[18]

Um dos mais importantes dirigentes do IPES, o general Golbery do Couto e Silva reiterou sua conclusão anterior. As eleições de outubro de 1962 demonstraram que, apesar dos esforços de seu grupo, "havia uma constante tendência esquerdista-trabalhista no eleitorado".[19]

1964

De certa forma, a derrota do IBAD e do IPES nas eleições de 1962 foi dupla. Sua interferência financeira no pleito gerou indignação em vários setores da sociedade. Havia indícios claros da intervenção estrangeira, principalmente da CIA, nas eleições. No Congresso Nacional, parlamentares de esquerda se uniram para a aprovação de uma Comissão Parlamentar de Inquérito (CPI), para investigar a ação do IBAD e do IPES no processo eleitoral, bem como a origem do dinheiro que sustentava a própria organização. Nas sessões com os parlamentares, os dirigentes do IBAD não souberam explicar a origem desse dinheiro. Houve muito tumulto durante os trabalhos da CPI, mas, em relação ao IPES, como já mencionado, não houve resultados conclusivos. Contudo, os escândalos que envolveram o IBAD foram tamanhos que João Goulart, por meio de decreto presidencial, declarou sua ilegalidade e fechou a organização.[20]

DEU NO JORNAL

O presidente da República desencadeará, nos próximos dias, a campanha em favor do comparecimento popular ao plebiscito de 6 de janeiro. Todas as providências governamentais naquele sentido foram tomadas. O presidente anunciará, sem tardança, o programa que pretende executar para a solução dos grandes problemas nacionais. Simultaneamente, os Srs. Juscelino Kubitschek e Magalhães Pinto desfecharão campanhas na mesma direção, coerentes com sua anunciada fidelidade ao presidencialismo.

(*Diário Carioca*. Rio de Janeiro, 18 e 19 de novembro de 1962, 1ª página)

Após as eleições parlamentares de 1962, Goulart esperou pela realização do plebiscito. No entanto, tomou algumas medidas, como o empréstimo compulsório sobre o consumo de energia elétrica para financiar a fundação da Eletrobras. Também instituiu o Grupo de Coordenação do Comércio com os Países Socialistas (COLESTE) e a Zona de Livre Comércio da Associação Latino-Americana de Livre Comércio (ALALC). O salário mínimo foi reajustado em 55,25%. Sob orientação do antropólogo Darcy Ribeiro, o governo federal fundou a Universidade de Brasília. Darcy Ri-

EM CAMPANHA PELO PRESIDENCIALISMO

beiro também foi um dos responsáveis pela publicação da Enciclopédia da Professora Primária e da Biblioteca Básica Brasileira. Ainda na área educacional, a Lei de Diretrizes e Bases da Educação foi aprovada, o que era uma demanda antiga e importantíssima para o setor educacional, que ainda foi contemplado com mais verbas do orçamento federal. Esse novo lugar da educação, como prioridade governamental, era uma novidade no Brasil, não tendo existido nem mesmo no Plano de Metas de JK.

Afinal, o presidente e o gabinete Hermes Lima não cuidavam, na maior parte do tempo, de administrar as tensões políticas que o país vivia. Eles, sobretudo, governavam o Brasil. O que não era nada fácil. A inflação e a carestia não davam tréguas. O ano de 1963, com o plebiscito, prometia começar bem para Goulart. Não se sabia é como iria terminar.

9

O plebiscito: a hora e a vez de João Goulart

Em dezembro de 1962, a campanha do plebiscito tomou as ruas, com total apoio dos círculos políticos e militares ligados ao presidente. Hugo de Faria, amigo de confiança, que havia trabalhado com Goulart nos tempos em que ele fora ministro do Trabalho de Vargas, ficou responsável por uma parte sensível e decisiva da campanha: a arrecadação financeira. Ela ganhou o reforço de setores empresariais, interessados no retorno ao presidencialismo. Em depoimento concedido anos depois, Faria diz ter recebido 183 milhões de cruzeiros da Federação das Indústrias do Estado de São Paulo (FIESP).[1] Quer dizer, o empresariado, como outros setores da sociedade organizada, estava dividido. No caso do empresariado paulista, inclusive dentro da FIESP, pois lá havia também lideranças comprometidas com o IPES, como Rafael Noschese, presidente da Federação.[2]

Dinheiro sempre é um problema em campanhas políticas. No caso do plebiscito, havia outro grande problema. Os defensores do presidencialismo precisariam orientar o eleitorado a responder "corretamente" à pergunta que constaria na célula: "Apoia o Ato Adicional que instituiu o parlamentarismo?" Ou seja, para os eleitores que apoiavam o retorno ao presidencialismo, a resposta "certa" era NÃO. Portanto, votar NÃO era votar SIM ao presidencialismo. Isso era, sem dúvida, algo que confundia os eleitores. Votar SIM, era justamente rejeitar o presidencialismo, que se sabia ser o regime político da preferência do eleitorado. A preocupação era não perder votos — muitos votos — pela própria formulação da consulta plebiscitária.

Na campanha, é possível observar que os mesmo jornais que apoiaram o Ato Adicional em 1961 mostraram-se favoráveis ao retorno ao presidencialismo, em fins de 1962. A grande imprensa, nesse momento, convergiu com as forças de esquerda, moderadas e radicais, no sentido de que Goulart governasse sob regime presidencialista. Jornais como *O Globo* e o *Correio da Manhã* apoiavam o retorno ao presidencialismo. Na imprensa, a propaganda paga a favor do plebiscito era sistemática.

DEU NO JORNAL

Contra a miséria
Contra o analfabetismo
Contra a falta de terras
Contra a usurpação do seu voto
NO DIA 6 DE JANEIRO MARQUE NÃO
NÃO porque o povo é contra o Ato Adicional que instituiu o parlamentarismo;
NÃO porque o povo exige um regime que seja expressão autêntica da sua vontade soberana;
NÃO porque o povo quer reconquistar o direito de eleger o presidente da sua livre escolha;
NÃO porque é essencial preservar a autoridade do presidente pra que se façam as reformas que o País exige;
NÃO porque o povo está cansado dos conflitos políticos que geram crises sucessivas;
NÃO porque o povo deseja um regime que funcione, onde a administração trabalhe e o governo governa.

(*Correio da Manhã*. Rio de Janeiro, 20 de dezembro de 1962)

Destoavam dessa posição geral apenas alguns periódicos, como *O Estado de S. Paulo,* e grupos de direita de oposição radical a Jango. Eles consideravam o plebiscito uma fraude eleitoral. E é esse jornal que publica,

O PLEBISCITO: A HORA E A VEZ DE JOÃO GOULART

no dia 4 de dezembro de 1962, uma notícia tão surpreendente como desestabilizadora para os rumos da campanha em curso. Referia-se a um incidente descoberto na cidade goiana de Dianópolis, que revelava a existência de treinamento de guerrilheiros dentro do país. Algo gravíssimo. A notícia era a que se segue:

> Apesar de as primeiras informações chegadas sábado à noite a Goiânia afirmarem que eram 36 os mandados de prisão preventiva contra os implicados no plano de agitação de Dianópolis, os elementos foram inicialmente dispersados pelo coronel José Seixas, chefe do Serviço de Repressão ao Contrabando, setor de Goiás. Logo depois, elementos do Conselho de Segurança Nacional chegaram ao local, conseguindo apreender metralhadoras, mosquetões e grande quantidade de balas, além de muitos homens em treino para a guerrilha. Informada da ocorrência a polícia goiana mandou o delegado Geraldo Deusimar de Alencar para presidir o inquérito por determinação da Secretaria de Segurança Pública. O delegado encontrou alguns livros de ensinamento de técnicas de guerrilha, certa quantidade de munição e propaganda comunista que comprometia seriamente os indiciados. A delegacia de Vigilância e Captura está incumbida de capturar os agitadores, cujas prisões preventivas foram decretadas pelo juiz em Dianópolis.[3]

O que então se sabia ainda era pouco. As notícias eram muito fragmentadas; faltavam informações mais precisas. O episódio foi esclarecido pouco mais tarde. Segundo o jornalista Flávio Tavares,[4] o coronel José de Seixas, chefe do Serviço de Repressão ao Contrabando, recebera denúncias de que muitas caixas contendo geladeiras estavam chegando a uma fazenda em Dianópolis. Só que na região não havia energia elétrica. Ele logo desconfiou de contrabando de armas. O coronel, liderando dezenas de soldados, rapidamente tomou o local: não conseguiu prender ninguém. Mas, no acampamento invadido, encontrou as tais caixas de geladeiras, e suas desconfianças se confirmaram. Contudo, de imediato, não sabia a quem pertenciam aquelas "geladeiras".

Isso ficou claro logo depois. O coronel Seixas verificou que na verdade acabara de desarticular um campo de treinamento militar das Ligas Camponesas. Quando as caixas foram abertas, encontraram-se bandeiras cubanas e manuais de instrução de combate. Havia retratos e textos de Fidel

1964

Castro e de Francisco Julião e planos de sabotagem e de implantação de outros focos guerrilheiros no país. Havia também registros de contabilidade financeira, que demonstravam apoio cubano para a montagem dos acampamentos guerrilheiros. Para Flávio Tavares, em depoimento escrito já nos anos 1990, o que ficou demonstrado era que, em pleno regime democrático, "uma agrupação de esquerda preparava a derrubada pelas armas de um governo no qual, pela primeira vez na história do Brasil, havia ministros de esquerda, socialistas e comunistas".[5]

Para além do sensacionalismo que tal descoberta obviamente propiciava, sobretudo para atacar o presidente, o evento era de fato muito sério, pois atentava contra a legalidade democrática às vésperas do plebiscito. Percebendo o teor político do que fora encontrado, o coronel Seixas entregou todo o material, pessoalmente, a Goulart. Estarrecido, o presidente tomou conhecimento de que o governo cubano articulava sua derrubada do poder. Convocou imediatamente o embaixador cubano e declarou que se sentia traído. Afinal, não fora seu governo que defendera Cuba de intervenção militar estrangeira, na OEA? Não fora seu governo que mantivera uma política externa de aproximação diplomática com países comunistas, como a União Soviética e a China, enfrentando o descontentamento dos Estados Unidos?

Naquelas circunstâncias, considerando o estrago para sua imagem política de um escândalo internacional, absolutamente desgastante, Goulart foi discreto. "Devolveu" o material ao diplomata cubano, enunciou o profundo desagrado do Brasil com o que era uma intervenção de outro governo, e encerrou o episódio. Contudo, o acaso ou algo mais que o acaso, não se saberá, sabotou sua discrição. O avião da Varig que levava o material apreendido para Cuba sofreu um acidente no aeroporto de Lima, no Peru. Nessa oportunidade, os documentos transportados foram apreendidos por agentes da CIA. Quer dizer, o governo dos Estados Unidos, a partir daí, possuía provas irrefutáveis de que havia tentativas de treinamento guerrilheiro no Brasil, sob o patrocínio de Cuba. Estava comprovada a intervenção cubana na América Latina.[6]

O PLEBISCITO: A HORA E A VEZ DE JOÃO GOULART

PERSONAGEM

Francisco Julião Arruda de Paula nasceu em 1915 no estado de Pernambuco. Formou-se em Direito, durante o Estado Novo, em 1939. A partir daí, defendeu causas de camponeses, vítimas de arbitrariedades de latifundiários. Foi eleito deputado estadual pelo Partido Socialista Brasileiro (PSB) em 1954, continuando a atuar juridicamente ao lado dos camponeses. Em 1955, defendeu a Sociedade Agrícola e Pecuária de Pernambuco (SAPP). Tratava-se de uma organização de camponeses do engenho Galileia, no município de Vitória de Santo Antão. Ali viviam 140 famílias que entraram em litígio com o proprietário. A SAPP da Galileia se tornou modelo para o surgimento de outras associações, sendo a origem das Ligas Camponesas. Em 1957, Julião visitou a União Soviética e países do Leste Europeu. No ano seguinte, reelegeu-se deputado estadual pelo PSB. Enquanto isso, as Ligas Camponesas cresceram, formando-se dezenas delas em outros estados do Nordeste. Em 1960, Julião viajou com Jânio Quadros para Cuba, conhecendo Fidel Castro. Com o aumento das lutas sociais no campo, o Partido Comunista Brasileiro fundou a União dos Lavradores e Trabalhadores Agrícolas, a ULTAB. No governo Goulart, sobretudo com o Estatuto do Trabalhador Rural, aumentou o movimento de sindicalização do campo. Projetos de organização de trabalhadores rurais entraram em disputa. Enquanto a Igreja Católica e o PCB organizavam sindicatos rurais; a ULTAB lutava por melhorias de vida para os trabalhadores; e as Ligas Camponesas defendiam a reforma agrária imediata. Julião sustentava o lema adotado por outros grupos de esquerda radical, principalmente a Frente de Mobilização Popular (FMP): "A reforma agrária será feita na lei ou na marra, com flores ou com sangue." A imagem de Francisco Julião, no início dos anos 1960, era a de um grande líder revolucionário latino-americano. Porém, seu radicalismo o isolou das próprias esquerdas brasileiras. Com o golpe militar, foi preso. Mas, como Miguel Arraes, foi beneficiado com um *habeas corpus* concedido pelo Supremo Tribunal Federal. Libertado em setembro de 1965, pediu asilo político ao governo do México. Participou, em 1979, do encontro dos trabalhistas em Lisboa, sob a liderança de Leonel Brizola, visando à reorganização do PTB. De volta ao Brasil com a anistia política, foi integrante da executiva nacional do PDT. Em 1986, concorreu a deputado federal pelo PDT de Pernambuco. Não se elegeu. Desgostoso, no mesmo ano retornou ao México, onde faleceu em 1995.

1964

Desde o ano de 1960, com o retorno de Francisco Julião de Cuba, as teses que defendiam a luta armada dentro das Ligas Camponesas se tornaram dominantes. O Regimento Interno do Dispositivo Revolucionário das Ligas afirmava que sua ação deveria seguir a doutrina ensinada por Che Guevara em *A guerra das guerrilhas*. No prefácio do Regimento lia-se: "O presente documento não revela nenhuma negação de nossa parte à grande tarefa que fomos chamados a cumprir: destruir pela luta armada o governo burguês decadente e criar o governo revolucionário."[7] O governo burguês, no caso, era o de Jango. O responsável pelo setor militar das Ligas, Clodomir Santos de Morais, desenvolvia planos para implantar diversas bases guerrilheiras em vários pontos do Brasil: na divisa do Piauí com Bahia; no sul da Bahia; no Mato Grosso; no interior do estado do Rio de Janeiro; em Goiás; no oeste do Paraná; no Maranhão; e na fronteira do Acre com a Bolívia.[8] A base de Rio Preto, no estado do Rio de Janeiro, deveria se organizar para sabotar as vias rodoviárias, ferroviárias e energéticas entre São Paulo, Rio de Janeiro e Belo Horizonte. As do Acre, para estocar armas compradas na Bolívia. São alguns exemplos. O certo é que a queda do grupo guerrilheiro em Dianópolis desarticulou todo o esquema.

Eu estive lá

Francisco Julião, líder das Ligas Camponesas, depõe nos anos 1980

Com duas ou três viagens que fiz a Cuba, cheguei a ter um relacionamento estreito com Fidel Castro. (...) Entre os países em que ele considerou que poderia haver uma revolução, ou em que poderia haver guerrilha, estava o Brasil. Mas eu lhe fiz ver que o Brasil era uma democracia, onde não havia prisioneiros políticos, havia liberdade. Tanto que fundávamos Ligas Camponesas, sindicatos, partidos políticos. Mas o Castro estava verdadeiramente obcecado. Ele queria transplantar a realidade cubana para libertar a América Latina — creio que nisso ele cometeu grave erro. (...) O fato é que eu sou culpado, considerado o homem que implantou essas guerrilhas. Em verdade, eu me opus. Eu não quis. (...) As pessoas encarregadas de implantar o movimento guerrilheiro eram muitas delas ligadas às Ligas, e por isso associavam as guerrilhas a mim. Tive de assumir calado, para não criar

O PLEBISCITO: A HORA E A VEZ DE JOÃO GOULART

> problemas no relacionamento entre Brasil e Cuba. Assumi calado a responsabilidade por algo que absolutamente não havia querido que se fizesse no Brasil. Mas se fez.
>
> (Citado em Dênis de Morares, *A esquerda e o golpe de 64: Vinte e cinco anos depois, as forças populares repensam seus mitos, sonhos e ilusões.* Rio de Janeiro, Espaço e Tempo, 1989, p. 225)

O incidente deu farta munição aos setores organizados da direita radical e ainda lhes garantiu o apoio incondicional do governo dos Estados Unidos, cuja diretriz política para a América Latina era exatamente impedir, por qualquer meio, o aparecimento de novas Cubas. A atuação das Ligas Camponesas surpreendeu pela ousadia e extensão do plano. Porém, sua posição em relação à luta armada já era conhecida. Francisco Julião, quando da campanha do plebiscito, advogava a abstenção eleitoral, alegando que, em um regime político ou em outro, nada mudaria para os camponeses.

Esse episódio foi um total desserviço às intenções de Goulart, justo no momento em que conduzia a campanha pelo presidencialismo. O momento era o de reforçar sua liderança no campo das esquerdas, sem extremismos e dentro das normas legais. O governo, tendo isso em vista, procurou abafar o que havia se passado. Naturalmente, com uma eficácia bastante relativa.

> ### Movimentação impatriótica
>
> Voltam os boatos de golpes a intranquilizar o país. (...) É necessário frisar o caráter altamente impatriótico de qualquer movimentação que venha a pôr em risco a estabilidade política e social do país. (...) Nada, ademais, justificaria neste momento qualquer tentativa de solução extralegal dos nossos problemas. O governo que obteve o que desejava — a antecipação do plebiscito — não tem razões para atos que apenas lhe poderiam causar dificuldades, quanto mais próxima parece estar a data de sua "libertação" (isto é, a provável volta do presidencialismo). A oposição, de sua parte, não tem de que se queixar. Entre os defeitos que podem ser com razão imputados ao atual governo da República, não se incluem, felizmente, a prepotência e a intolerância. Inteira liberdade têm os oposicionistas para apontar à opinião pública

1964

> as falhas do governo federal. Podem fazer, como quiserem, a pregação contra o presidencialismo. Não há quaisquer direitos ameaçados. (...) Os brasileiros têm consciência de que suas dificuldades deverão ser resolvidas dentro da linha de respeito às instituições. Qualquer tentativa em sentido contrário merece a mais formal condenação.
>
> (*Folha de S. Paulo*, 11 de dezembro de 1962, p. 4)
>
> **Nota oficial**
>
> O presidente do Conselho de Ministros, depois de ouvido o Conselho, está autorizado a declarar que as notícias sobre um plano de rebelião em todo o país, marcado para o próximo mês de janeiro, carecem de fundamentos. Essas notícias, partindo de certos fatos isolados, procuram estabelecer um ambiente de alarme e mesmo de pânico, cuja finalidade é menos a de combater o extremismo do que a de perturbar a opinião pública nacional no exato momento de normalização da vida institucional brasileira.
>
> (*Correio da Manhã*, 20 de dezembro de 1962, 1ª página)

As esquerdas se encontravam em franco e acelerado processo de radicalização. Um indicador desse processo foi o surgimento da Frente de Mobilização Popular (FMP), em janeiro de 1963, sob a liderança de Brizola. Ruy Mauro Marini a interpreta como um autêntico "Parlamento das esquerdas".[9] Brizola, por meio da FMP, queria unir as principais organizações de esquerda que lutavam pelas reformas de base. Em seu programa, essa nova Frente exigia que Goulart, com seus readquiridos poderes presidenciais, aprovasse imediatamente as reformas de base, sobretudo a reforma agrária. Para tanto, Brizola determinava que o presidente rompesse com o centro político parlamentar, representado em particular pelo PSD, considerado de direita. Ao mesmo tempo, a FMP concorria diretamente com o PCB, criticando-o e tachando-o de organização moderada — o que, na ótica da FMP, soava como uma acusação de traição.

A FMP articulou amplos setores das esquerdas. Embora sejam cansativas, as enumerações podem ser esclarecedoras. No movimento sindical urbano, a FMP contava com o CGT; a Confederação Nacional dos Trabalhadores na Indústria (CNTI); a Confederação Nacional dos Trabalhadores

O PLEBISCITO: A HORA E A VEZ DE JOÃO GOULART

nas Empresas de Crédito (CONTEC); e o Pacto de Unidade e Ação (PUA). Era forte junto aos estudantes, organizados na UNE e na União Brasileira de Estudantes Secundaristas (UBES). Também tinha bases no Comando dos Trabalhadores Intelectuais (CTI), nas Ligas Camponesas e entre os subalternos das Forças Armadas, como sargentos, marinheiros e fuzileiros navais. Agregava organizações da esquerda revolucionária como a Ação Popular e o Partido Operário Revolucionário-Trotskista , mas tinha seguidores também entre segmentos da extrema esquerda do PCB, insatisfeitos com a linha do Partidão. No Parlamento, tinha a adesão do Grupo Compacto do PTB e da Frente Parlamentar Nacionalista (FPN). Também capitalizou os nomes mais à esquerda do Partido Socialista Brasileiro (PSB) e do Partido Social Progressista (PSP), bem como os nacional-revolucionários petebistas que seguiam a liderança de Brizola. Por fim, o grupo político de Miguel Arraes também participava da FMP, embora mantivesse independência em relação à liderança de Brizola.[10]

As esquerdas eram plurais, mas a partir do plebiscito de janeiro de 1963, com Goulart exercendo seus poderes presidencialistas, elas convergiram no sentido de se expressar em duas grandes organizações. Uma delas era o tradicional Partido Comunista Brasileiro, liderado por Luís Carlos Prestes. A outra era a Frente de Mobilização Popular, cujo grande porta-voz era Leonel Brizola. Desde a Campanha da Legalidade, Brizola disputava com João Goulart, dentro do PTB, a liderança do movimento reformista. Mas, com a fundação da FMP, passou a concorrer também com Luís Carlos Prestes e todo e qualquer líder identificado como de esquerda.

EU ESTIVE LÁ:

Herbert de Souza, o Betinho, militante da Ação Popular (AP), depõe sobre a Frente de Mobilização Popular nos anos 1980

A AP se relacionava politicamente, em nível nacional, através da Frente de Mobilização Popular. Portanto, os problemas que a Frente teve com o Jango, a AP também teve. E os erros que a Frente cometeu, a AP também cometeu. A FMP foi uma tentativa de fazer um plenário do movimento popular, com participação das esquerdas. Talvez tenha sido uma das experiências mais interessantes daquele período. E funcionava.

1964

> Foi uma experiência aberta, um fórum de debates, de articulação, de politização. A Frente não tem o *status* que merece porque ela faz parte da história dos derrotados. Se fosse parte da história dos vitoriosos, haveria hoje mais de dez teses de doutorado sobre ela.
>
> (Citado em Dênis de Moraes, *A esquerda e o golpe de 64: Vinte e cinco anos depois, as forças populares repensam seus mitos, sonhos e ilusões.* Rio de Janeiro, Espaço e Tempo, 1989, p. 259)

A popularidade da FMP, que ganhou força no ano de 1963, era muito grande. Com Brizola à frente, tinha como objetivo pressionar Goulart a realizar as reformas de base com o seu apoio, desconhecendo outras forças políticas. No Congresso Nacional, rompendo, sobretudo, com o PSD. O nome de Brizola passou a significar, naquele momento, o que de mais à esquerda havia no trabalhismo brasileiro, expressando e unificando ideias e crenças de grupos esquerdistas heterogêneos e, por vezes, divergentes.

Em entrevista a uma revista empresarial, Brizola denunciara que, na crise de agosto de 1961, a influência do imperialismo norte-americano fora enorme. Em suas palavras, o interesse dos Estados Unidos era manter em funcionamento as "bombas de sucção" que os capitais estrangeiros exerciam sobre a economia do Brasil, empobrecendo-o: "Não é possível", afirmou, "obter as reformas internas em nossos países da América Latina sem atingirmos o processo espoliativo que mina nossas energias."[11] Em outra oportunidade, Brizola declarou:

> Só um inconsciente não vê que estamos vivendo o desenvolvimento de um processo revolucionário. De início, a ordem será mantida. Mas, se as coisas continuarem como vemos, a inconformidade popular, depois de alcançar a classe média e a chamada pequena burguesia, atingirá os próprios quartéis.[12]

Ou seja, as direitas, como as esquerdas, estavam dispostas a recorrer aos militares para alcançar seus projetos de poder. Diversas análises sobre o governo Jango responsabilizam Brizola pelo enfraquecimento político de Goulart e de, assim, ter aberto caminho para o golpe civil e militar de 1964.

O PLEBISCITO: A HORA E A VEZ DE JOÃO GOULART

Sua pregação revolucionária teria diminuído a autoridade do presidente, insuflando, quase causando, a radicalização direitista. Tais avaliações têm, sem dúvida, bons fundamentos. Contudo, os processos históricos não são tão simples e não devem ser tão personalizados. Os indivíduos, com suas escolhas, são decisivos. Mas há sempre vários indivíduos e várias escolhas. E também há o contexto político de uma época.

Se avaliarmos as forças que constituíam a FMP, encontramos políticos nacionalistas, líderes sindicais, camponeses e estudantis, além de associações de subalternos das Forças Amadas. Na FMP estavam grupos marxistas-leninistas e organizações de esquerda cristã. Foi essa diversificada e heterogênea esquerda que reconheceu Brizola como uma liderança maior, embora não sem conflitos internos. Ele era o porta-voz das ideias, crenças e projetos dessas esquerdas. Se Brizola era radical em suas pregações, era porque as esquerdas estavam em crescente processo de radicalização, acreditando que se vivia um momento revolucionário no país. Brizola não estava sozinho.

Por sua vez, as forças de direita radical também seguiam o mesmo caminho. Certamente se utilizavam das ações da esquerda para legitimar suas posições. Mas, vale assinalar, elas também fizeram escolhas e estas foram tão radicais quanto as das esquerdas. Depois das eleições de outubro de 1962, quando, a despeito de um imenso investimento de recursos humanos e financeiros, os resultados alcançados foram pífios, os também diversificados setores de direita tenderam fortemente para a radicalização política. Ocorreu então uma dinâmica relacional de mútua influência, que alimentou escolhas radicais de parte a parte.

EU ESTIVE LÁ:

Depoimento de Hugo de Faria em 1982-3

Aí veio um período em que Jango, no regime parlamentar, e logo depois no presidencial, teve atitudes que não assustaram os militares, embora houvesse uma minoria que nunca tivesse deixado de conspirar contra Juscelino, contra Jânio e contra Jango. Esse fenômeno se processou até mais ou menos 1962, quando realmente houve uma

1964

> lua de mel entre Jango e os militares. Mas então veio o grande momento da modificação. Foi quando Jango — o Brizola teve alguma responsabilidade, mas não é tanto quanto dizem —, Baby Bocaiúva, Almino Afonso e outros começaram a querer apressar o processo em curso. Ou seja, substituir um lento processo evolutivo de socialização por um processo radical de socialização. Nesse momento, os militares se assustaram de novo, se assustaram mesmo. Isso foi no fim de 1962, antes do plebiscito.
>
> (Hugo de Faria, Depoimento, CPDOC/FGV, 1982-3)

Há que se considerar, nesse sentido, o papel da Escola de Superior de Guerra (ESG) na conjuntura de radicalização política do período. Fundada em 1948 com apoio dos Estados Unidos, a ESG era subordinada ao Estado-Maior das Forças Armadas e oferecia cursos regulares para militares das três Forças, além de outros para civis. A partir de 1952, a ESG concentrou nomes que teriam papel importante no golpe de 1964 e na ditadura civil e militar, como os generais Humberto de Alencar Castello Branco, Golbery do Couto e Silva, Ernesto Geisel, entre outros. A partir de 1960, a ESG deu grande ênfase à Doutrina de Segurança Nacional: o inimigo não estava apenas ou necessariamente no exterior, mas principalmente dentro do próprio país. Para os estrategistas da ESG, os "inimigos internos" desenvolviam a Guerra Revolucionária ou Guerra Insurrecional. As atuações das Ligas Camponesas, do movimento sindical, dos comunistas e das organizações de esquerda provavam que a Guerra Revolucionária já estava em curso. A partir de 1963, os estrategistas da ESG preocuparam-se com a sistemática quebra das regras que regiam a vida militar, como a hierarquia e a disciplina. Tratava-se, para eles, da Guerra Revolucionária chegando e tomando os quartéis. O enfraquecimento das Forças Armadas e da cadeia de comando fazia parte da estratégia insurrecional dessa guerra, desenvolvida, em especial, pelos comunistas.[13]

Portanto, o plebiscito de janeiro de 1963 teve lugar em contexto muito mais marcado pelos extremismos de esquerda e de direita do que pela moderação política, representada, por exemplo, pela figura do primeiro-ministro

O PLEBISCITO: A HORA E A VEZ DE JOÃO GOULART

Hermes Lima. Junto a ele havia nomes de destaque, como San Tiago Dantas, que orientara a condução de uma diplomacia de linha independente, que queria trazer ganhos econômicos e políticos para o Brasil. Porém, nessa área, o mar também não estava para peixe. A contrariedade dos Estados Unidos com os rumos do governo Goulart causava problemas crescentes para a política externa.

Ainda antes do plebiscito, as relações com os Estados Unidos começaram a mudar. De "parceiro continental", o Brasil passou a ser visto com desconfiança pela Casa Branca. Em setembro de 1962, o Congresso Nacional, por maioria, aprovara a Lei de Remessa de Lucros para o exterior.[14] A nova legislação era bastante rigorosa quanto ao envio de lucros das empresas estrangeiras para suas matrizes. É importante notar que projetos como esse, defendidos pelas esquerdas, eram aprovados por um Congresso não apenas composto por parlamentares de esquerda, quando havia boa negociação política.

Mas o grande problema era, sem dúvida, a questão cubana. Sobretudo devido à posição brasileira durante o episódio da crise dos mísseis soviéticos instalados na ilha, ocorrida entre 16 e 28 de outubro de 1962. Kennedy propusera a Goulart que, caso os soviéticos não retirassem os mísseis, uma força militar, com a participação de brasileiros, invadiria o território cubano. Jango não aceitou participar dessa operação militar, insistindo no princípio de autodeterminação dos povos.[15] Mas instruiu o representante brasileiro na OEA a aprovar o bloqueio naval à ilha, e enviou carta a Fidel Castro, manifestando ser inteiramente contrário à instalação de mísseis nucleares em Cuba.

Diplomaticamente, uma posição bastante equilibrada, respeitosa e consoante com uma diretriz que rejeitava alinhamentos automáticos, quer ao bloco americano quer ao soviético. Uma posição que, em tempos de Guerra Fria, aliás de guerra gelada, não agradou nada a Kennedy. Quando o mundo esteve à beira de uma Terceira Guerra Mundial, o Brasil negara seu apoio aos Estados Unidos. Algo intolerável nessa conjuntura. Tanto que, para demonstrar seu desagrado, o presidente norte-americano cancelou a viagem que faria ao Brasil, alegando "sinais de esquerdização" do governo Goulart. Mas enviou seu irmão para conversar pessoalmente com o presidente. A missão de Robert Kennedy era pressionar Goulart e exigir dele uma clara definição ideológica a favor dos Estados Unidos, caso contrário poderia ter problemas, entre outros, com os empréstimos norte-americanos.[16]

Em depoimento concedido a Moniz Bandeira em 1976, Goulart afirmou que a conversa foi "um pouco dura". Robert Kennedy mostrou preocupação com a presença de comunistas no governo, com o poder do sindicalismo, com a demora de uma solução para as empresas americanas encampadas (ITT e AMFORP) e com o aumento do comércio exterior do Brasil com o bloco socialista. Jango repeliu a interferência estrangeira nas decisões do governo brasileiro.[17] Mas o recado era claro: o governo Goulart deveria apoiar de maneira incondicional a política externa norte-americana, sobretudo na questão cubana.

Finalmente, em dezembro de 1962, houve o episódio de Dianópolis. Com ele a CIA ficou certa de que o Brasil era um campo de treinamento guerrilheiro na América Latina e que Goulart não estava isento de envolvimento com esse fato. Tudo isso junto fez com que qualquer cooperação entre o governo norte-americano e o brasileiro deixasse de existir. Kennedy passou a alimentar uma hostilidade pessoal contra Goulart. Ficou convencido de que os governos de Cuba e do Brasil eram aliados e tinham planos ameaçadores contra os Estados Unidos.[18] Segundo previsões dos norte-americanos, o plebiscito de janeiro de 1963 traria de volta o presidencialismo. E, para os conselheiros de Kennedy, Goulart, reavendo seus poderes, aproximaria o Brasil do bloco soviético. Em outras palavras, o Brasil tornou-se um inimigo em potencial para os Estados Unidos.

As previsões dos norte-americanos quanto ao plebiscito estavam certas. Em 6 de janeiro, a população brasileira foi às urnas e votou NÃO. O presidencialismo, quer dizer João Goulart, obteve uma vitória esmagadora. Dos cerca de 11,5 milhões de eleitores, quase 9,5 milhões, ou cinco em cada seis eleitores, votaram pelo retorno do regime presidencialista.[19] Goulart, pode-se dizer, foi eleito pela segunda vez. Só que, com o plebiscito, para ser presidente da República.

O PLEBISCITO: A HORA E A VEZ DE JOÃO GOULART

COTIDIANO

Em janeiro de 1963, o jornal *Ultima Hora* divulgou notícia estarrecedora. Na divisa do estado do Rio de Janeiro com a Guanabara, no rio da Guarda, próximo ao rio Guandu, surgiu um homem, com aparência de mendigo, com as mãos amarradas e com tiros de revólver na nuca. Outro mendigo, que também sofreu o mesmo atentado, sobreviveu. Na delegacia no bairro de Santa Cruz, ele denunciou a polícia como a responsável pelos crimes. Inquérito policial apontou que um funcionário que trabalhava no Serviço de Recuperação de Mendigos, um órgão estadual, convocou policiais para formar uma espécie de "esquadrão da morte" para se livrar dos mendigos. Chamada de "Operação Mata Mendigos", ela teria começado no ano anterior. Um dos motivos seria "limpar" a cidade para a visita da rainha Elizabeth. O governador Carlos Lacerda negou responsabilidade pelas chacinas, culpando os policiais. Mas politicamente o episódio desgastou muito a sua imagem. Assim, enquanto a popularidade de Goulart encontrava-se em alta pela grande vitória no plebiscito, Lacerda tinha que dar seguidas explicações à imprensa.

O prestígio de Jango, em início de 1963, era imenso e incontestável. Porém, é preciso lembrar que outros partidos políticos e importantes lideranças, como JK e até Carlos Lacerda, tinham interesse no retorno do presidencialismo, pois estavam de olho nas eleições de 1965. O resultado do plebiscito, portanto, deve ser entendido nesse contexto.

Durante todo o ano de 1962, mesmo considerando-se as várias crises que teve que contornar, o presidente vinha obtendo êxito. Pelo menos, um êxito bastante razoável, que lhe permitira executar políticas públicas importantes nas áreas da economia e da educação, por exemplo. Sua estratégia de combate ao parlamentarismo tinha sido vitoriosa. O resultado do plebiscito o elevava à condição de líder nacional com maciço apoio popular. Finalmente, essa seria a hora e a vez de um governo João Goulart.

10

O governo João Goulart e o Plano Trienal

Com o plebiscito Goulart tinha a oportunidade de reiniciar seu mandato em novas bases. Apesar de fazê-lo em situação de grandes dificuldades, internas e externas, isso não era pouca coisa. Em 24 de janeiro de 1963, o presidente empossou seu novo ministério. Os nomes escolhidos mostravam o propósito de buscar apoios políticos entre forças de centro e de esquerda, mas evitando a radicalização. Alguns deles tinham grande prestígio. São exemplos os trabalhistas San Tiago Dantas no ministério da Fazenda e Almino Afonso no do Trabalho; os socialistas Hermes Lima no das Relações Exteriores e João Mangabeira no da Justiça; o advogado Evandro Lins e Silva no Gabinete Civil; o economista Celso Furtado no ministério extraordinário para Assuntos do Desenvolvimento Econômico (Planejamento); o engenheiro Eliézer Batista no ministério das Minas e Energia e o empresário José Ermírio de Moraes no da Agricultura.[1] Tratava-se de um ministério com perfil técnico formado majoritariamente por forças políticas de centro-esquerda. Nada que pudesse dar argumentos a uma propaganda anticomunista.

Mas a situação econômica e financeira do país era de absoluto descontrole. O Brasil chegou ao final de 1962 com déficit na balança de pagamentos de 360 milhões de dólares, quando no ano anterior tinha sido de 14 milhões. Além disso, em 1962 foram emitidos quase 509 bilhões de cruzeiros, enquanto em 1961 a emissão fora de quase 314 bilhões.[2] Os números da produção do país eram também muito preocupantes: o PIB caiu de 8,6%, em 1961, para 6,6% em 1962. Porém, o que mais atormentava os trabalhadores era o aumento do custo de vida: a inflação de 1961 foi de 33,29% e a de 1962 chegou a 49,4%.[3] Além da alta acelerada dos preços, o desabastecimento de mercadorias irritava e assustava a população. São numerosas as análises que consideram a crise econômica como um fator muito importante na desestabilização do governo Goulart.

DEU NO JORNAL

Desesperados pela prolongada e absoluta falta de arroz nos meios normais de distribuição, centenas de consumidores tentaram, na manhã de ontem, adquirir o produto nos armazéns reembolsáveis do Exército, localizados no edifício do Ministério da Guerra e no supermercado da Vila Militar, onde existem substanciais quantidades do produto. Como aqueles estabelecimentos só atendem a consumidores militares, registrou-se grande confusão, superada apenas com a presença da PE, chamada às pressas.

(*Correio da Manhã*. Rio de Janeiro, 6 de dezembro de 1962, p. 3)

Carta de leitores

Dia virá, que o dinheiro não significará mais nada. Arroz, feijão, banana, farinha de mandioca, enfim, os alimentos mais corriqueiros da cozinha brasileira "baterão asas" e sumirão deste infeliz e bloqueado estado. Em minha casa, antigamente, aos domingos comia-se galinha; hoje o prato domingueiro é feijão. Galinha mesmo, é impossível, pois as "penosas" estão a preço de faisão.

(Demerval L. Cunha. *Diário Carioca*. Rio de Janeiro, 22 de dezembro de 1962, p. 4)

Desde a vitória na Campanha da Legalidade, em setembro de 1961, a estratégia política de Goulart era procurar desarmar seus opositores, ampliando suas bases políticas, em especial trazendo para o governo políticos

O GOVERNO JOÃO GOULART E O PLANO TRIENAL

importantes do PSD. O custo político dessa composição era ser tachado como "conciliador" pelas esquerdas. Se quando assumiu a presidência, sob regime parlamentarista, esse já era um problema, que dirá em 1963, quando o processo de radicalização avançara e Jango retomara seus plenos poderes no Executivo. A formação do ministério, contudo, indicava que o presidente estava disposto a enfrentar o rótulo de conciliador, não se importando com tal acusação. Mais eficaz era garantir a união de centro-esquerda, traduzida pelas bancadas do PSD e do PTB, conseguindo maioria no Congresso Nacional. Assim, com acordos, pactos e compromissos, contava aprovar as reformas de base.

Ao mesmo tempo, cuidou de garantir respaldo militar para seu governo. Além do amigo general Amaury Kruel, na pasta da Guerra, contava com os apoios dos comandantes militares. Tentaria, assim, contrabalançar o poder dos governadores de oposição: Magalhães Pinto (UDN), em Minas Gerais; Ademar de Barros (PSP), em São Paulo; e Ildo Meneghetti (PSD), no Rio Grande do Sul. Um deles era completamente hostil: Carlos Lacerda (UDN), na Guanabara.

Contudo, mesmo encarando tantos problemas, Goulart não esperou o plebiscito para preparar e até anunciar seu plano de governo. Ele poderia ser mais um trunfo a seu favor. Chamava-se Plano Trienal de Desenvolvimento Econômico e Social. Afinal, as novas eleições ocorreriam em 1965, havendo ainda um bom tempo para a execução de políticas públicas de há muito desejadas. JK tinha feito sucesso com seu Plano de Metas. Goulart queria seguir o mesmo caminho. Assim, uma semana antes de o eleitorado se manifestar nas urnas, ele anunciou seu plano ao país. Era o coração de sua plataforma governamental como presidente da República.

O Plano Trienal foi formulado por dois ministros: Celso Furtado, ministro extraordinário do Planejamento, e San Tiago Dantas, ministro da Fazenda. O plano tinha dois objetivos básicos. Um deles era conquistar o apoio político dos setores conservadores da sociedade, no momento de transição do parlamentarismo para o presidencialismo. O outro era ganhar a confiança dos credores internacionais, para obter recursos financeiros e renegociar a dívida externa.[4]

Celso Furtado era um jovem, com grande preparo técnico e pouca experiência política. Tinha futuro. San Tiago Dantas era um grande intelectual e tinha longa história com a política. Em 1963, inclusive,

145

1964

teria que se afastar do ministério, devido a um câncer que acabaria por lhe tirar a vida. Olhava para o futuro do Brasil; não para seu próprio futuro. Eram homens com trajetórias de vida bem diferentes, mas muito parecidos em suas convicções. Na área econômica, não partilhavam do ideal monetarista ortodoxo, ainda muito em voga. Estavam afinados com as orientações da Comissão Econômica Para a América Latina (CEPAL), órgão da ONU que defendia reformas profundas no campo econômico, capazes de retirar os países latino-americanos da situação de exportadores de produtos agrícolas e minerais. Uma situação que, desde os anos 1930, era considerada desvantajosa e perigosa, pela alta dependência das variações do mercado internacional. Pior ainda, danosa para o desenvolvimento, pela concentração de riqueza que gerava. Ou seja, pela grande desigualdade social que produzia e que afetava, sobretudo, a população rural.

PERSONAGEM

Celso Furtado nasceu em Pombal, no sertão da Paraíba, em 1920. Aos 19 anos de idade mudou-se para a cidade do Rio de Janeiro. Logo ingressou na Faculdade Nacional de Direito da atual Universidade Federal do Rio de Janeiro, formando-se em Ciências Jurídicas e Sociais em 1944. Convocado para alistar-se na Força Expedicionária Brasileira, participou da Segunda Guerra em território italiano. Ao final do conflito foi para a França e, entre 1946 e 1948, estudou na Universidade de Sorbonne, defendendo tese de doutoramento sobre o período colonial brasileiro. Retornando ao Brasil, ingressou na Fundação Getúlio Vargas. Em 1949, foi para o Chile e integrou os quadros da Comissão Econômica para a América Latina (CEPAL), instituição da Organização das Nações Unidas (ONU), fundada naquele ano. Celso Furtado tornou-se um dos principais economistas a pensar de maneira original a economia latino-americana, abandonando as teorias clássicas, elaboradas no contexto europeu, como se fazia até então. De volta ao Brasil, em 1953 tornou-se um dos diretores do Banco Nacional de Desenvolvimento Econômico (BNDE) e participou do grupo gestor do Plano de Metas do governo Juscelino Kubitschek. Por essa época, como professor convidado da Universidade de Cambridge, escreveu obra clássica da historiografia brasileira:

O GOVERNO JOÃO GOULART E O PLANO TRIENAL

> *Formação econômica do Brasil,* publicada em 1959. Fundou e foi o primeiro diretor da Superintendência de Desenvolvimento do Nordeste (Sudene). No governo Goulart, elaborou, junto com San Tiago Dantas, o Plano Trienal. Após o golpe de 1964, seu nome estava na primeira lista de cassados. Exilado, lecionou no Chile, na França e nos Estados Unidos, retornando ao Brasil em 1979, com a anistia. Foi embaixador do Brasil na Comunidade Econômica Europeia e ministro da Cultura do governo de José Sarney. Escreveu dezenas livros, publicados em várias línguas. Faleceu em 2004.

Porém, na virada do ano de 1962-3, a economia brasileira estava com tantas dificuldades que o governo perdera os instrumentos de controle dos gastos públicos e da política monetária. Para Celso Furtado e San Tiago Dantas, era necessário, antes de tudo, que o governo retomasse as rédeas da economia do país. Em função disso, a parte inicial do plano requeria medidas afinadas com políticas econômicas conservadoras, segundo as conhecidas regras impostas pelo FMI. Só em seguida o receituário seguiria novas prescrições desenvolvimentistas.

O Plano Trienal era fundamentalmente um plano de estabilização econômica. O objetivo era combater a inflação. Contudo, o controle da inflação não devia ser um fim em si mesmo. Era apenas um meio, uma primeira etapa. A segunda, o verdadeiro objetivo do plano, era levar adiante as reformas de base (fiscal, bancária, administrativa e agrária). O Plano Trienal realmente incluía medidas ortodoxas, como um plano de estabilização negociado com o FMI. Mas essas medidas queriam possibilitar uma outra alternativa para a economia brasileira; essa, aliás, nada ortodoxa.

Com a inflação sob controle e a execução das reformas de base, inclusive a agrária, Celso Furtado e San Tiago Dantas acreditavam que se abriria um novo ciclo de desenvolvimento no Brasil. O plano era muito inovador e vislumbrava um futuro de longo prazo, econômica e socialmente. Por isso, a imprensa o noticiava e o associava ao Plano Nacional de Educação, também anunciado na mesma ocasião e sob a responsabilidade de outro jovem político: Darcy Ribeiro, o idealizador da Universidade de Brasília.[5] Eram bons exemplos da vitalidade do governo Goulart.

Editorial: A nova política contra a inflação

Na exposição feita pelo ministro da Fazenda, deputado San Tiago Dantas, foram apresentados de maneira clara, concisa e objetiva os principais pontos da política econômico-financeira do novo governo. (...). Essa coerência entre as manifestações de vários setores da mais alta direção político-administrativa do país revela uma unidade de comando que sem dúvida contribui para o restabelecimento da confiança no governo, uma confiança indispensável à colaboração geral para o êxito da política anti-inflacionária. Pela primeira vez, também, o governo está revelando capacidade de mobilizar, através das exposições principalmente dos ministros San Tiago Dantas e Celso Furtado, a opinião pública para a compreensão de uma política de sacrifícios gerais e sobretudo para que essa política tenha o apoio de setores particulares.

(*Folha de S. Paulo*. São Paulo, 9 de fevereiro de 1963, p. 8)

Editorial: Alguma esperança

Não há como negar que a exposição televisionada do ministro San Tiago Dantas levantou o tom do debate político. (...) Não titubeou o sr. San Tiago Dantas em desenrolar aos olhos dos telespectadores, em toda a sua crueza, o deplorável quadro de nossas finanças públicas. (...) Para enfrentar essa calamitosa situação é que o ministro ofereceu um roteiro de ação administrativa que nos parece capaz de acender um lume de esperança nas trevas dos dias correntes. Proclamou o sr. San Tiago Dantas que o governo deseja realizar o saneamento de nossas finanças durante o curso de 1963, pretendendo para isso lançar mão de drásticas medidas de austeridade e disciplina. (...) A palestra do ministro da Fazenda despertou uma expectativa favorável no ânimo dos brasileiros.

(*O Globo*. Rio de Janeiro, 8 de fevereiro de 1963, 1ª página)

Os objetivos do Plano Trienal poderiam ser considerados praticamente consensuais. Todos os setores da sociedade — empresários, trabalhadores, estudantes, donas de casa — queriam a queda da inflação e as reformas. Até a reforma agrária era apoiada por amplas parcelas da sociedade brasileira, incluindo empresários, como se viu. A questão, vale repetir, era como fazê-la sem causar maiores abalos e desrespeitar a Constituição.

O GOVERNO JOÃO GOULART E O PLANO TRIENAL

No entanto, o Plano Trienal implicava, inicialmente, medidas recessivas, como limitação de aumentos salariais, restrição do crédito, controle dos preços e cortes nas despesas do governo. Todas essas medidas afetavam diretamente os interesses imediatos daqueles que apoiavam o Plano, em especial trabalhadores e empresários.

A alternativa proposta foi acordar um pacto entre sindicatos de trabalhadores e associações empresariais. Ambos deveriam avaliar os custos e benefícios do plano. Haveria perdas no curto prazo, devido às medidas recessivas. Mas haveria ganhos no médio e longo prazos, com a retomada do crescimento econômico de maneira planejada. Naquele momento, a economia brasileira não suportava lucros tão elevados e aumentos salariais acima da inflação. Era preciso pactuar para se dar um basta a tal situação, que estava levando o país a um total descontrole econômico-financeiro.

O Plano Trienal diferiu de planos de estabilização anteriores e posteriores. Nos planos econômicos de orientação ortodoxa, o controle da inflação é efetivado com medidas monetaristas, visando exclusivamente ao controle financeiro. Nesses casos, o peso da estabilização recai, principalmente, sobre os trabalhadores que sofrem com o desemprego e o arrocho salarial. No Plano Trienal, havia uma distribuição mais equitativa entre empresários e trabalhadores: adotava-se restrição ao crédito, além do controle nos aumentos salariais. Dessa maneira, esperava-se reduzir a inflação. Ao mesmo tempo, os prazos do pagamento da dívida externa seriam renegociados. Com a inflação controlada, as reformas abririam oportunidades para o crescimento econômico.

Celso Furtado e San Tiago Dantas planejaram conjugar crescimento econômico com queda da inflação. Esperavam, para o ano de 1963, que o crescimento fosse de 7% ao ano e a inflação, de 25%, o que era a metade da ocorrida em 1962. Para 1964, acreditavam que a inflação cairia para apenas 15%.[6] O objetivo parecia muito otimista.

1964

Historiadores da economia brasileira avaliam o Plano Trienal, nos anos 2000

Mas o que era o Plano Trienal? Em última análise, era o esforço absolutamente correto, do ponto de vista técnico, de compatibilizar uma alta taxa de crescimento econômico com uma economia equilibrada, uma economia não inflacionária, que mantivesse o famoso equilíbrio das variáveis macroeconômicas. E isso se fazia por meio de taxas de juros moderadas, de uma redução a níveis já mais aceitáveis do superávit primário; uma série de medidas que permitiam manter o equilíbrio financeiro, econômico e monetário, mas que liberavam importantes somas para o desenvolvimento nacional.

(Hélio Jaguaribe. In Theotonio dos Santos; Hélio Jaguaribe; Rubens Ricupero. *Cadernos do Desenvolvimento.* Ano 1, nº 1. Rio de Janeiro: Centro Internacional Celso Furtado de Políticas para o Desenvolvimento, 2006, pp. 248-9)

O Plano Trienal viera a lume com grande publicidade em dezembro de 1962 e a maior parte dos analistas assinala as concessões de seus autores à ortodoxia, sugerindo talvez que se aguardasse um produto tipicamente desenvolvimentista de uma equipe liderada por Celso Furtado. O plano realmente inspirava-se na concepção de que a inflação brasileira era de demanda e apontava o déficit público como uma de suas principais causas. (...) Entretanto, de forma alguma abandonava as principais teses cepalinas, como o entendimento de que desequilíbrios estruturais e inflação eram inerentes ao processo de desenvolvimento econômico, de modo que, antes de assumir de vez um dos lados do debate que à época polarizava "monetaristas" e "estruturalistas" no que tange à natureza da inflação, procurava compatibilizá-los em um mesmo diagnóstico que se poderia denominar de *eclético* (...). Para os elaboradores do Plano Trienal, desta forma, a crise do modelo só poderia ser superada com o aprofundamento do próprio modelo, ou seja, com a ampliação do mercado interno, através da reforma agrária e de outras políticas voltadas à redistribuição de renda. Com isso, abria-se espaço para uma tentativa de justificar e legitimar ao mesmo tempo as reformas de base e a ortodoxia da política de estabilização.

(Pedro Cezar Dutra Fonseca. "Legitimidade e credibilidade: Impasses da política econômica do governo Goulart". *Estudos econômicos.* São Paulo, v. 34, n. 1 (93), 2004)

O GOVERNO JOÃO GOULART E O PLANO TRIENAL

Ao mesmo tempo, o Plano Trienal previa outras iniciativas, como redução das disparidades regionais e mais investimentos na educação e saúde públicas. Também havia projetos de promoção da pesquisa científica.[7] Algo que o Plano de Metas de JK praticamente ignorara, sendo bastante criticado nesse aspecto.

Os empresários se dividiram quanto ao plano de estabilização econômica. O governo encontrou apoio em grupos industriais importantes do país: a Confederação Nacional da Indústria (CNI), a Federação das Indústrias do Estado de São Paulo (FIESP) e a Federação das Indústrias do Estado do Rio Grande do Sul (FIERGS). Somente a Federação das Indústrias do Estado da Guanabara (FIEGA) demonstrou franca oposição, apegando-se a um liberalismo que defendia o "livre-câmbio e o não intervencionismo estatal". Já no setor comercial, a disposição foi de não apoiar o plano, conforme se manifestou a Confederação Nacional do Comércio (CNC).[8] Considerando-se que muitas das bases de oposição a Jango, incluindo-se as mais radicais e organizadas em instituições como IPES, trabalhavam contra seu governo, pode-se dizer que o Plano Trienal conseguiu um suporte expressivo entre o empresariado do país.

Já as esquerdas formularam críticas contundentes ao Plano Trienal. Em fins de janeiro de 1963, o líder comunista Luís Carlos Prestes atacou o ministério formado por Goulart, devido às várias personalidades do PSD, e acusou o plano de não enfrentar as causas estruturais da inflação:

> Nenhuma medida concreta propõe contra a espoliação imperialista, não cogita de restringir a remessa de lucros, nem estabelece o controle do câmbio pelo Estado. [...] O Plano é, assim, uma tentativa da burguesia ligada aos interesses nacionais para conciliar o desenvolvimento econômico e a redução do ritmo inflacionário com a manutenção dos privilégios do capital imperialista e do setor latifundiário-exportador. Deve ser combatido, portanto, pelas forças patrióticas e populares.[9]

O Comando Geral dos Trabalhadores também manifestou sua contrariedade. Após a luta pelo plebiscito e a restauração do presidencialismo, os trabalhadores assistiam à formação de um ministério que "expressa ainda uma política de conciliação com as cúpulas partidárias ligadas a interesses antinacionais e antipopulares". Como Prestes, os líderes do CGT

151

1964

não concordavam com a estratégia de Goulart de buscar apoio no PSD. Esqueciam-se de que fora principalmente com o PSD que Goulart aprovara a antecipação do plebiscito para 6 de janeiro daquele ano. Batiam na tecla da "conciliação" e consideravam as medidas de controle da inflação antipopulares. Na nota do CGT, o Plano Trienal deveria ser suspenso e, como programa de governo, Goulart deveria realizar imediatamente a reforma agrária, controlar a remessa de lucros para o exterior, realizar a reforma tributária progressiva, nacionalizar empresas multinacionais, abrir mercados no bloco socialista e ampliar o monopólio da Petrobras.[10]

COTIDIANO

Os açougues continuam abertos, apenas para vender cabritos, porcos e galinhas. De carne bovina, nem sombra. Mas, nas esquinas, de todos os bairros, veem-se as carrocinhas oferecendo miúdos em quantidade. Fígado a quinhentos cruzeiros o quilo, rabada a trezentos, dobradinha, idem, bofe a duzentos — bofe, antigamente comida barata, comida de cachorro (...). As donas de casa que não querem ficar sem qualquer coisa que venha do boi, vão se contentando com o que encontram em seu alcance e mesmo a preços extorsivos...

(*O Dia*. Rio de Janeiro, 4 de janeiro de 1963, p. 2)

Cebolinha emancipado

Cebolinha, o travesso garoto de cabelos espetados e que ainda troca algumas letras quando fala, apareceu primeiro como "extra" nas histórias de Bidu e Franjinha. Depois, começou a "roubar" as cenas onde aparecia e os leitores começaram a reclamar que o menininho deveria aparecer mais. Daí sua emancipação, saindo da companhia de Bidu e Franjinha, de agora em diante, para viver suas próprias histórias. A partir de terça-feira, portanto, [a menina] Regina Celia e todos os nossos queridos pequenos leitores encontrarão na FOLHA ILUSTRADA o Cebolinha, Bidu e Franjinha.

(*Folha de S. Paulo*. São Paulo, 9 de fevereiro de 1963, Folha Ilustrada, 1ª página)

O GOVERNO JOÃO GOULART E O PLANO TRIENAL

Francisco Julião definiu o Plano Trienal como "antipopular, antinacional e pró-imperialista".[11] O presidente da UNE, Vinícius Brant, engrossou o coro: "O plano não se volta contra o latifúndio nem contra o imperialismo; ao contrário, serve aos interesses dos monopólios estrangeiros, e por isso conta com o apoio das autoridades e da imprensa norte-americana." Mas era Leonel Brizola o líder de oposição ao plano. Para ele, "o Plano Trienal é um nome, um slogan, um plano tímido, que não corresponde às nossas necessidades". Para Brizola, o plano era apoiado pelas oligarquias para reajustar a contabilidade da espoliação estrangeira. "Falam em sacrifício de todos, mas o que se está vendo é o sacrifício para o povo."[12] Além disso, o então deputado pela Guanabara resolveu desancar com a Câmara, denunciando seu regime de trabalho. E pela televisão. Obviamente desagradou a muitos parlamentares.

DEU NO JORNAL

O presidente da Câmara Federal, deputado Ranieri Mazzilli, não concordou, ontem, com as exigências que lhe foram fazer os udenistas Pedro Aleixo (líder da minoria) e Bilac Pinto (líder da UDN), de condenação pública ao deputado Leonel Brizola. Aqueles parlamentares declarando-se profundamente indignados desejavam que a presidência da Câmara desse ao público nota oficial de condenação às declarações que o deputado Brizola havia feito na noite anterior através de uma emissora de televisão. Nessa ocasião, o deputado trabalhista, pela Guanabara, explicou que recebera 540 mil cruzeiros por três dias de pouco trabalho na Câmara e, em seguida, fora mandado de férias.

(*Ultima Hora*. Rio de Janeiro, 6 de fevereiro, p. 6)

O Plano Trienal era um plano de estabilização econômica, mas era o plano do governo Goulart. O presidente fez o que era a sua especialidade: negociar. Convocou a seu gabinete empresários e sindicalistas e conversou com eles na tentativa de explicar os fundamentos do plano. Queria convencer os que se opunham das possibilidades e ganhos da implementação do plano. Havia resistências, quer à direita, quer à esquerda. Tanto que Celso

1964

Furtado, cansado das críticas formuladas, sobretudo pelas esquerdas, chegou a comentar: "Devo esclarecer que não me encomendaram um projeto de revolução, mas um plano de governo."[13] A fina ironia tinha razão de ser.

Em janeiro, fevereiro, março e abril, Celso Furtado e San Tiago Dantas aplicaram o Plano Trienal, com o apoio dos empresários da indústria, sobretudo os de São Paulo. Portanto, as análises que apresentam os empresários paulistas como um grupo homogêneo, engajado no IPES e conspirando contra Goulart, são excessivas. O presidente, como constatou o historiador Rodrigo Patto Sá Mota, tinha apoios significativos no setor empresarial para conduzir medidas de controle da inflação.

O objetivo do plano era estabilizar a moeda. A primeira iniciativa nesse sentido foi aplicar a reforma fiscal, aprovada anteriormente pelo Congresso. Furtado e Dantas também uniformizaram as taxas cambiais, visando a equilibrar a balança de pagamentos. Era uma das exigências do FMI. Os subsídios ao trigo e ao petróleo foram suspensos. Em março, San Tiago Dantas foi a Washington renegociar a dívida brasileira. Obteve empréstimo de 398 milhões de dólares. Desse total, 84 milhões seriam utilizados imediatamente, mas a liberação do restante ficaria condicionada ao cumprimento das metas de estabilização da moeda e das medidas anti-inflacionárias determinadas pelo FMI. Em abril, o ministro da Fazenda desvalorizou o cruzeiro em 30%, aproximando o câmbio oficial do paralelo. Outra condição era dar solução ao problema das indenizações das empresas expropriadas por Brizola. Dantas convocou uma comissão interministerial para avaliar as indenizações às empresas encampadas.[14] Queria encerrar esse desgastante capítulo que tensionava as relações Brasil-Estados Unidos.

O movimento sindical liderado pelo CGT e as esquerdas mantiveram sua campanha contra o Plano Trienal. Uma questão em particular irritava os sindicalistas. Os acordos assinados com o FMI indicavam que o salário do funcionalismo público seria reajustado, no máximo, em 40%. A despeito dessa previsão, em abril, o ministro da Fazenda assinou um decreto reajustando o setor civil entre 40 e 56% e o militar entre 25% e 55%. No geral, mais do que se esperava. O CGT, no entanto, declarou que não aceitava nada menos que 70%.

No início de abril o ministro da Fazenda falou na televisão. Embora a inflação tivesse aumentado em março, ele disse tratar-se de "inflação corretiva". Bastante otimista, afirmou que a estabilidade e o desenvolvi-

O GOVERNO JOÃO GOULART E O PLANO TRIENAL

mento econômico logo seriam sentidos pela população. Dantas respondia às críticas dirigidas ao Plano Trienal, especialmente aquelas das esquerdas. Foi quando mencionou o que chamou de "esquerda negativa". Referia-se a um grupo que, desejando realizar as reformas de base, punha em risco a legalidade democrática. Em suas palavras, esse grupo queria "desenvolver uma ação capaz de desencadear no país um processo revolucionário, com o perigo de dar lugar à implantação de uma ditadura das forças reacionárias". Por fim, convidou o povo a se precaver "contra esses tipos de extremismos tanto da direita quanto da esquerda".[15] Defendeu uma "esquerda positiva", capaz de realizar reformas dentro da democracia. San Tiago desejava o fortalecimento dessas esquerdas.

Esquerda positiva e esquerda negativa

As expressões foram elaboradas pelo deputado trabalhista San Tiago Dantas. Para ele, havia no Brasil, naquele momento, dois tipos de esquerda. A primeira, a esquerda positiva. Tratava-se da esquerda que queria reformas, mas dentro dos marcos da democracia e da legalidade. Entre os líderes políticos da esquerda positiva Dantas incluía João Goulart, Miguel Arraes e ele mesmo. A segunda, a esquerda negativa, também defendia as reformas, mas não tinha preocupação com a manutenção das instituições democráticas ou mesmo eram contra elas. Seus líderes eram Leonel Brizola, Francisco Julião e Luís Carlos Prestes.

Foram necessários quatro meses para que a economia brasileira percebesse os efeitos do Plano Trienal. A parte inicial era, de fato, recessiva. Os cortes nos créditos para o comércio e a indústria e a restrição nos reajustes salariais foram sentidos por empresários e trabalhadores, em abril. Todos queriam a queda da inflação, mas ninguém queria arcar com os custos para se alcançar esse objetivo. O Plano Trienal, além de um plano econômico, era uma proposta de pacto social. Nesse quesito, mostrou-se muito frágil.[16] A conjuntura política de início da década de 1960, convenhamos, não era nada favorável. Direitas e esquerdas "negativas" não faltavam.

Pactos sociais dependem do comprometimento voluntário das partes envolvidas. Também dependem de instituições estatais fortes que obriguem essas partes a cumprir o que foi negociado. No primeiro caso, houve disposição ao menos de parte do empresariado. Mas, é possível dizer, nenhuma do movimento sindical. No segundo caso, o Estado brasileiro não teve instrumentos capazes de fiscalizar os preços das mercadorias. A Polícia Federal, por exemplo, tinha sido fundada muito recentemente. As comunicações entre os estados e municípios eram precárias. Além disso, para Goulart era impensável, e, talvez, impossível, devido aos custos políticos envolvidos, obrigar o movimento operário, que se movimentava e se radicalizava, a aceitar os termos do pacto social.

Editorial: Programa irreversível

É sensível a transformação que se opera na conjuntura econômico-financeira nacional sob a influência da execução do Plano Trienal seguida de perto pela política de contenção inflacionária. Sente o consumidor que diminuiu o ritmo de elevação do custo de vida e que certas medidas de liberação contribuem para a regularização da oferta de bens essenciais. Sentem as classes econômicas que a restrição do crédito (...) conduz à revisão dos programas de produção e distribuição com vistas ao estabelecimento de prioridades para o essencial. Não se emite, não se nomeia, não se "dá um jeito". Depois de ter vivido alguns anos sem estrutura de política econômico-financeira, é natural que esse comportamento gere reações.

(*Jornal do Brasil*. Rio de Janeiro, 2 de abril de 1963, p. 6)

Em abril de 1963, Goulart encontrava-se em situação extremamente difícil, apesar dos primeiros resultados de sua política econômica começarem a aparecer. Além dos problemas em torno do Plano Trienal, ele ainda tinha que lidar com o início do processo eleitoral de 1965: a emergência de candidaturas à presidência da República. Pela UDN, havia dois fortes candidatos: o governador de Minas Gerais, Magalhães Pinto e o governador da Guanabara, Carlos Lacerda. Pelo PSP, Ademar de Barros, governador de São Paulo, poderia também almejar uma candidatura. No PSD, o nome indiscutível era Juscelino Kubitschek, de quem fora vice-presidente. Portanto, o que podia esperar da UDN era chumbo grosso. Do PSD, era pagar para ver.

O GOVERNO JOÃO GOULART E O PLANO TRIENAL

DEU NO JORNAL

O governador Carlos Lacerda acusou ontem o presidente da República de perjuro, afirmando que tinham razão os ministros militares do ex-presidente Jânio Quadros, quando consideraram sua posse uma ameaça ao regime. (...) Afirmou o sr. Carlos Lacerda que o processo de comunização do Brasil já começou, acrescentando que "estamos chegando a um ponto em que ninguém pode fingir que não sabe. O sr. Leonel Brizola quer a intervenção na Guanabara. Não temo ninguém. Tenho a absoluta convicção de que, a partir de uma tentativa dessas, como a paralisação dos transportes, no momento em que fizerem intervenção, ocorrerá o fechamento do Congresso e daí para a ditadura será um passo".

(*Jornal do Brasil*. Rio de Janeiro, 2 de abril de 1963, 1ª página)

No campo das esquerdas, particularmente dentro do PTB, as disputas também se apresentavam. Goulart era o grande nome do movimento reformista e nacionalista. O líder do partido político de esquerda mais popular do país. Só que Leonel Brizola partiu para a disputa frontal com Jango pelo controle do partido, de olho em 1965. Ele também entrou em conflito com Luís Carlos Prestes. Sua meta era se tornar a maior e mais importante liderança de esquerda do país. Não estava sozinho nessa pretensão. Miguel Arraes também disputava a liderança das esquerdas com Goulart e com Brizola, além de Prestes, é claro. Mas, devido à sua projeção restrita ao Nordeste brasileiro, era tratado por todos mais como um aliado do que como um concorrente. Francisco Julião, por sua vez, enveredou pelo radicalismo de extrema esquerda, isolando-se.

Levando-se em conta esse quadro, a posição de Goulart era a pior possível. Todos estavam contra ele, pois o viam como o candidato, em potencial, mais ameaçador, apesar da reeleição ser proibida pela Constituição. Assim, Brizola e a Frente de Mobilização Popular, de um lado, e Prestes e o Partido Comunista, de outro, além de Arraes e Julião, atacavam duramente Goulart. Atacavam sua estratégia de obter maioria no Congresso Nacional aliando-se ao PSD. Atacavam o Plano Trienal. Atacavam. Ao mesmo tempo, as sucessivas greves e o desaparecimento de mercadorias desgastavam a autoridade presidencial junto à população.

No campo oposto, as articulações das direitas golpistas, lideradas pelos generais Odílio Denys e Golbery do Couto e Silva, entre outros, avançavam. Um grupo de empresários paulistas engrossou o movimento de aberta oposição a Goulart. O novo governador de São Paulo, Ademar de Barros, deu-lhes liberdade de ação no estado. Desse modo, políticos conservadores, empresários e militares ampliaram as articulações conspiratórias e golpistas.[17] Entre os militares, alguns nomes tinham destaque e liderança, como o marechal Cordeiro de Farias e o brigadeiro Márcio de Mello e Souza. Havia igualmente um contingente expressivo de coronéis do Exército, a exemplo de Erasmo Dias, que formavam entre os oposicionistas radicais.

Ernesto Geisel depõe sobre os contatos entre civis e militares nos anos 1990

Na preparação da revolução, Golbery teve uma ação importante. Já estava na reserva e os empresários de São Paulo e do Rio de Janeiro criaram uma organização chamada IPES, da qual ele se tornou executivo. A classe empresarial começou a se envolver no problema. (...) Com os políticos também se conversava, mas não com todos, porque, por vezes, havia receio de inconfidências. Em Minas, creio que os maiores contatos com os políticos foram feitos pelo general Guedes. Em São Paulo era o Cordeiro quem conversava com Ademar de Barros. No Sul havia o Meneghetti, no Paraná o Nei Braga e aqui no Rio a turma lacerdista: Sizeno e outros.

(Maria Celina D'Araujo e Celso Castro. *Geisel.* Ed. FGV, 1997, pp. 150-1)

Pressionado pelo movimento sindical e criticado pelas esquerdas, tornava-se difícil para Goulart continuar com as medidas restritivas do Plano Trienal, em particular a contenção salarial. Para um líder petebista, que defendeu os trabalhadores ao longo de toda sua carreira política, chegar à presidência da República e achatar os salários era algo muito difícil. A política monetarista ortodoxa, parte inicial e essencial do Plano Trienal, o incomodava.

Em maio de 1963, uma missão do FMI esteve no Brasil. Trabalhadores foram para as ruas exigir aumentos salariais. Brizola, Prestes, Arraes e Julião atacaram duramente Celso Furtado e San Tiago Dantas. Naquele mês, a inflação acumulada no ano chegou a 25%, muito além das metas

O GOVERNO JOÃO GOULART E O PLANO TRIENAL

negociadas com o FMI. Os relatórios dos técnicos do Fundo foram negativos em relação às possibilidades de o governo brasileiro cumprir as metas do plano de estabilização. Isso prejudicou o país na obtenção de novos empréstimos para o refinanciamento da dívida externa.

Goulart estava diante de um dilema. Ele poderia levar adiante o Plano Trienal, mesmo que lhe custasse o apoio das esquerdas e do movimento sindical, acrescido da contrariedade de parte considerável do empresariado. Nesse caso, a inflação poderia ser diminuída. Um grande benefício para seu governo e para o país. Porém, teria sua imagem desgastada como governante, ante uma população de eleitores prontos para votar em 1965. A outra opção era ceder às pressões do movimento sindical e de segmentos do empresariado. Nesse caso, não arcaria sozinho com os custos do Plano Trienal, mas abandonaria o projeto mais bem estruturado de seu governo para controlar a descontrolada economia do país. Jango escolheu a segunda opção. Nunca se saberá o que teria ocorrido se outra fosse sua escolha. Mais uma vez, como se tem acentuado, a história poderia ter sido diferente.

Assim, ainda em maio, autorizou o reajuste salarial do funcionalismo público em 70%. Também cedeu às pressões da Companhia Siderúrgica Nacional (CSN), que pleiteava um reajuste nos preços do aço de 20%. A implosão completa do Plano Trienal ocorreu quando as montadoras de automóveis exigiram a expansão do crédito para a venda de veículos. Se não fossem atendidas, fechariam as fábricas, provocando processo de demissões em massa. Goulart aceitou essas condições, que beiravam uma chantagem política. Diante de tais atitudes do presidente, o FMI concluiu pela incapacidade do governo de controlar a inflação. Os bancos internacionais e o governo norte-americano recuaram nas negociações para refinanciamento da dívida.[18]

EU ESTIVE LÁ

Celso Furtado explica os fundamentos e o fracasso do Plano Trienal nos anos 1980

Eu dizia: se tomarmos controle da situação, vamos desenvolver para crescer, então é possível introduzir as reformas que são a essência mesma da política do governo. Por isso o Plano Trienal terminava indicando as reformas de estrutura que eram necessárias. Mas elas vinham em decor-

1964

> rência de um maior controle sobre a economia e, portanto, da formação já de um consenso que desse solidez ao governo. O que aconteceu foi que os distintos grupos que apoiavam o governo não se entenderam sobre isso, pelo menos, sobre esta estratégia. E havia poderosos grupos que consideraram que era mais importante lançar imediatamente a bandeira das reformas. E foi por isso que não se formou um consenso. E o presidente João Goulart ficou um pouco entre os dois grupos.
>
> (Citado em Dênis de Moraes. *A esquerda e o golpe de 64: Vinte e cinco anos depois, as forças populares repensam seus mitos, sonhos e ilusões.* Rio de Janeiro, Espaço e Tempo, 1989, p. 285)

O inovador plano de estabilização elaborado por Celso Furtado e San Tiago Dantas durou apenas quatro meses: de janeiro a abril de 1963. Seu desmonte, em maio, foi crucial na história do governo Goulart. As evidências são de que o presidente não demonstrou efetivo comprometimento com o plano. Ele poderia tê-lo levado mais adiante, mesmo arcando com os custos políticos que, aliás, estavam previstos desde sua formulação. Para não se desgastar e não desagradar seus aliados de esquerda, sobretudo o movimento sindical, abriu mão do plano. Com isso, perdeu a confiança de grupos empresariais que o apoiavam no combate à inflação. De certa forma, facilitou a adesão desses setores aos apelos dos que já se opunham às políticas de seu governo.

O Plano Trienal era o plano do governo Goulart: ter o controle da economia, reduzir a inflação, realizar as reformas de base e abrir uma conjuntura favorável ao desenvolvimento do país. Com seu fracasso, o presidente não tinha outra estratégia para enfrentar os gravíssimos problemas econômicos do país. E ainda mais: o país não contava com créditos internacionais. O descontrole financeiro era uma ameaça real. O governo Goulart, e não só a economia brasileira, poderia entrar em colapso corroído pela inflação. Por isso, Jango se voltou com tanto empenho para a luta pela reforma agrária. A hora e a vez de João Goulart estavam passando em cavalo encilhado; ele precisava montar.

11

A luta pela reforma agrária

Em março de 1963, o presidente João Goulart enviou Mensagem ao Congresso Nacional propondo um projeto de reforma agrária. Tal projeto fazia parte do Plano Trienal que, naquele momento, se encontrava sob ataques de empresários, do movimento sindical e das esquerdas. Justamente por isso, Goulart se empenharia tanto na condução dessa proposta de reforma agrária. Era uma demanda que vinha sendo sustentada pelo PTB desde meados dos anos 1950, e que ganhara trânsito em diversos setores da sociedade brasileira. Conseguir executar a reforma agrária lhe traria popularidade, sobretudo entre os trabalhadores urbanos e rurais. Uma popularidade que alcançara níveis altíssimos quando da realização do plebiscito, em janeiro de 1963, mas que vinha despencando sob os impactos da inflação, do desabastecimento e das medidas de contenção de créditos e salários devidos ao Plano Trienal. A trajetória da Mensagem foi conturbada e decisiva para a sustentação do governo Jango no Congresso.

Contudo, nesse mesmo mês de março, o presidente conseguiu uma grande vitória em seu programa reformista. Foi aprovado pelo Congresso Nacional o Estatuto do Trabalhador Rural, que estendia aos trabalhadores do campo os mesmos direitos que os assalariados urbanos usufruíam desde a década de 1930: carteira de trabalho assinada,

1964

salário mínimo, repouso semanal, férias remuneradas, entre outros benefícios.[1] A nova legislação igualmente reconhecia as organizações sindicais rurais, inclusive federações e confederações. O Estatuto não era projeto novo. Ele tramitava no Congresso desde meados dos anos 1950, recebendo forte rejeição dos parlamentares ligados à grande propriedade rural; e eles eram muitos e muito fortes em termos partidários. A aprovação pode ser qualificada como um fato histórico, só sendo possível devido à nova composição de forças presente no Congresso após as eleições de outubro de 1962, ao que se aliava a vitória do presidencialismo no plebiscito de janeiro de 1963. Em outras palavras, ao fortalecimento de setores progressistas moderados e radicais dentro e fora do Parlamento.

A guerra da lagosta

Ainda no mês de março de 1963, o presidente João Goulart teve que enfrentar grave crise política e militar com o governo francês. Desde o início de 1960, barcos franceses pescavam lagostas no litoral nordestino, prejudicando os pescadores daqueles estados. A Marinha de Guerra brasileira cancelou a licença dos barcos franceses, mas eles passaram a frequentar a plataforma continental. Pela Convenção de Genebra, de 1958, foi estabelecido que as riquezas dessas plataformas pertenciam aos países costeiros. O governo francês, no entanto, desconheceu a legislação. O agravante era a pesca de arrasto então praticada, extremamente prejudicial à vida marinha. No início de 1963, navios de guerra da França haviam sido enviados à região com o objetivo de proteger seus barcos pesqueiros. Foi quando a Marinha de Guerra brasileira também deslocou vários navios, criando-se grande tensão internacional. Os Estados Unidos apoiaram o governo francês, mas o Brasil manteve sua posição. Mesmo com a extrema precariedade de seus navios, a Marinha não saiu da região. Em 10 de março, os franceses se retiraram, chegando ao fim o que ficou conhecido como a "guerra da lagosta".

Antes da aprovação do Estatuto do Trabalhador Rural, o governo Jango, ainda sob o parlamentarismo, havia criado, pela lei de 11 de outubro de 1962, seu principal instrumento de intervenção na questão

A LUTA PELA REFORMA AGRÁRIA

agrária: a Superintendência de Política Agrária, a SUPRA. Segundo Mário Grinszpan, a SUPRA tinha a seu cargo "o planejamento, a promoção e a execução da reforma agrária e de medidas complementares de assistência técnica, financeira, educacional e sanitária, dispondo para tanto de poderes especiais de desapropriação".[2] A SUPRA também deveria dar apoio institucional à criação de sindicatos rurais, o que efetivamente ocorreu, uma vez que, no início do ano de 1964, já havia mais de mil sindicatos rurais no país e mais de quarenta federações. São dados que impressionam e revelam um processo de organização de trabalhadores rurais que remontava aos anos 1950, mas que deslanchou com o governo Jango.

A criação da SUPRA e a aprovação, pelo Congresso Nacional, do Estatuto do Trabalhador Rural estavam no contexto maior da luta pela reforma agrária. Entretanto, não se confundiam com o projeto governamental encaminhado por Goulart. Este seguia, apenas em parte, as diretrizes defendidas pelas esquerdas.[3] Reunidas na Frente de Mobilização Popular, demandavam o que se conhecia como "programa máximo" de reformas. No caso, uma reforma agrária em terras produtivas e improdutivas sem nenhuma indenização ao proprietário.

Rafael Martineli, líder ferroviário, falando em nome do CGT

As reformas de base muito prometidas e por todos reclamadas continuam na dependência dos conchavos das cúpulas reacionárias, permanentes inimigas do povo. É fora de dúvida que a reforma agrária faz parte de um conjunto de reformas que por igual terão de ser realizadas. Mas a reforma agrária sem modificação do parágrafo 16 do artigo 141 da Constituição Federal não é reforma agrária, e sim um ótimo negócio agrário.

(*Novos Rumos*, Rio de Janeiro, n. 236,
30 de agosto-5 de setembro de 1963, p. 8)

Nesse ponto, o presidente foi cauteloso, não acompanhando o chamado "programa máximo". Tinha duas boas razões para agir assim. A primeira era que a desapropriação de terras, sem qualquer indenização, esbarrava em um impedimento constitucional. O artigo 141 da Constituição de 1946 garantia o direito à propriedade. Como vimos anteriormente, em seu parágrafo 16 dizia: "É garantido o direito de propriedade, salvo o caso de desapropriação por necessidade ou utilidade pública, ou por interesse social, mediante prévia e justa indenização em dinheiro." Portanto, para viabilizar o "programa máximo" das esquerdas era necessária uma reforma constitucional. O problema era que uma reforma constitucional exigia a votação de dois terços dos parlamentares do Congresso. O PTB não tinha esse número de votos.

A segunda era o indispensável apoio do PSD para a votação de qualquer reforma no Congresso. Goulart sabia que o PSD exigiria algum tipo de indenização. Assim, em sua proposta, os grandes proprietários de terras teriam três opções. As duas primeiras previam a indenização do imóvel pelo valor declarado: no imposto de renda ou no imposto territorial. Nesses dois casos, os valores a serem pagos seriam sabidamente irrisórios, devido ao baixo valor atribuído aos imóveis, por seus proprietários, em ambos os impostos. Como essas duas possibilidades com certeza encontrariam barreiras entre os pessedistas e parlamentares de outros partidos, Goulart propôs uma terceira opção como alternativa de negociação: a avaliação judicial.

Nos três casos, contudo, o projeto estabelecia que as indenizações tinham que ser pagas em títulos da dívida pública, com reajustes de 10% ao ano. Dessa forma, nas condições econômico-financeiras em que se vivia — com a inflação avançando para os 100% ao ano —, as indenizações seriam irrisórias, passados um ou dois anos, no máximo. Mas havia também, na Mensagem de Goulart, a alternativa do "arrendamento compulsório". O proprietário era obrigado a arrendar suas terras, por um período de transição, até sua desapropriação completa pelo governo. A Mensagem também propunha incentivos à formação de empresas agrícolas, à diversificação da produção, entre outras iniciativas. Em síntese, a Mensagem presidencial queria ser uma proposta inicial para ser negociada entre o PTB e o PSD.

A LUTA PELA REFORMA AGRÁRIA

DEU NO JORNAL

Prazo de dois meses

Consolida-se nos meios parlamentares a convicção de que o grupo reformista do governo (nele incluindo o sr. Leonel Brizola) concordou em dar ao Congresso o prazo de dois meses para votar as reformas agrária e tributária. Se, findo o prazo, o assunto não estiver resolvido, será a Câmara submetida a vigorosa pressão das bases.

(Jornal do Brasil. Rio de Janeiro, 12 de março de 1963, p. 4)

EU ESTIVE LÁ:

Ernani do Amaral Peixoto, presidente do PSD nos anos 1960, depõe em 1984

Na questão da reforma agrária, Jango foi totalmente iludido. Não sei por quem, mas quem fez isso tinha a intenção de tumultuar as coisas. O primeiro projeto de reforma agrária, o do Joffily, ainda no governo Jânio Quadros, era frontalmente inconstitucional. Isso não quer dizer que o PSD não aceitasse a reforma agrária. Aceitava. O nosso projeto previa o pagamento de títulos reajustáveis. Naquela época não se falava em correção monetária, mas era mais ou menos isso que propúnhamos. Mas meteram um absurdo na cabeça do Jango e ele acreditou. (...) As coisas que o Jango foi fazendo começaram a alarmar muito, principalmente os mineiros. (...) As próprias bases do PSD começaram a se rebelar contra qualquer acordo com o governo (...).

(Ernani do Amaral Peixoto, CPDOC/FGV, 1977-84)

Em abril, enquanto o Plano Trienal fracassava, lideranças do PSD e do PTB começaram a discutir a Mensagem presidencial. Os pessedistas não concordaram nem com as propostas de correção monetária de 10%, nem com a do "arrendamento compulsório". Os petebistas não cederam. Para complicar ainda mais as negociações, os trabalhistas acrescentaram algo que não constava da Mensagem presidencial: a proposta de reforma se estenderia também às propriedades urbanas. Para o PSD e para todos os outros partidos, tratava-se de algo inaceitável.

1964

A Mensagem foi avaliada por uma ampla comissão parlamentar, composta por deputados do PSD, UDN, PSP, PTB e PDC. Da maneira como os trabalhistas apresentaram a proposta, sobretudo com o acréscimo da área urbana, sabia-se que o projeto seria recusado. A UDN passou a adotar o lema "A Constituição é intocável". O PSD seguiu as orientações de sua Convenção Nacional, ocorrida em 1962: aceitava a reforma agrária, desde que ocorresse apenas em terras improdutivas e as indenizações se fizessem por títulos da dívida pública, corrigidos integralmente pelos índices da inflação. O PSD, portanto, mostrava-se disposto a negociar com o PTB, mas sua condição era a revisão da proposta de reajuste da indenização de apenas 10% ao ano.

Os líderes do PTB mostraram-se inflexíveis, não admitindo nenhuma alteração no projeto. Em comícios da Frente de Mobilização Popular, Leonel Brizola atacava os parlamentares por não aprovar o projeto, afirmando: "Não se pode admitir que o Congresso (...) negue ao povo o direito de reformas. Iremos, em breve, promover o desencadeamento de uma série de movimentos por todo o país."[4]

Deu no jornal

Manifesto da Frente de Mobilização Popular

O país está paralisado em seu desenvolvimento. Há crise de alimentos, crise de escolas, de hospitais, de energia e de transportes e comunicações (...). As classes privilegiadas ora procuram atrasar a efetivação das reformas de base, das quais dependem o progresso e o desenvolvimento autônomo do país, ora procuram frustrá-las, através de projetos mistificadores, como está ocorrendo, precisamente agora, com a reforma agrária.

(*Ultima Hora*. Rio de Janeiro, 2 de maio de 1963, p. 4)

Bocaiúva Cunha critica PSD

Comentando o resultado da votação que derrotou a emenda à Constituição da Comissão Especial que trata da reforma agrária, o sr. Bocaiúva Cunha (Est. do Rio), líder do PTB, disse que o que preocupou o PSD naquele órgão técnico "foi indenizar fazendeiros ricos, aqueles

A LUTA PELA REFORMA AGRÁRIA

> homens que não exploram suas terras, os donos do latifúndio impro-
> dutivo, os que são realmente atingidos pela reforma constitucional
> nos termos propostos".
>
> (*Correio da Manhã*. Rio de Janeiro, 15 de maio de 1963, p. 3)
>
> **Editorial do *Correio da Manhã***
>
> As reformas precisam ser resolvidas pelo Congresso e pelo Executivo
> para assegurar o desenvolvimento harmônico do país. Para o bem dos
> fazendeiros e dos camponeses. Para serenar essa onda de demagogia
> em que se comprazem tantos agitadores civis e militares.
>
> (*Correio da Manhã*, 22 de maio de 1963, p. 6)

Em maio de 1963, a Comissão Parlamentar rejeitou a proposta do governo por sete votos a quatro. Sem acordos e negociações políticas seria muito
difícil a aprovação da Mensagem presidencial e, obviamente, impossível a
aprovação do "programa máximo" exigido pelas esquerdas. Diante desse
fato, a própria UDN tomou a iniciativa de reabrir o debate. Como em dezembro de 1962 o Senado havia aprovado um projeto de reforma agrária
apresentado por Milton Campos, uma das maiores lideranças da UDN, em
maio de 1963 esse projeto foi retomado pela bancada udenista. O texto, de
forma surpreendente para o contexto da época, previa a desapropriação
por interesse social de bens rurais inexplorados e sem benfeitorias por mais
de dez anos. Obedecendo à Constituição, o proprietário seria indenizado
em dinheiro, mas pelo valor declarado na tributação, o que significava
um montante sempre bem inferior ao valor de mercado da propriedade.
Tratava-se de projeto moderado em face da proposta petebista, mas demonstrava que até a UDN estava disposta a negociar a realização de uma
reforma agrária.

A situação dentro e fora do Congresso se tornava cada vez mais complexa, diante de projetos que disputavam espaço político. Por isso, é importante
ressaltar que o destino de várias propostas de reforma agrária não estava
selado. Tornou-se muito disseminada a tese de que o objetivo central do
golpe civil e militar de 1964 foi impedir as reformas, sobretudo a agrária,
que seria uma espécie de bicho de sete cabeças. Não é bem assim. Pesquisas

1964

como as de Argelina Figueiredo e Rodrigo Sá Motta, que acompanham a tramitação do projeto de reforma agrária no Congresso Nacional, demonstram que, em 1963, ainda havia possibilidades de negociação em torno do tema. A recusa cabal a uma reforma agrária não era um fato consumado. A história, mais uma vez, poderia ter sido outra.

Seja como for, mesmo quando um projeto presidencial era rejeitado na Comissão Parlamentar, precisava ser votado no plenário do Congresso. Os grupos progressistas do PSD, incluindo Amaral Peixoto, Tancredo Neves e Juscelino Kubitschek, aceitavam negociar uma reforma constitucional. Porém, algum tipo de indenização aos proprietários seria necessário para a realização de um acordo partidário. O "programa máximo" da FMP, do PCB, do CGT e dos radicais de esquerda do PTB estava fora de questão. Estabeleceu-se, então, um impasse. Diante dele, o próprio Goulart assumiu as negociações. Nessa altura, o Plano Trienal já fracassara inteiramente, só restando a Jango realizar a reforma agrária. Foi nesse contexto, em junho de 1963, que o presidente realizou mais uma reforma ministerial, abrindo maior espaço para o PSD. Alguns pessedistas, por exemplo, assumiram ministérios no lugar de petebistas.[5]

A reforma ministerial de 1963 faz pensar nas dificuldades e na importância das relações entre Executivo e Legislativo durante o governo Goulart. Mesmo considerando-se que regimes presidencialistas permitem maior fortalecimento das ações do Executivo, é fundamental entender que, a despeito do regime político, tanto presidentes como primeiros-ministros precisam manter boas relações com o Congresso — de preferência, possuir maioria parlamentar —, para ter seus projetos políticos aprovados.

Como os cientistas políticos registram, em estudos que cobrem exemplos em todo o mundo, a reforma ministerial é um dos métodos mais convencionais para se obter apoio congressual, pois funciona como moeda de troca e alívio de tensões políticas. No caso de governos como os de Goulart, que introduziram no cenário político e econômico do país temas polêmicos, como a reforma agrária e o voto do analfabeto, por exemplo, esse bom relacionamento com o Congresso se torna ainda mais crucial. Por isso, observar o número de ministérios e a rotatividade ministerial existente em sua presidência é indicador precioso para se compreender suas tentativas de governar com razoável estabilidade. Quer dizer, com apoio congressual, tanto no regime parlamentarista como no presiden-

A LUTA PELA REFORMA AGRÁRIA

cialista. Foi com tal objetivo que Wanderley Guilherme dos Santos, em livro pioneiro na análise do golpe de 1964,[6] organizou uma tabela, que reproduzimos em parte, chamando a atenção para como Jango procurou obter apoio parlamentar por meio desse conhecido e utilizado recurso que são as reformas ministeriais. Como se vê abaixo e comparativamente, o número de ministérios do governo Jango aumentou, mas não em excesso. Contudo, o número de ministros cresceu vertiginosamente, alcançando, em média, cerca de duas alterações por mês. A tal dado, e para complicar ainda mais, as reformas ministeriais realizadas por Jango, em grande medida, tiveram que ser feitas em clima de tensão e impasse políticos, envolvendo, com frequência, pressão de militares e de movimentos sociais.

Número de ministros, de ministérios e duração dos governos entre 1945-64

	Dutra	Vargas	Kubitschek	Goulart
Total de ministros	28	24	29	60
Total de ministérios	10	11	11	13
Duração dos governos (meses)	60	42	60	31

Fonte: Wanderley Guilherme dos Santos. *Sessenta e quatro: Anatomia da crise,* São Paulo, Vértice, 1986, p. 117

Em junho de 1963, portanto, Jango procurava, com mais uma reforma ministerial, aproximar-se do Congresso e avançar na questão da reforma agrária. Foi então que o PSD formulou seu projeto de reforma agrária. Admitia que as indenizações fossem feitas com títulos da dívida pública, mas com correção de 30% a 50% da inflação anual. As desapropriações ficavam mantidas apenas para os latifúndios considerados improdutivos, o que significava ter mais de 50% de terras sem cultivo. Para os pessedistas, era produtivo o latifúndio que aproveitasse ao menos 50% de suas terras. Por fim, a reforma era agrária, não urbana. A proposta do PSD, naturalmente, era tímida em relação ao "programa máximo" das esquerdas radicais. Mas os pessedistas estavam cedendo em diversos pontos, tendo em vista alcançar uma proposta que pudesse ser aprovada no Congresso. Nesse contexto, as bancadas do PTB e do PSD poderiam se unir para derrotar a proposta de reforma agrária do udenista Milton Campos. Esta, na prática, impedia a reforma constitucional, sendo muito mais tímida que a do PSD.

Não foi o que ocorreu. Em processo de radicalização, o PTB reagiu fortemente ao projeto de reforma agrária apresentado pelo PSD. Em agosto, rejeitou de vez a proposta dos pessedistas. O líder do PTB, Bocaiúva Cunha, insistiu na necessidade de desapropriar também as terras produtivas. Deixá-las fora da reforma agrária, afirmou ele, seria a "institucionalização do latifúndio" e a "perpetuação do monopólio da terra".[7] Intransigente, o PTB não quis considerar o projeto do PSD. O deputado Leonel Brizola foi enfático sobre o assunto: "Não admito fórmulas conciliatórias para a reforma agrária, que terá de ser radical, como proposta pelo líder Bocaiúva Cunha, em nome do PTB".[8]

Era o fim de uma composição entre PTB e PSD que encaminhasse projeto de reforma agrária capaz de ser votado e aprovado. Goulart, durante esse tempo, apostou que, se o Congresso Nacional aprovasse o princípio de desapropriação de terras, a reforma agrária poderia avançar para além do esperado, embora mais lentamente. Ocorre que o presidente não tinha mais o controle de seu partido para fazê-lo votar em um projeto mais moderado, mesmo que com chances de desdobramentos em futuro próximo.

PANFLETO

FAZENDEIRO!

Are e cultive suas terras.

O governo quer dividi-las, sob a alegação de que você é preguiçoso. Prove o contrário!

Demonstre que você é capaz de produzir apesar de todas as dificuldades.

O projeto de reforma agrária preconiza a desapropriação de áreas não cultivadas.

Não deixe que isto aconteça a você.

Plante qualquer lavoura, mas não deixe de plantar; mesmo que sem a ajuda do governo, que tem se omitido técnica e financeiramente.

De que vale uma indústria exuberante ou um comércio altamente desenvolvido?

A LUTA PELA REFORMA AGRÁRIA

> Sem o seu trabalho o país passará fome.
> Mostre à Nação o seu valor, para que o governo o reconheça.
>
> PLANTE!
>
> (Colaboração da Associação Rural de Pedro Leopoldo)[9]

Com o agravamento da radicalização política, em 24 de agosto a direção do PSD, em nota oficial, alertou o presidente da República. Resumindo, o recado a Jango era basicamente o seguinte: primeiro, a direção do partido continuará a se esforçar para manter a estabilidade do regime, mesmo com a crescente radicalização das esquerdas; segundo, o PSD não participará de golpes da direita e, se houver um golpe de Estado, este será dado *apesar* do PSD e mesmo *contra* o PSD; terceiro, nas palavras de Lucia Hippolito, o partido "aconselhava" as esquerdas e o presidente da República "a não testar demasiadamente as decantadas virtudes pessedistas de tolerância, amor à legalidade, tendência à conciliação e à contemporização". Em outras palavras, entre um "governo radical" e o eleitorado, o PSD não tinha dúvidas: ficaria com o segundo.[10]

Jango ainda fez um esforço final para dobrar a intransigência do PTB. Ele sabia que os petebistas tinham consciência de que um projeto de lei de reforma agrária não seria aprovado no plenário da Câmara dos Deputados sem que houvesse negociações com o PSD. Ou seja, sem o PSD, qualquer projeto do PTB estava derrotado. Apesar disso, a proposta do PTB foi apresentada na íntegra.

EU ESTIVE LÁ

Renato Archer, do PSD, comenta as negociações sobre a reforma agrária em 1977-8

As reformas sempre foram colocadas em tese pelo governo Goulart, o que criava permanentemente uma enorme desconfiança no seio do PSD, até porque este não era um partido tradicionalmente interessado em reformas. Mas seria capaz de aceitar uma reforma desde que pudesse

1964

> ser devidamente definida, desde que se pudesse delinear com precisão seu contorno. Quando se falava em reforma agrária, na imaginação dos pessedistas, o que havia em curso era uma revolução agrária. Na realidade, o governo ameaçava o PSD com as reformas, mas não as definia. Tudo o que se propôs ao Congresso foi aprovado; não o foram as reformas que não foram apresentadas. E não foram apresentadas, diria eu, porque dentro do PTB não havia unidade a respeito do assunto. Essa dificuldade foi enfrentada o tempo inteiro; nunca se conseguiu definir nada com precisão. No caso específico da reforma agrária, por exemplo, havia uma emulação constante entre Jango e Brizola. Cada vez que se conseguia definir com Jango os limites de uma reforma, Brizola considerava ridículo e se colocava numa posição mais à esquerda, deixando Jango eternamente a reboque de sua liderança, pelo menos em termos de radicalismo. Essa disputa existiu permanentemente entre eles, tornando impossível para as pessoas, fora desse processo, entender e aceitar o que se pretendia.
>
> (Renato Archer. Depoimento, CPDOC/FGV, 1977/8. Citado em Angela Castro Gomes e Jorge Ferreira. *Jango: As múltiplas faces*. Rio de Janeiro, Ed. FGV, 2007, p. 166)

Dessa forma, ficava muito claro que o objetivo do PTB não era conseguir a aprovação do projeto, mas mostrar à opinião pública que o Congresso Nacional era "realmente reacionário". De fato, em 17 de outubro, o projeto de lei do PTB foi recusado pelo voto da maioria dos parlamentares. Para o presidente, todas essas derrotas só reforçavam os grupos de oposição a seu governo, dando munição aos políticos refratários a qualquer reforma agrária. Mas, verificando que o PTB não recuaria, Goulart mudou sua estratégia, que até então fora a de tentar uma composição entre PTB e PSD. Convencido talvez de que não podia mais recorrer a estratégias clássicas de recomposição política — como as reformas ministeriais —, ele concluiu que teria que se aproximar dos grupos mais radicais de esquerda para alcançar seu objetivo. Para tanto, apoiou manifestações de rua, no sentido de pressionar o Congresso Nacional a votar a reforma agrária. O resultado dessa ação é que a ala de esquerda mais radical ganhou espaço dentro do PTB. Um efeito indesejado, mas previsível, que Jango não queria estimular.

A LUTA PELA REFORMA AGRÁRIA

COTIDIANO

No dia 2 de agosto de 1963 entrou no ar a TV Excelsior, Canal 2. No quadro da programação constavam alguns seriados, como *Ben Casey, Guilherme Tell, Menino do Circo, Flash Gordon, Lanceiros de Bengala, Jim das Selvas* e *Dr. Kildare*, além de desenhos animados como *Mr. Magoo, Jet Jackson*, todos produções norte-americanas. Artistas brasileiros também tinham seus programas, como *Nathalia Timberg e você; Alegria dos D'Avilas; Colé, o Show; Moacyr Franco Show; Chico Anysio Show* e *Sílvio Caldas*. Filmes, teleteatro e outras atrações completavam o quadro de programação da emissora carioca. As transmissões começavam às 18h e o último programa começava às 23h.

Considerando o ano de 1963, pode-se dizer que o presidente chegou a setembro em situação política muito fragilizada. Seu plano de governo, o Plano Trienal, foi bombardeado por todos os lados e abandonado pelo próprio Goulart. A reforma agrária, mesmo a mais moderada, que poderia ser aprovada por acordos políticos no Congresso Nacional, foi inviabilizada pela incapacidade dos partidos de chegar a acordos políticos. Assim, a oportunidade de aprovação da reforma agrária foi perdida. E foi perdida, quando havia amplo apoio social para sua aprovação, como uma pesquisa do IBOPE acabara de demonstrar. Realizada no mês de junho de 1963, em dez capitais de estado do país, tal pesquisa constatava que 62% do eleitorado brasileiro eram favoráveis à reforma agrária, 11,5%, contrários e 26,5% não tinham opinião formada. Os índices de nove capitais apontavam os seguintes números:

Capital	Favorável	Contrário	Sem opinião
Guanabara	73%	14%	13%
São Paulo	70%	12%	18%
Porto Alegre	76%	7%	17%
Curitiba	51%	17%	32%

(cont.)

1964

Belém	47%	15%	38%
Niterói	49%	12%	39%
Belo Horizonte	53%	12%	35%
Recife	71%	7%	22%
Fortaleza	61%	9%	30%

(*Correio da Manhã*. Rio de Janeiro, 1º de setembro de 1963, p. 8)

Nas principais capitais do país, havia altos índices de aprovação pública à reforma agrária. Os números contrários eram muito baixos, embora houvesse uma parcela significativa da população desinformada sobre o assunto. Se analisarmos a pesquisa do IBOPE pela renda dos entrevistados, fica ainda mais evidente que a propaganda política contra a reforma agrária não surtia efeito nem mesmo entre as classes médias e os setores mais privilegiados da sociedade. Em São Paulo a aprovação chegava a 70% nesse segmento.

Capitais	Ricos/classes médias favoráveis	Ricos/classes médias contrários	Pobres favoráveis	Pobres contrários
Guanabara	72%	17%	73%	11%
São Paulo	70%	15%	70%	8,5%
Porto Alegre	85%	8%	71,5%	7%
Curitiba	49%	22%	50,5%	12,5%
Belém	59%	20%	42,5%	13%
Niterói	58%	19%	44,5%	9%
Belo Horizonte	60%	17%	50,5%	9,5%
Recife	69%	13%	72%	4,4%
Fortaleza	63%	16%	60%	6,5%

Obs: A tabela ignorou os que não têm opinião formada
(*Correio da Manhã*. Rio de Janeiro, 1º de setembro de 1963, p. 8)

A LUTA PELA REFORMA AGRÁRIA

Havia, em tese, um grande apoio da sociedade brasileira à reforma agrária. Se existiam grupos organizados com posição radicalmente contra ela, não havia uma consistente e intransigente oposição que a rejeitasse, a ponto de impedir sua efetivação. Muito ao contrário, como o IBOPE verificou. Foi a incapacidade das elites políticas parlamentares de realizar acordos, com concessões mútuas, que inviabilizou a aprovação de um projeto de reforma agrária. Tal projeto, mesmo não agradando inteiramente a todos, permitiria a realização de uma proposta de reforma com enorme potencial como política de reparação de desigualdades econômicas e sociais. Os radicalismos partidários, em especial do PTB, impediram a alteração da estrutura fundiária do país, desperdiçando o grande apoio social então existente.

Um resultado terrível para o futuro do governo Goulart. Sem conseguir controlar a inflação e sem aprovar a reforma agrária, Jango começou a sofrer ataques das direitas e das esquerdas. A partir de setembro de 1963, seu governo perdeu o rumo. Todo o capital político dos resultados do plebiscito de janeiro tinha escorrido pelo ralo.

12

"O país quer trabalhar": radicalização à esquerda e à direita

Setembro de 1963. Em visão retrospectiva, pode-se dizer que, a partir desse momento, o processo de radicalização política que vinha tomando conta do país, mas que estava sendo contornado com uma série de medidas encabeçadas pelo presidente, aprofundou-se drasticamente. Nesse sentido, é possível assinalar que a primavera de 1963 não trouxe flores ao governo Goulart. Ao contrário, ela foi o seu outono, demarcando o começo da crise que o levaria à derrocada total. Mas obviamente isso não estava escrito nas estrelas. A possibilidade dessa datação decorre da contundência dos episódios então vivenciados, o que nos permite, *a posteriori*, fazer tal avaliação.

Como já ficou claro, no segundo semestre de 1963 Goulart vivia situação muito difícil. Sem plano de governo — em função do fracasso do arrojado Plano Trienal —, também não conseguira aprovar a reforma agrária. As tentativas de negociação dentro do Congresso Nacional, especialmente entre o PSD e o PTB, foram esgotadas. O recurso muito utilizado das reformas ministeriais também estava desgastado. Economicamente, a inflação aumentava, o que desagradava empresários, trabalhadores e a sociedade em geral. No plano internacional, o FMI tinha feito sua visita inquisitorial e, na sua avaliação, o país não fora absolvido de seus pecados, apesar das boas intenções.

COTIDIANO

A brasileira mais linda do mundo

Nessa época, os concursos de Miss Brasil e Miss Universo eram muito concorridos. Em julho de 1963, em Miami, a Miss Brasil, a gaúcha Ieda Maria Vargas, de 18 anos, foi eleita a mulher mais linda do mundo. Multidões foram homenageá-la nas ruas de Brasília e da Guanabara, onde desfilou em carro aberto. O presidente João Goulart fez questão de cumprimentá-la pessoalmente.

Nesse clima de perda de apoios, dentro de suas próprias bases, uma das maiores preocupações de Jango era barrar o avanço das direitas, que ganhavam espaço e argumentos para sustentar sua oposição. No Congresso Nacional, por exemplo, uma CPI investigava as atividades do IBAD, sobretudo no financiamento de candidatos a cargos eletivos, no pleito de outubro de 1962. Em 31 de agosto, ainda durante os trabalhos da CPI, Jango emitiu decreto tornando ilegal o IBAD e a Ação Democrática Popular (ADEP). Entre as justificativas que sustentavam a resolução de ilegalidade, estava a que proibia, pela Constituição Federal, "associações cuja ação contrarie o regime democrático, na pluralidade dos partidos e na garantia dos direitos fundamentais do homem". Além disso, o IBAD e a ADEP eram "associações civis que notoriamente exerceram e vêm exercendo atividade político-eleitoral, intervindo no processo de escolha dos representantes políticos do povo brasileiro e pretendendo a tomada do poder através da corrupção eleitoral". Outras razões, mais secundárias, foram utilizadas para a suspensão das atividades do IBAD e da ADEP por três meses. Esse era o tempo necessário para que o Ministério Público Federal dissolvesse judicialmente a organização. Dessa forma, em 20 de dezembro de 1963 foi assinada a sentença extinguindo as duas organizações. Só que, como se assinalou, o IPES continuou atuando e, em dezembro, o contexto político já era outro, em nada favorecendo João Goulart. Daí a centralidade do curto período que decorre entre setembro e dezembro desse ano, para se compreender a dinâmica acelerada e radicalizada da crise que o engolfaria.

"O PAÍS QUER TRABALHAR": RADICALIZAÇÃO À ESQUERDA E À...

A imagem que diversos estudiosos nos deixaram do governo Goulart é a de uma crise permanente, desde sua posse, com a imediata articulação das direitas no sentido de derrubá-lo, o que culmina com sua deposição, em março de 1964. Uma visão distorcida e teleológica, como estamos procurando demonstrar. É preciso, inclusive, considerar que o governo Goulart começou, realmente, em janeiro de 1963. Até então, tratava-se de um regime parlamentarista. Entretanto, mesmo nesse período, e desde sua posse, o presidente teve o voto de confiança de inúmeros setores da sociedade, para enfrentar questões complexas e polêmicas, algumas que jamais haviam entrado na pauta de governos anteriores: realizar reformas, como a agrária e a da educação; debelar o processo inflacionário; enfrentar o déficit energético etc. Esse voto de confiança, contudo, valia sob a condição de que ele não se aproximasse por demais das esquerdas, em especial, usando o vocabulário de San Tiago Dantas, das esquerdas negativas, ou seja, radicais, interpretadas como comunistas.

Goulart começou a enfrentar problemas mais graves, já investido de seus poderes presidenciais, em setembro e outubro de 1963. Trata-se de meses estratégicos para entendermos o processo de enfraquecimento de seu governo, que se liga a dois episódios emblemáticos para o aprofundamento da radicalização que tomaria conta do cenário político, desde então, acabando por isolar Jango: a rebelião dos sargentos[1] e o pedido de estado de sítio ao Congresso Nacional.

No dia 11 de setembro, o Supremo Tribunal Federal (STF) julgou o processo referente ao pedido de direitos políticos dos sargentos. A Constituição de 1946 permitia leitura dúbia sobre a elegibilidade dos sargentos. Na brecha dessa interpretação, muitos sargentos foram eleitos prefeitos, vereadores e deputados. Os ministros deliberaram que os sargentos não tinham direito de concorrer a cargos eletivos.[2] Dessa forma, todos os que tivessem se candidatado e sido eleitos, em 1962, perderiam seus mandatos. Apesar dessa decisão do STF, houve reações. Um exemplo de como o Poder Judiciário não tinha a força e a projeção políticas dos poderes Executivo e Legislativo na época.

Ante tal decisão, em Brasília, o sargento do Exército Prestes de Paula, presidente do Clube dos Suboficiais, Subtenentes e Sargentos das Forças Armadas e Auxiliares do Brasil, convocou uma assembleia. Nela, decidiu-se realizar um "protesto armado". Quer dizer, protesto armado era um eufe-

1964

mismo para um ato insurrecional. Na verdade, tratava-se de um projeto de levante militar que deveria se alastrar por todo o país. A assembleia reuniu quase seiscentos homens, entre sargentos da Aeronáutica e da Marinha, além de fuzileiros navais. Eles tomaram de imediato, pela força, a Base Aérea; o Grupamento de Fuzileiros Navais; o Serviço de Radiopatrulha do Departamento Federal de Segurança Pública, no Ministério da Justiça; e a Central Telefônica de Brasília. Na madrugada do dia 12 de agosto, o poder de fogo de que dispunham era considerável: fuzis, metralhadoras ponto 45, lança-rojões, granadas, entre outros.

Logo a seguir, tomaram o Ministério da Marinha e invadiram a Câmara dos Deputados, prendendo o presidente interino da Casa. A sede do STF foi também invadida e o ministro Victor Nunes Leal, seu presidente, declarado preso. Essas altas autoridades da República foram confinadas, junto com os oficiais das bases e dos ministérios militares já tomados, no Cassino dos Oficiais da Base Aérea de Brasília. Nesse momento, a capital estava, praticamente, sob controle dos rebelados.

Passou-se então à segunda etapa do plano: tornar o levante nacional. Pelo Rádio do Serviço de Rotas do Distrito Federal, o Comando Revolucionário de Brasília, como se intitulava, transmitiu comunicados que esclareciam as ações em curso. De forma sintética, alegando que o STF atentara contra a democracia — ao declarar a inelegibilidade do pleito dos sargentos —, convocavam-se todas as unidades militares do Brasil a aderir "à justa causa do movimento".

Evidentemente, os três ministros militares reagiram com vigor, em defesa dos poderes do Executivo, já que, àquela altura, o presidente, que estava na Guanabara, era o único representante dos poderes da República que não estava preso pelo Comando Revolucionário. De sua segurança, para os ministros, dependia a manutenção da legalidade do país. A rebelião precisava ser sufocada tão rapidamente e com tanta eficiência como começou. O Batalhão da Guarda Presidencial resistiu à investida dos sargentos, enquanto do Rio de Janeiro vinham 280 homens da Companhia de Paraquedistas, uma tropa de elite. Os comandantes das Forças Armadas estabeleceram como base de operações o Ministério da Guerra, o único que até então não fora atacado. Por volta das 5h da manhã do dia 12 de agosto, as forças militares fiéis ao governo entraram em confronto armado com sargentos e fuzileiros rebeldes.

180

"O PAÍS QUER TRABALHAR": RADICALIZAÇÃO À ESQUERDA E À...

Morreu um fuzileiro naval do lado dos insurgentes e um funcionário do DNER, que nada tinha a ver com o conflito. Na parte da tarde do mesmo dia, o movimento já estava derrotado. No total, foram presos 536 militares rebeldes.

Goulart, então, procurou tranquilizar o país: "Quero afirmar, nesta hora, que o governo será sempre inflexível na manutenção da ordem e na preservação das instituições, respeitando e fazendo respeitar as decisões dos poderes da República."[3] O presidente apoiou as medidas repressivas dos ministros militares e garantiu que haveria cuidadosa apuração de responsabilidades. O país devia voltar à normalidade.

As esquerdas, no entanto, não acompanharam Jango. Defenderam a rebelião e os sargentos detidos pelas forças militares. Em *Novos Rumos*, jornal do PCB, as manchetes diziam: "Os sargentos são nossos irmãos."[4] Em nota oficial, a Frente Parlamentar Nacionalista interpretou a rebelião como o "grave sintoma de desespero popular à resistência que certos grupos privilegiados oferecem à realização das reformas na vida brasileira".[5] Em *A Liga*, Francisco Julião declarou que "os rígidos preceitos militares estão sendo quebrados, desmoralizados pelos soldados, que, sentindo-se povo, já não aceitam a condição histórica de instrumentos do antipovo". A FPN, o CGT e a UNE, em nota conjunta, manifestaram "integral apoio à causa dos sargentos, que lutam pelo direito de ter seus representantes nas casas do Legislativo do país".[6] Todas as organizações de esquerda exigiram que os revoltosos fossem imediatamente anistiados.

A rebelião dos sargentos limitou-se a Brasília. Provavelmente, houve algumas articulações em São Paulo. Do ponto de vista da mobilização conseguida em termos nacionais, ela foi pequena. Considerando que houve, mesmo que por horas, uma ameaça real de tomada da capital da República, ela foi grande. Suas consequências para o governo Goulart foram enormes e as piores possíveis. Até então, o movimento associativo dos sargentos não era aceito, mas era tolerado nos quartéis. A partir da rebelião em Brasília, toda a oficialidade mudou radicalmente seu comportamento, como é fácil imaginar. Para uma instituição baseada na hierarquia e na disciplina, como as Forças Armadas brasileiras, o que ocorreu era intolerável; era mesmo impensável. Até mesmo os oficiais nacionalistas, que mais apoiavam o governo Goulart, passaram a exigir que o presidente garantisse que os códigos disciplinares fossem aplicados com o máximo rigor. Os líderes do "protesto armado" tinham que ser punidos. Todos foram presos e sujeitos a processos militares. Os sargentos que não participaram da rebelião, mas integravam grupos de esquerda, foram transferidos para regiões distantes dos grandes centros, como a Amazônia e o Pará, em particular os sabidamente comunistas e os seguidores de Leonel Brizola. Com tais medidas, o movimento dos sargentos entrou em franco declínio político.

Mas, como é também fácil de imaginar, a rebelião deu combustível aos grupos de direita e aos setores conservadores, até aos moderados, da sociedade brasileira. Não havia como não ficar impressionado com o episódio. Afinal, um grupo de sargentos e fuzileiros, mal articulado, como acabou sendo comprovado, havia tomado a capital da República e prendido os presidentes dos poderes Legislativo e Judiciário! Era o caso de se pensar: o que poderia fazer um grupo maior e mais bem articulado, como a ala janguista do Exército, que dispunha do apoio de generais e centenas de oficiais com comando de tropa?

DEU NO JORNAL

Ao assumir, ontem à tarde, as funções de chefe do Estado-Maior do Exército, o general Humberto Castello Branco lembrou a existência de "reformadores oportunistas que, por meio de solapamento progressivo e antinacional, instituem o Exército Popular, um arremedo de milícia com uma ideologia ambígua, destinada a agitar o país e a perturbar, com subversões brancas e com motins, a vida do povo".

(*Correio da Manhã*. Rio de Janeiro, 14 de setembro de 1963, p. 2)

As direitas se fortaleceram com o episódio. Os conspiradores, que eram ainda uma minoria sem grande expressão, inclusive no interior das Forças Armadas, ganharam muitos aliados. A direita golpista passou a dispor de argumentos sólidos e concretos para levar adiante seus planos contra o governo Goulart. As ameaças do comunismo, do caos político, da desordem civil e da indisciplina militar deixavam de

"O PAÍS QUER TRABALHAR": RADICALIZAÇÃO À ESQUERDA E À...

ser exercícios de imaginação para se transformar em realidade. Pior, realidade iminente, como se havia constatado. A rebelião dos sargentos foi uma quartelada que prestou um desserviço incomensurável à República. Ela materializou, tragicamente, o que até então era assunto de propaganda considerada alarmista e irresponsável. A partir daí, deixou de ser.

EU ESTIVE LÁ

Marcelo Cerqueira, militante do PCB e vice-presidente de Assuntos Nacionais da UNE nessa época, depõe nos anos 1980

O Dr. Anísio Teixeira dizia: "A democracia é um vernizinho. Se você passar o dedo, ela sai." Realmente eu não intuí. Estávamos embalados, éramos muito jovens e queríamos, enfim, resolver os problemas do país na época da nossa juventude. Não intuíamos o que iria acontecer. No movimento dos sargentos, conversando com pessoas mais velhas às quais tínhamos acesso, como o general Nelson Werneck Sodré e os coronéis Kardec Leme e Donato Ferreira, eu vi que a coisa não estava boa para o presidente. Eles me alertavam na conversa para uma coisa gravíssima, que era a quebra da hierarquia.

(Citado em Dênis de Moraes. *A esquerda e o golpe de 64: Vinte e cinco anos depois, as forças populares repensam seus mitos, sonhos e ilusões.* Rio de Janeiro, Espaço e Tempo, 1989, p. 277)

Na sequência desse evento, no dia 18 de setembro, o comandante do II Exército, general Peri Bevilacqua, divulgou nota aos quartéis. Nesse documento, que circulou em todas as unidades militares do país, ele não só condenou a rebelião em Brasília, como foi mais longe. Para o general, era preciso "estar em guarda contra a solidariedade dos malfeitores sindicais, CGT, Pacto de Unidade e Ação e Fórum Sindical de Debates" pela solidariedade que dedicaram aos sargentos. Afinal, como alegou, os sargentos desonraram as Forças Armadas.

A posição assumida pelo general Bevilacqua era preocupante, sobretudo devido à sua trajetória nacionalista e legalista. Havia apoiado as nacionalizações de empresas norte-americanas por Leonel Brizola e foi um dos primeiros generais a exigir a posse de Goulart quando da crise militar de 1961. Seu protesto contra a insubordinação dos sargentos e sua insatisfação com as seguidas greves que se alastravam pelo país expressavam a opinião de significativos contingentes nas Forças Armadas. Tais contingentes, como ele, estavam no campo da legalidade. Mas ficaram indignados com a quebra da hierarquia militar, com as declarações públicas de apoio aos sargentos e, sobretudo, com o poder político alcançado pelo CGT e as intersindicais. Essas organizações, além de se opor à punição dos rebelados, o que evidenciava que extrapolavam seus interesses legítimos, ainda mobilizavam seguidas greves, que se alastravam pelo país, com esse e outros pretextos.[7]

Ato contínuo: as declarações do general Peri Bevilacqua foram repudiadas por todas as lideranças de esquerda — Leonel Brizola, Miguel Arraes, Luís Carlos Prestes, José Serra, entre outros. Era a primeira vez que um general com cargo importante no governo federal atacava o Comando Geral dos Trabalhadores. A diretoria do CGT, a FPN, a FMP, o PCB e a UNE exigiram de Goulart que o general fosse exonerado do comando do II Exército. O presidente não fez isso. Meses depois, porém, Bevilacqua foi indicado para a Chefia do Estado-Maior das Forças Armadas. Uma promoção, mas — detalhe — sem comando de tropas.

DEU NO JORNAL

**Manifesto das Forças Populares de 21 de setembro de 1963
Leonel Brizola (FMP), Antônio Garcia Filho (Movimento Nacional dos Sargentos), Clodesmidt Riani e Dante Pelacani (CGT), José Serra (UNE) Lindolfo Silva (ULTAB), entre outros.**

Os representantes das forças populares, do CGT, da UNE, das entidades camponesas, femininas e parlamentares nacionalistas, dada a extrema gravidade da situação nacional, resolvem levar ao povo brasileiro as seguintes decisões:

1. Manifestarem o seu integral apoio à causa dos sargentos, que lutam pelo direito de ter os seus representantes nas Casas Legislativas do país. É urgente, para isso, reformar a Constituição.

"O PAÍS QUER TRABALHAR": RADICALIZAÇÃO À ESQUERDA E À...

---

2. Exprimem sua solidariedade à classe operária brasileira, e ao movimento sindical, duramente atingidos em sua dignidade pelas declarações do general Peri Constant Bevilacqua.

3. Conclamam todas as organizações populares a fazerem chegar, por todos os meios e formas, ao Congresso e ao Governo Federal, a exigência da imediata solução legal, para o problema dos sargentos, cabos e soldados.

As forças populares reafirmam, nesta hora grave para o país, a sua unidade e a sua disposição de não aceitar qualquer medida de exceção. Às forças populares, nesta hora, cabe lutar firmemente pela instauração no país de uma democracia autêntica, defendendo intransigentemente as liberdades já conquistadas.

(*Novos Rumos*. Rio de Janeiro, n. 240, 27 de setembro-3 de outubro de 1963, 1ª página)

A imprensa também mudou com relação ao governo Goulart. Até então, pode-se dizer que dois periódicos faziam oposição cerrada a Jango: o combativo *Tribuna da Imprensa,* do Rio, e o prestigiado *O Estado de S. Paulo.* O jornal *O Globo* começa aí a alternar suas posições. A maioria da grande imprensa, vale lembrar, havia apoiado a posse de Goulart, a alternativa parlamentarista, a campanha para o retorno do presidencialismo e o Plano Trienal. Portanto, pode-se detectar uma mudança substancial quando da insurreição dos sargentos. Segundo Alzira Alves Abreu, a rebelião dos sargentos "pode ser tomada como o momento da inflexão da posição da imprensa em relação ao governo Goulart. A partir dela começou o afastamento e se aceleram as críticas à política do governo e ao presidente".[8] Setembro, segundo a autora, é o mês em que, nos jornais, passam a aparecer notícias sistemáticas sobre o perigo do comunismo; sobretudo, sobre o risco de o país se cubanizar. Se o discurso anticomunista já era propagado, alimentado pelos recursos do IBAD-IPES, após a rebelião dos sargentos ele se intensifica na imprensa.

Deu no jornal

Estreia

Brasília fez ontem sua estreia em nossa história revolucionária. Seu magnífico *décor*, contudo, não atenuou a dramaticidade dos fatos. Soldados, tanques e canhões vieram para suas esplêndidas avenidas. O saldo material foi trágico. Desde a intentona integralista de 1938, em nossos movimentos revolucionários não morreu ninguém. Desta vez, porém, houve dois mortos. E pior que o saldo material, há o imprevisível saldo das consequências e da própria profundidade do movimento que ontem surpreendeu a Nação. Passada a natural estupefação, governo e povo unem-se mais uma vez em busca de tranquilidade que perseguimos há tempo e que já cremos ser dela merecedores.

(*Correio da Manhã*. Rio de Janeiro, 13 de setembro de 1963, 1ª página)

Como o *Correio da Manhã*, o *Jornal do Brasil*, um dos mais respeitados órgãos da imprensa brasileira, também não costumava falar em comunismo. Mas no editorial intitulado "Basta", publicado em 13 de setembro de 1963 fica evidenciada a mudança ocorrida no jornal, como indicador de mudança na imprensa, em geral. Na opinião do *Jornal do Brasil*, minorar o significado da rebelião dos sargentos, como fazia a Frente Parlamentar Nacionalista, era se tornar conivente com os sublevados. Tal rebelião, que se opusera a uma decisão do Supremo Tribunal Federal, exigia pôr fim, dentro do próprio governo, à coexistência de duas políticas: uma legal e outra ilegal, esta "visivelmente subversiva, montada nesse apêndice *ilegal* do governo, chamado Comando Geral dos Trabalhadores". Para o *JB*,

> a coexistência dessas duas políticas vem levando, gradativamente, o governo para a ilegalidade — este governo empossado em nome da legalidade! (...) A nós, e a todos que falam pela democracia brasileira, mais importante é dizer à parte ilegal do governo que o país não mais tolerará nem a coexistência com a ilegalidade nem a conivência com a revolta. Amparadas em suas Forças Armadas democráticas, suficientemente fortes e bem inspiradas para manter a ordem *sem poderes de emergência*, o país quer ordem porque quer trabalhar. (...) Há uma consciência de legalidade no povo brasileiro que não pode ser menosprezada.[9]

"O PAÍS QUER TRABALHAR": RADICALIZAÇÃO À ESQUERDA E À...

Se a política de solapar "os alicerces da ordem democrática" continuasse, concluía, só restaria ao governo cumprir o seu dever mais elementar: "entregar o poder presidencial ao seu sucessor sem mácula nas instituições democráticas". Ou seja, o editorial não falava em comunismo, nem em golpe de Estado. Mas destacava o par legalidade/ilegalidade e ressaltava a necessidade da obediência às decisões dos tribunais e ao cumprimento da lei. Mesmo quando sugeria a possibilidade de Goulart deixar o poder, a alternativa lembrada era constitucional. Pelo menos naquele momento, era essa a advertência e desejo dos responsáveis pelo jornal.

Nem bem o mês de setembro chegava ao fim e o governo estava às voltas com novo e grave evento político. Dessa feita, os acontecimentos foram desencadeados por um conhecido e radical opositor. No dia 1º de outubro, o governador da Guanabara, Carlos Lacerda, publicou no jornal *Tribuna da Imprensa* entrevista que concedeu ao *Los Angeles Times*. Nela criticava os comunistas que controlavam o Comando Geral dos Trabalhadores e insultava violentamente o presidente Goulart; era um "caudilho", um "totalitário". Mais grave ainda, o governador pedia a intervenção do governo norte-americano no processo político brasileiro. Por fim, declarava que os militares brasileiros estavam discutindo se, em relação a Goulart, seria "melhor tutelá-lo, patrociná-lo, pô-lo sob controle até o fim de seu mandato ou alijá-lo imediatamente".[10]

Em síntese, a entrevista, além de pedir a intervenção estrangeira em solo brasileiro e desqualificar a imagem do presidente do país internacionalmente, dizia que os três ministros militares tinham completo desapreço por Goulart, estando prestes a desferir um golpe militar. A oratória de Lacerda — conhecido como o "demolidor de presidentes" — era famosa, bem como sua capacidade de ultrajar políticos, sem cerimônia ou cuidados maiores, até porque dispunha de um jornal. Era um provocador, um insolente, que tinha um passado conhecido pela prática de insultar seus inimigos políticos, como ocorrera com Getúlio Vargas. Mas era o governador do estado da Guanabara. Suas declarações não podiam ficar sem resposta pública.

Os ministros militares ficaram indignados. Reagiram prontamente em nota oficial, repudiando, com veemência, as afirmações de Lacerda. Consideraram inaceitáveis as "injúrias" desferidas contra o presidente e contra eles mesmos, apresentados ao mundo como conspiradores desleais. Repudiaram sobretudo a atitude do governador de pedir a "intervenção norte-americana", o que rebaixava política e militarmente nosso país. O Brasil não era "qualquer republiqueta subcolonial (...), incapaz de orientar-se sem tutelas estrangeiras, entregues a um bando de saqueadores comunistas".[11] O país tinha inclusive uma política externa independente e já demonstrara sua posição soberana em diversas e recentes oportunidades. Os ministros militares garantiram também saber que a atitude de Lacerda não era isolada. Fazia parte de ampla campanha para desestabilizar o governo federal, desacreditando suas Forças Armadas.

Para os três ministros, a entrevista era uma espécie de estopim para desencadear a desordem no país. Tratava-se de mais uma provocação de Lacerda, apoiado por outro governador: Ademar de Barros, de São Paulo. Na nota oficial, esclareciam que as crises vividas pelo governo se deviam às atitudes de extremistas de direita ou de esquerda, interessados na convulsão social e política e em impedir sua emancipação econômica. As dificuldades mais antigas e estruturais, que justamente estavam sendo enfrentadas por Goulart, eram agravadas pelo radicalismo dos dois lados. Mas não foram apenas os ministros militares, representantes das Forças Armadas, que se indignaram com as declarações de Lacerda. Sua entrevista foi rechaçada por vários grupos sociais, incluindo grupos empresariais, que faziam coro com a afirmação de que "o país quer ordem, porque quer trabalhar".

Goulart, portanto, chegou a outubro de 1963 certo de que os ministros da Guerra, da Marinha e da Aeronáutica estavam prontos a defendê-lo de ataques de quaisquer radicalismos. Foi nesse momento que a cúpula militar do governo, certamente após avaliar os últimos eventos, pediu que Jango decretasse o estado de sítio. O objetivo principal e imediato era intervir na Guanabara e destituir o governador Carlos Lacerda. Sua atitude irresponsável e provocadora não podia passar em branco. A medida foi discutida em reunião ministerial, portanto, com a presença de todos os ministros. O presidente aceitou o pedido. Para tanto, teve que seguir os trâmites constitucionais, enviando ao Congresso Nacional um pedido de autorização para decretar o estado de sítio no país.

"O PAÍS QUER TRABALHAR": RADICALIZAÇÃO À ESQUERDA E À...

> **EU ESTIVE LÁ**
>
> **Bocaiúva Cunha, líder do PTB no Congresso Nacional depõe em 1984**
>
> O estado de sítio foi decidido no Rio de Janeiro numa reunião de Jango com seu ministério e com os seus ministros militares. As notícias que chegaram em Brasília do estado de sítio foram muito atemorizantes para nós. Nós não sabíamos naquele momento se a correlação de forças permitia que se instalasse um estado de sítio neste país que não fosse depois alterado pelas forças majoritárias, aí pela parte reacionária do PSD aliado à UDN, num instrumento contra o trabalhador, num instrumento contra as conquistas dos trabalhadores, independente da vontade de João Goulart. Depois que Jango chegou a Brasília e que nós verificamos que o projeto de estado de sítio começou a ser emendado, permitindo violação de domicílio, permitindo todos aqueles abusos que depois de 1964 foram normais, que nós tomamos a decisão de sermos contrários ao estado de sítio. Eu não sei até hoje se essa decisão nossa foi correta.
>
> (*Jango*, filme de Silvio Tendler, 1984)

As reações contrárias foram imediatas. A maioria dos governadores afirmou que não via motivos para a declaração do estado de exceção em seus estados. Contra a medida se manifestaram, igualmente, a Associação Comercial de São Paulo, o Comando Geral dos Trabalhadores, a UNE e diversos intelectuais.[12] A imprensa, em geral, e os partidos políticos, incluindo o PTB, repudiaram a decretação do estado de sítio, visto como uma medida desnecessária e desproporcional de fortalecimento do Executivo. Um possível golpe à legalidade.

Visto *a posteriori*, é possível imaginar que, naquele momento, o estado de sítio desarticularia inteiramente ou quase por completo a direita golpista. Carlos Lacerda e Ademar de Barros, os mais perigosos inimigos políticos de Goulart, seriam destituídos dos governos de seus estados. A direita sofreria um duro golpe; talvez um golpe fatal. A medida, porém, tinha custos colaterais. Melhor dizendo, havia a possibilidade dos chamados desdobramentos não previstos da ação política, que eram, nesse caso, a repressão se estender para além dos radicais de direita. Por isso, eram evidentes os receios das esquerdas de que o estado de sítio também pudesse ser utilizado contra elas. A rebelião dos sargentos, em Brasília, fora algo intolerável para a oficialidade. Mesmo tendo havido punições aos insurgentes militares, sabia-se que eles tinham articulações com importantes lideranças políticas de esquerda. Não era infundado pensar que os ministros militares utilizariam os mesmos poderes para destituir Miguel Arraes do governo de Pernambuco. Tal hipótese foi claramente vislumbrada e considerada real. Porém, o pedido de estado de sítio enviado pelo presidente tinha que ser aprovado pelo Congresso. Algo nada fácil.

Goulart chamou Brizola para conversar. Estavam então rompidos politicamente. Mas Brizola atendeu a seu chamado. Jango queria convencê-lo de que a suspensão das garantias constitucionais não seria usada contra as esquerdas. Brizola, no entanto, concordava com a posição que Miguel Arraes e Luís Carlos Prestes haviam anunciado: o estado de sítio seria utilizado pelos militares, primeiro contra as direitas e depois, contra as esquerdas. Para eles, algo que os fazia lembrar aquilo que ocorrera quando do golpe do Estado Novo, em 1937. Vargas, com apoio militar, fechara o Congresso e dissolvera todos os partidos, à direita e à esquerda.

DEU NO JORNAL

Em reunião que terminou esta madrugada, representantes do Comando Geral dos Trabalhadores, Frente de Mobilização Popular, Frente Parlamentar Nacionalista, União Nacional dos Estudantes, União Brasileira dos Estudantes Secundários, Movimento Feminino, Ligas Camponesas, União dos Trabalhadores e Lavradores do Brasil, associação de oficiais, sargentos, soldados, marinheiros, intelectuais progressistas lançaram manifesto à Nação, condenando a tentativa de implantação do estado de sítio e a conspiração golpista e reacionária da direita.

(*Ultima Hora*. Rio de Janeiro, 7 de outubro de 1963, p. 2)

"O PAÍS QUER TRABALHAR": RADICALIZAÇÃO À ESQUERDA E À...

A desconfiança era generalizada. A situação política estava polarizada. Mas, paradoxalmente, o que ocorreu foi que esquerdas e direitas se uniram contra o pedido de estado de sítio. Isso, é evidente, não significa ausência de grupos organizados que apoiassem o governo em sua iniciativa. Foi o caso da organização Resistência Nacional, formada por sindicalistas e profissionais liberais. Em manifesto assinado pelo presidente da Federação dos Trabalhadores nas Indústrias Metalúrgicas, Mecânicas e de Material Elétrico do estado de São Paulo, do presidente da Federação dos Trabalhadores das Indústrias do Papel, Papelão e Cortiças do estado de São Paulo e de três personalidades representando as "classes liberais", o texto criticava a radicalização do movimento sindical e de setores da direita golpista. A Resistência Nacional, "organização essencialmente contrária aos radicalizadores", na sua própria definição, apoiava o presidente da República, os ministros militares e a implantação do estado de sítio em defesa da ordem democrática.[13]

Argumentos como o da Resistência Nacional foram ignorados pelas lideranças dos principais partidos políticos. O pedido foi recusado pela Comissão de Constituição e Justiça da Câmara dos Deputados. O PTB se aliou ao PSD e à UDN — o que não ocorria havia muito tempo — para negar a solicitação de Goulart. Percebendo a derrota certa no Congresso, no dia 7 de outubro de 1963 o presidente retirou o pedido. Ele não conseguira nem mesmo o apoio de seu próprio partido, o PTB.

Os ministros militares ficaram decepcionados com o presidente. O objetivo deles era, precisamente, preservar sua autoridade política. Como governar com dois governadores dos estados mais importantes do país insultando todo dia o presidente pelos meios de comunicação? Era constrangedor, para não dizer algo pior. Goulart procurou dar explicações a seus ministros militares. Justificar por que recuou do pedido de estado de sítio: o Congresso não o aprovaria; não havia apoio político, entre outros argumentos. Deve ter se esforçado; mesmo assim, pode não ter convencido.

1964

Deu no jornal

O sítio era contra o povo (na avaliação do PCB)

Personalidades da frente nacionalista como o governador Miguel Arraes, os deputados Leonel Brizola, Almino Afonso e Sérgio Magalhães dirigem-se ao povo brasileiro, mostrando-lhe a gravidade da situação e advertindo-o para a necessidade de resistir e lutar. Sindicatos de trabalhadores de todo o país e inúmeras organizações populares pronunciam-se energicamente contra a ameaça do sítio. (...) A poderosa pressão popular fez-se sentir sobre o sr. João Goulart. Domingo, dia 6, o presidente da República reuniu-se com uma delegação da Frente de Mobilização Popular, representando as diversas organizações do movimento nacionalista, sindical e estudantil. Foi demorado e franco debate, encerrado com a promessa de JG de que, atendendo à vontade popular, iria retirar do Congresso o pedido de decretação do estado de sítio, assim como imprimir uma orientação ao seu governo, de acordo com as reivindicações formuladas pelas forças nacionalistas.

(*Novos Rumos*. Rio de Janeiro, n. 242, 11-17 de outubro de 1963, p. 8)

Eu estive lá

Clodesmidt Riani, sindicalista e presidente do CGT, depõe em 2000-1

O Arraes fez pronunciamento contra. A Frente Parlamentar Nacionalista, contra. Brizola contra. Aí acabou. A esquerda toda contra o Jango, como é que o Jango vai conseguir? Não confiaram no Dr. Jango. (...) O Jango ficou sozinho. O Dr. Jango teve que retirar a mensagem, e foi tocando até quando pôde. Mas já enfraquecido. A coisa mais difícil havia conseguido: que os três ministros militares estivessem favoráveis ao estado de sítio.

(Hilda Resende Paula e Nilo de Araujo Campos (orgs.). *Clodesmidt Riani: Trajetória*, Juiz de Fora, FUNALFA Edições/Editora da UFJF, 2005, pp. 263-264)

A partir daí, o governo Goulart foi perdendo suas bases de sustentação política. As esquerdas reunidas na FMP romperam com ele. O mesmo fez Leonel Brizola, inclusive em termos pessoais. O PCB, o CGT e Miguel Arraes continuaram lhe fazendo críticas. Enquanto isso, Carlos Lacerda

"O PAÍS QUER TRABALHAR": RADICALIZAÇÃO À ESQUERDA E À...

e Ademar de Barros saíram fortalecidos do episódio. Sendo assim, continuaram a insultar ainda mais o presidente. O grupo golpista, militar e civil, também saiu fortalecido.

Foi então que o governador de Minas Gerais, Magalhães Pinto, ganhou maior destaque no grupo. Tornou-se uma importante liderança da conspiração, em seu estado. Sua primeira medida foi dobrar o número de efetivos da Polícia Militar, chegando a 20 mil homens bem armados.[14] Ele também começou a estabelecer contatos com o governo dos Estados Unidos, para o caso de necessitar de apoio bélico e diplomático, para a sustentação de um novo governo no Brasil.

PERSONAGEM

José de Magalhães Pinto nasceu na cidade de Santo Antônio do Monte (MG), no dia 28 de junho de 1909. Iniciou sua trajetória profissional aos 17 anos trabalhando como escriturário no Banco Hipotecário e Agrícola de Minas Gerais. Posteriormente, tornou-se alto executivo do Banco da Lavoura do Estado de Minas Gerais. Nesse momento atuou também como presidente da Associação Comercial de Minas Gerais, quando começou a participar mais ativamente do campo político, em oposição ao Estado Novo. Em 1943, já como um destacado homem de negócios de Minas Gerais, foi um dos signatários do Manifesto dos Mineiros. Foi também um dos fundadores da União Democrática Nacional (UDN), em 1945. Nesse partido, foi eleito deputado federal por diversas vezes e, em 1960, governador de Minas Gerais. Com a renúncia de Jânio Quadros e a posse de João Goulart, tornou-se oposicionista do governo, tendo sido um dos principais articuladores do golpe civil-militar de 1964. É reconhecido como um dos principais nomes ligados à formulação do AI-5. Atuou como Ministro das Relações Exteriores no governo Costa e Silva, tendo sido senador, pela Arena, na década de 1970. Envolveu-se na organização do Partido Popular (PP), de curta duração. Faleceu no Rio de Janeiro no dia 6 de março de 1996.

Após a tentativa frustrada de pedido de estado de sítio, Goulart ficou muito enfraquecido politicamente; praticamente ficou isolado. De um lado, repudiado pelas esquerdas e, de outro, sofrendo com a conspiração

1964

das direitas, cada vez mais às claras. Era sistematicamente atacado pela imprensa, onde não tinha mais aliados. Muitos oficiais militares legalistas e nacionalistas começaram a apoiar os argumentos dos conspiradores, mesmo que de maneira passiva. Não faziam nada a favor; mas nada faziam contra.

Nessa difícil conjuntura política, que se estenderia até março de 1964, como diagnostica Lucia Hippolito, "verifica-se a acelerada agonia do regime, provocada por uma falsa demonstração de força das esquerdas, que gera como reação o recrudescimento da conspiração civil e militar". Em sua avaliação, as forças do centro político se desfazem rapidamente, "optando por um ou outro polo da radicalização político-ideológica".[15] Mas nesse curto espaço de tempo, setembro e outubro de 1963 foram meses de virada. A crise do governo Goulart só faria aumentar a partir de então.

13

1963: o ano que não acabou

Com os episódios da rebelião dos sargentos em Brasília, das declarações de Lacerda ao jornal *Los Angeles Times* e do pedido frustrado de estado de sítio ao Congresso Nacional, o governo Goulart ficou muito fragilizado politicamente. As esquerdas e as direitas radicais se fortaleceram. O centro político, em particular representado pelo PSD, distanciou-se do presidente.

No início de novembro de 1963, Goulart mais uma vez precisava reconstituir uma base parlamentar de centro-esquerda, reaproximando-se do PSD e abrindo diálogo com setores moderados do PTB. O presidente retomava sua estratégia de aprovar as reformas de base pela via da negociação política. Se o país queria trabalhar, radicalizações não eram bem-vindas. Para Jango, isso significava afastar-se das esquerdas agrupadas na Frente de Mobilização Popular, do Partido Comunista e do Comando Geral dos Trabalhadores. Algo absolutamente imprescindível, mas que incomodava o presidente, a despeito até de essas organizações o estarem criticando e buscando dele tomar distância. Justamente devido a essas circunstâncias, é importante lembrar que toda a carreira política do presidente se fizera com o apoio das esquerdas e do movimento sindical. É bem verdade que, na segunda metade da década de 1950, as esquerdas e o movimento sindical tinham outro perfil, muito mais trabalhista e afeito ao diálogo dentro e fora do Parlamento.

1964

> **DEU NO JORNAL**
>
> **Jango mais fortalecido com acordo PSD-PTB**
>
> O ministro Abelardo Jurema, da Justiça, confirmou os contatos manti-dos, ontem, pelo presidente João Goulart com os Srs. Amaral Peixoto e Tancredo Neves, sobre o encaminhamento da emenda Vieira de Mello que, a seu ver, marcha para um texto definitivo, capaz de conciliar as divergências já conhecidas entre o PTB e o PSD, unindo, afinal, os dois maiores partidos na Câmara dos Deputados, no sentido de aprovar a tão discutida emenda constitucional que possibilitará a reforma agrária.
>
> (*Ultima Hora*. Rio de Janeiro, 30 de outubro de 1963, p. 4)[1]

Goulart ainda acreditava ter a oportunidade de recompor sua base de apoio parlamentar, unindo o PSD com o PTB moderado e agregando par-tidos menores, como o Partido Social Progressista, o Partido Democrata Cristão, entre outros. As maiores lideranças pessedistas estavam dispostas a dar respaldo ao presidente. Afinal, ele recuara no caso do pedido de estado de sítio e se encontrava em posição difícil, sendo atacado pela esquerda e pela direita. Contudo, como é óbvio, estavam assustados com esse crescente processo de radicalização política.

A opção presidencial de retomar a aliança do PSD com o PTB recebeu sistemática e dura oposição das esquerdas. Tal aliança nunca fora real-mente aceita; naquele momento, ela parecia algo extemporâneo. Líderes como Leonel Brizola, Luís Carlos Prestes, Miguel Arraes e Francisco Julião rejeitaram a aliança. Também se opuseram a essa estratégia o CGT, a UNE e as Ligas Camponesas. Todas as esquerdas reunidas na Frente de Mobi-lização Popular e o Partido Comunista Brasileiro repudiaram a escolha presidencial de obter maioria no Congresso Nacional com apoio do PSD. Entre tais segmentos de esquerda, sabidamente radicais, fazer aliança parlamentar com o PSD era insistir na velha "política de conciliação", no linguajar esquerdista, uma fraqueza, um desvio. Afinal, se o confronto com as direitas traria a vitória das forças reformistas, por que a insistência do presidente em "conciliar" com os pessedistas? Parlamentares, sindicalistas, líderes estudantis, militantes nacionalistas e até sargentos — reunidos na Frente de Mobilização Popular — exigiam o fim da "conciliação". Em editoriais do jornal *Panfleto*, ligado à FMP e porta-voz do grupo político liderado por Leonel Brizola, Goulart era criticado sistematicamente e, com ele, como não podia deixar de ser, o PSD:

> Preso a um esquema de conciliação, mobilizando tudo, desde a habilidade política até a "fisiologia" mais desenfreada, o presidente da República não quis entender que é impossível conciliar um PSD decadente e esclerosado com as impetuosas forças de vanguarda que surgem no cenário do país.[2]

O PCB acompanhava a FMP na recusa à opção política de Jango de alcançar maioria parlamentar no Congresso Nacional aliando-se ao PSD. Em *Novos Rumos*, jornal oficial do partido, um editorial afirmava que Goulart necessitava "romper com a política de conciliação que vem seguindo, de desfazer a aliança com a cúpula retrógrada do PSD".[3] Em outro editorial, havia a pergunta: "como esperar reformas de base, soluções para os problemas do povo, de um governo que é produto da aliança com a cúpula retrógrada do PSD?"[4]

COTIDIANO

Na área dos esportes, o Brasil obteve inúmeras vitórias durante o governo de Goulart. Além da vitória na Copa do Mundo de Futebol de 1962, o pugilista Éder Jofre conquistou, em 1961, o título mundial de pesos-galo pela National Boxing Association e, no ano seguinte, unificou os títulos da categoria. Continuou sua carreira de campeão pelos anos seguintes. Além dele, a tenista Maria Esther Bueno acumulou várias vitórias antes, durante e depois do governo Goulart, no Aberto dos Estados Unidos, em Wimbledon e Roland Garros.

Contudo, a reação violenta das esquerdas era apenas um componente dos problemas do presidente. Havia outros e, especialmente, uma agravante: a sucessão presidencial. A próxima eleição seria em outubro de 1965 e os partidos já se preparavam para a disputa do Executivo federal. O PSD tinha um forte candidato, cuja campanha praticamente estava nas ruas:

1964

Juscelino Kubitschek. A UDN também tinha candidatos e dois deles disputariam a indicação do partido em sua convenção nacional: o governador da Guanabara, Carlos Lacerda, e o de Minas Gerais, Magalhães Pinto, ambos opositores ferrenhos de Jango. Enquanto isso, o PTB, partido que mais crescia eleitoralmente no país, não tinha um candidato competitivo. Seus dois maiores nomes não podiam concorrer, pois estavam impedidos constitucionalmente: Goulart e Brizola. O primeiro, pois a reeleição era proibida. O segundo, porque o artigo 140 da Constituição Federal tornava inelegíveis parentes consanguíneos ou afins do presidente da República, do vice-presidente, de governadores de estado, prefeitos e em alguns casos específicos no Poder Legislativo. Casado com a irmã de Goulart, Neusa, Brizola era cunhado do presidente.

O quadro sucessório pode ser avaliado por pesquisa realizada pelo IBOPE em nove capitais do país: São Paulo, Porto Alegre, Belo Horizonte, Curitiba, Belém, Niterói, Salvador, Recife e Fortaleza. Publicada na imprensa em 15 de setembro de 1963, os pesquisadores do IBOPE não incluíram o nome de Leonel Brizola, por razões constitucionais. Como candidatos do PTB foram apresentados dois deputados trabalhistas e ex-ministros de Goulart: Almino Afonso e San Tiago Dantas. O resultado da pesquisa foi o seguinte:

Candidatos	Resultados nas 9 capitais
Juscelino Kubitschek	43,7%
Carlos Lacerda	13,7%
Ademar de Barros	10,9%
Miguel Arraes	7,4%
Magalhães Pinto	5,1%
San Tiago Dantas	4,3%
Alziro Zarur	1,9%
Almino Afonso	1,3%
Não sabem	11,7%

(*Correio da Manhã*. Rio de Janeiro, 15 de setembro de 1963, p. 15)

1963: O ANO QUE NÃO ACABOU

O nome do pessedista Juscelino Kubitschek aparecia em primeiro lugar, muito distante do segundo e terceiro colocados e alcançando mais de 40%, quando as eleições presidenciais, vale lembrar, não exigiam maioria absoluta. Quer dizer, JK estava perto disso. Lacerda e Ademar conseguiam um pouco mais de 10%: animador. Mas chama a atenção o percentual de intenções de voto de Miguel Arraes, considerando-se que sua liderança era forte, mas concentrada no Nordeste do país. A pesquisa mais refinada, por classes sociais, reiterava a ampla vitória de JK, quer entre aqueles nomeados como ricos e médios, quer entre as "classes pobres".

Candidatos	Ricos e médios	Classes pobres
Juscelino Kubitschek	41,8%	44,5%
Carlos Lacerda	21,5%	10,3%
Ademar de Barros	7,6%	12,7%
Miguel Arraes	7,3%	7,3%
Magalhães Pinto	6,7%	4,3%
San Tiago Dantas	4,1%	4,1%
Alziro Zarur	0,9%	2,4%
Almino Afonso	1,9%	0,8%

(*Correio da Manhã*. Rio de Janeiro, 15 de setembro de 1963, p. 15)

Embora Lacerda subisse um pouco na preferência dos ricos e das classes médias, ele perdia votos entre a população pobre. Tinha o perfil de um candidato udenista. Além de Lacerda, a UDN ainda mostrava algum fôlego com Magalhães Pinto. Isso demonstra a pouca popularidade que os candidatos udenistas alcançavam entre as "classes pobres". Enquanto isso, os nomes do PTB — Almino Afonso e San Tiago Dantas — não apresentavam quaisquer condições de concorrer de maneira competitiva. Eram parlamentares e homens da burocracia do Estado. Não tinham feito carreira em cargos executivos.

1964

Criavam-se, desse modo, dois problemas para Goulart. O primeiro era que o PTB não tinha candidato para vencer as eleições. Mas poderia ter. Chamava-se Leonel Brizola. Não casualmente, entre as esquerdas, surgiu o lema "Cunhado não é parente, Brizola para presidente". Entretanto, essa era uma hipótese complexa, pois seria necessário fazer uma emenda à Constituição, permitindo sua candidatura. Algo que o Congresso Nacional definitivamente não tinha interesse de aprovar, muito menos para Brizola. O PTB, portanto, estava sem candidato. O segundo problema era que Juscelino, compreensivelmente, desejava que o presidente apoiasse sua candidatura. Jango fora seu vice-presidente. Eles se tornaram amigos e se completaram muito bem. O governo JK não foi tão dourado como o passar do tempo nos fez acreditar. Houve levantes e insubordinação militar; houve greves etc. Enfim, a democracia foi afirmada não sem dificuldades, para o que a aliança PSD-PTB foi fundamental. JK, em fins de 1963, interpretava como imprescindível recompor a chapa PSD-PTB para ser vitorioso em 1965, tal como ocorrera nas eleições de 1960.

Juscelino procurou Goulart e conversaram sobre essa futura aliança partidária. Para obter o apoio dos trabalhistas, JK prometeu ao presidente que faria todo o esforço para que o PSD votasse a emenda constitucional favorável à reforma agrária. Ele estava determinado a encampar alguns programas das esquerdas, tanto que versões afirmavam que ele convidaria Miguel Arraes para a vice-presidência. Juscelino garantiu também que o PSD apoiaria o governo Goulart até seu final. Mas era preciso que Jango e o PTB declarassem apoio à sua candidatura à presidência da República.[5] Naquele contexto de radicalização política, a proposta do PSD era apresentada como útil a Jango e a JK. Ambos queriam que o ano de 1965 chegasse e as eleições se realizassem dentro da normalidade.

O apoio de Jango e do PTB à candidatura de Juscelino era praticamente uma exigência do PSD para continuar sustentando seu governo. Quer dizer, permitindo que iniciativas políticas, como a reforma agrária e outras, pudessem ser votadas e aprovadas no Congresso. As perspectivas para JK, porém, não eram boas. Dentro do PTB e das esquerdas, sua candidatura não era bem aceita. Mais uma vez, Jango se via pressionado.

Assim, quando da convenção nacional do PSD, *Panfleto*, jornal da Frente de Mobilização Popular, noticiou que, com seu "apetite de poder" e o "apoio dos latifundiários", além da "mais radical inconsistência ideológica", o PSD

1963: O ANO QUE NÃO ACABOU

aclamou Juscelino Kubitschek como candidato à presidência nas eleições de 1965.[6] No mesmo jornal, um artigo denunciava que, em seu governo, a empresa norte-americana Hanna Corporation obteve privilégios no mercado de minério, prejudicando a Companhia Vale do Rio Doce, uma empresa estatal.[7] Na mesma direção, a seção do PTB do Rio Grande do Sul, sob influência de Brizola, votou moção contrária à candidatura de JK. Entre as razões que justificavam tal decisão, citavam que "o PSD representa de reacionarismo e antirreforma no país; pelas suas origens e vinculações com as velhas oligarquias, cuja ação política só visa a defender odiosos privilégios antipopulares".[8]

A diretoria da União Nacional dos Estudantes, por meio de seu presidente, José Serra, foi categórica em relação à candidatura de Juscelino. Em entrevista, Serra comentou o processo sucessório:

> Para nós, estudantes, a luta pela sucessão presidencial só terá sentido em torno de candidaturas populares. Lacerda e Juscelino são falsas opções que se quer apresentar ao povo. Não aceitaremos candidaturas conservadoras, ou que se intitulem de centro, pois essa posição não existe: ou se é a favor, ou contra o povo."[9]

Entre as "candidaturas populares", evidentemente, despontava o nome de Leonel Brizola.

EU ESTIVE LÁ

Francisco Julião, líder das Ligas Camponesas, depõe nos anos 1980

Já havia dois candidatos lançados, que eram Juscelino e Lacerda. Brizola, por sua vez, tinha as suas pretensões. Tanto que surgiu aquela campanha, "Cunhado não é parente". Ademais legítimas; afinal de contas, ele tinha sido o homem que deu posse a Goulart. Ninguém tinha melhores credenciais que ele para pleitear a sucessão do cunhado. Mas acho que isso contribuiu ainda mais para dividir as esquerdas. Cada um se preocupando apenas com a eleição, sem perceber que havia uma conspiração em marcha. O próprio Arraes eu quero crer que foi agarrado de surpresa aqui (...). Ninguém estava preparado para a

1964

> resistência. Todo mundo estava voltado para a eleição. Todo mundo pôs na cabeça que era possível chegar a uma transformação radical da sociedade brasileira sem tiro.
>
> (Citado em Dênis de Moraes. *A esquerda e o golpe de 64: Vinte e cinco anos depois, as forças populares repensam seus mitos, sonhos e ilusões.* Rio de Janeiro, Espaço e Tempo, 1989, p. 230)

Apesar dos ataques de todos esses setores das esquerdas, o PSD não rompeu com Jango. Novamente é preciso entender por que e em nome de que agiam os pessedistas. Esse partido, o maior no Congresso e no país, considerava que tinha responsabilidades ante o governo Goulart.[10] Em passado recente, por duas vezes ele exercera a vice-presidência como candidato do PTB, na chapa do PSD. Na crise de 1961, algumas lideranças pessedistas foram decisivas para sua posse, negociando a solução parlamentarista. Goulart chegara à presidência com um primeiro-ministro pessedista. O peso político desse partido era claramente percebido como garantia de moderação e de estabilidade para o governo. Sem o apoio do PSD, Jango sucumbiria aos grupos mais radicais das esquerdas, em particular de Leonel Brizola, na Frente de Mobilização Popular, e de Luís Carlos Prestes, no Partido Comunista Brasileiro. Se isso acontecesse, as direitas, que visivelmente conspiravam, ganhariam ainda mais força. O PSD queria fazer o novo presidente da República. Ele tinha tudo para que isso ocorresse: máquina política e candidato popular entre um eleitorado de todas as classes. A desestabilização do governo Goulart, através de expedientes de radicalização à esquerda ou à direita, não interessava ao PSD e a JK.

Por tudo isso, o PSD permaneceu ao lado de Jango, suportando os ataques violentos vindos de facções do próprio PTB. Mas exatamente porque desejavam que o governo governasse, não aceitavam a posição do presidente, que não desautorizava as críticas que sofria, sobretudo aquelas realizadas por Leonel Brizola. Segundo Lucia Hippolito, a direção pessedista ficou paralisada diante da atitude de Goulart. Não rompia com o presidente, temendo comprometer as eleições e o regime democrático, mas também não encontrava condições de lhe dar apoio integral.[11]

Na prática, a aliança política que sustentou a democracia brasileira inaugurada em 1946 — o PTB com o PSD — se desfazia. Assustados com o

1963: O ANO QUE NÃO ACABOU

sectarismo dos trabalhistas e a radicalização das esquerdas, os pessedistas se aproximavam da União Democrática Nacional. No Congresso Nacional, de maneira informal, formava-se uma bancada unindo pessedistas e udenistas.

Goulart, portanto, tinha que administrar o país sob crescente polarização política. Seu partido não tinha candidato à presidência e, em seus setores mais radicais, hostilizava-o publicamente. O PSD queria seu apoio para a candidatura de Juscelino. O PCB e as esquerdas reunidas na FMP recusavam qualquer aproximação com o PSD. A FMP não apenas repudiava a candidatura de Juscelino como ainda insistia em mudanças na Constituição para que Brizola pudesse concorrer à presidência. A alternativa defendida pelos comunistas não era muito distinta daquela da FMP. Queriam o rompimento de Goulart com o PSD, com a formação de um governo exclusivo das esquerdas. Uma Frente Única de Esquerda, como era chamada. Em outras palavras, um "governo popular e nacionalista" com apoio exclusivo das esquerdas, reunindo a FMP, o PCB e o grupo político de Miguel Arraes.

EU ESTIVE LÁ

Gregório Bezerra, militante comunista, depõe nos anos 1980:

Brizola tinha vontade de ser eleito. Arraes, também. Eu via o Brizola num movimento mais explosivo, cuja atuação ainda não estava amadurecida para a época. E via Arraes mais moderado, na sua ambição de ser presidente. Isso enfraquecia muito a posição de Jango. (...) Nós não éramos janguistas, mas tínhamos que aproveitar João Goulart no poder, com toda aquela compreensão humanística dele, querendo melhorar a situação da massa camponesa. Talvez a esquerda tenha contribuído para aguçar mais a situação contra João Goulart. Goulart tinha uma posição nitidamente nacionalista, e o imperialismo não via aquilo com bons olhos, tanto assim que fez sérias restrições. E o Brizola em cima, em cima, instigando cada vez mais. Como cunhado de João Goulart, divergia totalmente dele, com seu linguajar explosivo. E o fato é que contribuiu indiretamente para a precipitação do golpe militar de 64.

(Citado em Dênis de Moraes. *A esquerda e o golpe de 64: Vinte e cinco anos depois, as forças populares repensam seus mitos, sonhos e ilusões.* Rio de Janeiro, Espaço e Tempo, 1989, pp. 235-6)

Atendendo a essa demanda, o presidente sabia que não apenas perderia a maioria no Congresso Nacional, como a oposição a seu governo cresceria muito entre os parlamentares. Porém, na ótica dos que propunham a Frente Única de Esquerda, tal fragilidade seria contornada com a pressão popular nas ruas sobre o Congresso Nacional. Aliás, para essas esquerdas, Jango nada devia esperar do Congresso, instituição vista como reacionária: um "antro de latifundiários", na definição de Brizola. As reformas de base não seriam aprovadas pela via parlamentar. A estratégia para se alcançar tal fim teria que ser de outra natureza. Seu caminho era extraparlamentar: via ação direta. Cabia às esquerdas mobilizar a população, fazê-la se manifestar através de comícios, passeatas, greves operárias e camponesas etc. Enfim, essa era a única forma de pressionar um Congresso "conservador" que só assim se sentiria obrigado, ante o clamor do povo, a aprovar as reformas de base. Para essa frente de esquerdas, as reformas jamais seriam votadas; elas seriam arrancadas do Congresso Nacional com a força do povo nas ruas. Goulart, portanto, deveria abandonar todas as medidas conhecidas de negociação parlamentar para se lançar a outro tipo de estratégia política, na qual a participação direta do povo nas cidades e no campo era peça-chave. Goulart tinha que fazer uma opção clara: devia entrar no processo de radicalização à esquerda, se quisesse realizar seu anunciado programa de reformas de base.

DEU NO JORNAL

Os comunistas se dirigem à Nação. Por um novo governo capaz de adotar soluções imediatas em favor do povo

Os comunistas reafirmam sua opinião de que se torna cada vez mais imperiosa a necessidade de imprimir um novo curso ao desenvolvimento econômico e político do país. (...) Existem todas as condições favoráveis a novos êxitos das forças anti-imperialistas e democráticas. A unidade de ação dos trabalhadores, camponeses, estudantes, militares patriotas, de todo o povo brasileiro, é o fator decisivo para o esmagamento da conspiração reacionária, a derrota da política de conciliação com o imperialismo e o latifúndio e a conquista de um governo nacionalista e democrático, que realize as medidas reclamadas pelos interesses da Nação.

(Novos Rumos. Rio de Janeiro, n. 242, 11-17 de outubro de 1963, 1ª página)

1963: O ANO QUE NÃO ACABOU

Porém, mesmo havendo tal consenso entre setores tão importantes das esquerdas, elas continuavam a ter seus conflitos internos, sobretudo quando envolviam disputas por liderança. Não custa lembrar que o pano de fundo dessas disputas, para além das estratégias de luta pela realização das reformas de base, era a futura eleição presidencial. Leonel Brizola competia frontalmente com Luís Carlos Prestes, Miguel Arraes e Francisco Julião. Queria ser o maior nome entre as esquerdas e os grupos nacionalistas. Mas com Goulart, ia ainda mais longe. Disputava a liderança dentro do próprio PTB, tornando-se o organizador de uma ala de extrema esquerda, autonomeada de nacional-revolucionária.

Como vimos anteriormente, Brizola se projetou no campo das esquerdas após seu governo do Rio Grande do Sul, sobretudo quando nacionalizou empresas norte-americanas e investiu fortemente na área de educação. Sua atuação ousada e bem-sucedida na Campanha da Legalidade consolidou seu nome como líder da facção mais à esquerda do PTB. Militantes de outros partidos e associações políticos, em especial os que se diziam revolucionários, reconheciam sua liderança. Desde o início de maio de 1963, como deputado pelo estado da Guanabara, ele falava diariamente por uma cadeia de rádio no programa *A Voz da Libertação do Povo Brasileiro*.[12] Tinha dimensionado o valor dessa mídia, a mais rápida e de maior alcance territorial na época. Por isso, teve também um horário cativo na Rádio Mayrink Veiga. Todas as sextas-feiras, a partir das 21h30, falava para o "povo", durante horas seguidas.

Foi com seu grande prestígio entre as esquerdas que Brizola formou a Frente de Mobilização Popular, uma organização suprapartidária que ganhou espaço crescente ao longo do ano de 1963. Mesmo assim, em fins de novembro daquele ano, percebeu que não tomaria o lugar de Goulart como maior liderança no PTB. Brizola era admirado e seguido pelos nacional-revolucionários dentro do PTB, mas não em todo o partido. Foi a partir da constatação da força de Jango que ele defendeu a formação do chamado "grupo de 11 companheiros" ou "comandos nacionalistas". Tratava-se de dar materialidade à sua estratégia de luta extraparlamentar, por meio de um tipo de organização sob seu comando direto. Portanto, também era uma iniciativa que lançava as bases para a constituição de um novo partido político; o "seu" partido, sem Jango.

Para tanto, um manifesto foi publicado no jornal da FMP, *Panfleto*. Brizola começava traçando um quadro da pobreza e submissão dos

1964

trabalhadores, batendo na tecla da exploração imperialista no Brasil. Em seguida afirmava que os nacionalistas tinham realizado grandes esforços para conscientizar e esclarecer os milhões de brasileiros "sobre as causas e as verdadeiras origens de nossos males, dos sofrimentos e injustiças" que recaem sobre o povo.[13] No entanto, agiam isoladamente. Se os operários, os camponeses, os estudantes, os intelectuais e os militares nacionalistas já haviam encontrado formas de organização, "milhões e milhões de brasileiros esclarecidos e inconformados" se encontravam desorganizados, o que impedia a defesa de seus próprios interesses. Era preciso, portanto, organizar o povo. Sobretudo porque, para Brizola, o tempo era muito curto, já "que a crise brasileira se aproxima do seu desfecho".

DESFECHO

Era comum no linguajar das esquerdas da época, sobretudo de Leonel Brizola, a palavra "desfecho". Tratava-se do conflito final entre o "povo" (trabalhadores, camponeses, estudantes, militares nacionalistas, intelectuais de esquerdas, entre outros) e o "antipovo" (políticos reacionários, latifundiários e empresários nacionais associados a empresas estrangeiras) aliado aos "gorilas" (militares e civis golpistas). O "desfecho" entre o povo e o antipovo-gorilas era considerado pelas esquerdas como inevitável, o que era positivo, porque resultaria na vitória das "forças populares", ou seja, das esquerdas, do povo.

A "organização do povo", em sua proposta, seria conseguida com a formação dos "grupos de 11 companheiros" ou "comandos nacionalistas". O líder trabalhista queria reunir os trabalhadores, das mais distantes localidades do país, em pequenos grupos. Por meio deles haveria uma articulação com organizações maiores e já existentes, como a FMP, o CGT, a UNE, a FPN, as Ligas Camponesas, o PTB e o PSB. Segundo Brizola, o povo compreenderia facilmente do que se tratava. A correlação estava no futebol, esporte praticado por 11 jogadores, cada um atuando em uma posição e com uma função complementar na equipe, sendo um deles

1963: O ANO QUE NÃO ACABOU

escolhido como capitão. Todos os torcedores brasileiros sabiam que a vitória de um time dependia da ação coordenada de todos, e que atitudes isoladas prejudicavam o conjunto da equipe. Com os "grupos dos 11", as atitudes individuais seriam substituídas por ações em grupo, articuladas entre si e interligadas a níveis local, regional e nacional.

EU ESTIVE LÁ

Neiva Moreira, deputado federal pelo PSP e integrante da Frente Parlamentar Nacionalista, depõe nos anos 1980

Os "grupos dos 11" foram, digamos, uma estrutura de mobilização popular. (...) Nós chegamos à conclusão de que ou se fazia uma organização popular, ou então não tínhamos como responder aos perigos que estavam cercando a nascente democracia brasileira. Daí passou-se aos "grupos dos 11". Que eram também uma resposta aos milhares e milhares de telegramas e telefonemas de pessoas que nos procuravam. A partir da pregação do Brizola e nossa, através da Rádio Mayrink Veiga. (...) Queríamos lançar as bases de um partido que, hoje, seria o grande partido dominante, capaz de fazer as transformações que o país ainda está querendo.

(Citado em Dênis de Moraes. *A esquerda e o golpe de 64: Vinte e cinco anos depois, as forças populares repensam seus mitos, sonhos e ilusões.* Rio de Janeiro, Espaço e Tempo, 1989, p. 255)

No manifesto de fundação da organização, Brizola afirmava que os objetivos dos "comandos nacionalistas" eram a defesa das conquistas democráticas do povo, a resistência contra tentativas de golpes, a luta pelas reformas de base, a determinação em libertar a Pátria da espoliação estrangeira e a "instauração de uma democracia autêntica e nacionalista". Sugeria também a maneira de se formar um grupo: inicialmente, duas ou três pessoas convidariam outros colegas até formarem "11 companheiros". A seguir, lavrariam a ata de fundação com a assinatura de todos. Havia um modelo de ata, que dizia:

1964

> Nós, os 11 brasileiros abaixo-assinados, constituímos um "Comando Nacionalista". (Rua _____, n. ___, telefone _____). Escolhemos para líder e comandante o companheiro _____ e, nesta data, estamos também comunicando nossa decisão ao líder nacionalista Leonel Brizola de nossos objetivos: Defesa das conquistas democráticas de nosso povo, realização imediata das Reformas de Base (principalmente a Reforma Agrária), e a libertação de nossa Pátria da espoliação internacional, conforme a denúncia que está na Carta-Testamento do Presidente Getúlio Vargas.

Por fim, havia o espaço para se escrever o local, a data e as 11 assinaturas. Depois de feita a ata, o grupo a entregaria por carta, telegrama ou, de preferência, pessoalmente, ao deputado Leonel Brizola, na sede da Rádio Mayrink Veiga, no Rio de Janeiro. Brizola também sugeria que a sede do grupo fosse a casa de um dos companheiros. Estes deveriam criar formas de comunicação para que, muito rapidamente, pudessem se reunir "ou se mobilizar em minutos, para o caso, por exemplo, de ameaça ou iminência de um golpe contra os nossos direitos ou liberdades". Uma tarefa era obrigatória: ouvir Leonel Brizola na Rádio Mayrink Veiga às sextas-feiras, às 21h30. Depois de discursar longamente, geralmente passando da meia-noite, Brizola lia as comunicações enviadas pelos companheiros, bem como difundia instruções e esclarecimentos para as atividades dos "comandos nacionalistas". Outra obrigação, não explícita no manifesto publicado no jornal *Panfleto*, era assinar esse periódico.

Brizola queria organizar os militantes revolucionários de esquerda nos "grupos de 11 companheiros". No vocabulário das esquerdas da época, seriam as forças do "povo", finalmente atuando em conjunto contra o "antipovo e os gorilas". Brizola obteve apoio de vários outros grupos de esquerda, como a Ação Popular e o Partido Operário Revolucionário-Trotskista, além de deputados do Grupo Compacto do PTB e de alguns remanescentes do movimento dos sargentos. Mas não dos comunistas. O PCB criticou duramente a iniciativa, considerada extremista e perigosa, naquelas circunstâncias.

A proposta do "grupo de 11 companheiros" foi uma resposta de Brizola ao crescimento de suas bases de apoio, cada vez mais à esquerda, em

1963: O ANO QUE NÃO ACABOU

função de suas próprias posições cada vez mais radicais dentro e fora do PTB. Suas pregações na Rádio Mayrink Veiga tinham milhares de ouvintes que participavam do programa com telefonemas ou telegramas. Havia, portanto, segundo avaliações de membros de seu grupo, um terreno fértil para o lançamento da proposta. Tudo indica que estavam certos. Segundo cálculos de Neiva Moreira, cerca de 60 a 70 mil militantes se organizaram em "grupos de 11 companheiros". O próprio Leonel Brizola avaliou, em depoimento no fim dos anos 1980, que 24 mil grupos se formaram em todo o país.[14] O projeto era que, com o crescimento e o fortalecimento dos "comandos nacionalistas", em período muito curto, estivesse montado o embrião de um partido revolucionário no Brasil.

EU ESTIVE LÁ

Almino Afonso, deputado pelo PTB e ex-ministro do Trabalho de Goulart

A proposta que ele tinha, da organização dos "grupos dos onze", feita semanalmente através do programa da Rádio Mayrink Veiga, convocando-os para que se articulassem como, no fundo, milícias populares. Aquilo era um açulamento que levava, de maneira fatal, os setores conservadores a se alarmarem e a, por sua vez, armarem-se.

(Citado em Dênis de Moraes. *A esquerda e o golpe de 64: Vinte e cinco anos depois, as forças populares repensam seus mitos, sonhos e ilusões*. Rio de Janeiro, Espaço e Tempo, 1989, p. 322)

DEU NO JORNAL

Havana — A imprensa desta capital publicou informações do Rio de Janeiro dizendo que existem no Brasil dez mil comandos nacionalistas dispostos a entrar em ação no momento em que for necessário. Acrescenta a informação que esses comandos foram organizados por Leonel Brizola e têm o seguinte objetivo: 1) as conquistas democráticas do povo; 2) reformas básicas imediatas, especialmente a agrária, e 3) a libertação do Brasil da exploração internacional.

(*O Globo*. Rio de Janeiro, 18 de março de 1964, p. 8)

1964

O crescimento dos "grupos de 11 companheiros", no fim do ano de 1963, se tornava mais um grave problema para o presidente enfrentar. A evidente radicalização das esquerdas, sob o comando de seu próprio cunhado, só poderia dar mais munição para a radicalização da direita civil-militar que engrossava, alimentada pelos temores de moderados e até de aliados de Jango. Para ele, dezembro de 1963 era o exato reverso do que fora janeiro desse mesmo ano, com sua inequívoca vitória no plebiscito.

O governador do Rio Grande do Sul, Leonel Brizola, ao centro, fala a jornalistas no Palácio Piratini, durante a Campanha da Legalidade, em agosto de 1961.

Da esquerda para a direita: San Tiago Dantas, Magalhães Pinto e Tancredo Neves, primeiro-ministro no governo parlamentarista.

A greve nacional paralisou os transportes no país nos primeiros meses do governo presidencialista de João Goulart.

Filas para comprar açúcar. A falta do produto obrigou o governo a racionar sua venda a um quilo por consumidor.

Ao chegar a Washington, em 3 de abril 1962, João Goulart concede entrevista ao lado do presidente John Kennedy.

Leonel Brizola em evento de apoio a Cuba, em 19 de março de 1963.

Manifestação em frente à embaixada de Cuba no Rio de Janeiro.

Francisco Julião discursa em comício promovido pelas Ligas Camponesas do Nordeste.

ARRAES: TAREFA É LIQUIDAR MONOPÓLIOS INTERNACIONAIS

Miguel Arraes em entrevista ao jornal *Panfleto* de 2 de março de 1964.

O comício da Central do Brasil em 13 de março de 1964, no Rio de Janeiro, reuniu cerca de 200 mil pessoas.

Soldados da Polícia do Exército foram responsáveis pela segurança do comício da Central do Brasil, em 13 de março de 1964.

Goulart discursa no comício de 13 de março de 1964, na Central do Brasil. Ao seu lado, Maria Tereza Goulart.

Novos Rumos, Jornal do Partido Comunista Brasileiro, edição de 13 a 19 de março de 1964.

Concentração da Marcha da Família com Deus pela Liberdade, na Praça da Sé. São Paulo, em 19 de março de 1964.

Manifestantes da Marcha da Família com Deus pela Liberdade, na cidade de São Paulo.

Uma das organizações femininas mais ativas na oposição a Jango foi a Campanha da Mulher pela Democracia (CAMDE).

Em 23 de março de 1964, o jornal *Panfleto* convoca o povo para enfrentar o Congresso Nacional, acusado de conservador.

No auge da rebelião dos marinheiros, que eclodiu em 25 de março de 1964 no Rio de Janeiro, soldados recolhem equipamentos dos fuzileiros navais que aderiram ao movimento.

Em 30 de março de 1964, Goulart pronunciou seu último discurso ao país, no Automóvel Clube do Rio de Janeiro.

Na edição de 1º de abril de 1964, o *Diário de Pernambuco* noticia o movimento militar iniciado pelo general Mourão Filho em Minas Gerais.

Em 1º de abril de 1964, Leonel Brizola, da sacada da Prefeitura de Porto Alegre, fala ao povo defendendo a resistência ao golpe.

Em 31 de março de 1964, o governador Carlos Lacerda (no meio da multidão) permaneceu no Palácio Guanabara e incentivou o golpe com violentos discursos contra o presidente Goulart.

No dia 1º de abril de 1964, tanques de guerra percorreram as ruas do Centro do Rio de Janeiro.

O prédio da UNE, na Praia do Flamengo, no Rio de Janeiro, foi incendiado por partidários do governador Carlos Lacerda, em 1º de abril de 1964.

Em 1º de abril de 1964, tropas militares cercaram o Congresso Nacional, em Brasília.

O governador de Minas Gerais, Magalhães Pinto (ao centro, com o braço erguido), proclama a vitória do movimento deflagrado a partir de seu estado.

Homem é preso em Belo Horizonte durante o movimento civil e militar.

Soldado do Exército comemora em São Paulo a deposição do presidente João Goulart.

O general Arthur da Costa e Silva se autonomeou ministro da Guerra e, no Rio de Janeiro, concedeu entrevista a jornalistas após a vitória do movimento civil e militar.

Marcha da Vitória na Avenida Rio Branco, no Centro do Rio de Janeiro, em 2 de abril de 1964.

Cena da Marcha da Vitória, em 2 de abril, no Rio de Janeiro. O cartaz ironiza o presidente deposto, João Goulart.

Manifestantes marcham em apoio ao movimento vitorioso. Recife, 10 de abril de 1964.

Marcha da Família com Deus pela Liberdade em
Belo Horizonte, em 13 de maio de 1964.

"Santinho" de propaganda do
Clube das Mães do município de
Duque da Caxias, Rio de Janeiro,
em homenagem ao novo presidente
da República, Humberto de
Alencar Castello Branco.

Na sede do jornal *Correio da Manhã*, comissão de mães e esposas de presos políticos escrevem documento pedindo a Castello Branco que liberte seus filhos e maridos.

Em 7 de novembro de 1968, o *Jornal do Brasil* apontava e culpava Brizola, no exílio desde abril de 1964, por distúrbios políticos no Brasil.

14

Rumo à esquerda

O país fechou o ano de 1963 com crescimento do PIB de menos de 1% e uma inflação de 73%. A corrosão dos salários causada por essa alta taxa inflacionária provocava reação entre os trabalhadores, sobretudo no momento dos dissídios coletivos. Muitas categorias iam à Justiça do Trabalho solicitando aumentos e, inclusive, conseguiam ganhos.[1] Mas, no clima de polarização política que se vivia, havia, igualmente, seguidas greves, como as que ocorreram entre os petroleiros, telegrafistas, funcionários públicos, ferroviários, eletricitários, trabalhadores do serviço de gás, dos cinemas, entre outras. Duas greves, em particular, desgastaram muito o governo. Em setembro de 1963, eclodiu a greve nacional dos bancários. O ministro da Fazenda chegou mesmo a decretar feriado bancário no país. A outra ocorreu em outubro, na cidade de São Paulo e dezenas de municípios do interior, envolvendo diversas categorias profissionais. Ficou conhecida como a "greve dos 700 mil". A principal reivindicação era um reajuste salarial de 100%. As sucessivas greves prejudicavam a imagem do governo perante a sociedade. Como militares, empresários e parlamentares insistiam, o país precisava trabalhar.

1964

Eu estive lá

Hércules Corrêa, militante comunista e dirigente do CGT, depõe nos anos 1980

Estávamos envolvidos com o Jango pela proposta política, mas tínhamos que fazer greve uma atrás da outra — o que atrapalhava o governo. Para defendê-lo, tínhamos que ter naquele momento menos greve e outros encaminhamentos políticos que não aqueles confrontos. Embora nas declarações todos nós o apoiássemos, a prática não tinha jeito: desgastava. Quem mais criou dificuldades para o Jango senão o movimento sindical?

(Dênis de Moraes. *A esquerda e o golpe de 64: Vinte e cinco anos depois, as forças populares repensam seus mitos, sonhos e ilusões.* Rio de Janeiro, Espaço e Tempo, 1989, p. 292)

No final de 1963, porém, Goulart não conseguia mais nem estabilizar a economia, nem controlar a inflação, nem realizar a reforma agrária. Como temos procurado demonstrar, até o segundo semestre desse ano não ocorreu o que diversas análises qualificaram como paralisia decisória.[2] Não é possível argumentar que o Poder Legislativo, a despeito de todos os enfrentamentos ocorridos, engessasse completamente o governo. Diversos projetos, de iniciativa do Executivo, foram aprovados na Câmara dos Deputados e no Senado. Alguns exemplos expressivos são as votações da Lei de Remessa de Lucros, do Estatuto do Trabalhador Rural e do Plano Nacional de Educação, medidas inovadoras e com profundos desdobramentos econômicos e sociais. Outro exemplo é o Plano Nacional de Alfabetização, que tinha como meta a formação de milhares de educadores que, com base no método formulado por Paulo Freire, alfabetizariam milhões de brasileiros.

RUMO À ESQUERDA

Deu no jornal

Ensino é sucesso

O professor Paulo Freire, autor do método áudio-visual para alfabetização de adultos, falando ao *Correio da Manhã*, sobre os resultados obtidos, garantiu que, em toda a parte onde vem aplicando, com as condições necessárias e com a preparação de pessoal, eles têm sido positivos. No próximo dia 20, será iniciada a montagem de 600 círculos de cultura na Baixada Fluminense. Sergipe também se prepara para igual montagem, até junho próximo.

> (*Correio da Manhã*. Rio de Janeiro, 13 de março de 1964, p. 8)

Cotidiano

No dia 4 de dezembro de 1963, durante sessão do Senado Federal, o senador pelo estado de Alagoas, Arnon de Mello, sacou seu revólver e atirou contra o senador pelo mesmo estado e seu inimigo político, Silvestre Péricles. Seguiu-se tiroteio no plenário do Senado e outros parlamentares tentaram pôr fim ao conflito armado, caso do suplente de senador José Kairala, do estado do Acre. No tiroteiro, Kairala foi mortalmente atingido por um tiro disparado por Arnon de Mello.

> (*O Globo*. Rio de Janeiro, 5 de dezembro de 1963, 1ª página)

Também durante o governo Jango foram criadas a Eletrobras, a Universidade de Brasília e o Código Brasileiro de Telecomunicações, que lançou as bases para a fundação da Embratel. No mesmo sentido, estão os debates sobre os planos do que seria, futuramente, a hidrelétrica de Itaipu e o porto de Tubarão, fundamental para escoar a produção de minérios da Companhia Vale do Rio Doce. Ainda durante esse governo foram inauguradas as usinas siderúrgicas Usiminas, Ferro e Aço de Vitória e Cosipa. Vale lembrar, igualmente, a realização da III Conferência Nacional de Saúde. Algo geralmente pouco assinalado, mas que demonstra a ação de Goulart em áreas como educação, energia, comunicação e legislação do trabalho. Contudo, o que tem permanecido como imagem, para todo o período do governo Goulart, é um presidente paralisado e incapaz de encaminhar e, menos ainda, de aprovar projetos de sua iniciativa.

1964

O que se deseja, com tais menções, é assinalar que Goulart não esteve refém do Legislativo durante boa parte de seu mandato presidencial, embora com ele não vivesse nenhuma lua de mel, nem sob o parlamentarismo, nem sob o presidencialismo. Ao contrário, sempre enfrentou uma dura luta com os udenistas e parlamentares de direita de diversos partidos, além de receber críticas e mesmo oposição aberta de quadros de seu próprio partido, o PTB. Mesmo assim, conseguiu que o Congresso aprovasse projetos por ele defendidos, o que reforça o diagnóstico de um governo que se movia com muitas resistências, mas que conseguiu deslanchar processos decisórios muito importantes para o Brasil.

Já há análises que trabalham com perspectivas mais nuançadas, embora reconhecendo que, especialmente a partir do segundo semestre de 1963, este foi um governo "sitiado", com alternativas cada vez menores de movimentação política.[3] Considerando um quadro mais amplo, é importante ressaltar que Jango atuou em um momento de exacerbação da Guerra Fria, o que gerou enormes restrições de financiamentos externos e grandes desconfianças políticas. Até porque seus projetos de reformas de base e seus arraigados compromissos com a classe trabalhadora o impediam de adotar políticas econômicas saneadoras, como as previstas pelo Plano Trienal. O governo Goulart não encontrou facilidades nem dentro, nem fora do Brasil. Não conseguiu apoio duradouro em nenhum partido e em nenhum grupo organizado, inclusive os de esquerda que, teoricamente, se beneficiavam com sua presidência.

Nesse contexto, Goulart efetivamente governou com oscilações, tanto no campo da economia como no das alianças políticas que tentava construir. Teve que fazer escolhas em circunstâncias muito difíceis, orientando-se por suas convicções, mas tendo que levar em conta um delicado equilíbrio de forças dentro das esquerdas e dos setores moderados, que ora se dispunham a apoiá-lo, ora não mais. Esse foi o caso do PSD no final do ano de 1963.

Nesse autêntico novo ponto de inflexão de seu governo, Jango precisou tomar uma decisão e se convenceu de que sua estratégia de unir politicamente o PTB e o PSD, encaminhada desde sua posse em 1961, não daria mais os resultados que desejou. Porém, como se pode perceber, o fracasso dessa opção política resultou menos de sua incapacidade de negociar com o PSD, que do processo de radicalização política em curso no país. O que inviabilizou completamente sua estratégia foi a recusa sistemática tanto de

214

RUMO À ESQUERDA

trabalhistas como de pessedistas de chegar a acordos políticos, sobretudo devido às demandas do PTB. O presidente se viu ante um verdadeiro veto de variadas lideranças e grupos da esquerda organizada, todos se negando a "conciliar" com o PSD. Não queriam a conciliação e sim o confronto. Diante dessa situação cada vez mais ameaçadora, os pessedistas buscariam uma aproximação com os udenistas, mesmo que isso significasse o risco de engrossar a radicalização de direita.

Nos meses finais do ano de 1963, portanto, as forças de oposição ao governo Goulart também se radicalizavam e buscavam afinar seus entendimentos políticos. Como se viu, se até então Carlos Lacerda e Ademar de Barros eram, entre os políticos civis, os baluartes da organização de uma reação violenta contra Jango, a eles iria se unir o governador de Minas Gerais, Magalhães Pinto, da UDN, e, em compasso ainda imprevisível, políticos pessedistas de alto calibre.

Coluna do Castello no *Jornal do Brasil*

O governador Ademar de Barros, na sua visita ao governador Magalhães Pinto, procurou atrair o dirigente mineiro para a linha de oposição aberta ao sr. João Goulart, invocando os deveres de resistência das dificuldades e dos perigos do momento atual. O governador de São Paulo acentuou a importância que teria para a oposição a integração no movimento do governador de Minas, que mantém a porta aberta para o diálogo com todas as correntes democráticas que poderão eventualmente se unir para a defesa do regime.

(*Jornal do Brasil*. Rio de Janeiro, 29 de outubro de 1963, p. 4)

A imprensa também foi alterando suas posições, o que significava a perda de um enorme recurso de poder para Goulart. Em outubro de 1963, proprietários de rádios e jornais da Guanabara — Roberto Marinho, Nascimento Brito e João Calmon — articularam-se no sentido de uniformizar suas críticas ao governo. Eles formaram a Rede da Democracia, composta pelas rádios Globo, Jornal do Brasil e Tupi. Era uma resposta às pregações de Leonel Brizola que, desde maio, tinha seu programa de rádio. Também sintonizaram melhor suas mensagens nos jornais *O Globo*, *Jornal do Brasil* e *O Jornal*. A Rede da Democracia não defendia um golpe de Estado, mas queria "a manutenção do capitalismo e das instituições liberais-democráticas", que estariam ameaçadas pelo comunismo. As posições políticas dos jornais não eram exatamente as mesmas. O *Jornal do Brasil* era mais equilibrado em suas críticas, em face dos ataques violentos contidos nas páginas de *O Jornal*, particularmente contra Leonel Brizola.

A Rede da Democracia surgiu no momento em que a oposição conservadora a Goulart mais cresceu: após a rebelião dos sargentos e a crise do estado de sítio. O presidente perdeu o apoio dos setores conservadores porque, na avaliação então realizada, ele não cumprira os dois principais compromissos firmados quando de sua posse, em setembro de 1961. Ou seja, controlar a inflação e afastar-se das esquerdas. No fim de 1963, a inflação estava fora de controle e as recentes medidas nacionalistas e estatistas assustavam o empresariado. Por fim, a aproximação do presidente com as esquerdas era evidente.

Assim, parlamentares de centro, como os pessedistas Tancredo Neves e Ulysses Guimarães, assustados com a escalada de radicalização das esquerdas, saudaram a formação da Rede da Democracia, indicando o caminho que o partido estava tomando.[4] Nas rádios coligadas na Rede da Democracia falavam particularmente parlamentares da UDN, mas também alguns do PSD e de partidos menores. Em geral, todos culpavam o governo Goulart pela crise econômica. Mas não se ouviam ainda propostas de deposição do presidente, nem convocação dos militares para golpear a ameaça comunista. O prestigiado *Correio da Manhã* escapava da orientação mais comum na mídia escrita, não adotando linha editorial de oposição ao governo. Mas denunciava como prejudiciais ao país a radicalização das direitas e das esquerdas. Goulart só tinha o apoio dos jornais *Ultima Hora* e *Diário Carioca*.

Editorial: Contra os extremismos

Este jornal não tem poupado críticas ao governo do sr. João Goulart. Aponta-lhes as insuficiências, denuncia suas manobras suspeitas — o estado de sítio, por exemplo — considera necessária muita vigilância para evitar que o presidente, envolvido por certos assessores, transponha

RUMO À ESQUERDA

> os limites da legalidade democrática. Não nos cansamos também de apontar as maquinações de determinados grupos de esquerda, sabidamente entusiastas de golpes, subversões, revoluções. Com a mesma veemência, porém, com que nos opomos a esses extremistas, consideramos lutar contra os que, a pretexto de combater o comunismo, falam língua parecida com a do fascismo, do nazismo e outras da mesma espécie. Quando se trata de elementos das Forças Armadas, da ativa ou da reserva, merecem as mesmas restrições dos pronunciamentos esquerdizantes e das manifestações que se podem considerar direitistas.
>
> (*Folha de S. Paulo*. São Paulo, 10 de dezembro de 1963, p. 4)

Entretanto, a oposição a Goulart se estendia também à esquerda, aparecendo no jornal da Frente de Mobilização Popular, *Panfleto, o jornal do homem do povo*, e do Partido Comunista, *Novos Rumos*. Embora por motivos opostos, ambos criticavam a "moderação" e a "conciliação" de Goulart.

O ano de 1963 terminou mal para Goulart. Sem apoio da mídia e com a decisão do PTB e do PSD de tomar, cada um, seu próprio rumo. Por sua trajetória política, Goulart resolveu se aproximar mais dos partidos e organizações de esquerda. Porém, essa não era sua única possibilidade de escolha, uma vez que a estratégia das esquerdas já era, declaradamente, a do enfrentamento com as direitas. Uma opção que até então parecia não fazer parte de seus planos. Provavelmente, o presidente sentia que suas opções estavam se estreitando. Pelo menos essa era uma interpretação que as esquerdas alimentavam, pois desejavam que Jango desse uma guinada à esquerda, fortalecendo seus próprios projetos de poder.

Não é casual, por conseguinte, que a aproximação entre o presidente e as esquerdas fosse uma ótima oportunidade para que as oposições de direita levantassem a hipótese de que ele planejava dar um golpe de Estado. Em sua coluna no jornal *Ultima Hora*, Flávio Tavares afirmou que parlamentares de oposição da Guanabara e de São Paulo tramavam o *impeachment* de Goulart. O Congresso Nacional, desse modo, deveria se antecipar ao golpe, destituindo-o da presidência.[5] Ou seja, quanto mais Goulart se aproximava das esquerdas, maiores eram os boatos de que ele

1964

preparava um golpe para se tornar um ditador. Em decorrência, ficavam mais fortes as forças radicais de direita que advogavam o que seria sua deposição, em defesa da legalidade.

Havia indícios para tanto. Em dezembro de 1963, Jango restabeleceu seu diálogo com Brizola. Recebeu-o na Granja do Torto e abriu conversações sobre a participação das esquerdas no ministério.[6] Como primeira iniciativa, nomeou o almirante Cândido Aragão, militar ligado ao grupo do ex--governador do Rio Grande do Sul, para o comando do Corpo de Fuzileiros Navais. A resistência, na Marinha de Guerra, a essa nomeação foi grande. Aragão era conhecido exatamente por suas articulações políticas, inclusive com os sargentos e suboficiais. Por isso, a partir daí, passou a ser chamado, pela militância de esquerda, de "almirante do povo". Ainda no mesmo mês, Jango abriu debates sobre a participação de representantes da Frente de Mobilização Popular e da Frente Parlamentar Nacionalista no governo.

DEU NO JORNAL

**Esquerdas querem homens de seus quadros no ministério
Sérgio Magalhães, presidente da Frente Parlamentar Nacionalista**

O certo é que a política de conciliação posta em prática nos termos clássicos fracassou. (...) Por isso nós estamos nos preparando para a ascensão ao poder. Se tudo continuar como está, iremos para o caos que, no mínimo, levará o país ao caos de uma revolução violenta com uma luta fratricida sacrificando nosso povo. Para evitar isso, nos preparamos para a revolução pacífica, através de uma completa alteração nos métodos até agora empregados na administração do país, partindo do pressuposto da emancipação econômica do país.

(*Ultima Hora*. Rio de Janeiro, 16 de dezembro de 1963, p. 2)

A tal movimentação se agregavam medidas nacionalistas e a aprovação de benefícios para os trabalhadores. Goulart sancionou a obrigatoriedade de que empresas com mais de cem empregados oferecessem ensino elementar gratuito a seus funcionários, e instituiu uma escala móvel de salários. Também determinou a revisão das concessões de exploração das

RUMO À ESQUERDA

jazidas minerais e cancelou aquelas que não foram exploradas pela empresa São João Del Rei Mining Co., de propriedade da Hanna Co.[7] A essa altura, circularam comentários de que estatizaria as quatro refinarias de petróleo — Capuava, Manguinhos, Sabá e Ipiranga —, todas privadas, e as entregaria à Petrobras. Capuava seria a primeira. Tudo isso confirmando uma guinada em direção à esquerda reformista e nacionalista.

DEU NO JORNAL

Classes produtoras contra a encampação das refinarias particulares

Excelentíssimo Senhor Presidente da República

As Entidades abaixo-assinadas, representantes das principais categorias econômicas que constituem as classes produtoras, tiveram ocasião, em 28 de agosto p.p., de alertar Vossa Excelência contra os efeitos desagregadores e deletérios da progressiva estatização que se opera no país, em detrimento da estrutura econômico-financeira nacional. Salientaram mais particularmente, nesse ensejo, os inconvenientes da encampação das refinarias de petróleo, tanto do ponto de vista da economia de transportes e da dos consumidores de derivados do petróleo, quanto do ponto de vista da defesa do princípio constitucional da livre-empresa. Focalizaram ainda o absurdo de se pretender forçar tal encampação pelo capricho e pela pressão sindicais, quando o interesse público e o social não aconselham a medida. (...)

Certos de que Vossa Excelência acolherá os argumentos (...), Confederações das Associações Comerciais do Brasil e Confederação Rural Brasileira; Sindicatos dos Bancos do estado da Guanabara e Sindicato Nacional das Empresas Aeroviárias; Federação Nacional de Hotéis e Similares, do Comércio Varejista de Combustíveis Minerais e de Garagens; Federações do Comércio da Guanabara, Pernambuco, Rio de Janeiro, Paraná e Minas Gerais.

(*Jornal do Brasil*. Rio de Janeiro, 14 de novembro de 1963, p. 5)

Foi nesse contexto que o ministro da Fazenda, Carvalho Pinto, não concordou com tais iniciativas de Goulart. Sobretudo com os reajustes salariais, que contrariavam suas orientações em termos econômico-finan-

1964

ceiros, que privilegiavam o controle da inflação e do déficit público, via contenção salarial. O ministro, político paulista de grande prestígio (fora governador do estado), sentia-se desrespeitado com as agressivas críticas que recebia de Leonel Brizola, com apoio da FMP, do PCB, da FPN, do CGT e da UNE. Até porque fora ele o responsável pela regulamentação da Lei de Remessa de Lucros — uma das principais bandeiras das esquerdas —, e pela recusa das duras condições impostas pelo FMI para negociar a dívida externa brasileira. Nessa oportunidade, chegara mesmo a ameaçar declarar moratória unilateral. Mesmo assim, sofria sistemáticos ataques. Outra questão, ainda mais delicada, foi a notícia de que a participação das esquerdas no governo se daria justamente no Ministério da Fazenda, que era desejado por Leonel Brizola. Quer dizer, Carvalho Pinto acabou renunciando ao cargo.

A saída do ministro da Fazenda acabou sendo muito prejudicial a Jango. O ministro demissionário tinha bom trânsito nos meios empresariais e financeiros no Brasil e nos Estados Unidos.[8] Era, talvez, o último ponto de ligação do governo com o empresariado, sobretudo o de São Paulo.

Foi nesse clima de descontentamento dos meios econômico-financeiros que as esquerdas reunidas, não sem divergências, indicaram o nome de Leonel Brizola para o Ministério da Fazenda. No Rio de Janeiro e no Recife, pichações nos muros diziam: "Contra a inflação, Brizola é a solução".[9] Hércules Corrêa, por exemplo, representando o Comando Geral dos Trabalhadores, teria sido contrário. Em depoimento concedido em 2004, esse importante líder sindical explicou a posição do CGT. Segundo avaliações então realizadas, a indicação de Brizola certamente acirraria muito o processo de radicalização política, ameaçando os avanços realizados. O representante do Comando Geral dos Intelectuais concordou com o CGT. Os deputados da FMP ficaram divididos, mas a maioria aprovou o nome de Brizola em votação.[10] O Partido Comunista apoiou a indicação.

A FMP e o PCB sabiam o que estavam pleiteando. O Ministério da Fazenda tinha funções absolutamente estratégicas e muito amplas na época. Entre outras, controlava o Banco do Brasil, o Banco Nacional de Desenvolvimento Econômico (BNDE), a Superintendência da Moeda e do Crédito (Sumoc, um embrião do Banco Central), a Carteira de Comércio

Exterior (CACEX), do Banco do Brasil. Enfim, o Ministério da Fazenda tinha o comando absoluto da economia brasileira. Era muito poder nas mãos de Leonel Brizola.

MANIFESTO

A Frente de Mobilização Popular conclama os trabalhadores, camponeses, estudantes, parlamentares, intelectuais, oficiais nacionalistas, sargentos, cabos, soldados, marinheiros, servidores em geral a mobilizarem-se para reclamar do presidente da República a imediata recomposição do governo, como homem vinculado a um programa que assegure radical reformulação da atual linha econômico-financeira, visando à efetiva melhoria das condições de vida do povo, a emancipação nacional e reformas também nacionais. Nesta oportunidade querem as forças populares expressar integral e calorosa solidariedade ao deputado Leonel Brizola, em razão da campanha solerte que contra ele fazem as forças da reação face à cogitação de nomes para o Ministério da Fazenda.

(*Correio da Manhã*. Rio de Janeiro, 17 de dezembro de 1963, p. 2)

A situação política de Goulart era péssima. Se aceitasse a indicação das esquerdas e nomeasse Brizola, estava, na prática, de um lado, abdicando de parte de seus poderes ante um de seus mais poderosos competidores; de outro, convidando seus opositores a depô-lo por ameaça à democracia. Se não o fizesse, estaria desencadeando uma nova e mais violenta reação das esquerdas a seu governo. Escolheu a segunda alternativa. Não nomeou Brizola, talvez, por instinto de defesa. Para o cargo, indicou um obscuro funcionário de carreira do Banco do Brasil, Nei Galvão. Após a nomeação, como esperado, a Frente de Mobilização Popular lançou nota, afirmando sua oposição aberta "ao governo como um todo e ao presidente em particular".[11] Até os trabalhistas menos radicais se mostraram contrariados com a indicação de Nei Galvão.

1964

> **Nota à imprensa de Leonel Brizola**
>
> Muitos companheiros estão considerando que a nomeação do sr. Nei Galvão para o Ministério da Fazenda só pode significar o desinteresse do presidente da República, sr. João Goulart, para uma revisão dos rumos de seu governo, através da concretização de um programa popular e nacionalista, conforme vem sendo reclamado pelo povo brasileiro, que não tem mais como suportar a brutal elevação do custo de vida e o agravamento da inflação e da crise econômica.
>
> (*Ultima Hora*, 21 de dezembro de 1963, p. 4)

Entretanto, sua indicação tampouco agradou o empresariado. Hugo de Faria, alto funcionário do Ministério do Trabalho e amigo pessoal de Jango, confirma o diagnóstico de que os problemas do presidente se agravaram muito em fins de 1963. Em entrevista concedida nos anos 1980, avalia que, naquele momento, os industriais começaram a ficar realmente com medo; na verdade, em pânico, em suas palavras. Nadir Figueiredo, um grande empresário paulista, chegou a procurá-lo: "Hugo, você pode falar ao presidente que ele não conta mais conosco." Para um industrial dizer isso ao amigo e colaborador do presidente, era porque a situação estava muito grave.[12] Homem de trânsito fácil entre os empresários, Hugo de Faria ouviu de outro empresário mensagem igualmente esclarecedora, endereçada ao presidente: "Você pode dizer que eu e todos os elementos da Federação das Indústrias de São Paulo e de bancos estamos contra o governo." Era como se o empresariado, em especial o paulista, tivesse perdido toda a prudência política. Ou seja, ainda com Hugo de Faria: "O medo é um fenômeno muito sério."[13] E também perigoso e violento. A partir de então, ele se alastrou entre diferenciados segmentos da direita civil e militar, pavimentando o projeto de deposição de Jango "na lei ou na marra".

RUMO À ESQUERDA

> ## EU ESTIVE LÁ
>
> ### Herbert de Souza, o Betinho, militante da Ação Popular, depõe nos anos 1980
>
> No ano de 63 é que o erro foi cometido com consequências graves. O movimento popular da época se julgava muito forte e não tinha percebido toda a extensão do movimento da direita, nem sua dimensão no plano nacional. Víamos o movimento popular em avanço e a direita em crise. É verdade que o movimento popular estava em avanço, mas a direita não estava em crise. Desenvolvia articulações e estava na ofensiva, nos planos político e militar, inclusive com os meios de comunicação na mão. Portanto, foi um erro de cálculo nosso. Cometemos um erro de análise política sério. Isso nos levou a quê? A ter uma atitude sectária em relação ao Jango. Porque nós dizíamos: o Jango não quer avançar, o Jango vacila — como deve ter vacilado mesmo. (...) O fato é que não soubemos fazer uma leitura do Jango fundamentalmente como aliado. Muitas vezes, na prática, nós colocávamos o Jango como um obstáculo ao desenvolvimento do processo político. Queríamos avançar, ir muito além do que a realidade realmente tornava possível.
>
> (Citado em Dênis de Moraes. *A esquerda e o golpe de 64: Vinte e cinco anos depois, as forças populares repensam seus mitos, sonhos e ilusões.* Rio de Janeiro, Espaço e Tempo, 1989, p. 255)

Betinho, então integrante da ativa Ação Popular, é preciso ao situar o que chama, décadas depois, de erro de cálculo das esquerdas. Elas não lidaram com Jango como aliado, mas como obstáculo a seus planos. Isso, sem dúvida, implicou superestimar suas próprias forças e subestimar o avanço da direita, que encontrou solo fértil para angariar aliados até então vacilantes e radicalizar a oposição a Goulart. Se desde a posse tal oposição desejava o fim de seu governo, mas não encontrava clima para desenvolvê-lo, na virada do ano de 1963 para 1964, passava a ter tal projeto como objetivo prioritário e, cada vez mais, possível. Assumindo-se o ponto de vista do presidente, vê-se como ele estava isolado politicamente.

Essa é uma questão fundamental. Embora o contexto internacional fosse muito difícil — a Guerra Fria congelava, com as repercussões da Revolução Cubana —, ele não foi tão decisivo, como defendem algumas interpretações.

1964

Os conflitos entre os chamados blocos capitalista e comunista existiam e tiveram sua força; mas eles emolduram o processo de radicalização política interna, não devendo ser entendidos como decisivos para seu "desfecho" no golpe de 1964. Sem dúvida, foram várias e muito atuantes as organizações anticomunistas que agiram durante o governo Goulart. O IPES e o IBAD são apenas as mais conhecidas, por receberem recursos abundantes, inclusive vindos do exterior. No entanto, tais organizações, até fim de 1963, conseguiam mobilizar, basicamente, os setores de extrema direita. Foi só a partir daí, e em crescendo até março de 1964, que o argumento anticomunista se alastrou pela sociedade. Para Rodrigo Motta, tal "observação é interessante por colocar em questão a crença de que a derrubada de Jango era um processo inexorável",[14] conduzido pela direita com apoio dos Estados Unidos, desde sua chegada ao poder. Não era. Nenhum processo histórico é inexorável "desde o início". Esse tipo de interpretação toma o "fim" como a única direção e explicação do "começo". Isso é teleologia, não história. Em história política, sobretudo, há muitas variáveis e há escolhas, possibilidades e ação de indivíduos e grupos.

COTIDIANO

O custo de vida em 1964

Segundo as previsões da Fundação Getúlio Vargas o custo de vida em 1964 subirá, em média, 8% por mês. Se este ritmo for mantido, no fim do ano teremos um encarecimento da subsistência da ordem de 100%, para arredondar a percentagem. Não resta dúvida que se trata de uma perspectiva dramática.

> (*O Dia*. Rio de Janeiro, quarta-feira, 1º de janeiro de 1964, p. 2)

Brigitte Bardot em Búzios

No dia 7 de janeiro de 1964, a atriz francesa Brigitte Bardot chegou ao Rio de Janeiro. Acompanhada do namorado, foi para um apartamento na Avenida Atlântica, em Copacabana. Depois de 5 dias no Rio, rumou para um vilarejo de pescadores conhecido como Búzios. Fez amizades com pescadores e seus filhos. Com eles aprendeu uma canção que, posteriormente, gravou em português: *Maria ninguém*. Brigitte Bardot ficou em Búzios durante quatro meses, retornando a Paris em 28 de abril.

RUMO À ESQUERDA

Tendo que lidar com um PSD desconfiado e temeroso, sendo atacado pelas esquerdas e tendo as direitas como inimigas, Goulart ainda conseguiu tomar iniciativas nacionalistas e reformistas. No fim de dezembro de 1963, assinou decreto que fazia parte do programa das esquerdas: o monopólio da Petrobras na importação de petróleo e derivados. A medida era importante para a economia nacional porque a empresa estatal poderia obter petróleo através da troca por produtos agrícolas, a exemplo do café ou minerais, evitando gastos em moedas estrangeiras. As quatro refinarias privadas do país, a partir daí, não mais poderiam obter dólares para importar óleo cru, aumentando seus lucros com a prática do subfaturamento. O decreto contrariava poderosos interesses privados nacionais e norte-americanos.

O presidente administrava um país que afundava em grave crise econômica desde a falência do Plano Trienal. Comparado com o ano anterior, 1963 tinha terminado com números absolutamente preocupantes: a produção agropecuária recuou de 5,5% para 1%; a do setor de serviços, de 5,8% para −0,1%; a indústria retrocedeu de 8,1% para −0,2%, entre outros números em descenso.[15]

Mesmo assim, Jango se dispôs a levar adiante reformas que pudessem ser implementadas sem o aval do Congresso Nacional ou que não dependessem de alianças partidárias. A que mais assustou os setores conservadores foi anunciada também no fim de dezembro de 1963. O presidente da Superintendência de Política Agrária (SUPRA), João Pinheiro Neto, apresentou proposta de Goulart que desapropriava vinte quilômetros de cada lado das rodovias federais, das ferrovias, açudes e rios navegáveis.[16] O argumento era que as terras se valorizaram com os investimentos realizados pelo governo federal. Portanto, o governo declarava o direito de desapropriá-las. Essa desapropriação seria formalizada por meio de decreto executivo, o que dispensava a aprovação do Congresso Nacional de emenda constitucional. Evidentemente o Congresso reagiu e o PSD muito mais.

1964

COLUNA DE FLÁVIO TAVARES NO JORNAL ULTIMA HORA

PTB e Esquerdas: PSD optou contra reforma

Uma agressão antecipada ao presidente da República, visando a impedir, pela violência da pressão política, qualquer tentativa de reforma agrária — eis como os círculos parlamentares do PTB e das forças de esquerda interpretaram a decisão pessedista de anteontem, contra o decreto que o sr. João Pinheiro Neto encaminhou ao sr. João Goulart, declarando de utilidade pública as terras marginais às rodovias da União. A opinião de que o PSD optara contra a reforma era a mais ouvida nos restritos círculos políticos da capital da República.

(*Ultima Hora*. Rio de Janeiro, 20 de dezembro de 1963, p. 4)

Em janeiro, Goulart presidiu a cerimônia de assinatura do convênio entre a SUPRA e os ministérios militares. Caberia às Forças Armadas o trabalho de aerofotografia, topografia e agrimensura. O presidente estava determinado a desapropriar terras. Restava-lhe pouco tempo e aquela seria a reforma agrária possível. O decreto da SUPRA, como ficou conhecido, seria a grande medida reformista de seu governo. Essa era sua aposta.

Em meados de janeiro de 1964, assinou outra medida que fazia parte do programa das esquerdas: a regulamentação final da Lei de Remessa de Lucros para o exterior, que entraria em vigor naquele mesmo mês.[17] Vale lembrar que essa lei já tinha sido votada pelo Congresso Nacional. Ela contrariava profundamente os investidores estrangeiros, o que se conecta com o aparecimento de rumores de que Jango ainda estabeleceria o monopólio do câmbio. Com a Lei de Remessa de Lucros e o decreto da SUPRA, Goulart acreditava satisfazer duas grandes reivindicações das esquerdas. A primeira, com a aprovação do Congresso Nacional; a segunda, à parte dele, mas não ilegalmente. Tudo isso provocou mais apreensão ainda entre os empresários, brasileiros e estrangeiros.[18]

De início, o discurso anticomunista e a radicalização de direita não tiveram força diante do prestígio de um presidente visto como homem "moderado, prudente e comedido", como o editorial de *O Globo* o havia descrito anteriormente. Jango conseguiu diversos apoios políticos, inclusive

RUMO À ESQUERDA

entre setores conservadores, enquanto a esquerda radical esteve afastada da direção de seu governo. A propaganda anticomunista foi ganhando mais espaços e adeptos e se radicalizando, diante das exigências do PCB e das esquerdas agrupadas na FMP por medidas reformistas e nacionalistas; do crescente movimento grevista; da rebelião dos sargentos; do pedido de estado de sítio ao Congresso Nacional; e finalmente do encaminhamento do decreto da SUPRA e da Lei de Remessa de Lucros. A partir desse conjunto de eventos, os grupos direitistas conseguiram fazer ecoar, com maior amplitude, seu discurso atemorizador do anticomunismo. Jango era a personalização dos riscos que o Brasil corria. Precisava ser enfrentado rápida e decisivamente. Se o presidente rumava à esquerda, a direita rumava para o golpe.

15

Duas Frentes e um presidente

Nos meses finais de 1963, as forças de direita conspiravam abertamente e as de esquerda, sobretudo as reunidas na FMP, faziam agressiva oposição ao governo. O isolamento de Jango era preocupante, sobretudo para aqueles que desejavam a estabilidade do regime democrático e entendiam que isso só seria conseguido com sua manutenção no poder até o fim do mandato, quando se realizariam eleições.

O deputado trabalhista San Tiago Dantas era um dos políticos que mantinham essa convicção, o que estava se tornando raro, considerando-se o grau de dificuldade para qualquer entendimento dentro ou fora do Congresso Nacional, tendo em vista a crescente radicalização que tomava conta do país. San Tiago, de fato, era um político bastante especial e com grande prestígio. Além disso, era muito ligado a Jango: seu amigo e conselheiro.[1] Havia sido ministro das Relações Exteriores e fora indicado para primeiro-ministro. Mesmo não tendo seu nome aceito, voltara ao governo, na pasta da Fazenda, para conceber e implementar o Plano Trienal, ao lado de Celso Furtado. Era respeitado por suas qualidades intelectuais e políticas nos diversos partidos e sindicatos, circulando entre setores empresariais e da imprensa com desenvoltura. Suas propostas e ideais eram conhecidos e se tornaram amplamente divulgados desde meados de 1962, quando

1964

discursou em rede de televisão, apresentando-se como possível chefe de governo. Nessa oportunidade, defendeu a "revolução democrática" contra os extremismos de esquerda e de direita, sustentando que o desenvolvimento econômico e social só seria alcançado dentro de um regime democrático.

Cerca de um ano depois, quando já deixara o Ministério da Fazenda, reafirmou sua posição em outro discurso igualmente importante e de muito impacto. San Tiago fora escolhido, pela revista *Visão*, Homem de Visão de 1963. Para agradecer a honraria, proferiu palavras que soaram como uma síntese de seu pensamento e uma advertência ao país e a suas lideranças. Como era do conhecimento geral, ele estava então muito doente, o que tornava sua escolha ainda mais significativa e o tom de seu discurso, quase um legado para a posteridade. Em *Ideias e rumos para a revolução brasileira*,[2] ele fazia um diagnóstico dos riscos que o Brasil corria e que se agravavam naquele conturbado ano de 1963. Não abandonava a luta pelas reformas sociais, mas o centro de sua proposta passava a ser sua realização por meio de medidas "decididas, mas prudentes", o que significava escolhas modestas, flexíveis e negociadas, para a pavimentação de um caminho seguro, que pudesse ser sustentado e ampliado com o passar do tempo. Algo que soava um tanto dissonante naquele contexto. Algo que não seria dito por qualquer político. É exatamente esse o sentido das observações que aqui se fazem: San Tiago não era um político qualquer.

> Se tomarmos "visão" como atributo do escolhido, quem poderá pretender ter sido o homem que "viu" — ou mesmo um dos que algo lograram divisar — na bruma ainda persistente desse 1963? E se tomarmos "Visão" como nome consagrado da revista que há anos repete ousadamente esta escolha, que grande responsabilidade a deferir-lhe, principalmente quando ela faz recair sua preferência, não num homem cujas atitudes e opiniões têm contado com o aplauso de todos ou quase todos, mas que têm atraído, pelo contrário, polêmicas, discussões e mesmo tempestades?[3]

O discurso foi feito em outubro e, nos dois meses finais de 1963, Dantas se dedicou a começar a organizar um grupo de políticos moderados do PTB, do PSD, de outros partidos e organizações, tentando "ver" a formação da Frente Progressista de Apoio às Reformas de Base.[4] Essa Frente, como Dantas certamente previa, atrairia muitas polêmicas; mas desejava

DUAS FRENTES E UM PRESIDENTE

alcançar a bonança que se segue às tempestades. Ele não conseguiu; mas tentou, criando o que talvez tenha sido a última possibilidade de projeto político consistente e não radical de que Jango podia dispor. Por temer a radicalização política e o isolamento de Goulart — duas faces da mesma moeda —, San Tiago buscou restabelecer alianças para sustentar o presidente, impedindo-o de também radicalizar, até por falta de opção. A Frente Progressista era, por tal razão, qualificada pelo próprio San Tiago de "esquerda positiva": apoiava as reformas, só que respeitando as instituições democráticas. Por isso, ele a diferenciava do que chamava de "esquerda negativa", referindo-se principalmente à Frente de Mobilização Popular, liderada por Leonel Brizola. Como se viu, para Dantas tratava-se de uma esquerda que também lutava pelas reformas, mas que não se dispunha a negociar com o Congresso Nacional, alegando sua irrelevância, donde a necessidade de se conseguir transformações por vias extralegais.

A Frente Progressista não aprovava tal tipo de estratégia política, ou seja, os fins não justificavam os meios. Seu objetivo era impedir o evidente crescimento da conspiração da direita civil-militar, que advogava o uso de expedientes golpistas, mas sem compactuar com o discurso da esquerda radical. A Frente de San Tiago desejava que o reagrupamento das forças de centro-esquerda apoiasse o governo a fazer as reformas sociais, dentro da legalidade democrática. Era preciso dar sustentação a Jango até o fim do mandato. O Brasil precisava fazer tal travessia sem novas turbulências. Não era algo fácil; nunca fora. Mas, no contexto da virada do ano de 1963 para 1964, era especialmente difícil.

Havia razões de sobra para San Tiago Dantas se preocupar. No início de janeiro de 1964, enviou sua proposta para os partidos políticos de centro e de esquerda no Congresso Nacional, entrando em contato com o PCB, a FMP e com Miguel Arraes. "A formação de uma Frente Popular, ou Progressista", afirmava Dantas no texto, "terá o objetivo de dar apoio e cooperação ao presidente João Goulart para levar adiante as reformas de base", executando um projeto político que tivesse apoio da opinião pública e pudesse ser viabilizado pelas vias institucionais. No projeto sugerido por Dantas estavam presentes: a reforma agrária e a sindicalização rural; as reformas bancária, tributária, universitária e administrativa; a adoção do voto dos analfabetos, praças, e amplas prerrogativas de elegibilidade; o monopólio do câmbio e do comércio do café, bem como o controle da

1964

remessa de lucros para o exterior; estímulos à exportação e abertura de mercados na América Latina e países socialistas; erradicação do analfabetismo, investimentos em ciência e tecnologia, política externa independente, solidariedade aos povos do Terceiro Mundo, entre outras medidas.[5]

A pauta sugerida, portanto, não se afastava das reformas defendidas por João Goulart, nem mesmo, substancialmente, das propostas das esquerdas lideradas por Brizola, Prestes e Arraes. A questão era que Dantas queria aprovar tais reformas por meio de uma ampla coalizão política de centro-esquerda, que sustentasse o governo no Congresso Nacional. Ora, se isso fosse conseguido, os radicalismos de esquerda e de direita estariam sendo neutralizados, garantindo-se, assim, a continuidade da legalidade institucional. Como Dantas gostava de esclarecer e defender: o desenvolvimento econômico e as reformas sociais só seriam verdadeiramente alcançados dentro do regime democrático.

Manifesto da Frente Progressista de Apoio às Reformas de Base

A Frente de Apoio às Reformas de Base constitui-se com o propósito de assegurar apoio parlamentar e popular a um programa que abrange emendas à Constituição, leis ordinárias e atos da competência exclusiva do Poder Executivo, destinados a permitir que se processem no país pacificamente, sem quebra da continuidade do sistema constitucional, as reformas de base capazes de conciliar o desenvolvimento econômico, a emancipação do país e a melhoria efetiva do nível de vida das classes populares. (...) A primeira preocupação da Frente consiste na luta intransigente em defesa das liberdades públicas e contra quaisquer forças que desejem interromper o processo democrático para instituir formas ultrapassadas de poder pessoal ou impedir que se efetivem as reformas de base.

(Citado em Angela de Castro Gomes e Jorge Ferreira. *Jango: As múltiplas faces*. Rio de Janeiro, FGV, 2007, pp. 174-5)

A Frente Progressista, unindo forças parlamentares de centro-esquerda, deveria garantir a preservação do calendário eleitoral, repudiar candidaturas reacionárias, recusar medidas excepcionais, como o *impeachment* do presidente ou o fechamento do Congresso Nacional. Para esse grupo

DUAS FRENTES E UM PRESIDENTE

de esquerda moderada ou "positiva" era urgente isolar a direita golpista — em particular Carlos Lacerda — e a esquerda radical — sobretudo Leonel Brizola. As reformas deviam ser aprovadas por vias pactuadas, ainda que de forma gradativa. Naquele momento, era possível considerar que o próprio San Tiago Dantas não assistiria ao desenrolar de seu projeto, pois era sabido que sua doença estava em estágio avançado. Não havendo o menor traço de ambição pessoal em sua movimentação, a Frente Progressista que propunha ganhava em credibilidade e deixava as direitas e as esquerdas radicais em situação embaraçosa. A não adesão à Frente Progressista significava, na prática, apoiar soluções antidemocráticas. Pode-se aventar que era nisso que San Tiago ainda apostava para tentar dialogar e formular novos rumos para a revolução brasileira.

Dessa feita, Goulart apoiou a iniciativa de Dantas e deu seu aval para a formação da Frente Progressista. O próprio presidente conversou com lideranças políticas sobre o assunto. Miguel Arraes foi o primeiro líder de esquerda convocado para tais entendimentos políticos. No dia 18 de janeiro de 1964, Arraes distribuiu nota à imprensa explicando como entendia sua participação na Frente Progressista. Para ele, os acordos políticos deveriam ser realizados entre o presidente da República e as "forças populares".[6] Ele mesmo colocou aspas na expressão forças populares. Tratava-se, em linguagem cifrada, da Frente de Mobilização Popular, cuja unidade deveria "ser preservada e fortalecida". Em resumo, se Arraes afirmava publicamente seu compromisso com a FMP (com Brizola), seria muito difícil participar da Frente liderada por Dantas, mas que estava sendo encaminhada também por Goulart, vale observar.

Outro empecilho levantado por Miguel Arraes para participar da Frente Progressista era a própria composição do Congresso Nacional. Segundo sua interpretação, essa era uma instituição corrompida pelo imperialismo e pelo latifúndio, que "dificilmente poderia aprovar as reformas estruturais de que tanto necessita o povo brasileiro". A alternativa era a mobilização popular nas ruas — com greves, manifestações, comícios e passeatas —, pressionando os parlamentares, que só assim aprovariam as reformas. Arraes ainda afirmou a necessidade da retirada das "forças reacionárias" do governo federal, referindo-se ao PSD e a outros partidos que ocupavam cargos no Executivo. Todos deveriam ser substituídos por políticos comprometidos com as esquerdas, com as "forças populares". O governador de Pernambuco usava

1964

os mesmos argumentos da FMP, concordando com outra de suas reivindicações, várias vezes reiterada por Brizola e Prestes: Jango deveria formar um governo exclusivo das esquerdas. Em resumo, o inverso da proposta de San Tiago e da Frente Progressista, que não devia contar com ele.

A Frente de Mobilização Popular também se posicionou em relação à proposta de um amplo acordo para apoiar o governo e aprovar as reformas de base. Também no dia 18 de janeiro publicou nota à imprensa, o que não deve ter sido mera coincidência. No texto, os representantes dos partidos e organizações de esquerda que integravam a FMP afirmavam que ouviram de Leonel Brizola e de Miguel Arraes o relato das conversações com o presidente João Goulart.[7] Para participar da Frente Progressista, a FMP fazia algumas exigências. Entre elas constavam: o rompimento das negociações para indenizar as empresas nacionalizadas por Brizola no Rio Grande do Sul; a intervenção estatal no mercado de capitais; a nacionalização da refinaria de Capuava, dos frigoríficos, moinhos, fábricas de leite em pó e empresas farmacêuticas estrangeiras; a desapropriação de terras às margens de rodovias, ferrovias e açudes, construídos com recursos federais; a anistia aos sargentos, entre outras medidas. Quer dizer, segundo dito popular, a FMP parecia acender vela para dois santos. Não se negava abertamente ao diálogo. Afinal, a Frente Progressista visava aprovar as reformas de base e sustentar Jango. Contudo, suas exigências eram um autêntico veto à sua viabilidade. Uma posição ambígua que foi esclarecida, logo a seguir, quando Brizola alterou radicalmente sua postura em relação à proposta de Dantas e Goulart. Em fevereiro de 1964, a FMP abandonou o tom moderado, anteriormente assumido, e repudiou a proposta de San Tiago. Em *Panfleto*, as críticas eram contundentes.

DEU NO JORNAL:

Editorial de *Panfleto*, porta-voz da Frente de Mobilização Popular

Pretende o político mineiro, a quem ninguém nega uma formidável capacidade de manobra e engodo, juntar, num mesmo esquema político, o que de mais autêntico apresenta o quadro político brasileiro — Brizola, Arraes, CGT, UNE, CTI, Organizações Camponesas, Sargentos

DUAS FRENTES E UM PRESIDENTE

> e Oficiais Nacionalistas, comunistas brasileiros, Frente Parlamentar Nacionalista, Frente de Mobilização Popular — com as velhas raposas do PSD. Maior se torna o absurdo dessa "coligação", quando conhecido o objetivo: a realização das reformas. (...) O apoio das forças populares [ao presidente Goulart] será total, incondicional, não terá preço e se manifestará por todas as maneiras, em praça pública e de armas nas mãos, se necessário. O que não faz sentido é que o presidente João Goulart, com livre acesso às áreas populares, escolha tal intermediário [San Tiago Dantas].
>
> *(Panfleto, o jornal do homem da rua.* Rio de Janeiro, 17 de fevereiro de 1964, p. 8)

O repúdio da Frente de Mobilização Popular a Dantas era tamanho que, no mesmo jornal, reportagem de Paulo Schilling levantou suspeitas de que ele, quando exerceu o cargo de ministro da Fazenda de Goulart, teria praticado atos que prejudicaram os interesses do país.[8] Os ataques passaram da questão política para a dimensão moral, visando a desmoralizar a figura de Dantas. Ele, então, reagiu processando judicialmente *Panfleto* por calúnia.

San Tiago sabia, como o discurso de outubro de 1963 deixava claro, que não era um homem aplaudido, muito ao contrário. Com a Frente Progressista entendia que se tornava o concorrente direto de Brizola, não pessoalmente, mas programaticamente. Sua proposta disputava e queria desbancar a da FMP e de todos os demais radicalismos de esquerda, que retroalimentavam os radicalismos de direita e vice-versa, num círculo vicioso. Ele apostava na possibilidade de criar um círculo virtuoso, cujo centro de atração fosse a defesa da democracia. Se Jango optasse pela estratégia da Frente Progressista, Brizola e a FMP ficariam politicamente enfraquecidos. Em direção inversa, para Brizola, uma frente de esquerda que se assumia como progressista e moderada era uma ameaça perigosa aos seus projetos de transformar a FMP em Frente Única de Esquerda. Nesse caso, de se tornar a única força política disponível para dar sustentação a Goulart. Por certo, San Tiago não esperava outra posição da FMP. Mas, muito possivelmente, acreditava ser viável obter o apoio de Miguel Arraes, o que não ocorreu. O governador de Pernambuco preferiu manter seus compromissos políticos com a FMP.

1964

Eu estive lá

Hércules Corrêa, militante comunista e dirigente do CGT, depõe nos anos 1980

A questão democrática não era a menina dos olhos do PCB naquela época. Negócio de democracia, para nós, era um negócio tático. Nós jogávamos muito na ideia do quanto pior, melhor. Achávamos que a revolução vinha por aí. O grande erro do PCB na sua linha política era não ter a questão democrática como questão nodal. (...) A proposta de San Tiago era uma preocupação básica com a questão democrática. Mas, como não éramos consequentes na questão democrática, enfrentamos o problema por outros ângulos. Acabamos apoiando pela metade. A proposta de San Tiago foi uma das atitudes mais corretas que aconteceram naquele processo. San Tiago era um homem muito lúcido a respeito da questão democrática.

(Citado em Dênis de Moraes. *A esquerda e o golpe de 64: Vinte e cinco anos depois, as forças populares repensam seus mitos, sonhos e ilusões.* Rio de Janeiro, Espaço e Tempo, 1989, p. 294)

Havia a possibilidade de se buscar a adesão do PCB. Afinal, tratava-se do grande partido de esquerda marxista. No mesmo dia 18 de janeiro, os comunistas manifestaram-se sobre o programa proposto por San Tiago Dantas. Inicialmente, os dirigentes do PCB se mostraram céticos — muito próximos à posição tomada por Miguel Arraes. Os comunistas pediam, para começar, a "recomposição do sistema de forças que constitui o atual governo".[9] Mais uma vez, na linguagem cifrada e vocabulário da época, o PCB exigia a saída do PSD do governo e sua substituição por nomes de esquerda. Contudo, à diferença de Miguel Arraes, de Leonel Brizola e da FMP, abriram negociações tendo em vista a possibilidade de integrar a Frente Progressista. Nesse caso, as portas não foram inteiramente fechadas.

DUAS FRENTES E UM PRESIDENTE

DEU NO JORNAL

Deputados defendem JK no PSD

O chamado grupo dos "agressivos" do PSD que reúne deputados federais de todos os estados está articulando um plano estratégico para impedir que os dirigentes do partido e os pessedistas de Minas neguem ao senador Kubitschek o direito de buscar uma aliança com as forças políticas nacionalistas e de esquerda, à base de um programa de apoio às reformas de base e da composição no próximo governo. (...) Os "agressivos" pretendem visitar o deputado San Tiago Dantas, em Petrópolis, para manifestar seu apoio à Frente Única, [Progressista] e defendem a tese de que o PSD não pode assumir a responsabilidade pelo fracasso desse movimento.

(*Correio da Manhã*. Rio de Janeiro, 23 de fevereiro de 1964, 1ª página)

Em março de 1964, Luís Carlos Prestes publicou texto no jornal *Novos Rumos*. Embora admitisse conversas com San Tiago Dantas, o líder comunista declarou que, em termos programáticos, o PCB estava muito próximo das teses defendidas pela FMP. Desse modo, para integrar a Frente Progressista, os comunistas também faziam uma série de exigências, a maioria repetindo a pauta da FMP. Prestes impunha como condições inegociáveis: a reforma agrária sem indenizações; a suspensão da remessa de lucros para o exterior e os pagamentos das dívidas com credores externos; a participação dos sindicatos na indicação de diretores das empresas estatais; a revogação de artigos da Lei de Segurança Nacional; e a legalização do PCB, entre outras.[10] Algumas dessas "condições" implicavam modificações na Constituição, o que dependia do Congresso Nacional e não apenas da vontade de Goulart. As reivindicações de Prestes, na prática, também inviabilizavam a participação do PCB na Frente Progressista.

Apesar de muitos esforços, San Tiago não conseguiu atrair o PCB e o grupo político de Miguel Arraes para compor aliança com o PSD e com os setores do PTB que não reconheciam a liderança de Brizola. Os sindicalistas comunistas não aceitavam nenhuma moderação em termos políticos. O PSD — "partido de direita e reacionário, a serviço do latifúndio e do imperialismo" — devia ser excluído do governo. O presidente tinha que

1964

tomar medidas imediatas no sentido das reformas. Para o PCB e a FMP, o problema de integrar a Frente Progressista não era o das reformas que propunha. Nessa questão, eles poderiam alcançar acordos sem maiores dificuldades. O problema era de procedimentos: de como alcançar os objetivos definidos. Isso envolvia, básica e obviamente, a participação do PSD na Frente proposta por Dantas. Sem ele, o grande partido do Congresso, não havia como encaminhar reformas pela via parlamentar; quer dizer, dentro da legalidade democrática. Porém, para as esquerdas e para as direitas radicais, como bem afirmou Hércules Corrêa, relembrando essa conjuntura, "negócio de democracia era, para nós, um negócio tático" e não um valor a ser respeitado.

A situação política de João Goulart tornava-se cada vez mais difícil. Suas opções se estreitavam. Fazendo-se um exercício entre as possibilidades que se afiguravam, é possível imaginar alguns cenários. Um deles era tentar manter-se distante de frentes e alianças políticas, mas nada fazer em termos políticos, até o final do governo. Deixar o tempo passar. Só que o tempo passaria e, com certeza, o país afundaria no total descontrole monetário, financeiro e social. Talvez a crise, mesmo muito profunda, não fosse motivo suficiente para um golpe de Estado de direita; nem de esquerda. Nunca saberemos. Nesse caso, o país chegaria às eleições de 1965 em gravíssima situação política e socioeconômica e com um presidente inteiramente desmoralizado, bem como seu projeto reformista. Algo pouco provável e nada atraente.

O outro cenário era escolher a Frente Progressista de San Tiago Dantas, mesmo sem a participação da FMP, do PCB e de Miguel Arraes. Nesse caso, Goulart teria sustentação no Congresso Nacional, através da aliança entre o PSD e o PTB janguista, além de partidos menores como o PSP e o PDC. Pode-se supor que interessava a Jango ter alguma referência importante de esquerda na Frente Progressista, o que não conseguiu. Sendo assim, seriam os pessedistas que dariam a tônica do governo. Seu programa político teria que ser muito moderado. Nesse caso, também não haveria fundamentos sólidos para golpes de Estado. Mas nessa opção, Goulart tinha que se afastar da FMP, do PCB, do movimento sindical, de Brizola e de Arraes. Tratava-se de esvaziar os radicais de esquerda para, no mesmo movimento e com decisão, isolar os radicais de direita. O governo estaria com uma coligação de centro-esquerda moderada, que não era muito forte politicamente e que

DUAS FRENTES E UM PRESIDENTE

sofreria constantes ataques de todos os lados. O fato de os anticomunistas ficarem sem argumentos contra o seu governo era o ganho evidente. Algo mais provável, porém muito difícil e, por isso, pouco atraente.

Havia, ainda, a terceira opção: aliar-se à FMP, ao PCB, ao movimento sindical, a Leonel Brizola e a Miguel Arraes. A escolha envolvia acreditar na força que o grupo dizia dispor e governar apenas com as esquerdas. Goulart, nesse sentido, desautorizava San Tiago a continuar negociações políticas para a formação da Frente Progressista, o que significava romper com o PSD e demais partidos de centro. Um novo ministério seria composto apenas com representantes das esquerdas e do movimento sindical. O PSD e outros partidos de centro iriam compor com a bancada de oposição, engrossando as forças de direita dentro e fora do Congresso. O presidente não teria base parlamentar para governar. Não conseguiria aprovar nenhum projeto, mesmo porque eles não seriam moderados. Nessa alternativa, o presidente precisava também adotar a estratégia da FMP: pressionar o Congresso nas ruas. Acuado por trabalhadores, camponeses, estudantes e militantes de esquerda, os parlamentares seriam forçados a aprovar as reformas de base. Algo apenas provável, porém mais atraente, considerando a trajetória de Goulart. Segundo Angela de Castro Gomes, o presidente tinha à sua disposição duas frentes políticas dispostas a apoiá-lo:

> uma "esquerda moderada" que definia o escopo das reformas de forma conciliatória para assegurar a manutenção da ordem constitucional e uma "esquerda radical", que aprofundava as demandas por reformas, não aceitando os limites impostos por outros partidos ou pela Constituição.[11]

Goulart, como se sabe, preferiu a última opção. Aderiu à Frente Única de Esquerda sugerida por Brizola, liquidando a Frente Progressista proposta por San Tiago Dantas. Foi nesse momento que surgiu a proposta de realizar um comício, no dia 13 de março, na Central do Brasil, no Rio de Janeiro. Seria um grande evento para demonstrar publicamente a aliança do presidente com a FMP, o PCB e o CGT. Enfim, com as esquerdas que não queriam a negociação e sim o confronto. A decisão de Goulart repercutiu entre as esquerdas, ganhando o seu apoio político. Mesmo assim, ainda houve grupos na FMP que manifestaram desconfianças quanto ao presidente.

1964

Essa escolha foi decisiva para os rumos políticos do país. A bibliografia especializada converge no sentido de que o Comício da Central do Brasil unificou as direitas e terminou com quaisquer dúvidas, entre seus aliados, no sentido de que era necessário desfechar um golpe de Estado contra Goulart. O anúncio do evento significou que o presidente se aliara a Brizola, Arraes, Prestes e ao movimento sindical mais radical para formar um governo exclusivo das esquerdas. A opção presidencial permitiu que os grupos de oposição ao governo — mesmo os mais moderados e legalistas —, quer civis, quer militares, começassem a suspeitar das verdadeiras intenções de Jango. Receosa e desconfiada, essa oposição cedeu aos apelos da direita golpista, o que reduziu os custos políticos de uma ruptura com as regras democráticas.[12] Se o presidente tinha intenções golpistas, tratava-se de impedi-lo de ir contra a democracia. O Comício da Central provocou a consolidação das mobilizações anticomunistas e acirrou a oposição contra Goulart. Para Rodrigo Motta, "setores sociais importantes, que até então se mantinham em expectativa, alguns inclusive simpáticos à pregação reformista, alinharam-se ao lado da direita e dos conservadores, sob a bandeira do anticomunismo".[13]

É muito difícil, por conseguinte, compreender as razões que levaram Goulart a decidir pela aliança com as esquerdas. Afinal, seu estilo de fazer política não era o do confronto e do enfrentamento. Ao contrário, era um negociador, um político que sempre se mostrou disposto a realizar acordos, pactos e compromissos. Pode-se avaliar que, até o início de 1964, ele insistiu nessa tecla. Autorizou San Tiago a montar a Frente Progressista, e ele mesmo conversou com Arraes e Brizola. Não funcionou; mais uma vez teve como resposta exigências e críticas da esquerda. Enquanto tais tentativas eram feitas, os cada vez mais numerosos e agressivos setores de direita se encorpavam, pois eles também faziam sua leitura de tais exigências e se preparavam para enfrentá-las; quer dizer, para liquidá-las. Até por isso, é razoável perguntar se Goulart de fato acreditava no êxito da opção que tomou. Isso porque, é importante ressaltar, ainda que limitadas, ele tinha escolhas. Se optasse pela Frente Progressista, as esquerdas se afastariam do governo, o que esvaziaria a violenta campanha anticomunista que sofria. Ademais, com importantes apoios parlamentares, por certo terminaria seu mandato, talvez implementando algumas reformas, embora não nos termos do "programa máximo" das esquerdas.

DUAS FRENTES E UM PRESIDENTE

Mas o processo político já estava completamente radicalizado. Nesse contexto, qualquer opção política "moderada", inclusive a do presidente, era interpretada pela esquerda como posição "conciliatória e derrotista" e pela direita como posição "ameaçadora". Tornava-se quase impossível defender que as reformas de base eram o melhor caminho para o desenvolvimento econômico e social do Brasil, desde que realizadas dentro do regime democrático da Carta de 1946.

San Tiago fizera como que uma última e decisiva tentativa para desmontar o tempestuoso confronto, que trovões e raios claramente anunciavam em 1963. Dessa feita, Jango não o abandonou; deu-lhe atenção e negociou diretamente sua proposta. Ao contrário de Jango, pode-se pensar que San Tiago nada tinha a perder. Porém, ele acreditava que o país perderia tudo ao abandonar o regime democrático. Pagou para "ver", nas brumas daquele momento conturbado da chegada do ano de 1964, se seria possível encontrar uma saída que poupasse o país e o presidente de medidas de força, de extremismos e radicalismos. Fracassou; mais uma vez. Viu a opção de Jango pela Frente Única de Esquerda: com ou sem grandes esperanças. Chegou a ver o Comício da Central e o golpe civil e militar. Não foi cassado. Por inutilidade? Por respeito? Por ambas as razões? Não importa. Morreu em seguida, vendo a democracia, como ele, entrar em fase terminal. Foi, com certeza, o homem de *Visão* de 1963.

16

O longo março de 1964

Até os primeiros dias de março de 1964, nos meios de comunicação em geral e nos jornais, em particular, não havia unanimidade sobre o governo Goulart. Embora em muitos estudos o conjunto da imprensa brasileira seja apresentado em uma postura de sistemática oposição a Jango, uma pesquisa mais atenta conduz a conclusão diversa. A situação era bem mais complexa, mesmo para profissionais experimentados, como os jornalistas das maiores folhas do país. Observar esse fato é importante, pois é um indicador valioso para se dimensionar o grau de incerteza política que até então se vivia, e que pode ser ilustrado pelas dificuldades para se estabelecer uma diretriz editorial firme em importantes periódicos do país. Se havia oscilações nos órgãos de formação de opinião pública, havia mais ainda em diversos setores da sociedade civil.

O mês de março de 1964, portanto, é um momento crucial na trajetória do governo Goulart. Ele pode ser visto como ponto de inflexão, que acaba com a incerteza reinante, conduzindo variados grupos sociais a uma posição de veto a Goulart. Quer dizer, o governo, nesse mês, consegue, por razões diversas, entre as quais a ameaça comunista é o destaque, que setores militares e civis, quer os que já estavam conspirando, quer os que não o faziam, se posicionem de forma radical contra o presidente. Uma

1964

mudança que deve ser bem entendida, pois, mesmo não surpreendendo, ganha força de maneira rápida e dramática, tendo desdobramentos para a maneira como o golpe acaba ocorrendo.

Por isso, vale a pena dar uma atenta olhada nos jornais. Eles oferecem boas pistas para se acompanhar a dinâmica de uma mudança política como essa, que se radicalizou em curto espaço de tempo. Certamente, havia jornais que, desde a posse de Goulart, lhe faziam oposição aberta, com menos ou mais hostilidade. São os casos de *O Estado de S. Paulo* e da *Tribuna da Imprensa* (ligada a Carlos Lacerda). Mas *O Globo*, por exemplo, apresentou momentos diferenciados: inicialmente na oposição, passou a dar um apoio condicionado e crítico ao presidente, para afinal retornar à oposição. Já o *Jornal do Brasil* defendeu o governo até o fracasso do Plano Trienal, em fins do primeiro semestre de 1963. Depois, paulatinamente, tornou-se bastante crítico de Goulart, culpando-o pela radicalização política e pelas seguidas greves, lideradas pelo que chamava de "aparato comunossindical". Por outro lado, os jornais *Ultima Hora* e *Diário Carioca* apoiavam ostensivamente o governo.

Outras folhas, como *A Noite*, tinham posição "equilibrada". Nesse caso, criticava-se o governo pelo descontrole inflacionário, mas defendia-se a legalidade democrática, com a denúncia de representantes da direita golpista. O *Diário da Noite* é um exemplo interessante. Jornal pertencente ao grupo de comunicação de Assis Chateaubriand, publicado na cidade de São Paulo, dava destaque aos pronunciamentos de Carlos Lacerda e Ademar de Barros, criticando também a esquerdização do movimento sindical e o descontrole inflacionário. Mas não se encontra em suas páginas, durante quase todo o governo, campanhas contra o presidente, muito menos notícias alarmantes sobre ameaças comunistas, com a decorrente defesa da necessidade de um golpe de Estado que o tirasse do poder. A *Folha de S. Paulo*, como vimos em editoriais nos capítulos anteriores, criticava os radicalismos de direita e de esquerda.

244

O LONGO MARÇO DE 1964

Editorial: Boatos de golpe não passam de invenção da politicagem

Os eternos intranquilizadores da opinião pública não desistiram, ainda, de seus propósitos de criar no país um clima psicológico de inquietação (...). No Rio Grande, o sr. Ildo Meneghetti fala em golpe. Em São Paulo, o sr. Ademar de Barros repete o mesmo refrão. Na Guanabara o sr. Carlos Lacerda levanta a bandeira do golpe. O sr. Brizola fala em revolução. Bilac Pinto fala em golpe. Outros políticos repetem que nos achamos na iminência de acontecimentos que nos colocarão fora da legalidade.

É preciso opor um "basta" enérgico e incisivo a esta "guerra fria". O que os políticos precisam compreender (...) é que o povo está cansado de politicagem. O que o povo deseja, simplesmente, é que os nossos dirigentes cumpram o seu dever e não consintam no processo espoliativo de sua pobreza que se concretiza em dados como estes: a carne passa de 390 para 750 cruzeiros; o pão, de 110 para 150; a carne-seca de 390 para 600; o sal, de 35 para 85; o café, de 90 para 160. O leite torna-se artigo de luxo. Os cigarros aumentam em 100%. Sobe o imposto predial. Sobem as passagens nos coletivos. Sobem as anuidades escolares. É essa exploração do povo que precisa acabar e é desses problemas que se precisa cuidar com energia.

O golpe só existe na fantasia de certos políticos (...). Para assegurar a tranquilidade ao país as nossas Forças Armadas estão vigilantes. (...) Não haverá golpe algum e o primeiro aventureiro que puser a cabeça de fora será esmagado pela ação imediata e pronta das forças militares. O que se precisa é enfrentar com decisão as dificuldades que nos afligem. E isso é o papel do governo. Que o governo cumpra o seu dever e governe.

(*A Noite*. Rio de Janeiro, 7 de janeiro de 1964, p. 2)

Embora assustados com o avanço e a radicalização das esquerdas, sobretudo a partir de setembro de 1963 — quando ocorre a revolta dos sargentos —, os donos dos jornais não desenvolviam uma oposição que possa ser tachada de agressiva e violenta a Goulart, como ocorrera com Vargas durante seu segundo mandato. Embora muitos jornais fizessem duras e sistemáticas críticas ao governo, não se encontra na imprensa, em geral, uma histeria anticomunista e/ou uma pregação golpista, como algumas análises têm acentuado. Um bom exemplo é o discurso de Goulart,

1964

no dia 10 de março de 1964, em cadeia de rádio e televisão para todo o país. Nele, o presidente anunciou medidas para conter a inflação, solucionar a crise cambial, aumentar as exportações, combater a sonegação de impostos e renegociar a dívida externa visando a equilibrar a balança de pagamentos. Tratava-se de um pronunciamento importante, realizado já no decurso do mês de março, e o que se constata é que sua repercussão foi muito diferenciada na imprensa escrita.

No carioca *O Dia*, o editorial elogiava o presidente por se dirigir "ao povo brasileiro com tanta oportunidade". Goulart "disse precisamente aquilo que a Nação precisava ouvir", embora "as forças de subversão se empenham em colocá-lo em mau caminho".[1] Para *O Dia*, estava claro que as "forças de subversão", quer dizer, as esquerdas, queriam levar o presidente para o "mau caminho" do comunismo; mas, mesmo assim, Jango era confiável e mantinha o apoio do jornal. Próximo de *O Dia* estava o jornal *O Globo*. Seu editorial, na primeira página, iniciava afirmando: "É um prazer poder elogiar mais um discurso do presidente da República. (....) S. Exa. voltou a merecer aplausos, pois pronunciou palavras serenas e expôs as medidas já tomadas ou a tomar, com vistas à recuperação financeira." De maneira elogiosa, portanto, o jornal destacava a sinceridade do presidente e o acerto das políticas anunciadas, como o saneamento das empresas estatais, o combate à sonegação fiscal, a negociação com os credores externos, a reforma bancária, entre outras. Contudo, esses aplausos às iniciativas presidenciais no plano econômico e financeiro eram imediatamente seguidos de duras críticas à sua decisão de participar do Comício da Central do Brasil, claramente "organizado por inspiração comunista." Era por "erros como este", segundo o editorial, "que o sr. João Goulart não logrou, até agora, obter a colaboração da maioria dos parlamentares para seus projetos de reformas".[2]

Assim, o que se vê é que, embora em oposição a Goulart, em especial pelas denúncias sistemáticas de "ameaça comunista sobre o país", *O Globo* era capaz de selecionar e apoiar algumas de suas políticas. Nesse caso, estavam aquelas iniciativas afinadas com o receituário econômico que buscava o equilíbrio das contas públicas, traduzido no combate à inflação, por exemplo. A questão sensível era a perigosa aproximação de Goulart com as esquerdas. Algo, aliás, que vinha sendo afirmado pelo jornal em vários momentos anteriores. Bem diferente foi o editorial de *O Estado de S.*

O LONGO MARÇO DE 1964

Paulo. Avaliando o mesmo discurso, nem sequer se entrava no mérito das propostas presidenciais: "nunca houve no Brasil, antes do sr. João Goulart, um presidente da República que falasse tanto e realizasse tão pouco." Os editorialistas do jornal eram rigorosos com Jango: "os pronunciamentos do sr. João Goulart têm a rara particularidade de não adiantarem coisa nenhuma."[3] Em síntese, efetivamente não contava o que o presidente dizia; ele não tinha credibilidade nenhuma: nunca antes no país um presidente fizera tão pouco e, nas entrelinhas, tão mal.

O *Correio da Manhã*, por sua vez, avaliou de maneira positiva as propostas do presidente, chegando mesmo a afirmar que "as reformas de base se impõem por si mesmas. Não é possível adiá-las por muito tempo. Já deveriam ter sido aprovadas".[4] Além disso, o jornal não concordava com as mensagens negativas das oposições, que insistiam que o Brasil "se encontra à beira do abismo". Para refutar tal acusação, oferecia dados objetivos: a indústria satisfazia 85% das necessidades do país; a balança comercial estava equilibrada; e os credores estrangeiros aceitaram receber as parcelas atrasadas da dívida externa. Sobre a inflação, os editorialistas diziam que ela seria vencida com o aumento da produção, como ocorria nos países desenvolvidos. Não se pode "combatê-la drasticamente com rigorosas medidas deflacionárias", que levariam o Brasil à recessão econômica.

Por fim, o que em março de 1964 merece destaque. Para o *Correio da Manhã,* o amadurecimento político do país seria capaz de garantir o regime democrático. Ninguém desejava uma quartelada: "as conspirações provocam outras conspirações, os golpes geram outros golpes, as desordens trazem consigo o germe de futuras desordens." A ameaça de radicalização política existia, mas era defendida por uma pequena área política: "os radicais da direita e da esquerda não sensibilizam as grandes massas da população brasileira. O povo trabalhador deve compreender o que representa a perda da liberdade." O *Correio da Manhã*, às vésperas do Comício da Central do Brasil, declarava em editorial que recusava golpes de Estado e defendia o regime democrático. Portanto, combatia e denunciava toda radicalização, quer das direitas, quer das esquerdas. Palavras que se afinam à proposta da Frente defendida por San Tiago Dantas, então já fracassada. Porém, da mesma forma que as do jornal *O Globo*, palavras que exigiam o afastamento do presidente de aliados definidos como radicais, subversivos, revolucionários.

1964

Fazendo um balanço desses editoriais, fica evidente não só a diversidade de orientações, como as oscilações que ainda dominavam a tensa conjuntura política desse março de 1964. A despeito disso, era a radicalização das esquerdas e das direitas que dava o tom da política brasileira. Para piorar, havia o aumento acelerado do custo de vida, conjugado ao desabastecimento de mercadorias, o que provocava seguidas greves de trabalhadores e constantes manifestações de protesto da população das cidades. Algo que desgastava muito o governo e era assunto obrigatório para os jornais.

DEU NO JORNAL

Paz volta à Guanabara: greves chegam ao fim

Os diversos líderes das categorias que se encontram em greve neste estado — telefones, luz, gás, portuários, DCT [Departamento de Correios e Telégrafos] e previdenciários — estão assinando acordo no DNT [Departamento Nacional do Trabalho], para pôr fim ao movimento paredista. Amanhã cedo deverá, portanto, ser restabelecido o fornecimento de gás à população guanabarina, assim como entrarão em funcionamento os serviços de luz e telefone no Rio. Os portuários, previdenciários e funcionários do DCT retornarão também amanhã às suas atividades.

(*Diário da Noite*. São Paulo, 17 de janeiro de 1964, 1ª página)

Esse é um lado da moeda que precisa ser lembrado, pois, em muitas análises sobre o governo Goulart, as inúmeras greves de trabalhadores são interpretadas como sinais positivos do avanço da consciência política dos trabalhadores. Nada em contrário, já que tais movimentos se integravam às lutas sociais pela aprovação das reformas de base. Porém, como lembra o ditado popular, há algo aí no ar além dos aviões de carreira, uma vez que tal interpretação nem sempre considera as dificuldades cotidianas da população, muitas oriundas das greves. De fato, com a inflação se aproximando dos 100% ao ano, essas greves constantes resultavam de uma desesperada tentativa de várias categorias de trabalhadores sindicalizados para repor as

O LONGO MARÇO DE 1964

perdas crescentes de seus salários. As greves, portanto, tinham razão de ser. Mas, mesmo assim, causavam enormes incômodos à população em geral, o que se desdobrava em grandes prejuízos políticos para o governo Goulart.

Os empresários, obviamente, ficavam cada vez mais receosos e irritados ante o poder dos sindicatos de desencadear greves; a população se via injustamente prejudicada pela suspensão dos serviços públicos e privados; e os próprios trabalhadores acabavam sendo punidos pelos aumentos constantes dos preços das mercadorias, tarifas e impostos. Tudo isso sem contar o grave problema do desabastecimento de mercadorias. Tais circunstâncias precisam ser bem consideradas para uma análise mais fina da crise política vivida nos últimos meses do governo Goulart, sobretudo nesse mês de março de 1964. Isso porque é nesse tenso ambiente político que o presidente João Goulart iria participar de um comício em frente à estação ferroviária da Central do Brasil, na cidade do Rio de Janeiro, no dia 13 de março de 1964.

O Comício da Central, como ficou conhecido, foi planejado com antecedência. O projeto era conhecido desde fins de janeiro de 1964, produzindo muita repercussão na imprensa, como inúmeras matérias publicadas durante o mês de fevereiro atestam sobejamente. Como é fácil imaginar, a ideia de um comício, que deveria ser um palco para a consagração de Jango e das reformas de base, gerou reações imediatas nos meios políticos, empresariais e sindicais, muito antes de se concretizar.

Para as esquerdas, o comício soava como a vitória da estratégia que defendiam desde que Goulart tomara posse na presidência da República. Ele selaria, publicamente, a formação de um governo exclusivo das esquerdas, para viabilizar o "programa máximo" das reformas de base, sob a liderança de integrantes da Frente de Mobilização Popular, do Partido Comunista Brasileiro, do Comando Geral dos Trabalhadores e do grupo político de Miguel Arraes. Para as direitas e os conservadores de vários tons, o comício apontava para a mesma direção, o que, sob esse outro ponto de vista, era algo intolerável. Justamente por isso, podia ter utilidade, pois seria um alerta decisivo para a unificação de grupos oposicionistas dispersos e heterogêneos, convencendo setores ainda indecisos, dentro ou fora das Forças Armadas. Enfim, o comício iria "desmascarar" Goulart. Dessa forma, podia ser um evento fundamental para o fortalecimento de estratégias cujo objetivo básico era derrubar Jango da presidência da

República. Outras questões e até divergências ficavam em segundo plano ante a ameaça iminente e espetacular traduzida pelo comício marcado para 13 de março.

DEU NO JORNAL

Carlos Lacerda em manifesto à Nação: Governo federal insufla a guerra revolucionária

Tudo evidencia que está deflagrada, no Brasil, uma guerra revolucionária cujas consequências já se estão tornando cada vez mais previsíveis. (...) Acuso o governo de servir a uma cúpula falsamente trabalhista, que utiliza as dificuldades da inflação que ela estimula, para desencadear a desordem, com a qual quer converter o Brasil num satélite do império comunista.

(*Diário de Notícias.* São Paulo, 18 de janeiro de 1964, p. 2)

Bilac Pinto insiste na ameaça de golpe

Chegou a São Paulo, ontem à noite, o deputado federal e presidente nacional da UDN, sr. Bilac Pinto. Ao desembarcar no Aeroporto de Congonhas, o parlamentar concedeu entrevista coletiva à imprensa, tendo abordado, principalmente, os motivos de seu recente pronunciamento na Guanabara, quando declarou que o governo de São Paulo e o da Guanabara estão se armando para lutar defendendo o regime democrático.

(*Diário de Notícias.* São Paulo, 18 de janeiro de 1964, p. 2)

Ou seja, o anúncio do comício, assumindo-se a ótica das esquerdas ou das direitas, propiciava interpretações de futuro inteiramente diferentes, embora igualmente radicais. Contudo, elas tinham um ponto de convergência: o evento seria um momento de definição para o governo Goulart. A situação política estava tão radicalizada que havia boatos sobre um atentado à sua vida. Afinal, em novembro de 1963, o presidente Kennedy morrera em um atentado.

Esse tipo de clima político só é compreensível se levarmos em conta que, desde o anúncio do comício em janeiro, a percepção política geral, entre

O LONGO MARÇO DE 1964

as oposições, era a de que Goulart se comprometera com as esquerdas, em aliança sem volta possível. Os grupos políticos de centro — em particular o PSD — seriam, inevitavelmente, excluídos do governo. O presidente passara a compartilhar as crenças de seus aliados das esquerdas mais radicais, o que era quase sinônimo de aliança com os "comunistas". Sua concordância com a realização do comício evidenciaria isso. Nas palavras de Argelina Figueiredo, o comício desencadeou forças "à esquerda e à direita que o governo não mais podia controlar".[5] A questão que então começou a se apresentar foi: em um confronto direto com as direitas, sairia vitorioso?

Em 11 de março, dois dias antes da data marcada para o comício, os empresários de todo o país lançaram um manifesto intitulado "Mensagem ao Povo Brasileiro". Segundo o texto, a causa principal dos males do país residia na política governamental "transigindo, ostensivamente, com os comunistas". Também se denunciava que o Brasil "assiste estarrecido ao permanente desrespeito à Constituição e às leis. Deturpa-se o direito de greve, com o aliciamento ostensivo à desordem, em reivindicações comandadas, quase sempre, por organismos espúrios". Eles se referiam ao Comando Geral dos Trabalhadores e às organizações que agrupavam sindicatos de diferentes categorias profissionais — chamadas de intersindicais —, todos sob a direção de "comunistas". A Consolidação das Leis do Trabalho (CLT), inclusive, proibia a existência de tais organizações, mas elas funcionavam como se a interdição não existisse. Junto ao manifesto, os empresários anunciavam a fundação do Comando Nacional das Classes Produtoras.[6]

Manifesto da Associação Comercial de Minas Gerais

A inflação, causa principal dos desajustes que afligem o país, continua a sua ascensão em espiral, sem que medidas enérgicas e corajosas sejam tomadas para combatê-la. (...) Todos anseiam por reformas que objetivam ao aumento da produção, conduzam à justiça social e ao desenvolvimento harmônico do país, valorizando sobretudo o homem. Demagogicamente, no entanto, a questão das reformas de base tornou-se instrumento de subversão e de tumulto. A reforma agrária, objeto de acalorados debates dentro e fora do Congresso e de cuja necessidade ninguém duvidava, passou a gerar ainda mais sérias

1964

> inquietações com o projeto da SUPRA (...). Vislumbra-se em todos esses fatos a tentativa de subversão da ordem e do regime. É chegada a hora das definições. Não há mais lugar para os indiferentes e inconformistas. É preciso, o quanto antes, pôr fim à agitação organizada.
>
> (*Diário da Noite*. São Paulo, 8 de fevereiro de 1964, p. 2)

As palavras da poderosa associação mineira eram claras. O governo fracassara redondamente: não obteve sucesso no controle da inflação, não soube conduzir a aprovação das reformas de base — a agrária em particular —, e assistia à subversão tomar conta das organizações sindicais. O empresariado estava anunciando alto e bom som que Goulart perdera inteiramente o apoio que o grupo havia concedido no início de seu mandato e que havia reiterado, embora com prudência e até exigências, até o segundo semestre de 1963. Queriam que o presidente combatesse a inflação e, principalmente, se afastasse das esquerdas. Goulart não teve êxito algum no primeiro caso e, no segundo, não só fomentou o crescimento das esquerdas dentro dos sindicatos, federações e confederações de trabalhadores, como escolheu ter essas esquerdas como suas aliadas preferenciais. O fracasso do Plano Trienal e o rápido descarte da Frente Progressista de Apoio às Reformas de Base demonstravam isso.

Portanto, o empresariado proclamava, para todo o país, que não considerava mais tolerável a situação existente, vista como inadmissível pelo montante de greves, que acusavam ser estimuladas pelo próprio governo, agravadas pela proximidade do presidente com os grevistas. Esses manifestos evidenciam que, de uma postura de crítica e desconfiança em relação a Goulart, o setor empresarial (paulista, mineiro e carioca, com destaque) avançou para uma posição de rejeição e combate ao governo: queria "dar um basta" àquela situação. Algo que deve ser observado, pois, como se viu na grande imprensa, até aquele momento, nem mesmo os setores mais avessos ao presidente defendiam tão claramente "soluções" como a deposição de Goulart. Enfim, na imprensa em geral, as opções francamente antidemocráticas, fossem quais fossem, não tinham chegado à ordem do dia com tanta evidência.

O anúncio e a aproximação do comício de 13 de março mobilizaram e radicalizaram ainda mais os grupos conservadores e de direita. Na cidade

O LONGO MARÇO DE 1964

do Recife, uma comissão intitulada Mulheres pela Liberdade homenageou o comandante do IV Exército. No estado da Guanabara, líderes da Campanha da Mulher pela Democracia, da Rede das Entidades Democráticas e dos Círculos Operários da Guanabara convocaram outro comício em defesa da democracia, como resposta ao que estava sendo preparado pelo governo. O texto de convocação expressa bem o processo de radicalização que tomava conta daquele momento:

> Estudante, defende o teu futuro. Compareça à concentração contra a legalização do Partido Comunista.
> Operário, não permitas que te escravizem.
> Carioca, siga o exemplo dos mineiros.
> Comerciante, defende a tua liberdade de trabalho.
> Trabalhador, lute por um sindicato livre e democrático.
> Bancário, defende a tua pátria.
> Cidadão, defende o direito de família.
> Mulher brasileira, de tua bravura depende o futuro de seus filhos.[7]

Como se vê, a mobilização da figura da mulher é muito evidente e compreensível, sobretudo quando questões como o desabastecimento e o aumento do custo de vida estavam nas ruas. A dona de casa defendendo sua família e filhos foi e continuará sendo uma imagem política emblemática. Mas havia também mulheres que apoiavam as reformas e, por isso mesmo, elas igualmente procuraram se manifestar. A época, vale insistir, era de radicalização, o que incluía a organização dos cidadãos e cidadãs em variados tipos de agrupamentos políticos.

DEU NO JORNAL

Movimento Nacionalista Feminino

Realizou-se, hoje, em São Paulo, a primeira reunião destinada a criar o Movimento Nacionalista Feminino objetivando a participação da mulher paulista na luta pelas Reformas de Base. Esse movimento de âmbito nacional congregará mulheres das mais diversas categorias

1964

sociais, desde donas de casa, operárias, estudantes, professoras elementares e das profissões liberais.

(*Diário da Noite*. São Paulo, 25 de fevereiro de 1964, p. 4)

COTIDIANO

Alta nos gêneros em 1964

A alta desenfreada dos preços marcou o abastecimento de gêneros alimentícios à população da Guanabara durante os dois primeiros meses do ano em curso. Os recordistas na corrida foram a banha de porco e os óleos comestíveis cujas majorações, em relação ao primeiro dia do ano, foram de 56% e quase 80%, respectivamente. Registrou-se uma única exceção, os ovos, cujo preço sofreu baixa de 3%. A alta do leite foi de 36%, pulando de Cr$ 70,00 para Cr$ 95,00 por litro. A do açúcar teve o mesmo índice percentual, passando o quilo da mercadoria de Cr$ 103,00 para 140,00, depois de uma crise de abastecimento que perdurou por todo o princípio do ano e obrigou os consumidores ao sacrifício das filas.

(*Correio da Manhã*. Rio de Janeiro, 1° de março de 1964, 1ª página)

O ambiente não podia ser mais propício à movimentação dos militares golpistas, já organizados e muito atuantes. Um grupo de coronéis na Guanabara estava convencido de que generais muito dificilmente se arriscariam a conspirar contra o presidente. Eles mesmos deveriam se incumbir da tarefa. Seu líder era o coronel João Baptista Figueiredo. Contudo, ao contrário do que imaginavam, alguns generais que frequentavam a Escola Superior de Guerra os apoiavam. Entre eles estavam Golbery do Couto e Silva, Cordeiro de Farias e Ernesto Geisel. Era um grupo mais intelectualizado, chamado entre os próprios militares, de maneira pejorativa, de grupo da Sorbonne. Esses militares consideravam que somente um general de grande prestígio poderia assumir a liderança da conspiração. Isso porque existiam diversos outros grupos de conspiradores, mas eles atuavam de forma isolada, faltando exatamente um nome capaz de reuni-los e comandá-los. Segundo suas avaliações, o general Humberto de Alencar Castello Branco, chefe do Estado-Maior do Exército, seria a pessoa certa. Com sua adesão, o Estado-

O LONGO MARÇO DE 1964

Maior do Exército tornava-se o centro vital da conspiração militar. Ou seja, era o mais importante, mas não o único.

Outro grupo numeroso e ativo de militares conspiradores era formado por oficiais de baixa e média patente; homens mais ligados à tropa do que às escolas militares. Eles elegeram como sua liderança o chefe do Departamento de Produção e Obras, general Arthur da Costa e Silva.[8] Os dois grupos atuavam no estado da Guanabara. Porém, havia grupos que conspiravam em outros estados. Em Minas Gerais, por exemplo, a liderança estava com o governador do estado Magalhães Pinto e com o general Luiz Carlos Guedes. Em São Paulo, os empresários constituíam uma base fundamental, e eram apoiados pelo governador Ademar de Barros. Assim, no início do ano de 1964, os contatos entre os conspiradores militares do grupo de Castello Branco, setores empresariais e políticos civis, entre os quais alguns governadores de estado, estavam em estágio avançado. Tais articulações se aceleraram com a aproximação do comício. Para os conspiradores, "já não se tratava de resistir, mas de intervir no processo para liquidar uma situação tida como intolerável", conforme registra o jornalista Carlos Castello Branco.[9]

PERSONAGEM

Humberto de Alencar Castello Branco nasceu na cidade de Fortaleza (CE), no dia 20 de setembro de 1900. Ingressou em 1918 na Escola Militar do Realengo, formando-se como aspirante-oficial em 1921. Seguiu a carreira militar, sempre com destaque, e cursou a Escola de Estado-Maior, saindo como capitão em 1932. Durante a Segunda Guerra Mundial, chefiou a 3ª Seção de Operações do Estado-Maior da FEB. Estudou na Escola Superior de Guerra da França e atuou no Eceme e na Escola Superior de Guerra a partir da década de 1950. Em meio à crescente radicalização do país, no início da década de 1960, aderiu ao movimento conspiratório civil-militar para a derrubada do presidente João Goulart. Após o golpe, assumiu a presidência da República, ainda no ano de 1964. Durante os primeiros meses de governo, dedicou-se à reorganização econômica do país e à desarticulação das esquerdas, cassando políticos, intervindo em sindicatos e realizando prisões de "elementos considerados subversivos". Em 1965, decretou o AI-2, que,

1964

> entre outras medidas, extinguiu o sistema partidário vigente e criou o bipartidarismo. Em março de 1967, deixou a presidência, sendo substituído pelo general Costa e Silva. Faleceu no mesmo ano, devido a um acidente de avião.

Em março de 1964, por conseguinte, entre as direitas, não havia mais dúvidas quanto à necessidade de depor Goulart a qualquer custo. Ele era um risco alto e iminente para o futuro do país. Para tanto, os entendimentos visavam basicamente à operacionalização dessa decisão, o que, evidentemente, não era nada simples. De toda forma, importantes lideranças civis e militares trabalhavam nessa direção e se fortaleciam mutuamente.

EU ESTIVE LÁ

Jorge Oscar de Mello Flôres

A turma do IPES do Rio, nesse aspecto de tirar o Jango, era muito mais ativa que a de São Paulo. Os paulistas tinham uma visão, digamos, mais empresarial. Paulista sempre olha para os efeitos no mercado. Eles trabalhavam mais em áreas estudantis, em áreas de trabalhadores, donas de casa, e nós aqui no Rio trabalhávamos mais nas áreas militares, mas acho que nós éramos mais atuantes que eles. Realmente, nos preocupávamos mais com o estudo das reformas de base do que os paulistas, mas era porque era interessante tirar essas bandeiras de Jango. Nós queríamos derrubar o Jango.

(Citado em Angela de Castro Gomes e Jorge Ferreira. *Jango: As múltiplas faces*. Rio de Janeiro, FGV, 2007, pp. 218-9

A despeito dessa movimentação conspiratória, em grande parte conhecida pelo governo, as esquerdas permaneciam convencidas de sua superioridade. Caso ocorresse um confronto, a vitória era considerada certa. Neiva Moreira, escrevendo em *Panfleto*, jornal da Frente de Mobilização Popular, é um bom exemplo do que se está querendo destacar:

O LONGO MARÇO DE 1964

> O risco da contrarrevolução é imenso, mas esse perigo desaparecerá rapidamente se o presidente, com a visão do apoio nacional e um programa novo e dinâmico, marchar para o governo popular e nacionalista e para um programa claro e coerente.[10]

Nesse diagnóstico, portanto, bastava que Goulart rompesse com o PSD e governasse exclusivamente com as esquerdas, formando o que chamavam de "governo nacionalista e popular". Luís Carlos Prestes declarou, em janeiro de 1964, a possibilidade de reeleição do presidente, e que Goulart ou Brizola poderiam desempenhar, no Brasil, o mesmo papel de Fidel Castro em Cuba.[11] Quer dizer, nesse raciocínio, não haveria reações de monta e, caso houvesse, elas não ofereciam perigo. Em síntese: havia entre as esquerdas uma confiança excessiva. Confiança que a proposta do comício de 13 de março transformou em sentimento de autêntica euforia. Brizola chegou a declarar a jornalistas o que definia como o "desfecho" de uma época:

> Vejam como andam as formigas da reação. Parecem formigas de asas, traçando de lá e para cá, querendo levantar voo. A situação se aproxima rapidamente de um desfecho. Em breve atingirá os quartéis. Admito até a possibilidade do sr. João Goulart não chegar ao término do seu mandato.[12]

As esquerdas — reunidas na FMP, no PCB, no grupo político de Miguel Arraes e no movimento sindical organizado em torno do CGT — tinham seu programa político e suas estratégias. Como se disse, em inícios de 1964 qualquer alternativa que implicasse acordos e compromissos com grupos de centro era repudiada. No jargão comunista há uma expressão conhecida como baluartismo. Trata-se da crença desmedida em suas capacidades e possibilidades. Era provavelmente o que acontecia naquele momento. Desde a vitória de Goulart no plebiscito de janeiro de 1963, as esquerdas "exigiam" que o presidente formasse um governo exclusivo com suas forças. Essa "exigência" foi num crescendo, sendo exemplar o caso da natimorta Frente Progressista de San Tiago Dantas, que foi rejeitada e enterrada com uma rapidez impressionante. Na prática, as conversações a seu respeito chegaram a conviver com o início da preparação do comício de 13 de março, o que, mais uma vez, evidencia as ambiguidades e dificuldades do presidente.

1964

Por tudo isso, em fins de fevereiro de 1964 estava evidente que Goulart havia se decidido pela estratégia defendida por Brizola, Prestes, Arraes e os sindicalistas do CGT. A partir daí, a radicalização política entre direitas e esquerdas, que avançava desde setembro do ano anterior, assumiu proporções preocupantes para a continuidade do processo democrático. Exatamente o que San Tiago queria evitar.

Assumindo-se pontos de vista os mais diversos, o comício aparece como um evento capital e com um sentido preciso. Ele seria uma espécie de momento ritual, no qual o presidente selaria sua aliança com as esquerdas, inaugurando, simbolicamente, um novo governo. Caberia a esse novo governo implementar o tão defendido "programa máximo" das reformas de base: sem negociações, sem aliados "reacionários". A manchete de primeira página do jornal *Novos Rumos*, do PCB, estampava, sem rodeios, tal intenção: "Comício da Central: decisão do povo de conquistar as reformas de base com nova política e novo governo."[13] A posição que esse novo governo das esquerdas teria em relação às futuras eleições de 1965 entrava em pauta e era, obviamente, uma grande dúvida.

DEU NO JORNAL

Lacerda contra o comício

O comício do próximo dia 13 na Guanabara seria o primeiro do mundo ocidental organizado por comunistas e cujo orador oficial seria o presidente da República.

> (*Correio da Manhã*. Rio de Janeiro, 6 de março de 1964, p. 3)

Por um governo que faça as reformas de base. Os comunistas e os entendimentos políticos
Artigo de Luís Carlos Prestes, secretário-geral do PCB

É evidente que a participação do sr. João Goulart em semelhante frente única deverá significar a imediata recomposição do governo, livrando-o dos representantes do entreguismo e do latifúndio e compondo-o com personalidades que possam inspirar confiança às forças patrióticas e democráticas (...). Outro problema que não pode ser evitado e que, nas circunstâncias atuais, vincula-se inevitavelmente à constituição da

O LONGO MARÇO DE 1964

> frente única é o problema da sucessão presidencial de 1965. Da unidade que for alcançada e com o apoio do presidente João Goulart deve surgir o nome do candidato das forças patrióticas de outubro de 1965, capaz de derrotar os candidatos da reação, do entreguismo e do latifúndio.
>
> *(Novos Rumos.* Rio de Janeiro, n. 262, 6 a 12 de março de 1964, p. 3)

A decisão de Goulart de convocar e participar do comício provocou o esperado rompimento do PSD com o governo. Os pessedistas insistiram, até o último momento, para que Jango se pronunciasse pelo apoio à candidatura de Juscelino Kubitschek à presidência da República em 1965. Era o mínimo que eles esperavam do presidente para minimizar o espectro golpista que pairava sobre a realização do comício. Como isso não ocorreu, no dia 10 de março, portanto três dias apenas antes do comício, com suas bases políticas praticamente em rebelião, os líderes pessedistas romperam com o governo. Mas é fundamental ressaltar que o PSD, mesmo nesse momento, foi para a oposição, não para a conspiração. Assim, a partir desse dia, afirma Lucia Hippolito, "o governo já não conta sequer com a colaboração constrangida do PSD; agora somente os grupos radicais lhe dão apoio".[14] Ou seja, o afastamento do PSD do governo teve grande impacto político. Até porque o rompimento foi interpretado por diversos grupos civis e militares golpistas como um autêntico sinal verde para o golpe de Estado. Um golpe contra as esquerdas comunistas que, como bradou Lacerda, tinham um presidente da República como "orador oficial".

O ano de 1964 começou de maneira muito negativa para Goulart. Ele foi perdendo, progressivamente, o apoio de grupos poderosos, empresariais e políticos. Além disso, Jango perdeu o controle de seu próprio partido, o PTB, no qual a figura de Brizola se avolumava. Foi nessas circunstâncias que ele se comprometeu decisivamente com as esquerdas e o movimento sindical. Essa aliança seria festejada em um grande evento. A estratégia política então adotada pelo presidente tinha que ser a mesma defendida pelas esquerdas: só com muita pressão popular nas ruas — com comícios, greves e manifestações —, o Congresso Nacional, acuado, iria aprovar as reformas de base. O comício de 13 de março seria um ponto de partida; uma prova cabal da força e do acerto do caminho a ser trilhado.

1964

Mas Jango era um político experiente. Ele sabia que apenas o apoio das esquerdas, ainda que fortalecido pelas ruas, não bastava. De há muito, ele procurava se garantir politicamente junto aos setores militares.

O general Assis Brasil assumiu a chefia da Casa Militar em fins de outubro de 1963. Sua tarefa era a montagem do que ficou conhecido como "dispositivo militar". O objetivo de tal dispositivo era isolar, dentro do Exército, os militares conspiradores e pôr em postos de comando oficiais legalistas. Segundo Raul Ryff, o general Assis Brasil, um otimista inveterado, costumava dizer: "Deixa esse pessoal levantar a cabeça porque assim é melhor. Eles botam a cabeça de fora, a gente dá uma paulada e acaba com isso de vez."[15] Talvez devido a esse otimismo ou falta de realismo, muitos militares não confiavam nele nem acreditavam que o tal "dispositivo militar" seria montado. Segundo Moniz Bandeira, vários relatórios que chegavam às suas mãos denunciando o avanço da conspiração golpista não eram levados a Goulart, porque ou contrariavam suas opiniões ou para não alimentar a "indústria do medo".[16]

Mesmo relativizando o relato de Moniz Bandeira, não é nenhum mistério que a Casa Militar e também Goulart sabiam e até acompanhavam a conspiração civil-militar que se articulava contra o governo. Se Assis Brasil não acreditava muito nos relatórios que recebia, parece que Jango acreditava muito no "dispositivo militar" — que deveria ser organizado e mantido em alerta. Talvez tivesse razões para tanto, já que Assis Brasil falava de maneira muito segura e otimista sobre a impossibilidade de golpe. Mapas mostravam a distribuição das tropas e dos comandos fiéis ao governo, como também informações sobre a situação dos conspiradores "duvidosos". Assis Brasil garantia que os militares de oposição estavam controlados, cercados ou isolados. Portanto, em seu balanço, chancelado pela presença de muitos oficiais, o "dispositivo militar" existia e era invulnerável. O jornalista Carlos Castello Branco, tempos depois, relembra que Assis Brasil foi um dos que incentivaram o presidente a aprofundar a política reformista, usando a expressão "manda brasa, presidente".[17]

Porém, nem todos fizeram isso. Políticos próximos e amigos do presidente o alertaram sobre Assis Brasil, advertindo-o de que não havia "dispositivo militar" algum. No entanto, Jango continuou acreditando nele, sendo importante lembrar que, além do esquema a ser montado pela Casa Militar, o presidente tinha outras chefias militares confiáveis e poderosas, em termos

O LONGO MARÇO DE 1964

de homens e armas. O I Exército era comandado pelo general Armando de Moraes Âncora, militar legalista e amigo pessoal do presidente. Na Guanabara, o general Oromar Osório chefiava a 1ª Divisão de Infantaria, na Vila Militar. Jango contava também com a lealdade do brigadeiro Francisco Teixeira, comandante da III Zona Aérea, e do brigadeiro Rui Moreira Lima, comandante da Base Aérea de Santa Cruz, ambos no estado da Guanabara. O II Exército, em São Paulo, era comandado pelo general Amaury Kruel, também amigo pessoal e compadre de Goulart. O III Exército, no Sul do país, estava sob o comando do general Benjamin Rodrigues Galhardo, militar leal e disciplinado. Na Marinha de Guerra, os oficiais não podiam tomar iniciativas sem o trabalho dos marinheiros e fuzileiros, muito ligados a Jango. Na Força Aérea, os aviões dependiam da autorização dos sargentos para levantar voo, sendo sabido que o presidente e as esquerdas contavam com a simpatia deles. Havia, realmente, um número considerável de oficiais das três Forças Armadas que defendiam posições políticas reformistas e legalistas. Goulart, portanto, acreditava em Assis Brasil, mas considerava ter apoios importantes dentro do setor militar como um todo.

A questão é que havia uma silenciosa insatisfação entre a oficialidade das três Forças Armadas, em especial após o descalabro que foi a rebelião dos sargentos em Brasília. Tal movimento expôs atos de indisciplina e de rebeldia, que estavam se alastrando e desagradando oficiais militares.[18] Efetivamente, uma situação difícil de ser dimensionada, mas já diagnosticada como existente. Do ponto de vista dos militares, os quartéis, desde 1961, viviam uma espécie de duplo comando, entre oficiais e sargentos. Os oficiais janguistas, os "generais do povo" e os "almirantes do povo" protegiam a "indisciplina" dos subalternos. Mas havia receio de enfrentar o "dispositivo militar", que resultaria em punição. Essa seria a razão para tolerarem uma situação, em tese, intolerável.[19]

Contudo, Jango continuou confiando na tradição de legalidade das Forças Armadas, sobretudo do Exército. A história recente do país e de seu governo, em particular, da posse até aquele momento, lhe davam razão. Bastava lembrar a intervenção militar liderada pelo general Henrique Teixeira Lott em novembro de 1955, que garantiu a posse de Juscelino Kubitschek, e da crise da Legalidade, em agosto e setembro de 1961, que o levou ao poder. Jango acreditava conhecer o que se passava nos meios militares e confiava nos comandantes que lhe eram próximos e, tudo indicava, fiéis.

261

1964

EU ESTIVE LÁ

Brigadeiro Rui Moreira Lima, comandante da Base de Santa Cruz e militar legalista, depõe nos anos 1980

O general Assis Brasil nunca falou comigo. Veja bem: nunca falou comigo. (...) O presidente não tinha absolutamente noção do que eram as Forças Armadas. Era um primário nesse problema. Não entendia nada. Você prendia um sargento; o sargento escrevia uma carta para ele. Jango pegava a carta e, quando tinha despacho com o ministro daquela força, mandava apurar. Ora, se o comandante prendia um sargento, muito raramente era por motivos políticos, e sim por indisciplina. Aí o camarada inventava um motivo político e o comandante tinha que informar o porquê de sua decisão. Isso era uma inversão da hierarquia. O presidente Goulart recebia sargentos no Palácio! Não tinha capacidade de distinguir as coisas. (...) O sargento pedia transferência, ele mandava transferir, sem consultar o comando.

(Citado em Dênis de Moraes. *A esquerda e o golpe de 64: Vinte e cinco anos depois, as forças populares repensam seus mitos, sonhos e ilusões.* Rio de Janeiro, Espaço e Tempo, 1989, p. 313)

As esquerdas também acreditaram no "dispositivo militar". Mas teria sido ele realmente montado? Caso afirmativo, como deveria funcionar? Quem oferece uma reflexão a propósito dessas questões é Wilson Fadul, na época ministro da Saúde. Certa vez, ouvindo de Jango que o "dispositivo militar" era confiável, Fadul recorreu ao argumento: "[Presidente,] o dispositivo do Exército é a opinião pública."[20] Seria? Muito difícil de acreditar. Talvez apenas quando convergisse com a garantia da disciplina e da hierarquia militar. Foi isso que o brigadeiro Rui Moreira Lima, para todos os efeitos uma das peças desse "dispositivo militar", quis destacar em fins dos anos 1980.

17

O Comício da Central do Brasil

O Comício da Central do Brasil vinha sendo cuidadosamente planejado. Às vésperas de sua realização, a Frente de Mobilização Popular programou um ato público na Secretaria de Saúde, em Belo Horizonte. Leonel Brizola seria o grande orador desse evento preparatório. Contudo, grupos católicos conservadores, formados basicamente por mulheres da Campanha da Mulher pela Democracia (CAMDE), impediram sua realização. Segundo descrições da imprensa, muitas delas mostravam rosários para Brizola, insultando-o sem trégua.[1] A ameaça comunista se apresentava com a face de Brizola, que foi alvo de um verdadeiro exorcismo público. Uma cena nada auspiciosa e muito eloquente do que poderia acontecer, dias depois, no comício no Rio de Janeiro.

Porém, na verdade, os católicos se mostravam divididos. Enquanto setores da Igreja reagiam com intolerância à ação dos brizolistas, a Ação Católica expressava seu claro aval às reformas de base, publicando um manifesto de apoio à proposta do presidente João Goulart. O manifesto, inclusive, teve o incentivo do arcebispo dom João Rezende Costa que, em declaração à imprensa, condenou a exploração da fé religiosa por grupos antirreformistas.

1964

EU ESTIVE LÁ

Clodesmidt Riani em depoimento nos anos 2000-1

O Brizola não pôde falar porque, quando chegou, a turma da CAMDE (Campanha da Mulher pela Democracia) (...), mulheres de Minas... faziam movimento contra as reformas de base (....) . A concentração foi na Secretaria de Saúde, onde cabem duas ou três mil pessoas; fazíamos sempre os nossos congressos sindicais lá. Elas entraram e, quando a turma veio em uma pequena passeata, da Federação dos Trabalhadores na Indústria (...), com o Brizola, não puderam entrar, porque estava cheio de gente. Elas tinham pedido garantia ao Magalhães [Pinto]; veio a polícia e, de repente, o pau comeu em cima da nossa turma (...). Nisso chega a mulher do Brizola. E quando vai descer, os cavalariços quiseram ajudá-la, [mas] ela falou que não precisava de proteção. De repente, eles a reconhecem: — É a irmã do João Goulart. Ela responde: — Irmã do João Goulart, não. Sou mulher e sou brasileira. E vou participar e entrar. E foi ao encontro do marido dela, o Brizola. Aquela confusão de cassetete, uma baderna (...). D. Neusa acabou quebrando a clavícula.

(Hilda Rezende Paula e Nilo de Araujo Campos [orgs.]. *Clodesmidt Riani: Trajetória*. Juiz de Fora, Funalfa Edições, 2005, pp. 292-3)

Os ânimos estavam exaltados. No início da manhã do dia 12 de março, na Praça Sete de Setembro, o general reformado João Tôrres Pereira, ladeado por católicos conservadores, instalou mesas para recolher assinaturas contra o manifesto da Ação Católica. Eles consideravam absurda a postura do arcebispo. Foi quando estudantes surgiram e passaram a vaiar o grupo. Pouco tempo depois, começou uma verdadeira guerra entre eles, com pedras, tomates e laranjas sendo arremessados dos dois lados. Os estudantes, no entanto, estavam em maior número. Avançaram e quebraram as mesas, rasgando as listas de assinaturas. O tumulto então se alastrou pelo centro da cidade e, por volta das 11h, a Polícia Militar interveio com violência. Mesmo assim, a ordem só foi restabelecida às 17h. Outra cena nada auspiciosa e igualmente eloquente. A nota dos organizadores do abaixo-assinado, publicada na primeira página do *Correio de Manhã*, é pedagógica para se compreender a dicotomia que se estava consolidando: de um lado, o povo católico; de outro, os defensores dos métodos fidel-castristas.

O COMÍCIO DA CENTRAL DO BRASIL

Nota da comissão opositora da Ação Católica

É preciso que o povo de Belo Horizonte saiba que hoje pela manhã formou-se uma turma de desordeiros para impedir a coleta de assinaturas para interpelação da Ação Católica, já com 40 mil assinaturas. (...) Os agitadores a favor das reformas de base, adotando processos totalitários e numa estranha atitude de defesa da Ação Católica, estão negando ao povo católico de Minas o direito de desabafar as suas ideias. Começou, assim, a aplicação dos métodos do fidel-castrismo no Brasil.

(*Correio da Manhã*. Rio de Janeiro, 13 de março de 1964, 1ª página)

Foi com preâmbulos como esses, que o Comício da Central do Brasil, também conhecido como o Comício das Reformas, iria ser realizado. Ele fora organizado por um restrito grupo de sindicalistas comunistas e trabalhistas, em comum acordo com oficiais do Exército. No dia 13 de março de 1964, o jornal *Ultima Hora* publicou uma convocação ao povo, assinada por diversas organizações, a maioria representando trabalhadores sindicalizados, com o CGT à frente, como era de se esperar:

VOCÊ DEVE ESTAR PRESENTE AO COMÍCIO DAS REFORMAS
Dia 13 - às 17h30
Estação Pedro II - Central do Brasil

Você também está convocado a participar desta jornada cívica em favor da concretização imediata das REFORMAS que o Brasil reclama! E, como ponto de partida, vamos realizar a REFORMA AGRÁRIA para dar ao Brasil mais proprietários de terras produtivas para ampliar o mercado consumidor, para criar mais empregos na indústria e acelerar o progresso econômico do País!

POR <u>VOCÊ</u> E PELO BRASIL
Compareça dia 13, às 17h30
GRANDE COMÍCIO DAS REFORMAS
COM JANGO
FALANDO AO POVO![2]

1964

Todos estavam muito preocupados com a segurança do presidente da República. Tinham motivos mais e menos recentes para tanto. João Goulart não podia contar com as forças da Polícia Civil e da Polícia Militar da Guanabara. O governador do estado, Carlos Lacerda, não garantiu segurança alguma, nem para o presidente nem para o próprio evento. Foi o Exército que assumiu a função de manter a ordem durante o comício, encarregando-se diretamente da segurança do presidente. Sob as ordens do comandante do I Exército, general Moraes Âncora, foram empregadas tropas dos Dragões da Independência, do Batalhão de Guardas, do 1º Batalhão de Carros de Combate, do 1º Batalhão de Polícia do Exército, do Regimento de Reconhecimento Mecanizado e uma Bateria de Refletores da Artilharia da Costa. No interior do Ministério da Guerra, uma tropa do Batalhão de Guardas ficou em alerta para a necessidade de qualquer reforço. Nove carros de combate e três tanques cercavam a Praça Duque de Caxias, enquanto seis metralhadoras estavam assentadas no Panteão de Caxias, que domina o espaço em que se faria o comício. Carros de choque do Exército perfilavam-se em funil no acesso ao palanque.[3] A tensão que dominava o ambiente político se expressava no aparato militar montado para garantir a realização do comício. Ele deveria acontecer e sem qualquer dano ao presidente e sua esposa, Maria Thereza, bem como aos demais políticos, entre os quais Brizola. O que ocorrera em Belo Horizonte estava fora de cogitação.

DEU NO JORNAL

Arraes defende reformas na TV

Respondendo a perguntas, ontem, durante um programa de televisão na Guanabara, o governador Miguel Arraes disse que comparecerá ao comício do próximo dia 13, e que não condiciona sua presença à do deputado Leonel Brizola, que também deverá comparecer. Manifestou-se pela revogação do capítulo das inelegibilidades da Constituição, desde que não venha beneficiar apenas um homem, mas que amplie o processo democrático no país, dando prioridade, entretanto, a outras reformas, como a agrária. (...) Disse, ainda, não acreditar que o presidente

O COMÍCIO DA CENTRAL DO BRASIL

> da República esteja tentando qualquer golpe contra as instituições e que "devemos ter cuidado, principalmente com a classe média, para evitar o desespero, pois este gera a intolerância e o fascismo". Sobre o slogan Jango-65, disse que só será conseguido através de reforma da carta constitucional.
>
> (*Correio da Manhã*. Rio de Janeiro, 10 de março de 1964, p. 2)

Lacerda tentou esvaziar o comício. Decretou ponto facultativo para o funcionalismo público e criticou a ação dos militares. Declarou que as Forças Armadas deviam "defender a Lei e a Ordem e não a subversão, o poder pessoal". A Central do Brasil, alegou, ficaria entregue aos promotores da desordem, insistindo que teriam o presidente da República como "orador oficial".[4]

No início da tarde do dia 13 de março, por volta das 14h, cerca de 5 mil pessoas já se concentravam nas imediações da Central do Brasil e do Ministério da Guerra. No entanto, por volta das 16h, sindicalistas do CGT, como Clodesmidt Riani, Hércules Corrêa, Oswaldo Pacheco, Paulo Melo Bastos e Roberto Morena, souberam que Goulart avisara que não compareceria ao evento, alegando falta de segurança.[5] A atitude surpreendeu os sindicalistas. O próprio ministro do Exército garantira que iria distribuir soldados em todas as janelas do ministério. Hércules Corrêa, do rádio de um tanque de guerra, estacionado perto do local, já repleto de gente, ouviu do próprio Goulart que informações seguras lhe garantiram que um tiro poderia ser disparado de uma das janelas do prédio da Central do Brasil. "E se a gente colocar um companheiro nosso ao seu lado, cobrindo o ângulo do prédio da Central?", argumentou Hércules Corrêa. Jango concordou e Oswaldo Pacheco foi escolhido como escudo humano. Horas mais tarde, no palanque, as pessoas veriam o presidente acompanhado, de um lado, por Maria Thereza Goulart e, de outro, por um homem de alta estatura, que não desgrudava de Goulart.

Muitas caravanas, sobretudo de trabalhadores, se dirigiram para o local do comício, tomando a Avenida Presidente Vargas, entre a Candelária e a Central do Brasil. O povo caminhava de braços dados, atravessando as pistas, de uma calçada à outra. Havia delegações de operários, estudantes, intelectuais etc. Havia também muitos jornalistas de diversos periódicos de todo o país. O tráfego de veículos ficou inteiramente interrompido muito antes da hora marcada para o início do evento.

No prédio do Ministério da Guerra, os ministros da Marinha, Sílvio Mota, da Aeronáutica, Anísio Botelho, e da Justiça, Abelardo Jurema, foram recebidos pelo ministro do Exército, Jair Dantas Ribeiro, junto a outros 13 generais com comando de tropa. Abelardo Jurema fez uma explanação do plano reformista do presidente da República, em particular, dando esclarecimentos sobre o decreto da SUPRA e a encampação das refinarias particulares. Durante o jantar que se seguiu, um pouco antes do comício, o ministro da Justiça registrou a satisfação dos militares.[6] Da janela, olhavam o povo na praça: "Povo e Exército confraternizados!", declarou um deles. O que se via eram milhares de pessoas concentradas em frente ao Ministério da Guerra, aguardando o início do evento. Ainda segundo Abelardo Jurema, os generais ficaram entusiasmados com o cenário. Também das janelas, era possível ler os dizeres de algumas das muitas faixas empunhadas: "Jango. Pedimos cadeia para os exploradores do povo"; "Jango. Assine a reforma agrária que nós cuidaremos do resto".

Às 18h começou o comício, que teve vários oradores. Acompanhar, mesmo que brevemente, quem falou e o que foi falado é uma forma de sentir o clima do comício; de tentar construir uma aproximação pelos olhos e pelas emoções, que muito esclarecem sobre seu significado simbólico.

O primeiro orador foi José Lellis da Costa, presidente do Sindicato dos Metalúrgicos da Guanabara e membro da Comissão Permanente das Organizações Sindicais.[7] Em seguida falou o presidente da União Brasileira de Estudantes Secundaristas, Olímpio Mendes. Ele protestou contra a discriminação política e ideológica nas escolas e declarou o apoio da entidade à assinatura do decreto da SUPRA. A seguir, discursou o deputado Sérgio Magalhães, em nome da Frente Parlamentar Nacionalista. Ele atacou o imperialismo que havia quatro séculos explorava o Brasil. Enquanto isso, como a imprensa noticiaria, o sr. Jair Ribeiro, representante de 15 mil terreiros de umbanda no Brasil, comentava com jornalistas que o presidente João Goulart era protegido pelo caboclo Boiadeiro, e Dona Maria Thereza tinha como guia a cabocla Jurema. Já o deputado Leonel Brizola era filho de Xangô, orixá que, segundo ele, regia o ano de 1964.[8]

O COMÍCIO DA CENTRAL DO BRASIL

Quer dizer, a segurança vinha do Ministério da Guerra, mas a proteção vinha de santos de várias religiões, o que era muito bom, aliás.

Chegou a vez do governador de Sergipe, Seixas Dória, que em seu discurso apoiou a encampação das refinarias particulares. Às 18h30 horas, o senador Artur Virgílio, líder do PTB no Senado, iniciou seu discurso. "Escute o Congresso este clamor. Já não é mais hora de privilégios, de discriminações. Todos têm direito de participar da riqueza comum e este é precisamente o sentido das reformas."[9] Durante sua fala, os archotes conduzidos por operários da Petrobras caíram no chão, junto a algumas faixas. Como as chamas se espalharam, houve certo tumulto, com a multidão avançando para o palanque. Mas tudo foi rapidamente contido pelos soldados da Polícia do Exército. Ainda assim, cerca de uma centena de pessoas se feriram, segundo o que foi noticiado. O comício corria bem, mas não era à prova de incidentes, como nenhuma grande concentração popular o é.

João Pinheiro Neto, presidente da SUPRA, deu continuidade ao discurso do governador, para explicar o teor das medidas que seriam assinadas pelo presidente e que seriam o marco do "novo" governo Goulart. Depois dele, com voz inflamada, falou José Serra, presidente da União Nacional dos Estudantes, a UNE, grande apoiadora do comício. Miguel Arraes discursou logo após o presidente da UNE. Para ele, o decreto elaborado pela SUPRA, ainda era um passo débil em relação à reforma agrária que o povo desejava. Contudo, era uma conquista concreta, que justificava o grande comício.

Trecho do discurso de José Serra

Este comício nos trouxe o decreto da SUPRA e da encampação das refinarias, marcos da vitória do povo sobre o imperialismo internacional (...). A maioria dos parlamentares está comprometida com interesses antinacionais. Entretanto, compensando a não aprovação da reforma agrária, existe uma conscientização cada vez maior dos camponeses. (...) Se não expulsamos ainda os imperialistas, verificamos que a consciência popular é mais do que nunca anti-imperialista.

(Panfleto. O jornal do homem da rua. Rio de Janeiro, n. 5, 16.3.1964, p. 5)

1964

> **Trecho do discurso de Miguel Arraes**
>
> Enganam-se os que pensam poder enganar o povo. Hoje, o povo exige, na praça pública, definições e atos concretos. (...) Ninguém se iluda: este país jamais será governado sem o povo. Devemos nos unir para conseguir a nossa independência econômica. (...) O povo exige a liquidação dos privilégios, em benefício da maioria da Nação. Só assim poderemos marchar para a liquidação dos monopólios. Nossa posição é irredutível. Pernambuco exige as reformas.
>
> (*Panfleto. O jornal do homem da rua*. Rio de Janeiro, n. 5, 16.3.1964, p. 5)

Logo após Arraes encerrar sua intervenção, às 19h32, chegaram ao palanque os três ministros militares, motivo de aplausos demorados da população reunida. Com tal presença, o comício continuou com o discurso do deputado baiano Hélio Ramos, falando em nome da "ala agressiva do PSD".[10] Ou seja, mesmo com o rompimento oficial do partido, havia parlamentares que formavam ao lado de Jango. Depois de um pessedista, falou o líder do PTB na Câmara, Doutel de Andrade. Ele defendeu as reformas contra "o capitalismo desumano e indiferente ao povo".[11]

Ao final desse discurso, já às 19h45, o presidente João Goulart chegou ao palanque. Olhando para a multidão, como os generais, também pôde ler as mensagens de várias faixas: "Encampação das refinarias"; "Cadeia para os tubarões"; "Legalidade para o PCB"; "Voto para os soldados, cabos e sargentos". Algumas chamavam a atenção: "Solidariedade a Cuba"; "O povo de quem fui escravo não será mais escravo de ninguém"; "Brizola 65". Para surpresa de muitos, logo na chegada, Goulart e Brizola se cumprimentaram com um longo abraço, sorrisos e conversas ao pé do ouvido.

Já diante do presidente, Leonel Brizola discursou em nome da Frente de Mobilização Popular. Sua fala foi longa e cheia de emoção; durou quase vinte minutos. Ele se apresentou como o representante do povo que reagiu com armas nas mãos, em 1961; que disse "não" no plebiscito que devolveu os poderes ao presidente João Goulart. Em seguida, definiu o decreto da SUPRA e a encampação das refinarias como "bons atos do governo". Atos que dariam início à libertação do povo brasileiro da espoliação estrangeira:

O COMÍCIO DA CENTRAL DO BRASIL

"O povo não é um rebanho de ovelhas, que tem de concordar com tudo." Por isso, elogiou a atitude de Goulart de comparecer ao comício. Mas pediu medidas mais definidas, como o fim da política de conciliação do presidente e a formação de um governo popular e nacionalista que representasse a vontade do povo.

O primeiro passo, segundo Brizola, era o fechamento do atual Congresso Nacional e a convocação de uma Assembleia Nacional Constituinte, como soluções para o "impasse entre o povo e o atual Congresso reacionário". Um novo Parlamento deveria ser formado por operários, camponeses, oficiais militares nacionalistas e sargentos, todos "autênticos homens públicos, para eliminar as velhas raposas do Poder Legislativo". Nesse exato momento, dois ministros do governo, Oliveira Brito e Expedito Machado, deixaram o palanque, visivelmente contrariados com o que ouviram. Se uma grande concentração popular não é à prova de incidentes, uma grande concentração de políticos, em momento de profunda radicalização, também não é.

A despeito disso, Brizola continuou apresentando a proposta da Frente de Mobilização Popular: "Por que então não resolvem o problema através da realização de um plebiscito em torno da questão da Constituinte?" Com eleições realmente democráticas, com o voto dos analfabetos e sem a influência do poder econômico e da imprensa alienada, "o povo votaria em massa pela derrubada do atual Congresso e pela convocação da Assembleia Constituinte". Por fim, pediu que levantassem os braços todos os que desejavam um governo popular e nacionalista. A resposta, como é fácil imaginar, foi milhares de mãos voltadas para cima. Brizola afirmava defender um caminho pacífico para alcançar um "governo do povo", mas avisava que a violência não estava fora de cogitação. Portanto, mesmo nesse discurso, ele continuava desafiando o presidente e ameaçando o Congresso Nacional.

Trecho do discurso do deputado federal Leonel Brizola

Não podemos continuar nessa situação. O povo está a exigir uma saída. Mas o povo olha para um dos poderes da República, que é o Congresso Nacional, e ele diz não, porque é um poder controlado por uma maioria de latifundiários, reacionários e de ibadianos. É um Congresso que não dará mais nada ao povo brasileiro. O atual Congresso não mais se

1964

identifica com as aspirações de nosso povo. A verdade é que, como está, a situação não pode continuar. (...) E o Executivo? Os poderes da República, até agora, com suas perplexidades, sua inoperância e seus antagonismos não decidem. Por que não conferir a decisão ao povo brasileiro? O povo é a fonte de todo poder. Portanto, a única saída pacífica é fazer com que a decisão volte ao povo através de uma Constituinte. (...) O nosso caminho é pacífico, mas saberemos responder à violência com a violência. O nosso presidente que se decida a caminhar conosco e terá o povo ao seu lado. Quem tem o povo ao seu lado nada tem a temer.

(Panfleto. O jornal do homem da rua. Rio de Janeiro, n. 5, 16.3.1964, pp. 2-3)

Outros oradores ainda se pronunciaram, como o vice-governador do estado da Guanabara, Elói Dutra, e o governador do estado do Rio de Janeiro, Badger da Silveira. Maria Thereza Goulart, ao lado do marido, parecia assustada com a multidão calculada em duzentas mil pessoas. Ela sabia das ameaças à vida de Jango, razão pela qual insistiu em acompanhá-lo. O comício era um mar de gente, com muitos cartazes, faixas e também figuras caricaturizadas, como a de um gorila de óculos com a corda no pescoço. Com o rosto estilizado de Carlos Lacerda, estava acompanhado dos dizeres: "Este é o destino dos gorilas." Lindolfo Silva, representante do movimento camponês e do Comando Geral dos Trabalhadores foi o último a falar antes do presidente.

Eram 20h46 quando João Goulart tomou a palavra. Imediatamente foram acesos poderosos holofotes, que, além do palanque, iluminavam, por medida de segurança, todas as janelas do prédio da Central do Brasil. Sob forte calor e grande tensão emocional, Jango falou durante uma hora e cinco minutos.

O presidente iniciou seu discurso dirigindo-se a todos os brasileiros, "e não apenas aos que conseguiram adquirir instruções nas escolas". Em seguida, afirmou que o comício vinha sendo denunciado como um atentado ao regime democrático, pelo povo que mobilizava e pelo anúncio das reformas que seriam feitas no país: "desgraçada democracia a que tiver de ser defendida por esses democratas", ironizou. Democracia para eles é "a democracia dos privilégios, a democracia da intolerância e do ódio".

Jango, tudo indica, falou de improviso. Segundo testemunhas que estavam no palanque, ele chegou a preparar um discurso, procedimento básico,

O COMÍCIO DA CENTRAL DO BRASIL

ainda mais dada a importância daquele evento. Porém, momentos antes de falar, colocou o tal discurso no bolso e utilizou os recursos de oratória que conhecia tão bem. Mas, nesse momento tão especial, Jango parecia realmente tomado pela emoção. Ele começou a se dirigir ao povo, respondendo às duras acusações que sofria. Denunciou a indústria existente e crescente do anticomunismo, e citou a doutrina social do papa João XXIII para negar que o cristianismo pudesse ser utilizado para garantir os privilégios de poucos. Pelo contrário, o catolicismo era uma doutrina religiosa voltada para os pobres, que desejava seu bem-estar material e moral. Por isso, reformas de base eram fundamentais para o povo brasileiro e para seu governo.

A certa altura de seu discurso, surpreendeu a muitos, pois defendeu abertamente a necessidade de revisar a Constituição, uma vez que ela não mais atendia às necessidades do desenvolvimento do país e aos anseios do povo. Reformas, como a agrária, a tributária, a eleitoral e outras, imprescindíveis a uma nova redistribuição de poder e de renda, só se viabilizariam com mudanças na Constituição.

Trecho do discurso do presidente João Goulart

Não receio ser chamado de subversivo pelo fato de proclamar, e tenho proclamado e continuarei proclamando em todos os recantos da Pátria — a necessidade da revisão da Constituição, que não atende mais aos anseios do povo e aos anseios do desenvolvimento desta Nação.

Essa Constituição é antiquada, porque legaliza uma estrutura socioeconômica já superada, injusta e desumana; o povo quer que se amplie a democracia e que se ponha fim aos privilégios de uma minoria; que a propriedade da terra seja acessível a todos; que a todos seja facultado participar da vida política através do voto, podendo votar e ser votado; que se impeça a intervenção do poder econômico nos pleitos eleitorais e seja assegurada a representação de todas as correntes políticas, sem quaisquer discriminações religiosas ou ideológicas. (...) A maioria dos brasileiros já não se conforma com uma ordem social imperfeita, injusta e desumana. (...)

Hoje, com o alto testemunho da Nação e com a solidariedade do povo, reunido na praça que só ao povo pertence, o governo, que é também o povo e que também só ao povo pertence, reafirma os seus propósitos

1964

> inabaláveis de lutar com todas as suas forças pela reforma da sociedade brasileira. Não apenas pela reforma agrária, mas pela reforma tributária, pela reforma eleitoral ampla, pelo voto do analfabeto, pela elegibilidade de todos os brasileiros, pela pureza da vida democrática, pela emancipação econômica, pela justiça social e pelo progresso do Brasil.
>
> (*Jornal do Brasil*. Rio de Janeiro, 14 de março de 1964, p. 4)

Goulart lamentou, em especial, a cegueira de parcelas da população que, com instrução superior, continuavam insensíveis à realidade nacional; insensíveis à situação da ampla maioria do povo brasileiro. No entanto, o governo, ao lado do povo, dos operários, dos camponeses, dos militares, dos estudantes, dos intelectuais e dos empresários patriotas, prosseguiria na luta pela emancipação econômica e social do país. Passou então a explicar as medidas do decreto da SUPRA. Como ele era fundamental para dar partida a uma real transformação das condições existentes no campo. Mas, para realizar uma verdadeira reforma agrária, que beneficiaria milhões de camponeses miseráveis, seria preciso alterar a Carta constitucional. Tal alteração era uma necessidade para o país como um todo, já que os industriais e comerciantes seriam também favorecidos com o aumento do mercado interno e os latifundiários obteriam a prévia indenização que desejavam.

EU ESTIVE LÁ

Tenente-coronel Gustavo Moraes Rego depõe em 1992

Eu estava a cem metros do palanque do Jango, ali em frente à Central. Se o Jango não tivesse comparecido... e foi dito várias vezes a ele, insistiram com ele para não comparecer, o general Kruel de São Paulo insistiu com ele, mas ele foi sem reação, compelido pelas circunstâncias... Uma declaração anticomunista do Jango, um chamamento à disciplina, contra a subversão e a indisciplina que já se instalavam nas Forças Armadas, teria protelado por algum tempo [o golpe].

(Citado em Maria Celina D'Araujo, Gláucio Soares e Celso Castro [orgs.]. *Visões do golpe: A memória militar de 1964*. Rio de Janeiro, Relume-Dumará, 1994, p. 40)

O COMÍCIO DA CENTRAL DO BRASIL

General Antônio Carlos Muricy depõe em 1981

[Jango] permitiu que o clima fosse crescendo até chegar a sexta-feira, 13 de março, data marcada para o Comício da Central. Os anúncios estavam ao lado do quartel-general. E a mim e a todos repugnava chegar ao quartel-general e ver aquilo: "Povo! Ao comício do dia 13!" Ao lado do quartel-general! Isso era quase uma ofensa. Eu ainda me lembro de ter chegado ao gabinete do general Castello Branco e dizer: "Castello, você já viu a barbaridade?" E ele: "Calma, Muricy, nós temos que suportar isso." O comício foi aquilo que todo mundo conhece. O Exército se sentiu afrontado, porque teve que dar cobertura ao presidente. Dando cobertura ao presidente, indiretamente deu cobertura ao comício. O comício foi absolutamente explosivo, subversivo e comunista, com as ideias mais loucas do mundo. Todo mundo viu na televisão o Hércules Corrêa falar no ouvido do Jango e o Jango quase que transmitir as ideias do Hércules Corrêa. O comício influiu uma porção de oficiais que estavam ainda indecisos: deveriam romper com a legalidade ou não? O comício induziu, imediatamente, ao desequilíbrio da balança.

(Citado em Angela de Castro Gomes e Jorge Ferreira. *Jango: As múltiplas faces.* Rio de Janeiro, FGV, 2007, p. 219)

Além do decreto da SUPRA, Goulart anunciou o decreto de encampação das refinarias particulares e o da reforma urbana, que assinaria nas próximas horas. Referiu-se à Mensagem que enviaria, nos próximos dias, ao Congresso Nacional. Nela, estavam contidas a reforma universitária — eliminando as cátedras vitalícias —, e a reforma eleitoral, permitindo que "todo alistável deva ser também elegível", além do decreto que regulamentava os aluguéis de imóveis urbanos e rurais.

Após agradecer aos trabalhadores pela presença, afirmou que nenhuma força seria capaz de impedir que o governo assegurasse a liberdade ao povo, contando, para isso, com a compreensão e o patriotismo das Forças Armadas.

A imprensa alinhou-se nas críticas ao comício. Comuns, em diversos jornais, eram as referências negativas à convocação do Exército para garantir um comício. Os oradores também foram criticados, inclusive João Goulart. Mas o alvo maior foi Leonel Brizola e suas propostas de fechar o Congresso Nacional e realizar um plebiscito para a convocação de uma Assembleia Nacional Constituinte.

1964

Editorial: Os inelegíveis

A democracia saiu, no mínimo, humilhada ontem na Central. Foi o comício de dois políticos inelegíveis, destinado a atirar o povo contra a Constituição. (...) Eles estão unidos no alvo comum de destruir a Constituição para chegarem a ter alguma possibilidade de permanência ou ascensão no poder. (...) O deputado Leonel Brizola preconiza o fechamento do atual Congresso, a convocação de uma verdadeira convenção revolucionária por sua composição e instituição de um regime de terror, ao melhor estilo jacobino-esquerdista. (...) O presidente da República e demais oradores, sem exceção, tomaram posições inconstitucionais. Alegando apoio popular, lançam-se ao desafio da ordem constitucional vigente (...). É missão das Forças Armadas dar cobertura e proteção à pregação revolucionária do deputado Leonel Brizola? É missão das Forças Armadas dar cobertura e proteção à pregação de reforma constitucional em termos subversivos, em frente ao Palácio da Guerra?

(*Jornal do Brasil*. Rio de Janeiro, 14 de março de 1964, p. 6)

EU ESTIVE LÁ

Hércules Corrêa, militante comunista e dirigente do CGT depõe nos anos 1980:

Eu fui, junto com José Gomes Talarico, o organizador do comício. Eu, representando o PCB e o CGT, e o Talarico, o PTB. Confesso para você que quando o comício se instalou, tive a sensação — que aumentou no fim do comício — de vazio, de derrota. Eu sabia que todos os que estavam no palanque iriam falar linguagens diferentes, estavam divididos. (...) Eu sabia que estávamos divididos. Quando o comício terminou e foi todo mundo embora, fiquei para dar ordens (desmontar o palanque etc.). Olhava para tudo aquilo — faixas e cartazes pelo chão — e o vazio aumentou em mim. O sentido de derrota foi de tal ordem que me deu vontade de chorar. Parecia que eu tinha terminado uma batalha em que tinha sido dizimado. Muita gente saiu dali eufórica, mas eu tinha a exata noção da nossa divisão. Era impossível superá-la.

(Citado em Dênis de Moraes. *A esquerda e o golpe de 64: Vinte e cinco anos depois, as forças populares repensam seus mitos, sonhos e ilusões.* Rio de Janeiro, Espaço e Tempo, 1989, p. 295)

O COMÍCIO DA CENTRAL DO BRASIL

O depoimento do militante Hércules Corrêa, décadas depois do comício e sabedor do que ocorreu depois dele, precisa ser considerado dentro do contexto em que foi feito, nos anos 1980. Ainda assim, é interessante considerar o sentimento de vazio, a que a memória recorre para descrever um verdadeiro fim de festa, sem real gosto de vitória. Um sentimento que estava longe de ser geral, como ele mesmo reconhece. Muitos estavam felizes, até eufóricos.

O presidente comparecera ao comício e se manifestara com grande emoção. Isso, a despeito das ameaças sofridas e das dúvidas, dele próprio, sobre a pertinência e segurança de seu comparecimento. No comício, pleno de significados simbólicos, ele explicara as reformas ao povo e assinara vários decretos que alterariam, segundo as expectativas reinantes, o futuro do país. As outras medidas seriam encaminhadas ao Congresso que, pressionado, iria aprovar todas elas. Era o início do "novo" governo Goulart. Portanto, no dia seguinte, ele foi passear com a família.

Tudo parecia normal. Mas só na aparência. Hércules Corrêa captara bem o sentido que o comício acabou por ter. Foi como o fim de um carnaval: animado, empolgante, mas com os dias contados. Certamente o momento de encarar a realidade da vida. Carnaval, desengano...

18

O governo das esquerdas

No dia seguinte ao comício, 14 de março, além de passear com a família, o presidente Goulart determinou ao superintendente da SUPRA, João Pinheiro Neto, que desapropriasse duas fazendas de sua propriedade. Ele queria dar o exemplo. Seria o primeiro proprietário rural a ter terras desapropriadas para fins de reforma agrária. Cumpria o decreto que ele mesmo assinara.

Nesse mesmo dia, as esquerdas reunidas na Frente de Mobilização Popular, o Partido Comunista Brasileiro e o Comando Geral dos Trabalhadores reconheceram o fim da "política de conciliação" do presidente. Com a reforma ministerial que em breve seria feita, o PSD, finalmente, estaria fora do governo. Com tais expectativas, deputados trabalhistas conversaram com sindicalistas, entrando em entendimentos para articular uma Frente Popular para sustentar o "novo" governo de Goulart. Leonel Brizola foi um dos líderes da reunião. Sua proposta era a de que as esquerdas e o movimento sindical deveriam atuar juntos, nas ruas, organizando comícios, manifestações, passeatas e mesmo greves, quando fosse o caso. As ações de rua, em volume crescente, teriam o efeito de pressionar o Congresso Nacional, não só a aprovar as medidas recentemente encaminhadas por Jango, como principalmente forçá-lo a convocar uma Assembleia Nacional Constituinte.

1964

> **DEU NO JORNAL**
>
> **Pedro Aleixo (deputado federal pela UDN e líder da oposição na Câmara) acusa Goulart de endossar a subversão**
>
> Violando textos da Lei de Segurança, começou [Leonel Brizola] por recomendar o fechamento do Congresso Nacional e a demolição de todas as outras instituições democráticas. E a isso os ministros militares, os oficiais e as praças de pré das nossas classes armadas tiveram de ouvir impassíveis; ouvir essa pregação contrária ao destino para eles reservado na Constituição: a defesa da Pátria e a garantia dos poderes constitucionais, da lei e da ordem.
>
> (*Jornal do Brasil.* Rio de Janeiro, 16 de março de 1964, p. 3)

Em comum acordo com Goulart, os representantes da FMP fecharam a programação dos novos comícios para abril: dia 3, em Santos; dia 10, em Santo André; dia 11, em Salvador; dia 17, em Ribeirão Preto; dia 19, homenageando a data de nascimento de Vargas, em Belo Horizonte; dia 21, festa de Tiradentes, em Brasília. O último comício seria realizado em 1º de maio, na cidade de São Paulo. Esperava-se, para esse evento, um milhão de pessoas. Nesse Dia do Trabalho, seria deflagrada uma greve geral. Com tamanha mobilização, a FMP esperava pressionar o Congresso Nacional a aprovar as reformas de base. Caso contrário, estaria comprovado que se tratava de uma instituição conservadora, na verdade reacionária, inteiramente distante dos anseios do povo.

Miguel Arraes divergiu em parte da proposta. Ele concordou com a mobilização popular nas ruas, mas defendeu a manutenção da Constituição. Sua defesa da Carta de 1946 tinha objetivos claros e compartilhados por outros políticos. Como assinalou em editorial o *Jornal do Brasil*, João Goulart e Leonel Brizola não podiam concorrer às eleições presidenciais de outubro de 1965. Pela Constituição, eram inelegíveis: Goulart, porque não havia reeleição no Brasil; Brizola, porque era parente do presidente. Desse modo, o espaço político para uma candidatura de esquerda seria "naturalmente" preenchido pelo próprio Arraes. As desconfianças entre esses três líderes políticos não eram recentes. Porém, após o comício, elas aumentaram.[1] Como anos depois lembrou Hércules Corrêa, as esquerdas

O GOVERNO DAS ESQUERDAS

estavam divididas e o comício não foi um fator de agregação; muito ao contrário. Desse modo, Miguel Arraes afastou-se de Goulart e de Brizola. Ele decidiu não participar desse "novo" governo das esquerdas, que, portanto, começou sofrendo importante baixa em seus quadros.

DEU NO JORNAL

Oposição pedirá o *impeachment* de JG

Líderes udenistas reúnem-se hoje, em Brasília, para os primeiros entendimentos sobre campanha que pretendem iniciar pelo *impeachment* do presidente João Goulart, quando o Congresso reabrir.

(*Correio da Manhã*. Rio de Janeiro, 15 de março de 1964, 1ª página)

Impeachment de JG pode parar o país
Nota oficial do Comando Geral dos Trabalhadores

Manifestar ao Congresso Nacional o repúdio dos trabalhadores ante qualquer tentativa de *impeachment* contra o presidente da República. O exato momento da deflagração da greve geral nacional, contra o *impeachment*, será determinado pelo CGT.

(*Correio da Manhã*. Rio de Janeiro, 17 de março de 1964, p. 2)

Neiva Moreira, secretário-geral da FMP, na edição do dia 16 de março de 1964 de *Panfleto*, escreveu sobre o Comício da Central do Brasil. O título era sugestivo: "A conciliação sepultada."[2] Passado o comício, ele apontava ao presidente, digamos, o que fazer: "O próximo passo será varrer a máquina política da espúria infiltração, barrar os caminhos do imperialismo e consolidar as conquistas da revolução, através de um poder doutrinariamente coerente e funcionalmente homogêneo e integrado." Por "espúria infiltração", Neiva Moreira se referia aos postos ministeriais ocupados pelo PSD. Algo que soava como uma ladainha. Por "poder doutrinariamente coerente", ele queria dizer um governo exclusivo das esquerdas. E vale acrescentar: de algumas esquerdas.

Ainda no mesmo número do jornal, foi publicado editorial com o seguinte título: "Constituinte sem golpe". Segundo o texto, o Comício da

1964

Central do Brasil revelou à Nação "um impasse irrecusável: o desencontro entre a realidade dinâmica e a estrutura de instituições envelhecidas ou totalmente superadas".[3] Uma dessas instituições era o PSD. Nesse caso, continua, "o presidente da República não quis entender que é impossível conciliar um PSD decadente e esclerosado com as impetuosas forças de vanguarda que surgem no cenário do país". Outra instituição do mesmo gênero era o Congresso Nacional: "O Congresso é o grande mudo (...) que nada tem de comum com as angústias do povo." Daí as palavras de ordem que encerram o editorial: "Constituinte para evitar o golpe. Plebiscito para abrir caminho à revolução pacífica. Transformação sem continuísmo, eis o grande desafio que se lança à Nação brasileira."

A Frente de Mobilização Popular liderada por Brizola insistia na convocação de uma Assembleia Nacional Constituinte. Como ele mesmo afirmou no comício, as barreiras jurídicas para isso poderiam ser sanadas com a convocação de um plebiscito. Caberia à Assembleia Nacional Constituinte escrever uma nova Constituição e, ao mesmo tempo, aprovar as reformas de base. A estratégia das esquerdas lideradas por Brizola era enfraquecer o Congresso e jogar a população contra ele. Até porque, diversos líderes que compunham a FMP afirmavam que o Congresso Nacional não aprovaria as reformas de base de forma alguma.

Goulart, no entanto, não se convenceu que a estratégia de convocação de uma Assembleia Nacional Constituinte era boa. Muito menos a de realização de um plebiscito sobre tal convocação. A proposta foi feita por Brizola no comício da Central, em nome da FMP, e reiterada em textos posteriores. Contudo, mesmo não adotando essa orientação em seu governo, Jango não tinha como desvencilhar seu projeto reformista das esquerdas reunidas na FMP, no PCB e no CGT. Essas eram suas únicas bases políticas.

Personagens que viveram aqueles dias afirmam que o Comício pegou de surpresa diversos setores conservadores de direita. Para muitos parlamentares antijanguistas, a vitória das esquerdas no Brasil era dada como certa a partir do Comício da Central.[4] Mas para grupos direitistas mais radicais, que já conspiravam de forma articulada, espalhados pelo país, não foi bem assim. O comício foi engolido como um sapo. Basta recordar as palavras do general Castello Branco a um exaltado general Muricy: "Calma, Muricy, nós temos que suportar isso." O comício foi suportado para ser utilizado como argumento irrefutável para ganhar o apoio de diversos grupos políticos e

O GOVERNO DAS ESQUERDAS

militares que até então insistiam na manutenção da ordem democrática. Até Juscelino Kubitschek, que não tramava ou sequer pensava em golpe de Estado — mesmo porque era o grande candidato das eleições de 1965 —, após o comício comentou com um amigo sobre sua relação com Goulart: "Ele passou dos limites. Saiu da legalidade, que o sustentava. Vou romper com ele, publicamente. Não me interessa o apoio de Jango nestes termos."[5]

O governador de Minas Gerais, Magalhães Pinto, vinha assumindo a liderança do movimento golpista em Minas Gerais. Depois do comício, a conspiração avançou de maneira acelerada. Em São Paulo, Ademar de Barros e outras personalidades políticas, empresariais e religiosas passaram a ocupar rádios e televisões para criticar Goulart. Um pouco mais: para pregar a sua derrubada. O presidente, no entanto, contava com um aliado fundamental no estado de São Paulo: o general Amaury Kruel, comandante do II Exército. Embora conhecido por seu anticomunismo, Kruel era compadre e amigo pessoal de Jango; estivera a seu lado em 1961. A importância do II Exército, a respeitada liderança de Kruel e seus laços pessoais com Jango eram de tal monta que o general Castello Branco teria sentenciado aos conspiradores mineiros: "Em Estado-Maior admite-se o risco calculado. Jamais a aventura. Sem a adesão de Kruel, tudo será uma aventura."[6]

EU ESTIVE LÁ

Magalhães Pinto depõe nos anos 1980

Eu comecei a preparar-me para uma eventual reação de Minas Gerais um ano e meio antes de março de 64. Quando eu convoquei o coronel José Geraldo para comandar a Polícia Militar, eu [lhe] dei a incumbência de prepará-la para uma reação. Porque eu estava certo de que, com as dificuldades que eu tinha com o governo, eles acabariam querendo fazer uma intervenção em Minas; e eu reagiria. Então, eu preparei-me mais para uma reação a uma intervenção do que para depor um presidente.

(Filme *Jango*, de Silvio Tendler, 1984)

1964

Como fora anunciado no comício, em 15 de março, o presidente João Goulart enviou Mensagem ao Congresso Nacional. Tratava-se, fundamentalmente, da prestação de contas do governo. Porém, o texto também solicitava providências aos parlamentares. A Mensagem foi elaborada em comum acordo com as lideranças da FMP e redigida por Darcy Ribeiro. Nela, o presidente referia-se ao plebiscito que restituiu seus poderes presidencialistas.[7] A sociedade brasileira, lembrava Goulart, sabia que seu plano de governo incluía a aprovação das reformas de base. Ela havia chancelado, de forma esmagadora, seu projeto reformista quando escolheu o presidencialismo. Desse modo, Jango convocava o Congresso Nacional para a "adoção de uma reforma constitucional", capaz de permitir o desenvolvimento econômico, a democratização da sociedade e a felicidade do povo.

É claro o desejo do presidente de construir uma argumentação que apele tanto para a legalidade — as reformas poderiam ser aprovadas constitucionalmente pelo Congresso —, como para a legitimidade — as reformas foram sancionadas diretamente pelos cidadãos brasileiros, quando do plebiscito de janeiro de 1963. O discurso da FMP para o grande público era um; o discurso do presidente e da FMP para o Congresso era um tanto diferente.

A reforma mais importante era a da estrutura agrária. Mas para isso era realmente necessário fazer "ajustes" na Constituição. Indo por partes, no caso da questão da terra, ficaria estabelecido que "a ninguém é lícito manter a terra improdutiva por força do direito de propriedade". Por esse motivo, poderiam ser expropriadas as propriedades não exploradas ou as parcelas não produtivas de uma propriedade. No entanto, para seguir adiante e viabilizar a reforma agrária, o presidente propunha que os artigos 141 e 147 da Constituição sofressem modificações. Como vimos, o parágrafo 16 do artigo 141 estabelecia: "É garantido o direito de propriedade, salvo o caso de desapropriação por necessidade ou utilidade pública, ou por interesse social, mediante prévia e justa indenização em dinheiro." Na Mensagem, Jango sugeria suprimir do texto a palavra "prévia" e a expressão "em dinheiro". Tratava-se, na verdade, da mais importante reivindicação das esquerdas e do movimento camponês: uma reforma agrária sem indenização prévia em dinheiro. O artigo 147, por sua vez, garantia a justa distribuição de terras, mas submetendo-a ao parágrafo 16 do artigo 141. Com a nova redação proposta por Goulart, os dois artigos se desvinculavam, caindo o complicador da forma de indenização em dinheiro, o que abria possibilidades de outras formas de indenização ou nenhuma indenização.

O GOVERNO DAS ESQUERDAS

A Mensagem também indicava outra alteração da Constituição no que dizia respeito à reforma eleitoral. O presidente alegava que a "Constituição de 1946, entre outros privilégios, consagrou, no campo eleitoral, normas discriminatórias que já não podem ser mantidas". Alguns exemplos eram os praças e sargentos das Forças Armadas e os analfabetos, que estavam impedidos de votar. Ainda segundo a Constituição, eram inelegíveis parentes, consanguíneos e afins até o segundo grau, de personalidades que exercessem cargos no Poder Executivo e também alguns cargos no Poder Legislativo. Uma norma que impedia Leonel Brizola, por exemplo, cunhado de Jango, de concorrer às eleições presidenciais de 1965. O argumento então utilizado era o da importância de se estender o direito de voto a parcelas mais amplas da população, considerando-se as mudanças ocorridas ao longo dos anos 1950. A inclusão dos analfabetos, por certo também menos favorecidos economicamente, era emblemática.

Por isso, Goulart propunha que seriam alistáveis para exercer o direito do voto todos os brasileiros que soubessem se "exprimir em língua nacional", excetuando os casos previstos pelo artigo 135 da Constituição (incapacidade civil absoluta e condenados por crimes). Além disso, seria acrescentada a seguinte expressão: "São elegíveis os alistáveis." Com tal redação, os praças, os sargentos e os analfabetos teriam direito ao voto. Mas Leonel Brizola se tornaria igualmente elegível para concorrer à sucessão de Jango na presidência da República, em outubro de 1965. Outro desdobramento da proposta de redação dessa reforma eleitoral era, na prática, a instituição da reeleição dos ocupantes de cargos do Poder Executivo. A reeleição para o Legislativo nunca fora um problema; mas o Brasil sempre impedira, em sua legislação constitucional e eleitoral, a reeleição para postos executivos. Logo, tratava-se de uma mudança profunda, que beneficiava, inclusive, o próprio João Goulart. Pelos novos termos, ele também poderia concorrer como candidato a presidente da República em 1965.

Portanto, não só a reforma agrária alterava a Constituição e assustava o Congresso Nacional. A reforma eleitoral tinha ingredientes explosivos de vários tipos: voto para sargentos e praças; voto para os analfabetos (que veio com a Constituição de 1988); e possibilidade de reeleição para cargos executivos (aprovada no governo Fernando Henrique Cardoso em 1997). Tudo novo; tudo perigosamente novo.

1964

Outra questão delicada em termos políticos era a das relações entre Executivo e Legislativo. Segundo a Mensagem, "o cumprimento dos deveres do Estado moderno não se concilia com uma ação legislativa morosa e tarda". A crise social e a necessidade da presença atuante do Estado não admitem "as normas anacrônicas de uma ação legislativa que são fruto de um sistema econômico ultrapassado". Jango se referia aos princípios do Estado liberal. Sua sugestão era "suprimir o princípio da indelegabilidade dos poderes, cuja presença no texto constitucional só se deve aos arroubos de fidelidade dos ilustres constituintes de 1946 a preceitos liberais do século XVIII". Jango queria revogar o parágrafo 2º do artigo 36 da Constituição, que dizia: "É vedado a qualquer dos Poderes delegar atribuições." Trocando em miúdos, isso queria dizer que o Executivo poderia exercer atribuições do Legislativo.

Além de tudo isso, o presidente também encaminhava a reforma do ensino superior, extinguindo a "cátedra", com sua vitaliciedade, e assegurando aos professores universitários a plena liberdade docente e a autonomia das universidades. Por fim, propunha a convocação de um plebiscito para se conhecer o pronunciamento do povo a respeito das reformas de base. Algo que, por várias vezes, o presidente considerou um problema, mas que acabou por aparecer na Mensagem enviada ao Congresso.

DEU NO JORNAL

Lideranças acham que para sobreviver o Congresso deve reagir à pressão de Goulart

Generaliza-se, em vastos setores parlamentares, a tese de que o Congresso, por uma questão ligada à sua própria sobrevivência, deve reagir, imediatamente, aos objetivos contidos nos dois últimos pronunciamentos públicos do presidente da República, em seu discurso no Comício da Central e na mensagem encaminhada ao Congresso, na tarde de ontem.

(*O Globo*. Rio de Janeiro, 16 de março de 1964, p. 9)

O GOVERNO DAS ESQUERDAS

Como dois e dois são quatro, a Mensagem foi muito mal recebida no Congresso Nacional. Ela desagradou a parlamentares de filiações partidárias as mais diversas: udenistas, pessedistas e integrantes de pequenos partidos de direita e, inclusive, de esquerda. Algumas medidas não causaram surpresa ou rejeição, como foi o caso da reforma do ensino superior. A proposta de reforma agrária também não surpreendeu tanto. Havia um acordo estabelecido, embora não declarado: os parlamentares sabiam que expropriações sem indenizações faziam parte do programa reformista do presidente e das esquerdas. Porém, era do conhecimento de todos que o Congresso Nacional recusaria a proposta de reforma agrária em seu "programa máximo" e sem negociações parlamentares.

A repercussão mais negativa da Mensagem — que deu um susto nos parlamentares —, foi sua parte política. As propostas geraram, como se pode imaginar, todo tipo de suspeitas e desconfianças. No caso da extensão do direito de voto aos analfabetos, mesmo considerando que a medida podia ser justa, o Congresso avaliava que ela beneficiaria diretamente o PTB, o partido mais popular naquele momento. Era do conhecimento dos políticos que os analfabetos — contingente mais pobre da população —, em princípio, iriam votar nos trabalhistas. A questão da expansão da cidadania política no Brasil se transformava, de imediato, em uma questão eleitoral e partidária. Jango propunha o voto dos analfabetos porque queria, já nas próximas eleições, beneficiar-se e beneficiar seu partido.

A proposta de reforma eleitoral também beneficiava o PTB em outro sentido bem mais óbvio. Sem as cláusulas que alteravam os princípios de inelegibilidade, apenas o PSD e a UDN tinham nomes fortes para a eleição de 1965. Juscelino Kubitschek, entre os pessedistas, e Carlos Lacerda e Magalhães Pinto, entre os udenistas. As esquerdas, no máximo, teriam Miguel Arraes, nome importante no Nordeste, mas não nacionalmente. Isso porque os trabalhistas não podiam ter um candidato de peso. Contudo, a proposta de reforma contida na Mensagem alterava radicalmente esse panorama, permitindo ao PTB dispor de dois nomes fortes: Leonel Brizola e o próprio Jango. Algo muito bem imaginado, mas muito pouco palatável.

Mais incrível ainda, no contexto da reforma eleitoral, foi a proposta de delegação de poderes ao Executivo. Vale recordar que o Estado Novo, durante o qual o presidente concentrava todos os poderes, não havendo Legislativo, acabara havia menos de vinte anos. Muitos parlamentares no

1964

Congresso Nacional viveram esse tempo e se perguntavam: o que Jango queria ao dispor, ao mesmo tempo, de poderes executivos e legislativos?

Para agravar a situação, a realização de um plebiscito poderia dar ao presidente uma vitória muito expressiva. Pesquisas apontavam a grande popularidade das reformas de base e do próprio Jango. O Comício da Central do Brasil evidenciara claramente essa popularidade. Uma votação esmagadora a favor das reformas tornaria o Congresso Nacional apequenado diante do presidente da República. Era um risco que não podia ser corrido de forma alguma.

Editorial: Reformas sem ditadura

Pede o sr. João Goulart que se retire da Constituição o art. 36, parágrafo 2°, que veda a qualquer dos Poderes delegar atribuições a outro Poder. (...) A delegação de poderes é mesmo típica do regime parlamentarista: é dada ao Gabinete, saído do próprio Parlamento, mas não ao presidente da República. Mas delegar poderes ao chefe de um governo presidencialista significaria abolir a independência dos Poderes que, por sua vez, é típica do regime presidencialista. Como pode o sr. João Goulart pedir tanto? (...) Seria nada mais nada menos que, atrás de uma fachada constitucional, a ditadura.

(*Correio da Manhã*. Rio de Janeiro, 18 de março de 1964, p. 6)

A Mensagem presidencial permitiu algumas interpretações de futuro próximo e praticamente nenhuma de mais longo prazo. As esquerdas acreditavam que, após acumular forças, por fim havia chegado a hora da verdade. Mas, no geral, as reações foram muito negativas. Para os direitistas, não havia dúvidas de que estava em curso um plano golpista, liderado por Goulart e Brizola: o presidente dissolveria o Congresso Nacional e, com as esquerdas, governaria com poderes ditatoriais. Para os parlamentares liberais e setores de centro, sobretudo do PSD, a Mensagem continha uma série de casuísmos que visavam a favorecer eleitoralmente Goulart, Brizola e o PTB. As regras seriam mudadas às vésperas do jogo, apenas para beneficiar uma das partes. Portanto, a Mensagem foi lida pelo Congresso, de forma geral, numa perspectiva de curtíssimo prazo, que apontava diretamente

O GOVERNO DAS ESQUERDAS

para as eleições presidenciais de 1965. Nesse sentido, medidas de grande e longo alcance, que transformariam o grau de inclusão da democracia brasileira, como o voto dos analfabetos, perderam tal sentido, ficando aprisionadas pelas circunstâncias eleitorais e pelas disputas políticas imediatas e radicais que dominavam o tenso cenário de março de 1964.

Por tais razões, os maiores beneficiados com a Mensagem foram os líderes de direita no Parlamento e os conspiradores civis e militares. Estes, desde a posse de Goulart, alardeavam o perigo comunista para o país, mas necessitavam de argumentos fortes para convencer políticos liberais e de centro de que um golpe de esquerda estava a caminho: o Comício da Central e a Mensagem presidencial "provaram" essa tese.

Mas haveria, de fato, um golpe das esquerdas em curso e liderado por Goulart? Alguns estudiosos respondem positivamente. É o caso do historiador Jacob Gorender, na época membro do Comitê Central do PCB. Para ele, desde novembro de 1963, Jango "passou a se entender com as forças de esquerda, com o PCB em particular, germinando também uma ideia golpista". Segundo sua análise, havia golpismos: "não só da direita, mas também da esquerda".[8] Para Leandro Konder, outro historiador que viveu aqueles acontecimentos e também era ligado ao PCB, a conclusão é similar. Luís Carlos Prestes estava apoiando a reforma da Constituição de 1946 e a reeleição de Goulart. Logo, afirma Konder, "dadas as circunstâncias (exiguidade dos prazos, inexistência de consenso), a proposta era, certamente, golpista" e, ainda seguindo sua reflexão, "a reação contra o golpismo do campo da esquerda resultou no golpe da direita".[9]

A lógica dos dois historiadores e militantes do PCB é respeitável. Ainda assim, é arriscado afirmar, com certeza, que Goulart e Brizola planejassem, juntos, um golpe de Estado. Ora, esses dois políticos tinham, entre si, grandes divergências, além de serem candidatos potenciais à presidência, caso se fizesse uma reforma eleitoral que possibilitasse suas candidaturas. Porém, suas ações permitiam que seus adversários acreditassem e explorassem tal possibilidade. Não há documentação que permita o rastreamento de pistas mais concretas sobre um plano de golpe de Estado de esquerda nesse momento. O que a documentação existente nos autoriza a dizer é que os parlamentares que então se posicionaram em defesa da Constituição de 1946 consideravam o "desprezo" dos integrantes da FMP, do PCB e de sindicalistas do CGT por essa Carta um verdadeiro golpe nas instituições liberais democráticas. Não estavam equivocados. Ou seja, ainda que Jango não estivesse "conspirando", tal entendimento ganhava terreno e era tido como certo no Parlamento e para além dele. Mais cedo ou mais tarde, o presidente daria um golpe de Estado com as esquerdas, afirmavam muitos congressistas. Era isso que importava e, convenhamos, era absolutamente possível, diante dos termos da Mensagem.

Carta de Carlos Lacerda aos governadores de estado

A guerra revolucionária foi deflagrada no país por meio de uma pressão a pretexto de "reformas". Tais reformas, por meio de decretos demagógicos, visam substancialmente:

1. A "reforma" da Constituição, isto é, virtualmente a sua substituição por outra, que dará outro regime ao Brasil.

2. A marginalização e eventual dissolução do Congresso.

3. Um plebiscito totalitário com perguntas capciosas, entre as quais nunca encontrará uma, que é a principal: o povo prefere a liberdade ou o comunismo? (...)

4. A associação crescente entre o comunismo e o negocismo; a desmoralização das Forças Armadas, reduzidas à função de garantir manifestações ilegais.

5. A transformação do presidente da República em caudilho. A pretexto de evitar a minha eleição, ele quer evitar toda eleição democrática.

6. A entrega progressiva de postos-chave aos comunistas e seus cúmplices (...).

7. A destruição da iniciativa livre e sua substituição por um dirigismo incompetente e desvairado, logo substituído pelo controle totalitário de todas as atividades nacionais, inclusive o controle das consciências. (...)

(*Correio da Manhã*. Rio de Janeiro, 19 de março de 1964, p. 2)

Dois dias após a chegada da Mensagem ao Congresso Nacional, em 17 de março de 1964, um novo fato político alimentou ainda mais a fogueira da radicalização e das suspeitas quanto à montagem de um golpe de esquerda. O líder comunista Luís Carlos Prestes, em discurso na Associação Brasileira

O GOVERNO DAS ESQUERDAS

de Imprensa, comentou longamente a situação política do país. Prestes estava afinado com os argumentos de Leonel Brizola e da Frente de Mobilização Popular. Para ele, João Goulart havia compreendido, finalmente, que sua "política de conciliação, a sua preocupação de manter, no governo, representantes da cúpula reacionária do PSD, visando a ter maioria no Congresso", não levou a nada de positivo, "porque essa maioria não lhe assegurou nenhuma reforma".[10] A decisão do presidente de mudar sua estratégia política, aliando-se às esquerdas no Comício da Central do Brasil, foi elogiada por Prestes. Esse evento, para ele, "foi um acontecimento de grande e profunda significação para todo o desenrolar dos acontecimentos em nossa Pátria". E completou: "A significação política desse comício será verificada na prática dos próximos meses, talvez mesmo das próximas semanas ou dos próximos dias." Seu otimismo foi considerado evidente. Restava saber se era justificado.

Prestes, sem dúvida, era alguém experimentado, ainda mais dentro das esquerdas. Sabia, como todos os observadores daquele momento político, que o comício acelerou as tensões no interior das próprias esquerdas, ao mesmo tempo que gerou efeito inverso nas "forças reacionárias e entreguistas que, efetivamente, tendem a unir-se" contra Goulart. Em outras palavras, Prestes estava apontando para o fortalecimento das direitas, "diante de um processo de polarização de forças", diante "do desespero, que será crescente, dos reacionários". Goulart precisaria de muito apoio e ele só poderia vir da "Frente de Mobilização Popular, que agrupa as forças (...) da classe operária até aos militares patriotas, a intelectualidade, os camponeses, os estudantes". Em torno da FMP, para Prestes, seria possível agrupar e ampliar os apoios a Jango, como o do próprio Partido Comunista. Tratava-se, portanto, de constituir um governo das esquerdas integradas em uma Frente Única.

O jornal *Panfleto*, não casualmente, chegou às bancas em 23 de março de 1964, com uma matéria do secretário-geral da FMP, Neiva Moreira, aconselhando a formação de um novo ministério:

> "O que se impõe é a ação rápida e ofensiva. Ora, o programa da Frente Nacionalista, condensado recentemente em nota da Frente de Mobilização Popular, tem tudo ou quase tudo o que se quer e precisa fazer. É só nomear os ministros do Governo Popular e começar a ofensiva geral em todas as frentes."[11]

1964

Coluna do Castello no *Jornal do Brasil*

No conjunto de "reformas integradas" constitutivas da atual ofensiva do presidente João Goulart insere-se a reforma do Ministério, a qual deverá ocorrer em função dos interesses da Frente Popular (...) que abrangerá, além da fração parlamentar, as entidades populares, tais o CGT, a UNE, o PUA etc. (...) O Partido Comunista, por esta via, poderia ter ingresso no Ministério, desde que ele é, hoje, a vanguarda do movimento reformista e a base das manobras do presidente da República com vistas à reestruturação do sistema político constitucional. (...) Nos meios parlamentares não persiste dúvida sobre a perseguição, pelo governo, de objetivos extraconstitucionais, os quais são abertamente caracterizados pela UDN e timidamente pelo PSD como os da supressão das regras do jogo democrático. Ao sr. João Goulart não interessaria o fechamento do Congresso, mas sua total marginalização e sua desmoralização perante as massas trabalhadoras, as quais iriam buscar satisfação para seus anseios em esferas mais efetivas de poder. (...) A ofensiva poderá canalizar-se para uma greve geral, que eclodiria entre 10 e 20 de abril, como argumento final na batalha das "reformas integradas".

(*Jornal do Brasil*. Rio de Janeiro, 18 de março de 1964, p. 4)

Tanto no Comício da Central quanto na Mensagem ao Congresso, Goulart propôs mudanças na Constituição. Contudo, segundo diagnósticos, como o do jornalista Carlos Castello Branco, as esquerdas iam mais longe. Elas queriam outra Constituição. A sugerida consulta popular sobre a convocação de uma Assembleia Constituinte era um indicativo desse objetivo. O discurso de Prestes deixava poucas dúvidas quanto a essa questão: "Não podemos ficar encerrados no 'círculo de giz' da legalidade", disse ele em entrevista na televisão.[12]

Os fundamentos da democracia liberal, instituídos pela Constituição de 1946, estavam sendo questionados pelas esquerdas. Severino Schnnaipp, por exemplo, presidente da Federação Nacional dos Trabalhadores no Comércio Armazenador, afirmava compreender a democracia vigente no país como uma ordem jurídica "obsoleta, aviltante da condição humana", sendo, por isso, "imoral e perniciosa". Para ele, era necessária a "revisão do conceito de democracia", uma vez que alguns dispositivos constitucionais serviam apenas para "manter os privilégios de uma minoria".[13]

O GOVERNO DAS ESQUERDAS

Em função de declarações e ações como essas, é que o historiador Boris Fausto avalia que, entre as esquerdas daquela época, a "democracia formal" era interpretada "como um simples instrumento a serviço dos privilegiados. Como aceitar seu jogo difícil de marchas e contramarchas se havia todo um mundo a ganhar através da implantação das reformas de base 'na lei ou na marra?'[14] Nesse contexto de grave crise política que o país vivia, fica evidenciado que estava em jogo nada menos do que a questão da democracia: seu conteúdo, seu significado, seu valor como princípio político.

As esquerdas, em março de 1964, pensavam repetir agosto/setembro de 1961. A crise aberta com a renúncia de Jânio provocou na sociedade brasileira um movimento de resistência ao golpe dos ministros militares, no qual ganhou força a exigência de que o vice-presidente tomasse posse. Leonel Brizola liderou essa resistência em nome da democracia. A sociedade brasileira o acompanhou. A luta era pela manutenção da ordem jurídica e da legalidade, que deu nome à campanha que se espraiou pelo país. Os grupos de direita, ao pregar abertamente o golpe de Estado e ao deixar de cumprir a Constituição, perderam a legitimidade. Nesse sentido, em 1961 a vitória foi das esquerdas, mas a luta era pela legalidade e pela defesa da Constituição.

No plebiscito de 1963, novamente as esquerdas defenderam a ordem constitucional que havia sido atropelada, da noite para o dia, com a implantação do parlamentarismo. A sociedade foi convocada às urnas para restabelecer o que dizia a Constituição de 1946. Os eleitores atenderam ao chamamento das esquerdas e votaram, maciçamente, pelo presidencialismo. Ou seja, em 1961 e 1963, as esquerdas levantaram a bandeira da legalidade e do respeito à Constituição e, assim, mobilizaram a sociedade brasileira.

Não era o que ocorria em março de 1964. Em nome das reformas de base — uma causa que até era considerada justa e necessária por amplos segmentos sociais —, as esquerdas questionaram os fundamentos da democracia liberal instituídos na Carta de 1946, tachando-a de antiquada, retrógrada etc. Criticaram duramente o Congresso Nacional, igualmente retrógrado, atrasado, enfim, dispensável. Enquanto isso, as forças de direita e os conservadores se apegaram ao lema da "Constituição intocável". Em março de 1964, portanto, como bem observou o historiador Daniel Aarão Reis, os sinais se inverteram.[15] As direitas, tudo indica, haviam aprendido algo com as experiências de 1961 e 1963. Em março de 1964, para desacreditar as esquerdas perante a sociedade, recorreram, com sólidos argumentos, à defesa da legalidade e da democracia.

As esquerdas, tão ciosas dessa bandeira em 1961 e 1963, não a levaram em conta, ao menos como haviam feito antes. Dessa forma, municiaram seus opositores, colocando-se do lado da afronta aos preceitos constitucionais. Esse é um ponto-chave para se entender o decurso desse fantástico mês de março de 1964, pois é nesse momento que essas duas posições ficam claramente explícitas, sendo perceptíveis para a população brasileira. Com isso não se quer dizer que as forças de direita fossem de fato defensoras da democracia. Elas fizeram oposição e obstrução ao governo Jango, recorrendo sistematicamente a inúmeros expedientes nada legais e menos ainda democráticos. As ações de propaganda e os financiamentos de campanha, muitos com verbas vindas do exterior, são alguns exemplos do pouco apreço que tinham aos valores democráticos. Porém, a despeito de conspirarem, planejando a deposição de um presidente pela força das armas, os civis e militares de direita construíram um discurso para justificar seus atos antidemocráticos, recorrendo exatamente aos valores democráticos. Já as esquerdas, como vimos acima, também pouco apreço demonstravam à democracia, embora também falassem muito dela, uma vez que, no "desfecho", se propunham a agir "na lei ou na marra". Direitas e esquerdas, no dizer de Argelina Figueiredo, "subscreviam a noção de governo democrático apenas no que servisse às suas conveniências. Nenhum deles aceitava a incerteza inerente às regras democráticas".[16]

San Tiago Dantas, nesse março de 1964, via seus temores mais profundos se tornarem realidade. De diversas formas a democracia era alardeada e imediatamente abandonada. Uma vez que os fins não justificam os meios, as reformas, mesmo as mais justas, só seriam alcançadas quando os procedimentos políticos respeitassem os valores democráticos. Porém, a relação entre democracia e reformas não foi bem avaliada pelas esquerdas, na certa porque, naquele contexto, estavam muito mais interessadas nas reformas do que na democracia.

Pesquisas realizadas pelo IBOPE, em setembro de 1963, em nove capitais do país, como se observou anteriormente, haviam indicado uma ampla aprovação às reformas, inclusive a agrária. Nova pesquisa, realizada pelo mesmo instituto, entre 9 e 26 de março de 1964, dessa vez em oito

O GOVERNO DAS ESQUERDAS

capitais, chegou a conclusão interessante, devendo ser aqui considerada. A pergunta proposta era: "Na sua opinião, é ou não é necessária a realização de uma reforma agrária no Brasil?" As respostas, em percentagem, foram as seguintes:

Cidades	Necessária	Desnecessária	Não sabem
São Paulo	66	13	21
Rio de Janeiro	82	9	9
Belo Horizonte	67	16	17
Porto Alegre	70	17	17
Recife	70	7	23
Salvador	74	9	17
Fortaleza	68	13	19
Curitiba	61	11	28
Total	72%	11%	16%

(Antônio Lavareda. *A democracia nas urnas: O processo partidário-eleitoral brasileiro [1945-1964]*. Rio de Janeiro, Iuperj/Revan, 1991, p. 177.)

Comparando-se os índices de setembro de 1963 com os de março de 1964, verifica-se que não houve alteração substancial. Ou seja, ainda em março de 1964, a população brasileira se posicionava de forma favorável à reforma agrária, um tema dos mais polêmicos na pauta de discussão política. Isso demonstra, no mínimo, que a reforma agrária não estava sendo avaliada como algo negativo ou destrutivo para a sociedade. Não era vista, tão cegamente, como muitas vezes se acredita, como uma "ameaça comunista" à ordem vigente. Contudo, apoiar as reformas e mesmo a reforma agrária significaria que a sociedade brasileira se inclinava para a esquerda? Para uma esquerda que desancava a olhos vistos o Congresso e queria mudar a Constituição? Não necessariamente ou muito dificilmente.

Se outra pesquisa do IBOPE, realizada em junho e julho de 1963, nas mesmas oito capitais já citadas, for observada, é possível dar mais densi-

1964

dade às tendências políticas da sociedade da época. Nesse caso, a pergunta demonstra as orientações ideológicas então dominantes, bem como eram chamadas e com quem se identificavam em termos das lideranças mais conhecidas. Era a seguinte: "Destas três hipóteses, qual é, a seu ver, a mais indicada para ser adotada pelo governo do Brasil?"

a) Seguir a linha da chamada *direita*, cujos representantes seriam Carlos Lacerda e Ademar de Barros.

b) Seguir a linha de *centro*, representada por Magalhães Pinto e Juscelino Kubitschek.

c) Seguir a linha da chamada *esquerda*, cujos representantes seriam Leonel Brizola e Miguel Arraes.

No somatório das oito capitais, a esquerda recebeu 19% das preferências dos consultados, a direita, 23% e o centro, 45%.[17] O resultado, portanto, mostrava uma sociedade com acentuada tendência reformista, mas com posições políticas de centro; quer dizer, as reformas eram possíveis, sem apelo a radicalismos. Nem o de direita de Carlos Lacerda (que recebeu maior aprovação), nem o de esquerda de Leonel Brizola. É por tal razão que o cientista político Antônio Lavareda afirma que, em meio à crescente polarização das lideranças de esquerda e de direita, "a opinião pública brasileira estava ancorada, em sua maioria, ao *centro*". Contudo, também se pode dizer que o governo Goulart tinha a simpatia da maioria da população e gozava de razoável credibilidade.[18]

Algo que se confirma pela pesquisa do IBOPE, já mencionada, realizada entre os dias 9 e 26 de março de 1964, portanto no intervalo em que se realizou o comício de 13 de março. Por ela, fica-se sabendo que 59% da população eram favoráveis às medidas anunciadas no Comício da Central, apoiando o presidente João Goulart.[19] Ou seja, as reformas propostas por ele, ainda naquele momento, não eram nem tão rejeitadas, nem tão temidas como se costuma afirmar. Eram consideradas necessárias e poderiam beneficiar-se desse amplo apoio popular, tornado público por uma respeitada instituição de pesquisa de opinião pública.

Segundo dados dessa mesma pesquisa, o IBOPE informava que 48,9% dos entrevistados admitiam votar em Jango, se ele pudesse concorrer à reeleição. Porém, 41,8% rejeitavam tal alternativa, o que significava que votariam em outros candidatos que, pelo que se viu, eram preferencial-

O GOVERNO DAS ESQUERDAS

mente de *centro*. Um resultado que aponta percentuais bem equilibrados no que diz respeito a uma incerta candidatura do presidente, mas que indica, sem a menor dúvida, que ele ainda gozava de grande prestígio, mesmo que se saiba que pesquisas de opinião pública têm resultados voláteis e sujeitos à influência de acontecimentos da conjuntura. De toda a forma, esses dados do IBOPE colhidos em março de 1964 confirmavam o bom trânsito do nome de Jango entre o eleitorado, o que incluía até o estado de São Paulo. Porém, como o recente trabalho do historiador Luiz Antônio Dias vem demonstrar[20] tais pesquisas não foram divulgadas à época ou por falta de tempo ou por desagradarem os contratantes — a Federação do Comércio do Estado de São Paulo — ou por ambas as razões. É claro que o nome de Jango tinha rejeições crescentes, sobretudo nas chamadas classes A e B, além dos setores vinculados ao clero católico, que se articulavam e se manifestavam de forma cada vez mais visível e combativa, como as Marchas da Família com Deus e pela Liberdade ilustravam.

Mas o que a conjuntura política do ano de 1964 e as pesquisas do IBOPE, conhecidas décadas depois, comprovam é que Jango, naquele momento, não era um presidente fraco e desprovido de apoio popular. Uma versão que, por um bom tempo, foi defendida em especial por aqueles envolvidos no golpe civil e militar, que usam tal argumento para fortalecer as razões do golpe. Jango, de fato, enfrentava questões muito delicadas e espinhosas ante as Forças Armadas, sobretudo no que dizia respeito às interpretações de suas atitudes face os princípios de hierarquia e disciplina, que estruturavam as bases dessas instituições militares. O presidente, portanto, combinava, de um lado, uma relevante aprovação por parte da população do país; mas, de outro, aprofundava oposições (como as das Forças Armadas) e rompia alianças (como as com o PSD), o que dificultava e até mesmo tornava intolerável, para parcelas da oposição, sua manutenção no poder. De toda a forma, o Comício da Central do Brasil evidenciara claramente sua popularidade e as pesquisas do IBOPE realizadas em março de 1964 a confirmavam. É com tal perspectiva que as conclusões de Lavareda merecem atenção e reflexão: "a radicalização era uma nítida opção estratégica de setores das elites, à esquerda e à direita, desinteressadas na manutenção da institucionalidade democrática. O eleitor comum não tinha, rigorosamente, nenhuma responsabilidade no processo".[21]

1964

O cidadão brasileiro, conforme a documentação evidencia, não desejou e não aplaudiu a crescente radicalização promovida e alimentada pelas elites políticas de direita e de esquerda. Foram elas que promoveram e acirraram o confronto, acreditando, de parte a parte, que ele lhes seria benéfico. Os eleitores, inclusive, manifestaram-se contrários a tal desdobramento, e o IBOPE divulgou sua posição, mais de uma vez.

Contudo, a população brasileira não esteve inteiramente ausente desse processo de radicalização, como igualmente se quis acreditar, sobretudo depois que os ventos da redemocratização dos anos 1980 sopraram sobre o país. Ainda que não fosse um de seus responsáveis, ainda que desaprovasse tal processo, não o assistiu de camarote até o fim, ou seja, até o golpe de 31 de março. Setores consideráveis da opinião pública consultada pelo IBOPE acabaram se integrando aos acontecimentos que surpreenderam e agitaram o Brasil e saíram às ruas. De toda forma, foi essa população, como um todo, que pagou a conta. E ela foi imensamente cara para o Brasil.

19

Rumo à direita

O Comício da Central do Brasil e a Mensagem presidencial ao Congresso Nacional provocaram duras reações em diversos setores da sociedade brasileira durante o restante do mês de março. No dia 18, depois de 13 anos de silêncio, o ex-ministro da guerra de Vargas no Estado Novo e ex-presidente da República, general Eurico Gaspar Dutra, concedeu entrevista ao *Jornal do Brasil*. Nela, atacava diretamente Goulart. Diante da gravidade do momento político, ele pedia a união dos "democratas, enquanto é tempo".

> O respeito à Constituição é a palavra de ordem dos patriotas. A fidelidade à Lei é o compromisso sagrado dos democratas perante a Nação. Não se constrói na desordem, nem se prospera no sobressalto. Nada de bom se resolve, no clima do desentendimento, e é impossível sobreviver democraticamente na subversão. O regime tem remédio natural e certo para todos os nossos problemas, inclusive os da autêntica Justiça social.[1]

O ex-presidente era um homem de perfil conservador e sabidamente anticomunista, como sua história de vida atestava. Suas palavras reforçavam o mesmo argumento utilizado por direitistas e liberais: era preciso defender a Constituição e a legalidade "enquanto é tempo". A manifestação de Dutra no debate político teve grande repercussão política. Há tanto tempo ausente de qualquer participação de teor público, sua entrevista suscitou avaliações. O jornalista Alberto Dines, por exemplo, afirmou que o ex-presidente se expressava como "soldado-apenas-soldado falando para a imensa maioria dos soldados-apenas-soldados". Quer dizer, a entrevista era um alerta, pois o Exército começava a reagir.[2] A dimensão simbólica desse pronunciamento estava clara e foi percebida pela imprensa.

Muito certamente havia outros militares que pensavam como Dutra naquele momento. Só que eles optavam por não falar. Estavam se articulando desde o Comício da Central do Brasil, ampliando alianças junto a setores até então moderados do centro político. Estavam dando início efetivo a um movimento que, como Dutra lembrou, devia ser realizado em nome da defesa da Constituição. Ao mesmo tempo, parlamentares do Congresso Nacional se mobilizavam para a formação de uma Frente de Defesa da Constituição, do Congresso e da Democracia. Assim, não foi nenhuma surpresa a entrevista concedida pelo ex-presidente e então senador Juscelino Kubitschek, no mesmo dia 18 de março, só que na televisão, um veículo que começava a ganhar espaço entre os meios de comunicação no início da década de 1960. Para JK, "o Congresso Nacional deve ser respeitado pelo que tem feito pela nação".[3] No mesmo coro, onde as vozes são ensaiadas, e no mesmo dia 18, Carlos Lacerda falou à imprensa: "O sr. João Goulart recebeu da Rússia, através do sr. Prestes, a certeza do apoio do Partido Comunista ao seu projeto de continuar no poder."[4]

Afirmações como essas, em especial acusações de que Goulart iria dar um golpe para continuar no poder, não eram novidade quando vindas das direitas e de Lacerda. Elas eram quase um mantra desde o segundo semestre de 1963. O ponto a assinalar é a sincronia das declarações então realizadas, e a importância e diversidade de quem falava ao grande público: dois ex-presidentes da República — Dutra e JK. Mas isso não é tudo. A maior novidade foi, no dia 19 de março, surgirem notícias na imprensa, vindas de setores das esquerdas — mais precisamente ligados a Brizola e Arraes —, em que tais especulações eram reforçadas.

Segundo matéria do *Jornal do Brasil*, esses políticos, após longa reunião, consideraram que o país atravessava uma situação semelhante à que antecedeu e justificou o golpe que instalou o Estado Novo em 1937. O golpe que permitiu Getúlio Vargas permanecer no poder, sendo derrubado apenas

RUMO À DIREITA

em 1945, por sinal com presença decisiva do general Dutra. A notícia anunciava que, na visão desses setores das esquerdas, havia sim "condições para um golpe de Estado, possivelmente de inspiração direitista, do qual o presidente João Goulart poderia ou não participar, podendo até mesmo ser sacrificado".[5] Quer dizer, Brizola e Arraes admitiam que havia um golpe em andamento e ele estava sendo promovido pelas direitas. Usando de ironia, em março de 1964 não era preciso ter uma bola de cristal para se chegar a tal conclusão. O mais incrível e mesmo estarrecedor é que esses líderes de esquerda declarassem que Jango pudesse participar de tal golpe, uma vez que o presidente havia selado uma clara aliança com eles, explicitada no Comício da Central, para todo o Brasil. Mesmo que soubessem que poderia ocorrer um golpe de direita, é de causar estupefação o fato de considerarem que Jango, ingenuamente, dele participaria. A mera cogitação de tal hipótese e sua divulgação pela imprensa era uma agressão ao presidente.

Nesse ambiente político, de absoluta desconfiança entre todos os atores — de centro, direita e esquerda —, como governar? Como levar adiante um projeto reformista, tendo o descrédito de todos, inclusive o dos aliados mais próximos? Assumindo-se a ótica do presidente Goulart, cabe perguntar: de que lhe valeu o Comício da Central do Brasil?

EU ESTIVE LÁ

Brigadeiro Francisco Teixeira depõe em 1983-4

Em que campo um governo que se propunha a fazer reformas profundas foi buscar apoio? O campo popular. Se esse campo popular não está unido, não pode ter força para enfrentar os opositores. Então uma das causas fundamentais do golpe foi a desunião das esquerdas, que eram as bases de apoio daquele governo. Elas estavam desunidas, estavam em luta aberta e, fatalmente, seriam derrubadas. Isto sem contar que havia um interesse ameaçador muito maior, que era o do imperialismo aqui dentro.

(Citado em Angela de Castro Gomes e Jorge Ferreira. *Jango: As múltiplas faces*. Rio de Janeiro, FGV, 2007, pp. 215-6)

1964

Sem dúvida, o comício causou duras reações entre diversos setores de direita, como se afirmou desde o início deste capítulo. Aliás, como o general Castello Branco e outros generais que estavam no Palácio da Guerra no dia 13 de março, garantindo a segurança de Jango, haviam previsto e almejado. Para eles, aquela "festa da esquerda" desfaria muitas dúvidas entre grupos ainda indecisos em relação a seu apoio ao presidente, trazendo-lhes benefícios. No rescaldo final, segundo essa estratégia, seriam eles, os conspiradores, que fariam a festa. Por isso, era preciso engolir o sapo; até mais de um, como era o caso.

Um bom exemplo desses benefícios foi o clima de revolta que grassou entre os católicos conservadores, ilustrado pela freira paulista, irmã Ana de Lourdes. Para ela, João Goulart teria atacado a fé católica e ofendido o rosário quando, no discurso na Central, disse que "não é com rosários que se combatem as reformas", referindo-se a eventos que reuniram mulheres contra o desabastecimento, por exemplo. Por isso, ela propôs aos fiéis que lhe eram próximos organizar um ato público como resposta: um Movimento de Desagravo ao Rosário. Logo tal ideia chegou aos ouvidos de deputados antijanguistas e ganhou força política. A passeata foi precedida de várias reuniões e líderes de nada menos que oitenta organizações que participaram do evento. Entre elas estavam: a Fraterna Amizade Urbana e Rural; a Sociedade Rural Brasileira; a União Cívica Feminina, entre outras.

Foi em função desse bem-sucedido acontecimento que surgiu o movimento intitulado Marcha da Família com Deus Pela Liberdade. A primeira Marcha seria realizada na cidade de São Paulo no dia 19 de março, dia muito simbólico, pois de homenagem a São José, o padroeiro da família.[6] Concentrados na Praça da República, às 16h, um grande número de manifestantes desfilou pelas ruas Barão de Itapetininga, Praça Ramos de Azevedo, Viaduto do Chá, Praça do Patriarca, rua Direita e Praça da Sé. Abrindo a Marcha, estavam os cavalarianos dos Dragões da Força Pública. A seguir, na primeira fila, o deputado udenista Herbert Levy, o senador Auro de Moura Andrade e o general Nelson de Melo. Seguindo-os, milhares de paulistanos e delegações de cidades do interior, com a presença de muitas mulheres. O número de faixas era grande, assim como o fora no Comício da Central. A diferença é que seus dizeres eram expressivos do espírito legalista e anticomunista que movia a Marcha. Alguns deles

302

RUMO À DIREITA

eram repetidos em coro pelos manifestantes: "Um, dois, três, Brizola no xadrez", "Aqui não, João" e "Comuna não tem vez". Houve também gritos como "Tá chegando a hora de Jango ir embora".

DEU NO JORNAL

Frases nas faixas carregadas na Marcha

Deputados patriotas, o povo está com vocês; Reformas só dentro da Constituição; A Constituição é intocável; A melhor reforma é o respeito à lei; Chega de palhaçada, queremos governo honesto; Trinta e dois mais trinta e dois, sessenta e quatro; Abaixo o traidor Brizola; Brizola: playboy de Copacabana; Cunhado é parente; Getúlio prendeu os comunistas, Jango premia traidores comunistas; O Kremlin não compensa; Abaixo o entreguismo vermelho; Verde e amarelo, sem foice e sem martelo, Abaixo os pelegos e os comunistas.

(*Jornal do Brasil*. Rio de Janeiro, 20 de março de 1964, p. 3)

A Marcha durou 55 minutos e a Banda da Guarda Civil de São Paulo a fechou com a execução de *Paris Belfort*, hino da Revolução de 1932. Nada poderia ser mais expressivo da heroica resistência paulista a autoritarismos de qualquer tipo. Nesse clima, começaram os discursos de várias personalidades, a maioria atacando Goulart. Entre os oradores estavam Auro de Moura Andrade, presidente do Senado, e os deputados Herbert Levy e Plínio Salgado. Os organizadores esperavam que o número de participantes pudesse superar, ainda que por margem modesta, o público que compareceu à Central do Brasil. Na verdade, estavam subestimando o processo de radicalização à direita que o país vivenciava, bem como as adesões que passavam a receber da população. O número de presentes foi, possivelmente, o dobro. Segundo cálculos divulgados na imprensa, no mínimo, participaram da Marcha cerca de quinhentas mil pessoas. Mas, considerando os que, parados, assistiram à passeata nas ruas de acesso, é possível calcular umas oitocentas mil pessoas.[7]

Isso é muita gente; em 1964, muita gente mesmo. Segundo a historiadora Aline Presot, estiveram presentes à Marcha delegações femininas

1964

de trezentos municípios do interior paulista. A mulher brasileira se fazia representar igualmente pelas primeiras-damas — as esposas de governadores — de estados importantes, como São Paulo, Guanabara, Rio Grande do Sul, Paraná e Bahia.[8] Esse foi um sinal evidente da perda de apoio que o presidente sofreu após o comício.

PROCLAMAÇÃO AO POVO

Manifesto lido na Marcha da Família com Deus pela Liberdade

Hoje, na praça pública, no dia da família, esta multidão imensa veio, espontaneamente, responder ao chamado das mulheres brasileiras e afirmar que a consciência cívica do Brasil está despertada. (...) Porque é bom que os inimigos da Pátria saibam que defenderemos intransigentemente o regime democrático, a nossa Constituição, o nosso Congresso e as nossas liberdades. É indispensável, ainda, que saibam que o povo está cansado das mentiras e das promessas de reformas demagógicas. Reformas, sim, nós as faremos, a começar pela reforma da nossa atitude. De hoje em diante os comunistas e seus aliados encontrarão o povo de pé. (...) Com Deus, pela Liberdade, marchemos para a salvação da Pátria!

(*O Globo*. Rio de Janeiro, 20 de março de 1964, p. 10)

As mensagens anticomunistas e religiosas contidas no manifesto lido durante a Marcha eram conjugadas a lemas em defesa da Constituição e do Congresso Nacional. Em particular, vale observar as referências às promessas demagógicas e ao risco de mudanças constitucionais que ameaçassem a democracia. As direitas estavam utilizando os mesmos argumentos que tinham sido bandeiras das esquerdas em 1961: colocavam o povo na rua para defender a legalidade e a Constituição.

Embora a Marcha na capital paulista seja a mais conhecida, outras foram realizadas em cidades do interior do estado de São Paulo. No dia 21 de março, em Araraquara, a Marcha recorreu à memória histórica dos paulistas. Ela foi iniciada com uma homenagem aos mortos da chamada Revolução de 1932, que, contra Vargas, lutavam por uma Constituição para o país. Nesse mesmo dia, houve Marcha na cidade de Assis. No dia 25 de

RUMO À DIREITA

março, ela ocorreu em Santos, onde cerca de oitenta mil pessoas desfilaram pelas ruas. Em 28 de março, foi a vez da cidade de Itapetininga. No dia seguinte, Marchas aconteceram em Atibaia, Ipauçu e Tatuí. Em 24 de março, a Marcha chegou ao Paraná e foi realizada na cidade de Bandeirantes.[9]

Apesar de tanta expressividade em quantidade de pessoas e qualidade de lemas, diversas organizações de esquerda não avaliaram a realização dessas Marchas como um sério indicador de perda de prestígio do presidente e das reformas. Enfim, não as interpretaram como um significativo avanço das direitas junto à população brasileira. Um dos motivos para tanto era considerar que as Marchas eram manifestações de "classe média". Na cabeça e no dizer das esquerdas de 1964, "Isso não é povo".[10] E, se não é povo, não é politicamente fundamental. Só as chamadas camadas populares interessavam, naquele contexto. Outro motivo que minimizava a importância do que se via nas rua era o caráter francamente religioso das manifestações. Também segundo concepções dominantes entre as esquerdas, a religião entorpecia o povo em vez de esclarecê-lo. Ideologicamente, nessa perspectiva, tais movimentos eram equivocados. Portanto, embora reunissem, a despeito de origem social ou crença religiosa, milhares de cidadãos brasileiros, manifestando-se contra o presidente, não precisavam ser avaliados como um dado ameaçador.

Foram poucas as organizações de esquerda que se preocuparam com as Marchas da Família com Deus pela Liberdade. Dona Neusa Brizola, esposa de um líder de esquerda — mas mulher e mãe de "classe média" —, esteve entre os que avaliaram os fatos de forma diferente. Ela convocou uma reunião conjunta da Liga Feminina da Guanabara e do Movimento Nacionalista Feminino para planejar um outro tipo de manifestação de mulheres para responder às Marchas. O seu projeto, porém, não foi levado adiante. A Ação Católica de São Paulo, ligada à Igreja progressista, na terminologia dos anos 1960, soltou um manifesto apoiando as reformas e condenando a exploração da fé e do sentimento religioso do povo. Também alertou para o risco de divisão interna da Igreja. De fato, a polarização política já atingia a hierarquia católica e era evidente nas posições que surgiam entre suas lideranças e no interior de suas organizações, que se compunham de estudantes secundaristas e universitários, e trabalhadores urbanos e rurais, por exemplo.

1964

> **DEU NO JORNAL**
>
> **Núcleos de Resistência Legal**
> **Heráclito Sobral Pinto**
>
> A República está em perigo, e, com ela, o regime representativo e a ordem constitucional. O comício de 13 do corrente na Praça da República, junto ao Quartel General, promovido pelos comunistas e prestigiado pelo sr. presidente da República, assumiu aspecto de provocação afrontosa, que indica, pelo que nele se passou, o perigo que nos ameaça. Entretanto, contam-se por dezenas de milhões os que, no Brasil, acreditam ardentemente nas reformas necessárias dentro da lei, isto é, na eliminação da miséria e da ignorância, da doença e da injustiça, do atraso técnico e da rotina agrícola, bem como na ascensão das massas e na generalização do bem-estar pelo caminho da Constituição e das Leis. (...) Com o objetivo de defender a legalidade (...) lanço veemente apelo aos meus concidadãos que se organizem, já e já, NÚCLEOS DE RESISTÊNCIA LEGAL, cuja finalidade será enfrentar, para removê-las, as ameaças e os decretos abusivos e violentos com que o Poder Executivo vem golpeando diariamente a legalidade constitucional do país.
>
> (*O Globo*. Rio de Janeiro, 19 de março de 1964, p. 2)

No dia 20 de março de 1964, os dois partidos que deram estabilidade à República fundada em 1945, PTB e PSD, realizaram suas Convenções Nacionais. Mesmo dia; caminhos distintos. Os pessedistas lançaram Juscelino Kubitschek como candidato à presidência em 1965. Nem sequer fizeram contatos políticos com os trabalhistas, como era comum até então. O PTB estava em situação mais difícil, porque não tinha um nome de peso para concorrer às eleições presidenciais. Somente com a aprovação pelo Congresso Nacional da proposta de reforma política, contida na Mensagem presidencial, Leonel Brizola poderia ser lançado candidato à presidência da República, ou o próprio Goulart poderia pleitear sua reeleição. Hipóteses nada prováveis, dada a evidente resistência do Congresso.

RUMO À DIREITA

Trecho do discurso de Ulysses Guimarães na Convenção do PSD

Quando defendemos a democracia possuímos duas razões: primeiro, a defesa da Constituição, que na época de sua elaboração foi documento precioso, impregnado de qualidades humanas e sociais e que foi elaborado para defesa do regime; e em segundo lugar, é neste apego às instituições e à legalidade e à ordem que testemunhamos a lealdade da nossa convicção republicana.

(*Jornal do Brasil*. Rio de Janeiro, 20 de março de 1964, p. 13)

Deu no jornal

Os comunistas e a situação política: intensificar as ações de massas para garantir a vitória do povo.

A contradição entre o povo e a maioria reacionária do Congresso tende a agravar-se. Os grupos retrógrados, em defesa de seus privilégios, apresentam-se agora como paladinos da Constituição e do Parlamento. Os patriotas e democratas não podem, no entanto, aceitar por mais tempo a resistência obstinada que a maioria parlamentar opõe aos anseios populares.

(*Novos Rumos*. Rio de Janeiro, edição de 27 de março de 1964, p. 3)

A questão da legalidade e da Constituição, portanto, também esteve em evidência na convenção do grande partido de centro do país. Como estamos acompanhando, tal bandeira ganhava, cada vez mais, adeptos variados e por motivos variados. Entre eles, com destaque, estavam os militares. Desde o Comício da Central do Brasil, o general Castello Branco, chefe do Estado-Maior do Exército, nomeado por Goulart, escrevia cartas ao ministro da Guerra, Jair Dantas Ribeiro. A tônica dessa correspondência era alertá-lo contra a política do presidente. Seu mais forte argumento era que o Exército não poderia se envolver no esquema político janguista, pois ele era antilegalista. Trocando em miúdos, Castello Branco considerava que o presidente estava envolvido em um esquema golpista de esquerda, o que era uma ameaça ao regime democrático. Algumas dessas cartas chegaram às mãos de Brizola e de líderes sindicais, que ficaram sabendo da posição do general. O ministro da Guerra, no entanto, até por ter em

1964

grande conta Castello Branco, acreditava na tradição existente na chefia do Estado-Maior de estar ausente de conspirações.[11] Na cúpula governamental de Jango, poucos sabiam exatamente quem era esse general. Sem comando de tropa, não foi considerado perigoso. Certamente, outro equívoco de avaliação. Aliás, eles se acumulavam nesse março de 1964.

Já entre os círculos conspiratórios das direitas, sobretudo da Guanabara, Castello Branco tinha sido escolhido como líder da resistência a Goulart. No dia 20 de março, enquanto o PSD e o PTB faziam suas convenções, ele enviava uma "instrução reservada" aos generais do Exército.[12] O objetivo da "instrução" era expor a posição do Estado-Maior do Exército em relação à conjuntura política. Ele queria destacar o que chamou de "intranquilidade e indagações" nos meios militares, após o comício de 13 de março. Segundo sua análise, as ameaças eram duas: a convocação de uma Assembleia Nacional Constituinte e o poder do CGT, organização definida como ilegal. O grande problema, a seu ver, era que as Forças Armadas — guardiãs da legalidade e da Constituição — eram invocadas, pelo presidente da República, para garantir tanto a Constituinte quanto o CGT. Ou seja, e seguindo a lógica do general, para fazer o inverso do que era o seu dever.

Castello Branco expressava o sentimento de amplos contingentes do Exército. Em sua "instrução reservada", afirmou: "A ambiciosa Constituinte é um objetivo revolucionário pela violência com o fechamento do atual Congresso e a instituição de uma ditadura." Embora quem tivesse falado em Constituinte e no fechamento do Congresso tenha sido Leonel Brizola, em nome da Frente de Mobilização Popular, tais medidas eram tratadas como diretrizes do governo Goulart. A Mensagem enviada ao Congresso o autorizava a tanto. O general até admitia que a insurreição era recurso legítimo de um povo, em circunstâncias muito especiais. Mas perguntava: "O povo brasileiro está pedindo ditadura militar ou civil e Constituinte? Parece que ainda não." Seu argumento era lógica e retoricamente convincente. Embora em sua resposta houvesse o "ainda não" — apontando para uma possibilidade indesejada, mas legítima —, afirmava de forma precisa sua posição, que era a da defesa da legalidade. As Forças Armadas, em um país de tradição liberal-democrática, serviam a esse regime e não a um governo que o ameaçasse.

RUMO À DIREITA

> **Instrução reservada de Castello Branco**
>
> Os meios militares nacionais e permanentes não são propriamente para defender programas de governo, muito menos a sua propaganda, mas para garantir os poderes constitucionais, o seu funcionamento e a aplicação da lei. Não estão instituídos para declarar solidariedade a este ou àquele poder. Se lhes fosse permitida a faculdade de solidarizar-se com programas, movimentos políticos ou detentores de altos cargos, haveria, necessariamente, o direito de também se oporem a uns e a outros. Relativamente à doutrina que admite o seu emprego como força de pressão contra um dos poderes, é lógico que também seria admissível voltá-la contra qualquer um deles. Não sendo milícia, as Forças Armadas não são armas para empreendimentos antidemocráticos. Destinam-se a garantir os poderes constitucionais e a sua coexistência.

O chefe do Estado-Maior do Exército era de uma clareza meridiana, seguindo estritamente a lógica militar: as Forças Armadas não podiam ser a favor ou contra programas, movimentos políticos etc. Não eram milícias. Justamente por isso, a "instrução reservada" dizia que os militares tinham que ser "contra a revolução, a ditadura e a Constituinte, contra a calamidade pública a ser promovida pelo CGT e contra o desvirtuamento do papel histórico das Forças Armadas". Castello Branco, através de uma forma de comunicação que atingia amplamente os militares, expunha o que, nos meios políticos, militares, empresariais e na imprensa em geral, já era uma tônica. Goulart se transformara numa ameaça à Constituição, ao Congresso Nacional e à manutenção da legalidade democrática. Os mesmos lemas, nunca é demais repetir, que mobilizaram a sociedade brasileira na crise de 1961, quando sua posse foi defendida.

> **Editorial: Se não, não!**
>
> Ainda se poderá falar em legalidade neste país? É legal uma situação em que se vê o chefe do Executivo unir-se a pelegos e agitadores comunistas para intranquilizar a Nação com menções a eventuais violências, caso o Congresso não aceite seus pontos de vista? É legal uma situação em que na própria Mensagem enviada ao Congresso, por ocasião da

1964

> abertura de seus trabalhos, o presidente da República reclame a reforma da Constituição, que jurou preservar e defender, invadindo, portanto, a competência exclusiva do Parlamento?
>
> (*O Globo*. Rio de Janeiro, 18 de março de 1964, 1ª página)

O texto do general Castello Branco circulou nos quartéis, embora também tivesse chegado às mãos de líderes da esquerda civil, pois havia muitos militares janguistas. Tudo indica, portanto, que tais lideranças, fossem militares ou civis, não perceberam o poder de convencimento dos argumentos utilizados em defesa da legalidade. Não avaliaram como eles deslegitimavam o governo Goulart. Tudo indica, mais uma vez, que tais lideranças não acreditaram na iminência de um golpe de direita, que já possuía um discurso que o justificava e era compartilhado por diversos setores, organizados ou não, da população brasileira.

No dia 23 de março, diversas organizações de esquerda finalmente chegaram a um consenso sobre a necessidade da formação de uma base de apoio político ao presidente. Foi só então que surgiu a Frente Popular. Em documento divulgado publicamente, os integrantes da Frente afirmaram o propósito de

> assegurar apoio parlamentar e popular a um programa que abrange a reforma da Constituição, leis ordinárias e atos de competência do Poder Executivo, destinados a promover a realização das reformas de base.[13]

A Frente Popular era formada pela Frente de Mobilização Popular, Frente Parlamentar Nacionalista, Comando Geral dos Trabalhadores, Comando Geral dos Trabalhadores Intelectuais, União Nacional dos Estudantes, União Brasileira dos Estudantes Secundaristas, Ligas Femininas, Partido Comunista Brasileiro, Partido Trabalhista Brasileiro, Partido Socialista Brasileiro, Partido Social Trabalhista e parlamentares à esquerda do PSD e até da UDN.

A longa enumeração dos integrantes tem como objetivo explicitar que a nova Frente Popular era, na verdade, o mesmo "governo das esquerdas". No documento, os signatários afirmavam o "apoio ao presidente João Goulart para tornar realidade a política que proclamou no ato decisivo do dia 13 de março, reafirmado, em seguida, na sua Mensagem ao Congresso Nacional". Em seguida, a Frente Popular apresentava seu programa de governo, que era vasto. Muito resumidamente, em primeiro lugar, seriam necessárias emendas à Constituição. Elas deviam permitir o voto dos analfabetos e militares; a elegibilidade dos atuais candidatos inelegíveis; o fim da cátedra universitária; e a reforma do artigo 141 que previa indenização prévia em dinheiro para fins de reforma agrária. Ou seja, medidas que constavam da Mensagem presidencial ao Congresso Nacional e estavam sendo rejeitadas por amplos setores civis e militares, inclusive em manifestações públicas, sendo identificadas como uma ameaça à legalidade, à democracia etc.

O segundo conjunto de medidas era composto por leis ordinárias, como a legalização do Partido Comunista; a anistia para os sargentos que tomaram Brasília em setembro de 1963; o direito de sindicalização dos servidores públicos; a limitação dos arrendamentos rurais; a reforma tributária; a limitação dos investimentos estrangeiros no país; reajustes salariais periódicos para os trabalhadores; e a estatização das empresas de publicidade e propaganda. Nesse caso, havia um agravante: tais medidas podiam e foram interpretadas como atos que visavam a "comunizar" o Brasil.

O terceiro conjunto era chamado de Atos do Poder Executivo. Entre eles constavam: a implementação do decreto da SUPRA e a sindicalização rural; a estatização dos moinhos, frigoríficos, fábricas de leite em pó, bancos, companhias de seguros e concessionárias de serviços públicos estrangeiros; o monopólio estatal do câmbio, da borracha e do comércio de exportação do café; a defesa da indústria nacional diante da competição das empresas estrangeiras; a eliminação dos monopólios no setor alimentício; a moratória unilateral da dívida externa; a aplicação da lei que limita a remessa de lucros ao exterior; a limitação do reajuste de aluguéis residenciais; a erradicação do analfabetismo; o estabelecimento de cursos noturnos nas universidades federais; a execução da Política Externa Independente, entre diversas outras medidas. Quer dizer, a Frente Popular reafirmava um amplíssimo programa de reformas da sociedade brasileira, tocando em praticamente todo tipo de questões, das mais polêmicas às mais arriscadas politicamente, inclusive em termos de relações internacionais, como exemplifica a proposta de moratória unilateral da dívida externa do país.

Deu no jornal

Manchete de *Panfleto*, porta-voz da Frente de Mobilização Popular
Forças populares vão enfrentar o Congresso

O povo quer as reformas. O Congresso as recusa. Diante do impasse as palavras de ordem justas para as forças populares devem ser: 1 — Manutenção intransigente das liberdades democráticas; 2 — Unidade das forças autenticamente populares; 3 — Formação de um governo popular nacionalista; 4 — Plebiscito sobre a convocação de uma Constituinte; 5 — Democratização do voto para a sucessão.

> (*Panfleto. O jornal do homem da rua*. Rio de Janeiro,
> n. 6, 23 de março de 1964, 1ª página)

Deputado prevê em JG ideia de golpe

Na Câmara Federal (...) o deputado Francelino Pereira (UDN-MG) interveio: Só lamento que a esta altura da vida política brasileira duas grandes forças estejam realmente submissas aos interesses do presidente da República. A primeira é o chamado glorioso Exército nacional. Ninguém sabe onde está ele, a não ser os ministros que se fazem presentes nos comícios eleitorais do presidente. Outra grande força realmente submissa ao presidente é a força conjugada em torno do glorioso Partido Social Democrático. Ninguém sabe onde está este partido. Ninguém sabe a sua posição, porque, se condena as reformas ou esta ou aquela posição do presidente, continuam os ministros procurando receber favores e andar segundo a orientação do presidente da República. Esta a preocupação que tenho neste momento, ou seja, que o Exército nacional e o PSD, duas grandes forças deste país, permitam não propriamente essa revoluçãozinha do presidente, mas aquilo que é pior, o chamado "golpe revolucionário", isto é, a ditadura.

> (*Correio da Manhã*. Rio de Janeiro, 24 de março de 1964, p. 3)

Editorial: O perigo das soluções

Volta o presidente João Goulart a entender-se com seu cunhado e, em consequência da reaproximação, recrudescem os rumores de que, em breve, o Brasil será convidado, por um novo ministério esquerdista, a submeter-se a uma consulta plebiscitária. (...) O plebiscito, por exemplo, que atualmente empolga a imaginação de seu cunhado — famoso pela maneira rápida com que adere às soluções primárias —, é sempre

RUMO À DIREITA

> um caminho ilegal. O plebiscito já seria o golpe. (...) Aconselhamos o presidente da República a não se deixar levar para essa ideia, pois ela é inconstitucional. Por maior que seja a vontade de Sua Excelência em ver modificada a Constituição que jurou obedecer e preservar, deve reconhecer que, enquanto ela estiver vigente, é vedado a todos, e principalmente a ele, patrocinar fórmulas que a contrariem.
>
> (*O Globo*. Rio de Janeiro, 25 de março de 1964, 1ª página)

Após o comício de 13 de março e diante do processo de radicalização à direita a que se assistia — expresso nas ruas, na imprensa, nos discursos de parlamentares e em instruções militares nem tão reservadas —, o programa da Frente Popular soava como uma afronta às "tradições liberais-democráticas" do país. As confabulações de grupos de direita dispersos e sem apoio social, a essa altura, haviam se transformado em conspiração civil e militar aberta, com apoios políticos e até bases sociais nada desprezíveis. A opinião da população brasileira, que se manifestou pelas pesquisas do IBOPE, apoiando o presidente e rejeitando soluções radicais à direita e à esquerda, também estava em movimento. Em movimento nas ruas e para a direita. Sem dúvida havia muita gente na plateia e em camarotes. Sempre há. Mas nos dias finais do mês de março, politicamente, o clima geral havia mudado.

O medo, como a esperança, é um combustível político conhecido e muito utilizado. Nesse caso, o medo de um governo de esquerda que ameaçava a Constituição, a família e a religiosidade dos brasileiros, prometendo uma autêntica "comunização" do país, foi muito bem manejado e propagado. Ele ganhou terreno, que já estava adubado. Portanto, as condições para um golpe de direita existiam e diversos grupos civis e militares estavam dispostos a levá-lo adiante. O copo estava cheio. Faltava a gota d'água.

20

A gota d'água

A gota d'água foi, sem dúvida, a rebelião dos marinheiros. Seus desdobramentos, compostos de pequenos acontecimentos que se potencializavam mutuamente, fizeram o copo transbordar.

No dia 23 de março, marinheiros e fuzileiros da Marinha de Guerra foram convidados para comparecer ao auditório do Ministério da Educação para assistir a um clássico do cinema mundial: *O encouraçado Potemkim*, de Eisenstein. Vez por outra, o filme era interrompido para que um funcionário do ministério explicasse a situação econômica, política e social da Rússia czarista. Ele também fazia algumas relações com a conjuntura brasileira do momento. O ministro da Marinha, Silvio Mota, ficou indignado ao saber o que acontecera no Ministério da Educação. Protestou, mas não teve resposta.

Naquela mesma semana, os subalternos da Marinha de Guerra se preparavam para comemorar o segundo aniversário de fundação da Associação dos Marinheiros e Fuzileiros Navais do Brasil, a AMFNB, também chamada de Fuzinalta. Inicialmente, planejaram realizar uma festa na sede da Petrobras, junto com os trabalhadores da empresa estatal. O objetivo dos marinheiros e fuzileiros era apoiar a nacionalização das refinarias particulares, mas, principalmente, marcar posição em relação a demandas

1964

consideradas essenciais e muito antigas, que haviam motivado, inclusive, a fundação da AMFNB. Os dois anos de luta da Associação deviam ser lembrados. Tratava-se de um dia especial e dele não se podia abrir mão.

O ministro da Marinha interveio. Queria impedir não apenas a utilização da Petrobras como local da festa, como proibir a própria comemoração. No dia 24 de março, véspera do aniversário da Associação — que não era reconhecida pela Marinha —, Silvio Mota emitiu ordem de prisão de 12 de seus dirigentes. Eles haviam se reunido no Sindicato dos Bancários com o objetivo de preparar o evento, descumprindo suas ordens. Entre eles estava seu presidente, o cabo José Anselmo dos Santos. Foi quando um grupo de sindicalistas sugeriu aos marinheiros que a comemoração ocorresse no Sindicato dos Metalúrgicos do Rio de Janeiro. A proposta foi aceita.

Tendo-se uma visão retrospectiva, fica evidente que os marinheiros e fuzileiros da Marinha de Guerra tinham várias e antigas reivindicações não atendidas. Suas condições de trabalho eram péssimas e seus salários, baixíssimos. Além disso, os regulamentos vigentes eram retrógrados, tendo normas que impediam os praças de casar sem consentimento prévio.[1] A alimentação era a pior possível; a ponto de, nos navios, ser comum a prática da greve de fome como forma de protesto. Foi essa situação degradante que os levou a lutar por melhores condições de trabalho através de uma associação. Aliás, tais condições tinham antecedentes históricos, entre os quais a Revolta da Chibata é — e foi, na ocasião — a mais lembrada. Talvez por isso, tal iniciativa tenha sido logo interpretada pela oficialidade como infração à hierarquia militar. Mesmo assim, ela teve curso e resultou na fundação da Associação dos Marinheiros e Fuzileiros Navais do Brasil, em 25 de março de 1962. A AMFNB desejava melhorias para seus membros, como alojamentos para marinheiros que serviam em navios fundeados e soldos equiparados aos dos taifeiros, que por sinal tinham sua associação: Associação dos Taifeiros da Armada (ATA).[2] Ela também tinha uma ação assistencialista, oferecendo, por exemplo, cursos de alfabetização, o que era indicador das dificuldades de acesso à educação entre os marujos.

Eventos em associações que reuniam subalternos das Forças Armadas não eram nenhuma novidade. Sargentos do Exército e da Aeronáutica tinham suas associações desde os anos 1950. Eles realizavam solenidades e convidavam líderes de partidos políticos para discursar. João Goulart e Juscelino Kubitschek participaram de vários desses acontecimentos.

A GOTA D'ÁGUA

Portanto, os marinheiros e fuzileiros não estavam querendo fazer nada inusitado ao planejar uma festa para a AMFNB. Eles, inclusive, haviam convidado o comandante Aragão, o marechal Osvino Ferreira Alves, o general Assis Brasil, além do próprio presidente da República para a ocasião. Por isso, é importante compreender o contexto político que envolveu a preparação e realização desse evento, bem como as personagens que nele atuaram e acabaram em cena aberta.

Jango decidiu não ir ao evento, porque, naquela Semana Santa, queria descansar com a família em sua fazenda em São Borja. Mas o presidente sabia das tensões existentes na Marinha de Guerra, entre o corpo de oficiais e os subalternos. Pediu, assim, ao ministro da Justiça, Abelardo Jurema, que o representasse na festa dos marinheiros e fuzileiros. Também solicitou que Jurema conversasse com o ministro da Marinha, convencendo-o a agir com moderação. Na verdade, Goulart não contava com a simpatia dos almirantes e, sabendo disso, queria preservar o apoio dos marinheiros, sem entrar em choque com o alto oficialato.

Inicialmente, Jurema dirigiu-se ao comandante do Corpo de Fuzileiros Navais, almirante Aragão — homem ligado ao esquema político de Leonel Brizola —, pedindo que intercedesse para que os marinheiros suspendessem a comemoração. Alegou que todos perderiam com o evento: os marinheiros e o próprio governo. Aragão não tomou nenhuma atitude. Em seguida, o ministro da Justiça foi conversar com o ministro da Marinha, que aceitou o diálogo. Admitiu que as reivindicações dos marinheiros eram justas e poderiam ser atendidas: teriam o direito de casar, não seriam obrigados a andar na rua uniformizados, os salários seriam reajustados e a AMFNB seria reconhecida oficialmente. O ministro da Marinha no entanto foi enfático. Primeiro era preciso obedecer à disciplina e à hierarquia: o evento deveria ser suspenso. Ou seja, havia possibilidades de negociação, segundo o próprio ministro da Marinha, se sua ordem fosse cumprida.[3]

Abelardo Jurema fez de tudo, como se diz, para impedir o evento. Quando soube que haveria discursos com graves críticas ao governo, enviou pessoas de sua inteira confiança para conversar com os líderes do movimento. A mensagem era clara: as reivindicações seriam atendidas, mas o governo não toleraria, de maneira alguma, indisciplina militar. Os subalternos da Marinha não quiseram ouvir. O evento seria realizado do jeito deles.

1964

Goulart estava com a família em São Borja quando a crise eclodiu na quinta-feira, dia 25 de março. Na sede do Sindicato dos Metalúrgicos da Guanabara, cerca de dois mil marinheiros e fuzileiros navais, 12 deles com ordem de prisão decretada pelo ministro da Marinha, esperaram a chegada dos convidados. Nenhum deles compareceu. Durante o evento, os ânimos se exaltaram. Os motivos eram fáceis de entender: a posição do ministro, sua ordem de prisão dos dirigentes da Associação, as reivindicações justas, porém nunca atendidas. Dessa forma, o que deveria ser uma festa logo se transformou em rebelião. Os marinheiros e fuzileiros passaram a exigir o cumprimento imediato de todas as suas reivindicações. O jovem cabo José Anselmo dos Santos, presidente da Associação, fez um discurso desafiador.

Trecho do discurso do cabo Anselmo na Associação dos Marinheiros e Fuzileiros Navais do Brasil

Autoridades reacionárias, aliadas ao antipovo, escudadas nos regulamentos arcaicos e em decretos inconstitucionais, a qualificam [AMFNB] de entidade subversiva. Será subversivo manter cursos para marinheiros e fuzileiros? Será subversivo dar assistência médica e jurídica? Será subversivo visitar a Petrobras? Será subversivo convidar o presidente da República para dialogar com o povo fardado? Quem tenta subverter a ordem não são os marinheiros, os soldados, os fuzileiros, os sargentos e os oficiais nacionalistas, como também não são os operários, os camponeses e os estudantes. (...) Aqui, sob o teto libertário do Palácio do Metalúrgico, sede do glorioso e combativo Sindicato dos Trabalhadores Metalúrgicos do Estado da Guanabara, que é como o porto em que vem ancorar o encouraçado de nossa Associação, selamos a unidade dos marinheiros, fuzileiros, cabos e sargentos da Marinha com os nossos irmãos militares do Exército e da Aeronáutica, da Polícia Militar e do Corpo de Bombeiros, e com os nossos irmãos operários. Esta unidade entre militares e operários completa-se com a participação dos oficiais nacionalistas e progressistas das três armas na comemoração da data aniversária de nossa Associação. Nós, marinheiros e fuzileiros, que almejamos a libertação de nosso povo, assinalamos que não estamos sozinhos. (...) Afirmamos à Nação que apoiamos a luta do presidente da República em favor das reformas de base. Aplaudimos com veemência a Mensagem Presidencial enviada ao Congresso de nossa Pátria. Clamamos aos deputados e senadores que ouçam o clamor do povo, exigindo

A GOTA D'ÁGUA

> as reformas de base. Ainda esperamos que o Congresso Nacional não fique alheio aos anseios populares. E com urgência reforme a Constituição de 1946, ultrapassada no tempo (...). O bem-estar social não pode estar condicionado aos interesses do Clube dos Contemplados.
>
> (*Diário de Notícias*. Rio de Janeiro, 26 de março de 1964, pp. 3 e 4)

O discurso tinha um nítido e radical tom político. Não apenas as reivindicações da AMFNB eram afirmadas. A união entre soldados, camponeses, estudantes e operários, em nome das reformas de base, comandava as palavras do cabo Anselmo. Assim, o presidente da AMFNB tornou-se um protagonista dos acontecimentos desse fim de março de 1964 e continuaria nos noticiários da mídia, por anos, como uma figura muito polêmica. Isso porque, durante a ditadura militar, aliou-se às forças repressivas e entregou à polícia política diversos companheiros que foram torturados e mortos. Essa atitude deu margem a interpretações de que, na solenidade do dia 25 de março, ele já fosse um "elemento infiltrado", possivelmente financiado pela CIA. Um traidor, um provocador, cujo objetivo era causar uma grave crise militar na Marinha de Guerra e, assim, prejudicar o governo Jango, que já se encontrava em situação muito difícil. Uma acusação que se construiu após o golpe de 31 de março; após a instalação da ditadura civil-militar.

Mas, nesse episódio, o importante é que, em 25 de março de 1964, o presidente da AMFNB foi ouvido e reconhecido por milhares de marinheiros, fuzileiros, sindicalistas e militantes de esquerda. Seu discurso causou impacto, mas não era uma novidade. Ele incorporava as mesmas teses defendidas pela Frente de Mobilização Popular liderada por Leonel Brizola, pelo Partido Comunista e pela Frente Popular, recém-formada. Expressões como "antipovo", afirmações sobre a aliança entre militares, estudantes e operários, críticas ao Congresso Nacional (o Clube dos Contemplados) eram comuns entre as esquerdas. O discurso demonstrava a proximidade entre a AMFNB e o grupo brizolista, que se encarnava muito bem na figura do almirante Aragão. Essa influência não era desconhecida do alto oficialato da Marinha. Sabia-se, por exemplo, que muitos marinheiros e fuzileiros tinham o hábito de ouvir, pela Rádio Mayrink Veiga, os inflamados discursos de Brizola, transmitidos todas as sextas-feiras.

1964

Diante de tudo isso, o ministro Sílvio Mota imediatamente mandou prender mais outros quarenta marinheiros e cabos. A ordem deveria ser executada ao final do evento, quando todos saíssem do Sindicato dos Metalúrgicos. O ministro também enviou uma tropa de quinhentos fuzileiros navais, com apoio de 13 tanques, para invadir a sede do sindicato. A oficialidade da Marinha queria tirar os marinheiros de lá "vivos ou mortos" — e não se trata de expressão literária. O almirante Aragão imediatamente renunciou ao cargo de comandante do Corpo de Fuzileiros Navais. A crise, certamente delicada desde o início, mas que parecia contornável, ia se agravando perigosamente. A tensão era imensa. O novo comando dos fuzileiros navais agiu com bom senso e impediu que oficiais da Marinha entrassem na sede do sindicato. A essa altura, homens do Comando Geral dos Trabalhadores entraram em contato com Goulart.[4]

Nesse momento, algo inesperado aconteceu para a oficialidade da Marinha e também para os que estavam dentro do Palácio dos Metalúrgicos. Parte da tropa de fuzileiros navais enviada pelo ministro Sílvio Mota para retirar os revoltosos do prédio negou-se a atacar os colegas e aderiu à rebelião. Cerca de trinta deles jogaram seus capacetes, cinturões e armas na calçada em frente ao sindicato e entraram no prédio. Das janelas, os marinheiros e fuzileiros aplaudiam e gritavam palavras de apoio. A situação se encontrava nesse impasse quando chegou uma ordem de Jango determinando que os marinheiros não fossem atacados. Imediatamente, o ministro da Marinha renunciou ao cargo.

No Arsenal da Marinha, cerca de oitenta marinheiros abandonaram os navios e rumaram para o Sindicato dos Metalúrgicos para se juntar aos colegas rebelados. Ao passar pelo portão do Ministério da Marinha, oficiais atiraram com metralhadoras. Um marinheiro morreu e vários outros ficaram gravemente feridos.[5] Os rebelados contaram com a solidariedade de seus familiares, que foram ao sindicato levar alimentos e ânimo aos maridos e filhos. Importantes setores das esquerdas procuraram reforçar o movimento. Em nota, a UNE defendeu o "direito de organização dos valorosos companheiros da Marinha".[6] No jornal *Panfleto*, ligado à FMP, a manchete dizia: "Regime feudal na Marinha vai acabar. Marujos venceram primeira batalha."[7]

A GOTA D'ÁGUA

DEU NO JORNAL

Nota oficial do deputado Leonel Brizola

Aproveito a oportunidade para denunciar à Nação as intenções golpistas que movem os comandos da Marinha de Guerra e sua perseguição aos marinheiros e fuzileiros. É inadmissível que se negue a esses nossos irmãos um direito que a Constituição assegura a todos — o direito de associação. Ao invés de cercear ainda mais a liberdade, urge a imediata democratização dos regulamentos militares, incorporando nossos patrícios ao processo democrático brasileiro. Apelamos para que todos os brasileiros fiquem atentos, prontos a repelir por todos os meios ao seu alcance qualquer tentativa golpista dos inimigos do povo.

(*Jornal do Brasil*. Rio de Janeiro, 27 de março de 1964, p. 4)

Porém, como sempre, as esquerdas estavam divididas.[8] Enquanto esses acontecimentos se desenrolavam, em reunião na casa de Brizola diversos representantes de organizações de esquerda puseram em pauta a posição que devia ser assumida diante da crise na Marinha. O grupo brizolista defendeu o apoio irrestrito ao movimento dos marinheiros. Miguel Arraes levantou questão importante: a crise militar poderia ser um pretexto para um golpe de direita. Ênio Silveira, em nome do Comando Geral dos Trabalhadores Intelectuais, afirmou que a causa dos marinheiros era justa, mas se posicionou contra a rebelião. Hércules Corrêa, militante comunista e dirigente do Comando Geral dos Trabalhadores, também se recusou a apoiar a rebelião dos marinheiros. O grupo sindicalista pediu cautela e quis ouvir a opinião de oficiais nacionalistas de esquerda. Os coronéis do Exército, Joaquim Ignácio Cardoso e Kardec Leme, garantiram que, diante do que se passava, acreditavam que um golpe militar poderia ser desferido em 24 horas. A hierarquia não poderia ser rompida.

Apesar desses diagnósticos, venceu a posição que defendia total apoio à rebelião. Militantes de extrema esquerda do PCB, como Carlos Marighella, estavam ao lado dos marinheiros e não mais ouviam a direção do partido. Na verdade, o PCB estava em posição muito difícil. Seus dirigentes sabiam do perigo de apoiar a rebelião militar, mas não queriam perder espaço, dentro das esquerdas, para o grupo de Leonel Brizola. A

1964

manchete do jornal comunista *Novos Rumos*, em 27 de março, estampava: "A nação inteira ao lado dos marinheiros e fuzileiros."[9] Hércules Corrêa, disciplinado, mesmo tendo se oposto à decisão em termos pessoais, apoiou a revolta publicamente. O CGT ameaçou iniciar uma greve geral no país se os marinheiros fossem atacados.

Naquele momento, na verdade, havia dois movimentos em curso. A rebelião dos marinheiros e fuzileiros navais, no Sindicato dos Metalúrgicos, que desafiava a hierarquia militar. E uma reação articulada pela oficialidade da Marinha, que, reunida no Clube Naval, decidira não embarcar nos navios enquanto a disciplina e a hierarquia militar não fossem inteiramente restabelecidas. Exigiam, igualmente, a imediata punição do almirante Aragão, considerando inadmissível sua aliança com os rebelados.

Foi nesse contexto de extrema tensão que Jango, ao chegar na Guanabara, logo foi alertado pelo assessor de imprensa da presidência da República, Raul Ryff, sobre a extrema gravidade do que ocorria.[10] O ministro da Guerra, Jair Dantas Ribeiro, estava internado no hospital e o ministério se encontrava sob controle do chefe do Estado-Maior, o general Castello Branco. A crise militar era mais grave do que se imaginava.

Com Jango no Rio, os dirigentes do CGT assumiram o papel de representantes dos marinheiros e fuzileiros navais e pediram um encontro para negociar as reivindicações. O presidente aceitou a reunião e argumentou que a rebelião estava alimentando uma grave crise militar. O movimento precisava cessar e os rebelados se entregar imediatamente. Os líderes sindicais do CGT não aceitaram tal decisão. Queriam que, antes da desmobilização do movimento, as reivindicações fossem atendidas e houvesse garantias de que os rebeldes não seriam punidos. Também pediam o reconhecimento da Associação e libertação dos presos.

Goulart era um negociador e desejava uma saída que evitasse o uso da força. Mas a rebelião dos marinheiros tinha outros ingredientes. Não era uma greve de trabalhadores que fazia reivindicações junto ao patronato, cuja autoridade tinha bases absolutamente diversas. Eram subalternos que desafiavam o oficialato, em episódio que gerara o pedido de demissão do próprio ministro da Marinha. Assessores próximos alertaram Jango de que se encontrava em jogo a disciplina e a hierarquia nas Forças Armadas. Um deles, o coronel Lino Teixeira, comentou: "Qualquer que seja a solução, não esqueçam, é sagrada, e até rudimentar, a disciplina."[11]

322

A GOTA D'ÁGUA

O presidente, no entanto, resistia em punir os marinheiros e considerava ter suas razões. Havia dito ao ministro da Marinha que permitisse a reunião da Associação. Mas Sílvio Mota não cumprira sua ordem e ainda mandou prender seus dirigentes.[12] Sua decisão trouxera desdobramentos políticos imprevistos e surpreendentes para todos. Portanto, em sua lógica política e civil, pensava na possibilidade de anistiar os marinheiros. Segundo seu amigo e antigo colaborador Hugo de Faria, o presidente lembrou que em diversas rebeliões militares na República, desde a de 1922 até a de 1961, todos os oficiais rebelados foram anistiados: "Será que sargento e marinheiro não é cidadão brasileiro? Só oficial é que é cidadão brasileiro?"[13] Para Hugo de Faria, em depoimento concedido muitos anos depois, Jango, em tese, estava correto. Porém, naquela crise política e militar não era mais possível usar argumentos desse tipo. Talvez, como Faria comenta em sua fala, essa circunstância não tivesse sido bem entendida pelo presidente, cuja prática política era a da negociação. Mas, como se sabe, a história é o homem e sua circunstância. Mais uma vez, o que aconteceu poderia não ter acontecido. Jamais saberemos.

O Conselho do Almirantado não quis aceitar a demissão de Sílvio Mota.[14] Goulart, no entanto, confirmou sua saída e nomeou o almirante Paulo Márcio Rodrigues como novo ministro da Marinha. O almirante era presidente do Tribunal Marítimo, homem de esquerda e de confiança do CGT. Para a oficialidade da Marinha e para os militares das Forças Armadas, tal indicação confirmava o "governo das esquerdas" e, pior, a influência do sindicalismo do CGT sobre Goulart. Em imagem, cara aos grupos conspiradores de direita, o fantasma da "república sindicalista", denunciado pelas direitas desde os anos 1950, saía de vez do armário.

DEU NO JORNAL

O novo ministro da Marinha foi escolhido de uma listra tríplice apresentada pela Comissão Executiva do CGT ao presidente João Goulart (...) depois que aquela entidade reuniu-se, no próprio Palácio Laranjeiras, com parlamentares e líderes das chamadas forças populares. A Associação dos Marinheiros e Fuzileiros autorizara o CGT a decidir em seu nome.

(*Jornal do Brasil*. Rio de Janeiro, 28 de março de 1964, 1ª página)

1964

Reforçando as apreciações de Hugo de Faria, Hércules Corrêa, em depoimento concedido aos autores em 2004, declara que foi mesmo o CGT que apresentou a Jango a sugestão do nome do novo ministro. De toda forma, a troca de ministros foi um sinal decisivo para grande parte da oficialidade das três Forças Armadas, até então relutante em aderir a um golpe. A partir daí, ficou muito claro que estava em risco a própria corporação militar e que seria necessário agir.

Em relação à rebelião dos marinheiros, as versões são desencontradas. O novo ministro teria cumprido o acordo estabelecido entre Goulart e os sindicalistas. Os marinheiros se entregaram ao I Batalhão de Guardas do Exército, o que evitaria retaliações por parte dos oficiais da Marinha. No final da tarde, todos foram libertados. O almirante Aragão foi confirmado no posto de Comandante do Corpo de Fuzileiros Navais. Para alguns, a solução foi de exclusiva responsabilidade do presidente; para outros, Paulo Márcio agiu por conta própria ou entendeu mal as orientações presidenciais.[15]

DEU NO JORNAL

Vitória

Os resultados da crise da Marinha, através de uma solução pacífica e com a nomeação dos almirantes Paulo Márcio para o cargo de ministro, Pedro Paulo Suzano para a chefia do Estado-Maior e a recondução do almirante Cândido Aragão (...) traduzem a grande vitória alcançada pelas forças populares num dos acontecimentos de maior importância histórica no processo brasileiro. A vitória foi obtida através da unidade. O CGT mantendo os operários em estado de alerta; o Comando Geral dos Intelectuais dando assistência completa aos marujos; a UNE mobilizando os estudantes do país, a Liga Feminina Nacionalista levando mantimentos e apoio aos marinheiros e fuzileiros; os sargentos do Exército e da Aeronáutica com seu dispositivo de resistência em estado de alerta e dispostos a cumprir apenas as ordens justas; os deputados nacionalistas; o povo nas ruas — eis a chave da unidade que trouxe a vitória. Unidade das forças realmente populares que provaram, na prática, sua autossuficiência.

(Panfleto. O jornal do homem da rua. Rio de Janeiro, n. 7, 30 de março de 1964, p. 4)

A GOTA D'ÁGUA

Dando continuidade ao desmonte da rebelião, caminhões do Exército tiraram os marinheiros do Sindicato dos Metalúrgicos, e em seguida eles foram postos em liberdade. Não satisfeitos com a anistia concedida, esses marinheiros e fuzileiros formaram conjuntos de vinte homens e, lado a lado, abraçados pelos ombros, seguiram pela Avenida Rio Branco. Ao passarem em frente ao Clube Naval, vaiaram os oficiais que estavam na sacada do prédio. A seguir, continuaram em direção à igreja da Candelária, decididos a caminhar até o Ministério da Guerra. Ao saber o que estava acontecendo, Goulart enviou o general Assis Brasil para impedi-los de continuar uma passeata que era uma total provocação. Mas, àquela altura, o general não foi ouvido. Na Candelária, o grupo encontrou os almirantes Aragão e Pedro Paulo de Araújo Suzano. O objetivo dos dois era o mesmo de Assis Brasil: impedir que fossem em direção ao Ministério da Guerra. Os marinheiros reagiram, gritando "Viva Jango" e "Viva Aragão". Em seguida, tomaram os almirantes nos ombros e rumaram para o Ministério da Guerra. Nesse prédio, as luzes do gabinete do ministro foram acesas e centenas de oficiais do Exército ficaram olhando, em silêncio, o desfile dos rebeldes anistiados.

A cuidadosa descrição da manifestação que se sucedeu à concessão da anistia aos marinheiros e fuzileiros navais não é ingênua. Ela quer fixar o clima emocional, de um lado, de euforia e total descontrole dos manifestantes; de outro, de silêncio e certamente de assombro dos oficiais da Marinha e do Exército. O que aconteceu, planejado ou não, foi um espetáculo de insubordinação militar em desfile pelas ruas do Rio de Janeiro. Literalmente, uma afronta às Forças Armadas, que o presidente da República não desejou, mas também não conseguiu impedir. Logo, se tornou cúmplice, querendo ou não. Pode-se discordar dos valores comportamentais militares, baseados em rígidos códigos de hierarquia e disciplina. Mas toda instituição tem seus valores e códigos comportamentais. Para os militares, a disciplina e a hierarquia são fundamentos básicos, indiscutíveis, inegociáveis. Talvez, até aquele momento, o presidente João Goulart, os sindicalistas do CGT e as mais importantes organizações de esquerda — o PCB, o PTB e a FMP — não tivessem se dado conta da gravidade da crise militar. Só que depois da marcha ruidosa daqueles marinheiros era impossível não ouvir o silêncio que vinha do comando das Forças Armadas. Era forte demais.

325

1964

No dia 29 de março, os almirantes publicaram um manifesto. O presidente do Clube Militar entregou outro à imprensa, lamentando o episódio em que "marinheiros e fuzileiros, insidiosamente doutrinados pelos chefes sindicalistas a serviço de Moscou, deram mostras de indisciplina e de revolta". Após apoiar os oficiais do Clube Naval, o presidente do Clube Militar concluía afirmando que "não medirá esforços nem sacrifícios, no sentido de concorrer para o restabelecimento da disciplina e do acatamento às autoridades e às instituições".[16] No dia 30, oficiais do Exército juntaram-se aos oficiais da Marinha na sede do Clube Naval.

DEU NO JORNAL

Manifesto dos almirantes

À Nação, ao Congresso Nacional, às Assembleias, aos governadores, aos chefes militares e a todos os cidadãos.

Alertamos o povo — nós almirantes, comandantes e oficiais da Marinha — para o golpe aplicado contra a disciplina na Marinha, ao admitir-se que minoria insignificante de subalternos imponha a demissão de ministros e autoridades navais e se atreva a indicar substitutos. Em lugar de promover-se a devida punição disciplinar, licenciam-se marinheiros amotinados que não representam absolutamente os dignos suboficiais, sargentos, marinheiros, fuzileiros que em compacta maioria continuaram e continuam fiéis ao seu juramento de disciplina e de dedicação à Marinha. O que este golpe representa de ameaça a todas as instituições do país está patente, na forma e na essência, e só nos resta alertar a Nação para que se defenda, enquanto estão de pé as instituições e os cidadãos dignos da liberdade e da Pátria. Continuamos unidos e dispostos a resistir por todos os meios ao nosso alcance às tentativas de comunização do país.

(*O Globo*. Rio de Janeiro, 30 de março de 1964, p. 5)

Na noite do dia 29 de março, o senador Juscelino Kubitschek visitou o ministro da Guerra, general Jair Dantas Ribeiro, ainda no hospital, devido a uma cirurgia. Juscelino foi dizer ao general que Goulart perdera inteiramente o controle da situação e estava cercado por homens de esquerda. O único que, naquele momento, poderia impor ordem nas Forças Armadas e no

A GOTA D'ÁGUA

governo, era o próprio ministro.[17] Na noite de 29 para 30 de março, segundo sua avaliação, o país vivia a maior crise político-militar de sua história.

No dia 30 de março, a rebelião dos marinheiros ainda repercutia na imprensa. Os editoriais dos jornais atacavam duramente o presidente.[18] Desde a rebelião dos sargentos, em setembro de 1963, vários jornais alertavam para o perigo comunista, mas não defendiam golpes de Estado, nem a deposição de Goulart ou o atropelo do regime constitucional. Mas, após o que acabara de ocorrer com os marinheiros, a mudança foi drástica. Naquele dia, o título do editorial, na primeira página do *Jornal do Brasil*, era "Na ilegalidade". Um título sugestivo e ameaçador. Segundo o jornal, "o estado de direito submergiu no Brasil". As Forças Armadas "foram todas — *todas*, repetimos — feridas no que de mais essencial existe nelas: os fundamentos da autoridade e da hierarquia, da disciplina e do respeito às leis militares". O editorial ia mais longe: "Pregamos a resistência. O *Jornal do Brasil* e o país querem que sejam restabelecidos a legalidade e o estado de direito." A conclusão dos editorialistas era uma grave advertência:

> primeiro, portanto, vamos recompor os alicerces militares da legalidade — a disciplina e a hierarquia — para depois, e só depois, perguntarmos se o presidente da República tem ou não condições para exercer o Comando Supremo das Forças Armadas.[19]

O recado ao presidente era muito claro.

EU ESTIVE LÁ

Nelson Werneck Sodré depõe nos anos 1980

A quebra da hierarquia, que tem uma ressonância muito profunda nas classes armadas, foi um dos episódios mais característicos da desorganização total. Ora, se fosse possível no Brasil uma etapa revolucionária como alguns sonhavam estar vivendo, a passagem das Forças Armadas deveria ser a última etapa. E nós jamais estivemos próximos disto. Aqueles movimentos, como os de cabos e marinheiros aqui no Rio e dos sargentos em Brasília, foram precipitações da esquerdização geral que havia. Evidentemente, a reação alimentou, estimulou esses atos de desvario, de indisciplina militar, e depois os explorou e os acusou.

1964

> Tanto alimentou que os jornais davam uma cobertura extraordinária aos acontecimentos. Os movimentos esquerdistas davam a impressão de que estávamos vivendo uma situação como a da Rússia de 1917 — coisa inteiramente falsa. Isso calou profundamente nas Forças Armadas, motivando uma posição de retraimento, até mesmo das áreas nacionalistas. Como também trouxe receios à classe média, que apoiou o golpe. E áreas operárias também o apoiaram.
>
> (Citado em Dênis de Moraes. *A esquerda e o golpe de 64: Vinte e cinco anos depois, as forças populares repensam seus mitos, sonhos e ilusões.* Rio de Janeiro, Espaço e Tempo, 1989, pp. 309-10)

O momento exigia prudência política e entendimento. Não foi o que ocorreu; aliás, ocorreu o inverso. A Associação dos Sargentos e Suboficiais da Polícia Militar havia agendado, com bastante antecedência, a solenidade de posse da nova diretoria para o dia 30 de março, no auditório do Automóvel Clube, no centro do Rio de Janeiro. A Associação completava quarenta anos e os diretores decidiram homenagear o presidente João Goulart. Ele era o convidado de honra.

Em circunstâncias normais, não haveria problema o comparecimento do presidente, já que era tradição homenagear autoridades públicas em ocasiões como essa. Ocorre que o país vivia gravíssima crise militar. A oficialidade da Marinha encontrava-se no Clube Naval com o apoio dos oficiais do Exército, que a eles se juntaram. Para assessores próximos a Goulart, seu comparecimento na solenidade não era apenas uma imprudência política. Era atitude de verdadeira insensatez. Mesmo militares legalistas e reformistas, como o brigadeiro Francisco Teixeira, foram contrários à ida do presidente ao Automóvel Clube. Seu argumento era simples: essa atitude do presidente seria interpretada como um ato que dava continuidade à quebra da disciplina e da hierarquia nas Forças Armadas.[20] Naquele momento, o que poderia ser pior?

Doutel de Andrade, deputado e amigo de Jango, lembrou-lhe que na solenidade do Automóvel Clube estariam não apenas sargentos, mas também marinheiros e fuzileiros navais.[21] Tancredo Neves aconselhou-o pessoalmente. Ele não devia comparecer "porque realmente é uma coisa que não agrada à hierarquia militar. Politicamente não é aconselhável".

A GOTA D'ÁGUA

Seria uma atitude de consequências imprevisíveis, sobretudo depois dos episódios com os marinheiros, avisou Tancredo Neves.[22] Mas o general Assis Brasil garantiu a Jango que não haveria problemas e que ele não poderia prescindir do apoio dos sargentos. Goulart escolheu, a despeito de todas as recomendações em contrário, comparecer ao evento.

Chegou à sede do Automóvel Clube pouco antes das 8h da noite daquele dia 30 de março, acompanhado da mulher e de alguns ministros. Lá estavam presentes o ministro interino da Guerra, o ministro da Marinha e o da Aeronáutica. Também se encontravam o almirante Aragão, o cabo Anselmo, diversos marinheiros, cabos e fuzileiros navais, que haviam participado da rebelião dias antes. O público era de aproximadamente dois mil sargentos, quando na cidade do Rio de Janeiro trabalhavam cerca de 26 mil sargentos. Os comandantes militares haviam estabelecido estado de prontidão nos quartéis, reagindo ao evento e impedindo que muitos sargentos a ele comparecessem.[23]

EU ESTIVE LÁ

Tenente-coronel Gustavo Moraes Rego depõe em 1992

O governo Jango era fraco. A grande falha, que desencadeou o processo e colocou a instituição militar mobilizada, foi quando o Jango mexeu com os sargentos. Tanto que naquela noite do Automóvel Clube nós procuramos evitar aquilo (...). Tentou-se impedir que os sargentos saíssem do quartel. Foram consultar o Castello: podia-se tentar uma prontidão, na Vila podia-se fazer alguma coisa nesse sentido, para impedir aquela reunião no Automóvel Clube. Aí o Castello disse: "Isso será a gota d'água. A imagem que os civis vão ter dessa reunião vai ser a gota d'água. A opinião pública vai ver o risco que está correndo." Como de fato foi. Naquele instante, nossa união foi para preservar a instituição. Foi também o que tirou a força dos melhores e mais importantes comandos, que estavam todos com Jango.

(Citado em Maria Celina D'Araujo, Gláucio Soares e Celso Castro [org.]. *Visões do golpe: A memória militar de 1964*. Rio de Janeiro, Relume-Dumará, 1994, pp. 41-2)

1964

Inicialmente, alguns sargentos discursaram. O subtenente Antônio Sena Pires afirmou: "Lutamos contra a exploração alienígena e concorremos para a politização do povo brasileiro que não tolera mais o capital estrangeiro colonizador ou os trustes estrangeiros e nacionais." O sargento e deputado Garcia Filho disse que era preciso "rejeitar as cúpulas alienadas e reacionárias".[24] Abelardo Jurema, ministro da Justiça e o cabo Anselmo também falaram.

Ao tomar a palavra, segundo testemunhas, Goulart estava irreconhecível. Ele improvisou. Disse não ser comunista, e sim nacionalista. Afirmou que uma minoria de privilegiados e inimigos da democracia provocou a crise que o país vivia. Recorriam aos sentimentos católicos do povo, misturando fé e política. Falou também da aliança entre os "políticos que mais pregaram o ódio neste país" com os "políticos mais corruptos da história brasileira", referindo-se a Carlos Lacerda e a Ademar de Barros. Ambos tinham o objetivo de manipular a religiosidade da população, mesmo que com a oposição do cardeal de São Paulo, do arcebispo do Recife e da Ação Católica de Minas Gerais e de São Paulo. Portanto, o presidente aconselhava aos brasileiros que participavam de comícios contra ele que meditassem se estavam "realmente defendendo a doutrina daquele que pela salvação da humanidade morreu na cruz, ou apenas aos interesses de alguns grupos financeiros ou eleitorais".

Em seguida, passou a denunciar o dinheiro do IBAD, que financiou políticos conservadores e a ação das empresas estrangeiras prejudicadas pela Lei de Remessa de Lucros. Falou dos interesses contrariados dos donos das refinarias particulares, dos comerciantes desonestos que exploravam a economia popular e dos proprietários de apartamentos que cobravam aluguéis em dólares. Todos foram prejudicados por medidas de seu governo e seriam mais ainda pelas reformas de base. Mas o tema mais esperado de seu discurso era a crise militar.

Trecho do discurso do presidente João Goulart no Automóvel Clube

Mas, Srs. Sargentos, que constituem um dos alicerces da nossa estrutura militar, a minha palavra, o meu apelo, é para que os sargentos brasileiros continuem cada vez mais unidos, cada vez mais disciplinados naquela disciplina consciente, fundada no respeito recíproco entre comandantes e comandados. Que respeitem a hierarquia legal, que se

A GOTA D'ÁGUA

mantenham cada vez mais coesos dentro das suas unidades e fiéis aos princípios básicos da disciplina. Que continuem prestigiando as nossas instituições, porque, em nome dessas instituições, em nome dessa disciplina, os sargentos jamais permitirão que se pise nos sentimentos do povo brasileiro. (...) Quem fala em disciplina? Quem está alardeando disciplina nesta hora? Quem está procurando intrigar o presidente da República em nome da disciplina? São aqueles mesmos que, em 1961, em nome de uma falsa disciplina, em nome de pretensa ordem e de pretensa legalidade que defendiam, prenderam dezenas de oficiais e sargentos brasileiros.

(*O Globo*. Rio de Janeiro, 31 de março de 1964, p. 6)

As palavras de Goulart sobre disciplina militar foram muito mal recebidas nos quartéis. Hierarquia militar exige obediência. Ela não se baseia em uma disciplina "fundada no respeito recíproco entre comandantes e comandados", como o presidente imaginava.[25] Isso, simplesmente, não era disciplina militar. A presença e o pronunciamento de Jango na solenidade chocaram a oficialidade das Forças Armadas.[26]

Leonel Brizola estava em Porto Alegre e foi aconselhado por amigos a viajar para a Guanabara. Outros o convenceram de que era melhor ficar no Rio Grande do Sul, apoiando o comandante do III Exército. Quando Jango saiu da sede do Automóvel Clube, naquela noite do dia 30 de março, a crise político-militar chegou ao auge.

Se as esquerdas civis ainda não estavam dimensionando a gravidade do que se vivia, a oficialidade legalista e nacionalista sabia bem do que se tratava. O tenente-coronel Alfredo Arraes de Alencar, um militar legalista, assistiu pela televisão ao discurso de Goulart, junto a outros colegas da mesma posição. Ao final, avaliou: "Acabou-se. Não temos saída. Nós não temos mais sustentação. Eles vão dar o golpe." Um colega concordou: "E nós não temos mais condições de impedir."[27]

Diversas organizações de esquerda imediatamente se prepararam para o golpe da direita. A diretoria da UNE e organizações dos estudantes da Guanabara, São Paulo e Minas Gerais defenderam a imediata greve geral. Líderes sindicais fizeram o mesmo, propondo a paralisação total nas empresas. Em manifesto à Nação, o CGT denunciou os governadores Magalhães

1964

Pinto, Carlos Lacerda, Ademar de Barros e Ildo Meneghetti de articularem o golpe. A nota terminava convocando os trabalhadores para começar a greve geral em defesa das liberdades democráticas. Em entrevista, o porta-voz do CGT declarou que os marinheiros já tinham dominado os navios da Marinha de Guerra e os depósitos de armamentos.[28]

Ainda no dia 30 de março, o secretário de Estado norte-americano Dean Rusk telefonou para o presidente Lyndon Johnson. Tinha informações recentes da CIA sobre a situação no Brasil. Segundo suas palavras, "a crise vai chegar ao auge nos próximos um ou dois dias, talvez até mesmo de hoje para amanhã". Pediu então ao presidente autorização para que o secretário de Defesa, Robert MacNamara, enviasse uma força-tarefa naval, com navios-tanque, para a costa brasileira.[29] Estava certo e foi atendido.

21

O golpe civil e militar: o movimento em marcha

No Palácio das Laranjeiras, o presidente João Goulart se impressionou quando leu as manchetes dos jornais matinais do dia 31 de março. O *Jornal do Brasil*, em editorial de primeira página, dizia que o presidente, ao violar os códigos militares, se encontrava na ilegalidade. "Não há autoridade fora da lei."[1] Mais contundente ainda era o editorial do prestigiado *Correio da Manhã*. Até então, o jornal defendera o regime democrático, recusando soluções de força ou argumentos baseados no anticomunismo. Mas, na manhã daquele dia, os editorialistas mudaram radicalmente o tom. Eles defenderam, com todas as letras, a deposição do presidente. O texto é um documento importante, por traduzir, de forma claríssima, os movimentos e deslocamentos políticos vividos durante esse longo mês de março de 1964. Por isso, sua leitura, na íntegra, é esclarecedora.

Editorial: Basta!

Até que ponto o presidente da República abusará da paciência da Nação? Até que ponto pretende tomar para si, por meio de decretos-lei, a função do Poder Legislativo? Até que ponto contribuirá para preservar o clima de intranquilidade e insegurança que se verifica presentemente,

1964

> na classe produtora? Até quando deseja levar ao desespero, por meio da inflação e do aumento do custo de vida, a classe média e a classe operária? Até que ponto quer desagregar as Forças Armadas por meio da indisciplina que se torna cada vez mais incontrolável? (...) Basta de farsa. Basta da guerra psicológica que o próprio Governo desencadeou com o objetivo de convulsionar o país e levar avante a sua política continuísta. Basta de demagogia, para que, realmente, se possam fazer as reformas de base. (...) Não contente de intranquilizar o campo, com o decreto da SUPRA, agitando igualmente os proprietários e os camponeses, de desvirtuar a finalidade dos sindicatos, cuja missão é a das reivindicações de classe, agora estende a sua ação deformadora às Forças Armadas, destruindo de cima a baixo a hierarquia e a disciplina (...). Queremos o respeito à Constituição. Queremos as reformas de base votadas pelo Congresso. Queremos a intocabilidade das liberdades democráticas. Queremos a realização das eleições em 1965. A Nação não admite nem golpe nem contragolpe. Quer consolidar o processo democrático para a concretização das reformas essenciais de sua estrutura econômica. Mas não admite que seja o próprio Executivo, por interesses inconfessáveis, quem desencadeie a luta contra o Congresso, (...) abrindo o caminho à ditadura. (...) Os Poderes Legislativo e Judiciário, as classes armadas, as forças democráticas devem estar alertas e vigilantes e prontos para combater todos aqueles que atentarem contra o regime. O Brasil já sofreu demasiado com o governo atual. Agora, basta!
>
> (*Correio da Manhã*. Rio de Janeiro, 31 de março de 1964, 1ª página)

Sem a menor dúvida, como diversos assessores haviam previsto, o comparecimento e o discurso de Goulart no evento do Automóvel Clube foram desastrosos. O padre António Vieira, famoso por seus sermões no período colonial, tem uma expressão que acabou sendo integrada ao imaginário político do Brasil: nunca se sabe o quanto o homem pode cair; nunca se sabe onde é o fundo do poço. Nesse caso, algo adequado. A rebelião dos marinheiros foi um evento dramático, sob qualquer ponto de vista, à direita ou à esquerda; a concessão da anistia pelo presidente, uma "solução" muito arriscada; o desfile dos sublevados, troçando da oficialidade da Marinha e do Exército, algo inconcebível e não digerível em termos de hierarquia militar. Mas ainda não se havia chegado ao fundo do poço: Goulart foi à solenidade promovida pelos sargentos, onde se encontravam os mesmos

O GOLPE CIVIL E MILITAR: O MOVIMENTO EM MARCHA

marinheiros que haviam desfilado nas ruas. A única conclusão possível, assumindo-se a ótica da oficialidade das três Forças Armadas, inclusive entre os setores que defendiam a legalidade e o próprio Jango, era que ele passara não apenas a tolerar, mas a incentivar a indisciplina militar.

Ainda no dia 31 de março, na grande leva de manifestos dos últimos dias, dois outros foram divulgados, ambos atacando Goulart. O primeiro, do presidente do Senado Federal, Auro de Moura Andrade, que rompia com o presidente da República, denunciando a infiltração comunista no país e afirmando a necessidade da intervenção das Forças Armadas para a garantia da ordem. O segundo era do governador de Minas Gerais, Magalhães Pinto. Ele já se pronunciara no dia 30 de março, referindo-se à passeata dos marinheiros, dizendo que "não se trata, agora, de simples episódio interno de disciplina que precisa ser mantido (...). Muito mais do que isso, estão em causa os próprios fundamentos do regime democrático". [2] Dessa feita, afirmava que tinha "o dever de entrar em ação, a fim de assegurar a legalidade ameaçada pelo próprio presidente da República". [3] Para concluir, apresentava-se como líder civil do movimento para depor Goulart.

Algumas horas depois, o presidente teve a confirmação de que estava em curso um golpe de Estado. Da cidade mineira de Juiz de Fora, o comandante da 4ª Região Militar, general Olímpio Mourão Filho, com apoio do general Luís Carlos Guedes, comandante do IV Regimento Divisionário, sediado em Belo Horizonte, liderava um comboio militar, formado por recrutas, que marchava para a Guanabara. A tropa começou a se deslocar nas primeiras horas da madrugada do dia 31 de março. Tratava-se da chamada Operação Popeye. O objetivo de Mourão era entrar no estado da Guanabara e tomar o prédio do Ministério da Guerra, estando convencido de que teria o apoio de vários comandos da região. Ou seja, não se previam grandes confrontos. Tal operação desestabilizaria, em termos militares, o governo Goulart, estando Magalhães Pinto pronto para assumir a liderança civil do golpe e, deduz-se, do novo governo que então se estabeleceria. Um político mineiro, udenista de perfil moderado, que pagou para ver.

O general Castello Branco foi informado da marcha de Mourão por volta das 5h da manhã. Não houvera nenhuma articulação entre o grupo golpista da Guanabara, liderado por Castello Branco, e o de Minas Gerais, tendo à frente Magalhães Pinto e Mourão Filho. O chefe do Estado-Maior do Exército recebeu a notícia ao lado de coronéis e majores que seguiam

1964

sua liderança e eram favoráveis a um golpe. Também estavam presentes outros generais, como Cordeiro de Farias, Ademar de Queirós, Antônio Carlos Muricy e Ernesto Geisel. O grupo planejava um levante militar para o dia 21 de abril, mas não para aquele dia. Não se sentiam preparados para enfrentar uma possível reação militar do governo. Além disso, o general Mourão não tinha prestígio algum no Exército; aliás, era considerado meio "desequilibrado". [4]

Castello Branco foi para a sede do Ministério da Guerra e telefonou para o general Luís Carlos Guedes, em Belo Horizonte. Argumentou que nada havia sido articulado na Guanabara para uma deposição de Goulart naquele dia. Portanto, concluiu: "A solução é vocês voltarem, porque senão vão ser massacrados." A seguir, falou com Magalhães Pinto: "Se não voltarem agora, voltarão derrotados."[5] Mas não foi o que ocorreu. As tropas continuaram em marcha e não retornaram. No início da tarde, o grupo de militares liderado por Castello Branco ainda não sabia exatamente o que fazer. Uns achavam que deveriam apoiar Mourão, outros afirmavam que o melhor seria recuar imediatamente. A solução encontrada por Castello foi enviar o general Antônio Carlos Muricy ao encontro de Mourão para que partilhasse com ele o comando das tropas.[6] Em outros termos, como as tropas não recuaram, ao menos haveria um compartilhamento do comando militar quando de sua chegada à Guanabara, explicitando a adesão do grupo castelista, sediado no Ministério da Guerra.

Eu estive lá

Coronel Carlos de Meira Mattos depõe em 1992

A conspiração que acabou na Revolução de 31 de março de 1964 foi uma conspiração multipolar. Houve vários polos de conspiração, e esses polos não tinham muito entendimento. Não havia um líder revolucionário, nem um chefe revolucionário. (...) Em São Paulo houve quatro ou cinco focos de conspiração, no Rio houve quatro, cinco, e outros no Rio Grande do Sul, na Bahia, em Recife, no Paraná. É interessante, todos queriam derrubar o João Goulart, mas não havia um comando, não havia ninguém que coordenasse isso tudo. (...) O que polarizou o movimento foi a hora em que se soube que Castello Branco aceitava

O GOLPE CIVIL E MILITAR: O MOVIMENTO EM MARCHA

a Revolução. Aí ele ficou chefe de todos. Mas até que aparecesse a figura do Castello Branco, não havia um chefe. Porque São Paulo não aceitava os conspiradores do Rio, o Rio não aceitava os conspiradores de Recife. Recife não aceitava os do Rio Grande.

(Citado em Maria Celina D'Araujo, Gláucio Soares e Celso Castro [orgs.]. *Visões do golpe: A memória militar de 1964*. Rio de Janeiro, Relume-Dumará, 1994, pp. 102-3)

Tenente-coronel Gustavo Moraes Rego depõe em 1992

Se as coisas não tivessem atingido as Forças Armadas, os militares teriam aguentado. Mas aquele episódio dos sargentos desequilibrou. A instituição tinha que se defender. Foram realmente a infiltração comunista e a subversão e indisciplina nas Forças Armadas que, inclusive, amedrontaram o ambiente civil e o meio empresarial. É inegável que no clímax a classe média se mobilizou nas ruas, na imprensa e em outros meios de comunicação.

(Citado em Maria Celina D'Araujo, Gláucio Soares e Celso Castro [orgs.]. *Visões do golpe: A memória militar de 1964*. Rio de Janeiro, Relume-Dumará, 1994, p. 46)

Os depoimentos de diversos militares, bem como de civis próximos da época, convergem no sentido de que o golpe resultou de ações dispersas, que se integraram quando o general Castello Branco assumiu sua participação e liderança no golpe. Não houve, como algumas análises sustentam, um amplo e bem elaborado plano conspiratório conjunto, que reuniu empresários nacionais, empresas multinacionais e militares para desferir o golpe de Estado.[7] A interpretação do historiador Jacob Gorender reforça essa conclusão: "É uma ideia falsa a de que os golpistas estivessem fortemente articulados. Pelo contrário, a articulação era frouxa e havia muita desconexão." Portanto, acrescenta, "também não corresponde à realidade a ideia de que os conspiradores possuíam planos perfeitamente elaborados para tudo".[8] A mesma tese é defendida pelo historiador Carlos Fico. Para ele, é preciso distinguir a "campanha de desestabilização" do governo Goulart do golpe civil e militar propriamente dito que o depôs da presidência. A propaganda contra o governo e o financiamento de políticos conservadores, por exemplo, ocorriam desde 1962. Essa, inclusive, foi

1964

uma atividade preponderante de civis, não de militares. Já a conspiração que resultou no golpe, segundo Fico, "foi bastante desarticulada até bem perto do dia 31 de março. (...) A movimentação militar que levou ao golpe iniciou-se sem o conhecimento dos principais líderes da conspiração e seus desdobramentos foram bastante fortuitos".[9]

Goulart não sabia disso e, ao ser informado da marcha do general Mourão, reuniu seu ministério. O presidente estava determinado a liquidar rapidamente a iniciativa golpista. Mais ainda, ele queria intervir no estado de Minas Gerais, depondo o governador Magalhães Pinto e nomeando um interventor. A alegação era conspiração contra o regime democrático. Contudo, a reação do governo não ocorreu. Por quê? O que se sabe é que o recuo de Jango deveu-se em grande parte a informações trazidas por San Tiago Dantas, homem de sua confiança, político do PTB em Minas, onde mantinha contatos pessoais:

> Não é improvável que esse movimento em Minas Gerais venha a ser apoia-
> do pelo Departamento de Estado [dos Estados Unidos]. Não é impossível
> que ele tenha se deflagrado com o conhecimento e a concordância do
> Departamento de Estado. Não é impossível que o Departamento de Es-
> tado venha a reconhecer a existência de um outro governo em território
> livre do Brasil.[10]

Jango ficou realmente surpreendido com a convicção das palavras de San Tiago Dantas. De fato, poucas horas antes da reunião ministerial, Dantas telefonara para Afonso Arinos de Mello Franco, na época secre-tário de Estado do governo de Magalhães Pinto. Ambos se conheciam de longa data e, inclusive, dividiram a redação do decreto parlamentarista, em 1961. Por isso, embora possa parecer estranho, considerando que Arinos fazia oposição a Jango, Dantas levou em conta suas informações. Arinos lhe garantiu que o governo norte-americano apoiava os atos do governo mineiro contra o governo federal. Mais ainda, o Departamento de Estado dos Estados Unidos reconheceria o "estado de beligerância" de Minas Ge-rais, dando-lhe apoio diplomático. Por fim, o Departamento de Estado dos Estados Unidos interviria militarmente no país, se preciso fosse. San Tiago Dantas ouviu tais notícias e lembrou Arinos das graves consequências de uma intervenção militar norte-americana: seria a internacionalização do

O GOLPE CIVIL E MILITAR: O MOVIMENTO EM MARCHA

conflito e haveria o risco de secessão do país. Como se soube depois, tudo isso era verdade. E tudo isso, naquele momento, foi narrado ao presidente e ao ministério reunido. Ao tomar conhecimento desses fatos, Goulart reavaliou sua decisão de intervir em Minas Gerais.[11] A possibilidade de uma ação militar norte-americana no território brasileiro, que poderia trazer uma guerra civil e milhares de mortes, o levou, de imediato, a buscar outro tipo de alternativa. Se não o tivesse feito, certamente a história teria sido outra. Mais uma vez, jamais saberemos.

Afonso Arinos depõe em 1984

Magalhães tinha assumido uma responsabilidade nacional. E nesse caso, ele achou que devia fazer junto ao Palácio da Liberdade um governo que tivesse também um caráter nacional. Para isso, ele convocou Milton Campos, José Maria Alkmin e eu. Eu fui prevenido disso com algumas semanas de antecedência e fui certificado de que seria informado no dia em que fosse necessária a minha presença em Belo Horizonte. (...) nós três, Milton Campos, José Maria Alkmin e eu, fomos nomeados secretários sem pasta e a minha função de secretário sem pasta era a de a obtenção de um eventual apoio internacional para o reconhecimento de nossa condição de beligerância, caso as condições efetivas do movimento que se preparava chegassem até esse ponto. O reconhecimento de beligerância, como você sabe bem, importa no fornecimento de elementos capazes de auxiliar o movimento político que está em andamento. Não foi necessário.

(Filme *Jango*, de Silvio Tendler, 1984)

O presidente recuou, porque acreditava que tinha trunfos ao dispor de um "dispositivo militar". Desistir de intervir em Minas Gerais e depor o governador não o impediriam de deter a marcha do general Mourão. Assim, ele ordenou que o Grupamento de Obuses, com 25 carros lotados de soldados apoiados por canhões, e o mais preparado contingente de infantaria do Exército, o Regimento Sampaio, com 22 carros, subissem a serra de Petrópolis. Naquela cidade, o 1º Batalhão de Caçadores também pegaria a estrada.[12] As ordens de Jango eram para barrar a marcha dos soldados de Mourão. É importante observar que os oficiais das

1964

três guarnições obedeceram às suas ordens. O presidente sabia que os recrutas comandados pelo general Mourão não tinham a menor chance diante de três tropas profissionalizadas. Para ele, o movimento golpista acabaria ali mesmo, se possível com a rendição de Mourão. E, de fato, os soldados que seguiam o comando do general Mourão não estavam preparados para combater. O comandante da Base Aérea de Santa Cruz, coronel-aviador Rui Moreira Lima, decolou com um avião de caça do Rio. Ele deu voos rasantes diante das tropas de Mourão. Assustados, os recrutas abandonaram os caminhões e entraram na mata. Mas, como o coronel não tinha ordens para atirar, retornou à base, encerrando uma missão de "reconhecimento".[13]

Como se pode verificar, até aquela tarde de 31 de março, as indefinições ainda eram muitas. Mesmo para o governo dos Estados Unidos. O subsecretário de Estado George Ball conversou com o presidente Lyndon Johnson por telefone. Ball havia orientado o embaixador dos Estados Unidos no Brasil, Lincoln Gordon, a não tomar nenhuma atitude até saber o que ocorreria no estado de São Paulo: "Não queremos nos comprometer antes de saber que rumo a coisa vai tomar."[14] Ele também informou ao presidente dos Estados Unidos que o secretário de Defesa, Robert McNamara, o chefe do Estado-Maior Conjunto, o diretor da CIA e o comandante do Comando Sul estavam agindo de forma articulada. A decisão deles foi enviar uma força-tarefa para o litoral brasileiro. Navios-tanque estavam sendo deslocados de Aruba para o Brasil.

Ball alegou que o movimento para depor Goulart necessitaria, naquele momento, de combustível, e que também havia um plano para enviar munição. Só que o transporte de material bélico teria que ser realizado por via aérea, o que exigia aeroportos disponíveis. Logo, era preciso esperar o desenrolar dos acontecimentos para "assumir um engajamento na situação". Lyndon Johnson apoiou todas as iniciativas do subsecretário de Estado. O governo dos Estados Unidos, em atitude estratégica, esperaria o desenrolar dos acontecimentos. A intervenção militar só ocorreria se fosse necessária, abastecendo-se os golpistas com combustível e material bélico.

A decisão de formar uma força-tarefa, no dia 31 de março, era justificada pelo tempo de deslocamento para chegar ao Brasil: cerca de dez ou 12 dias. Liderada pelo porta-aviões *Forrestal*, ela era formada por seis

O GOLPE CIVIL E MILITAR: O MOVIMENTO EM MARCHA

contratorpedeiros, um porta-helicópteros, quatro petroleiros, um posto de comando aerotransportado e carregado com 110 toneladas de munição e 553 mil barris de combustível. Seu objetivo era estacionar perto da cidade de Santos, em São Paulo. Esta era a Operação Brother Sam.

João Goulart e certamente até Magalhães Pinto e Afonso Arinos ignoravam esses detalhes. Mas sabiam que o governo dos Estados Unidos estava em posição contrária ao presidente e, em princípio, daria apoio, inclusive militar, ao golpe em andamento. Um maior conhecimento da chamada Operação Brother Sam foi bem posterior, justamente porque ela não foi acionada; não houve batalhas militares no decurso do golpe de 1964. Porém, esse resultado não minimiza a participação dos Estados Unidos no golpe, que deve ser examinada em uma perspectiva de maior recuo no tempo, já que envolveu as relações entre os dois países ao longo do governo Goulart.

Como se viu em capítulo anterior, o presidente norte-americano, John Kennedy, deu amplo apoio a Goulart no início de seu governo, tratando o Brasil como "parceiro continental". Não houve hostilidade do governo dos Estados Unidos contra o governo brasileiro desde sua posse, como alguns estudos procuram defender. A mudança ocorreu, basicamente, após o tenso episódio da crise dos mísseis cubanos, em outubro de 1962. Nesse momento, Kennedy propôs a Goulart a constituição de uma força militar intercontinental para invadir Cuba, caso os soviéticos não retirassem os mísseis. Jango recusou a proposta, alegando o princípio da autodeterminação dos povos. Foi a partir daí que o governo Kennedy mudou sua relação com o Brasil. O que foi agravado, em fins de 1962, com o episódio de Dianópolis, quando se demonstrou que o governo cubano enviava armas para apoiar guerrilhas no Brasil. Aí Kennedy passou a hostilizar Goulart. A questão cubana foi, portanto, crucial para as relações entre Brasil e Estados Unidos. O governo norte-americano, ao menos desde fins do ano de 1962, incentivou ações que tinham como objetivo desestabilizar o governo Goulart.

No entanto, segundo o historiador Carlos Fico, que acompanhamos nessa análise, não se tratava ainda de depor Goulart. A decisão do governo dos Estados Unidos de apoiar um golpe de Estado foi tomada apenas em fins de 1963.[15] Mais especificamente, em setembro de 1963, coincidindo, não por acaso, com a rebelião dos sargentos em Brasília. Foi quando surgiu

1964

o chamado "plano de contingência". Tais planos, como o nome diz, são elaborados e alterados "segundo as contingências políticas de um país". Na versão de dezembro de 1963, o plano traçava quatro cenários para o Brasil e quatro linhas de ação a serem tomadas pelo Departamento de Estado norte-americano. Um dos cenários era a formação de um governo alternativo ao de Goulart, que, declarando estado de beligerância, seria reconhecido pelo governo dos Estados Unidos da América. Ora, isso era exatamente o que o governador Magalhães Pinto estava fazendo no dia 31 de março, como bem explicou Afonso Arinos a San Tiago Dantas e este a Jango. Porém, o "plano de contingência", nessa mesma versão de 1963, não incluía a Operação Brother Sam. Ela foi decidida pelo governo norte-americano à última hora, provavelmente devido à eclosão do movimento golpista em Minas Gerais, com o deslocamento das tropas de Mourão, à revelia de Castello Branco.

Nos meios políticos e militares da época, era de conhecimento geral que o governo dos Estados Unidos financiava organizações como o IPES e o IBAD. Que agentes da CIA circulavam livremente pelo país, e o embaixador norte-americano Lincoln Gordon e o adido militar Vernon Walters realizavam reuniões com civis e militares golpistas. Sabia-se que "planos de contingência" eram formulados pelo Departamento de Estado dos Estados Unidos. Aliás, não só para o Brasil. Por conseguinte, nos planos de um golpe para derrubar Goulart, o papel dos Estados Unidos era o de apoiar, caso necessário, o governo de Minas Gerais — seguindo um dos cenários do "plano de contingência" —, abastecendo os golpistas com combustível e munição. A chamada Operação Brother Sam tinha essa missão precípua. Contudo, é evidente que o deslocamento de navios norte-americanos para a costa brasileira significava, por si só, um ato de intimidação e mesmo beligerância do governo dos Estados Unidos.

A Operação Brother Sam não chegou a ser desencadeada, mas é bom precisar suas características. Considerando o poder político e militar norte-americano, elas têm a ver com o fato de que "o Brasil não era uma republiqueta qualquer, um quintal em que os norte-americanos pudessem passear à vontade", como o historiador Boris Fausto chama a atenção. Em sua avaliação, "a liquidação da democracia resultou essencialmente de uma preparação interna, em que os militares tiveram papel relevante, mas não exclusivo, pois os civis também conspiraram".[16] O governo dos Estados

O GOLPE CIVIL E MILITAR: O MOVIMENTO EM MARCHA

Unidos deu seu total apoio; iria interferir se necessário fosse. Mas o golpe de Estado foi obra de brasileiros, civis e militares. Essa é uma interpretação fundada em análise de vasta documentação, que vem sendo sustentada por vários historiadores e que queremos enfatizar nesta narrativa.

Durante esse longo dia 31 de março, Goulart recebeu autoridades civis e militares que lhe mostraram alternativas para se manter no poder. Elas, objetivamente, existiam. Juscelino Kubitschek ofereceu uma delas. JK não participou da conspiração contra Goulart, nem do golpe. Agiu como seu partido, o PSD. Na tarde daquele dia, divulgou nota à imprensa afirmando que "a legalidade está onde estão a disciplina e a hierarquia". À noite, foi conversar com o presidente no Palácio Laranjeiras. Juscelino propôs a Jango nomear um novo ministério de perfil conservador, punir os marinheiros e lançar um manifesto de repúdio ao comunismo.[17] Com tais medidas, acreditava que a conspiração poderia ainda ser desarmada. Suas sugestões não foram acolhidas.

O chefe do Estado-Maior das Forças Armadas, general Peri Bevilacqua, também procurou o presidente. Na crise de 1961, ele defendeu a legalidade e a posse de Goulart. Mas naquele dia sua posição era outra. Ele levou a Jango um documento que expressava a opinião dos chefes dos Estados-Maiores do Exército e da Aeronáutica e da alta cúpula militar das três Forças Armadas, a ele subordinados.[18] Os militares denunciavam que políticos, organizações sindicais e os comunistas criavam uma grande intranquilidade no país, com ameaças de greves e ultimatos ao Congresso Nacional. O movimento sindical era definido como "inimigo da democracia". Nesse documento, exigiam o restabelecimento da hierarquia e disciplina nas Forças Armadas. O general Bevilacqua, nessa oportunidade, garantiu ao presidente que teria apoio militar, inclusive para realizar as reformas de base, dentro dos limites da lei. Mas, para obter esse apoio, teria que declarar sua oposição às greves patrocinadas pelo CGT e se comprometer com a manutenção da disciplina e hierarquia militar. Algo, em termos de conteúdo, não muito diferente dos conselhos de JK, mas que vinha sob forma inteiramente distinta. O documento tinha o tom de um ultimato. Se o presidente aceitasse seus termos, permaneceria na presidência da República e até realizaria suas tão desejadas reformas. Caso contrário, perderia o apoio da cúpula militar e arcaria com as consequências dessa decisão. Goulart se recusou a atender a tais exigências.

1964

Houve também sugestões, vindas dos meios militares, no sentido da mudança do comando do Exército. Afinal, o ministro da Guerra, Jair Dantas Ribeiro, estava afastado havia algum tempo, encontrando-se convalescente de uma cirurgia. O ministro interino não tinha força política. Resultado: o ministério estava sem direção.[19] Como já se sabia, o general Castello Branco vinha ocupando esse vácuo de comando. Este era um problema sério e urgente: quem daria ordens para os quatro Exércitos? Goulart foi aconselhado a nomear o general Henrique Teixeira Lott, com grande prestígio político e militar. Mas Jango também não aceitou esses conselhos. Preferiu considerar que o general Jair Dantas Ribeiro se recuperaria logo, assumindo a pasta. Algo difícil de explicar, pois se Lott tivesse sido nomeado, mais uma vez, a história poderia ter sido outra.

Em síntese: enquanto o general Mourão Filho marchava para a Guanabara, as tropas do Exército continuavam nos quartéis. A cidade do Rio de Janeiro, porém, não ficou desguarnecida. A mando do governador Carlos Lacerda, as polícias estaduais — a civil e a militar — controlaram a cidade. No dia 31 de março, invadiram vários sindicatos e prenderam quem estivesse lá dentro. Os governadores de Minas Gerais e São Paulo tomaram a mesma atitude, detendo muitos sindicalistas e estudantes "subversivos". Nas três maiores cidades do país, o clima era de violência aberta e evidenciava bem seus alvos, com destaque o movimento sindical.

Ao mesmo tempo, Goulart entrava em contato com líderes do CGT e pedia que evitassem greves, sobretudo uma greve geral, algo que para ele só faria agravar a situação. No entanto, as lideranças sindicais não atenderam ao presidente. Uma greve geral foi decretada, mas não teve nenhuma repercussão no país. Há razões para tanto. Em São Paulo, o movimento sindical não resistiu à repressão policial. Na Guanabara, poucas categorias paralisaram as atividades. Um exemplo foi a dos transportes urbanos, sobretudo os trens. Uma ação que acabou impedindo que a população se deslocasse para as ruas centrais da cidade, onde talvez pudesse organizar protestos contra o golpe. O resultado final foi ausência de manifestações no dia 31 de março. Diante desse quadro e da possibilidade real de uma guerra civil, a população carioca foi às compras para estocar alimentos.

O GOLPE CIVIL E MILITAR: O MOVIMENTO EM MARCHA

Mas ocorreram algumas tentativas de resistência pelo país, como a de militantes das Ligas Camponesas, em Pernambuco, e da Ação Popular, que interditaram a rodovia que liga o Rio de Janeiro aos estados do Nordeste. Como uma greve geral tinha sido anunciada, sindicalistas, em especial comunistas, chegaram a procurar armas, dispostos à luta.[20] Mas, não houve greve; nada aconteceu. Segundo Boris Fausto: "A grande massa dos assalariados, fustigados pela inflação, praticamente ignorou a greve geral decretada pelo CGT."[21] Ignorou ou não teve a menor condição de ser mobilizada e de participar.

EU ESTIVE LÁ

Gregório Bezerra, militante comunista, depõe em 1989

Quando se deu o golpe, eu estava na zona canavieira reunido com 186 delegados do engenho, que eram membros do partido e tinham se organizado em grupos para defender o governo de Arraes em Pernambuco e governo Goulart. Mas faltavam armas, faltavam armas. Eu já tinha pedido essas armas ao governador Arraes. Isso eu não perdoo nunca em Arraes (...). E os camponeses estavam dispostos a defender Arraes, a derramar sua última gota de sangue. Mas estavam desarmados e precisavam arrumar armas. Nós não tínhamos dinheiro para comprar armas. E se tivéssemos, onde íamos buscar armas para comprar?

(Citado em Dênis de Moraes. *A esquerda e o golpe de 64: Vinte e cinco anos depois, as forças populares repensam seus mitos, sonhos e ilusões.* Rio de Janeiro, Espaço e Tempo, 1989, p. 238)

Na Guanabara, a diretoria da Associação dos Marinheiros e Fuzileiros Navais reuniu-se e aguardou as ordens para resistir. A Marinha de Guerra estava em poder das esquerdas; o próprio ministro era um homem do esquema militar janguista. O comandante dos Fuzileiros Navais, o almirante Aragão, também era. Os oficiais estavam reunidos no Clube Naval. Os marinheiros impediam que os navios de guerra se movimentassem. O problema que se apresentou é que nenhuma ordem para resistir ao golpe chegou a eles. Com isso, ficaram paralisados, frustrados, embora mobilizados.

1964

No Palácio, o governador Carlos Lacerda, acompanhado de generais da ativa e da reserva, incentivava as ações golpistas. Funcionários colocaram alto-falantes em frente ao Palácio e Lacerda pronunciava discursos violentos, retransmitidos por rádios do Rio de Janeiro e de São Paulo.[22] Seguindo sua tradição de "demolidor de presidentes", Lacerda atacava ferozmente Goulart. Com tal atitude, estava, sem dúvida, disputando a liderança civil do golpe e se tornando uma alternativa, tão palpável como Magalhães Pinto, à presidência de um governo pós-Goulart.

Diante disso, o brigadeiro Francisco Teixeira, comandante da III Zona Aérea da Guanabara, aconselhou o ministro da Justiça a ordenar que um pelotão de fuzileiros navais invadisse o Palácio Guanabara e prendesse Lacerda. O ato seria tão impactante que, a seu ver, faria os golpistas recuarem.[23] Um dos líderes da Associação de Marinheiros, Avelino Bioen Capitani, também acreditava que era o momento de invadir o Palácio Guanabara e prender Lacerda. Muitos policiais militares tinham ligações com a Associação de Marinheiros e estavam dispostos a participar da resistência ao golpe.

No entanto, segundo Capitani, "as ordens que esperávamos nunca chegaram". Era algo que fugia à sua compreensão.[24] Os fuzileiros então saíram às ruas, evidenciando que, mesmo sem ordens superiores, havia reação aos golpistas. De início, ela teve alguns resultados positivos. Eles libertaram sindicalistas que tinham sido presos; protegeram a Rádio Mayrink Veiga, que defendia o governo; enfrentaram a Polícia Militar do estado da Guanabara na defesa de sindicatos, entre outras iniciativas. Na sede dos Correios e Telégrafos, foi instalado o "Comando de Resistência", centralizando todas as iniciativas de oposição ao golpe. Os fuzileiros receberam orientações desse Comando para invadir a sede do *Jornal do Brasil*, *O Globo* e *Tribuna da Imprensa,* todos contrários ao governo; o que fizeram. Conseguiram impedir *O Globo* de publicar sua edição do dia 1º de abril. O editorial desse jornal, que seria publicado nessa edição, mas que não circulou devido à ação dos fuzileiros navais, chegou às bancas na edição do dia seguinte e está transcrito a seguir. Só que, vale lembrar, no dia 2 de abril, as condições do governo Jango eram outras.

O GOLPE CIVIL E MILITAR: O MOVIMENTO EM MARCHA

EDITORIAL DE *O GLOBO* DE 1º DE ABRIL E PUBLICADO NA EDIÇÃO DO DIA 2 DE ABRIL DE 1964:

A decisão da Pátria

Quando da renúncia do sr. Jânio Quadros abriu as portas do poder ao sr. João Goulart e os ministros militares da época quiseram impedir-lhe a posse, o sentimento legalista do povo e das Forças Armadas assegurou ao então vice-presidente a sucessão que lhe cabia em face da Constituição. (...) A grande maioria da Nação preferiu correr o risco de ver na presidência um político que se notabilizou pela absoluta ausência de espírito público, pelos conluios repetidos com os agitadores e ligações com sistemas totalitários opostos à índole de nosso povo, tanto a ditadura sindicalista de Perón como o comunismo de Mao Tsé-tung. (...) Os mais severos críticos do sr. João Goulart, nós, inclusive, procuramos esquecer o passado, adotando em relação ao seu governo uma atitude de expectativa favorável e de contínuos estímulos. Foi tudo em vão. (...) Insuflou o CGT, apoiou o PUA, incentivou todas as organizações especializadas na perturbação da ordem e na destruição da economia. (...) Ninguém, realmente ninguém, no Brasil, é contra as reformas que venham a melhorar as condições de vida do nosso povo e corrigir as injustiças e desigualdades sociais. Mas ninguém, realmente ninguém, no Brasil, se animaria a confiar a execução dessas reformas a um governo a princípio infiltrado e depois orientado pelos comunistas. (...) Mas restavam as Forças Armadas a impedir que ele levasse às últimas consequências os planos arquitetados para transformar o Brasil numa segunda Cuba. Urgia, portanto, destruí-las. Para isto a infalível receita seria liquidar com a hierarquia, com a disciplina e com o princípio da autoridade. (...) Ainda havia quem procurasse impedir o definitivo rompimento entre o sr. João Goulart e a hierarquia militar, e eis que ele comparece ao Automóvel Clube para sentar-se ao lado do cabo Anselmo, o chefe do motim da véspera, e dos mais irresponsáveis perturbadores da disciplina, juntamente com ministros de Estado e outras autoridades. (...) Agora é a Nação toda de pé, para defender as suas Forças Armadas, a fim de que estas continuem a defendê-la dos ataques e das insídias comunistas. Neste momento grave da História, quando os brasileiros, patriotas e democratas veem que não é mais possível contemporizar com a subversão, pois a subversão partindo do governo fatalmente conduziria ao *"Putsch"* e à entrega do país aos vermelhos, elevemos a Deus o nosso pensamento, pedindo-lhe que proteja a Pátria Cristã, que a salve da guerra fratricida e que a livre da escravidão comuno-fidelista.

(*O Globo*. Rio de Janeiro, 2 de abril de 1964, p. 3)

1964

Ainda nesse longo dia 31 de março, Darcy Ribeiro, de Brasília, entrou em contato com o presidente. Ele era ouvido por Jango por sua fidelidade aos princípios das reformas de base e por sua amizade pessoal. Darcy foi categórico, defendendo que, naquele momento, só com armas se poderia enfrentar os golpistas. Goulart novamente não acatou tais conselhos.[25] Pode-se aventar que não eram os que desejava seguir, pois já tinha feito uma opção. Queria tentar a negociação política, acreditando poder chegar a entendimentos com os comandos militares. Queria convencê-los a recuar do golpe, até em função da ameaça de uma guerra civil. Em vez das armas, o presidente desejava conversar, enquanto tomava algumas providências. Com tal perspectiva, preparou um comunicado que foi transmitido a todo o país.

Comunicado da Presidência da República, em 31 de março de 1964

O movimento subversivo que se filia às mesmas tentativas anteriores de golpe de Estado, sempre repudiadas pelo sentimento democrático do povo brasileiro e pelo espírito legalista das Forças Armadas, está condenado a igual malogro, esperando o Governo Federal poder comunicar oficialmente, dentro em pouco, o restabelecimento total da ordem no Estado. (...) A Nação pode permanecer tranquila. O Governo Federal manterá intangível a unidade nacional, a ordem constitucional e os princípios democráticos e cristãos em que ele se inspira, pois conta com a fidelidade das Forças Armadas e com o patriotismo do povo brasileiro.

Entre as providências, cabe citar que o general Jair Dantas Ribeiro, embora convalescente, reassumiu o Ministério da Guerra e, em comum acordo com o presidente, fez várias mudanças em postos-chave do Exército, entre elas ordenar a prisão de Castello Branco, acusado de conspiração contra o regime democrático.[26] Castello Branco e Ernesto Geisel evitaram a prisão, abrigando-se em apartamento em Copacabana, o que lhes permitiu continuar como líderes do golpe.[27]

Na Vila Militar, o general Oromar Osório controlava a tropa. O Regimento Sampaio continuava sua marcha para deter as tropas do general

O GOLPE CIVIL E MILITAR: O MOVIMENTO EM MARCHA

Mourão. Por ordem do ministro da Guerra, os generais Mourão e Luís Carlos Guedes foram exonerados de seus cargos.[28] Vale observar que, durante toda essa movimentação, o comandante do II Exército, o general Amaury Kruel, não se manifestou. Ele era amigo e compadre de Goulart, o que o tornara, ao menos até então, confiável. O comandante do IV Exército conversara com o presidente e mostrara-se reticente.

No balanço geral, com o conjunto dos I, II e III Exércitos leais, o IV Exército não representava maior ameaça. Esse foi o cálculo realizado. Além disso, a Marinha e a FAB estavam paralisadas pelos marinheiros e sargentos. Na noite do dia 31 de março, portanto, do ponto de vista do governo Goulart e dos comandos militares a ele fiéis, os prognósticos eram de que o golpe seria vencido. Porém, de concreto, havia o apoio dos comandantes dos I e III Exércitos. Goulart acreditava que o general Kruel, comandante do II Exército, ficaria ao seu lado. O estado de São Paulo era decisivo, constituindo a maior preocupação do presidente, já que Kruel não se posicionava abertamente.

Nessa mesma noite, as tropas, os tanques e carros blindados do II Exército estacionaram no Ibirapuera. O general Amaury Kruel finalmente tomara sua decisão e ela foi contra Goulart. Por volta das 22h, o governador Ademar de Barros falou pelas rádios. Em sua declaração, disse que os mineiros contariam com o apoio dos paulistas, civis e militares. No caso dos militares, São Paulo tinha à frente o poderoso II Exército.[29] Depois de Ademar, o general Kruel também falou, declarando que seu objetivo era salvar a Pátria, "livrando-a do jugo vermelho". Não se tratava de pôr fim ao regime democrático. Muito ao contrário, o que se buscava era a legalidade e o restabelecimento da disciplina e hierarquia nas Forças Armadas.[30]

A notícia, para Goulart, foi uma derrota. Ela desestabilizou todos os seus planos. Telefonemas chegaram a ser trocados entre ele e Kruel. O general insistiu no mesmo argumento, anteriormente sustentado pelo general Bevilacqua. Ele não se negava a garantir a permanência do presidente no poder. Mas havia a exigência de que Jango se afastasse por completo dos comunistas e decretasse a ilegalidade do CGT, UNE e outras organizações de esquerda. Goulart argumentou que não poderia abandonar os amigos que o apoiavam e permaneciam a seu lado.[31] Mais uma vez Jango fez uma escolha e, dessa feita, ela rompia com qualquer possibilidade de negociação.

349

1964

Nas últimas horas do dia 31 de março, Jango sabia que seu governo estava condenado. Se cedesse às exigências de Kruel, poderia manter-se na presidência da República. Mas o custo era muito alto. Seria um presidente tutelado pelas Forças Armadas e impedido, na prática, de realizar seu programa de reformas de base, ainda que não radicais. Seria um presidente com menos poderes e em pior situação política do que em 1961, quando assumiu sob o regime parlamentarista. Ele não aceitou cumprir esse papel.

Nas primeiras horas do dia 1º de abril, Amaury Kruel ordenou o deslocamento das tropas do II Exército e da Força Pública de São Paulo em direção à Guanabara. Oficiais e cadetes da Academia Militar de Agulhas Negras, na cidade de Resende, sob o comando do general Emílio Garrastazu Médici, controlaram a rodovia Rio–São Paulo, em apoio às tropas de Kruel.[32] Para a Guanabara, portanto, marchavam duas colunas militares: a de Minas Gerais e a de São Paulo. Ambas para derrubar o governo.

Na cidade de Três Rios, no interior do estado do Rio de Janeiro, o Regimento Sampaio uniu-se ao 1º Batalhão de Caçadores. Seguindo as ordens de Goulart, eles deveriam deter as tropas de Mourão, que vinham de Minas. Era o que estava previsto, uma vez que eram tropas de elite que se posicionariam contra soldados inexperientes. Porém, não foi o que aconteceu. Ainda uma vez, nunca saberemos o que teria acontecido se ocorresse um confronto armado. Em vez disso, o general Odílio Denys — o mesmo que tentou impedir a posse de Goulart em 1961 — conversou com os comandantes do Regimento Sampaio e do Batalhão de Caçadores. Ao final, eles se uniram às tropas do general Mourão. Ou seja, todos juntos avançaram sobre a Guanabara para depor Goulart. Qualquer tentativa para explicar a mudança decisiva desses comandantes militares é arriscada. Mesmo assim, cabe especular que certamente eles já estavam informados da decisão do comandante do II Exército, e que os argumentos de ameaça à disciplina e hierarquia militar ganharam muita força após o episódio do Automóvel Clube.

Ou seja, nas primeiras horas do dia 1º de abril, as notícias que chegavam ao Palácio Laranjeiras eram estarrecedoras. De um lado, Goulart tomou conhecimento de que o Regimento Sampaio e o Batalhão de Caçadores aderiram aos golpistas, descumprindo suas ordens e as do ministro da Guerra. De outro, era informado de que vários comandos militares, em diversas partes do país, anunciavam apoio ao golpe. O governador do Rio

O GOLPE CIVIL E MILITAR: O MOVIMENTO EM MARCHA

Grande do Sul, Ildo Meneghetti, embora refugiado em cidade do interior gaúcho, ordenou que a Brigada Militar do estado aderisse ao movimento para depor Goulart. No Nordeste, o comandante do IV Exército também tomou posição ao lado dos golpistas e ordenou a prisão do governador Miguel Arraes.

A percepção da derrota era evidente. Nesse sentido, não se trata de saber se o "dispositivo militar" de Jango existia ou não. O que importa compreender é que a rebelião dos marinheiros e a ida de Jango à solenidade do Automóvel Clube desestabilizaram as Forças Armadas. Nas palavras de Elio Gaspari, "a organização militar, baseada em princípios simples, claros e antigos, estava em processo de dissolução. Haviam sido abaladas a disciplina e a hierarquia".[33] Nesse clima,

> a revolta dos marujos ofendeu a grande massa politicamente amorfa. O levante de Mourão sugeriu-lhe a possibilidade do desafio. A inércia do governo incentivou-a a mover-se ou, pelo menos, a não fazer nada.

O que ocorreu na virada do dia 31 de março para 1º de abril não foi uma repetição de levantes de minorias militares, aliadas a pequenos grupos civis de direita. Assim ocorreu na crise de agosto de 1954, que resultou no suicídio de Vargas; na crise da sucessão em 1955, com a tentativa de impedir a posse de Juscelino Kubitschek; nas revoltas de Aragarças e Jacareacanga, durante o governo JK. Em todos esses eventos, a minoria militar e civil golpista não conseguiu romper a legalidade, porque não conseguiu ressonância dentro das Forças Armadas e dentro da sociedade.

Em 1964 foi diferente. Houve um movimento do conjunto da oficialidade das três Forças Armadas que se sentiram ameaçadas pela quebra da disciplina e hierarquia na instituição. Tal movimento não foi apenas militar, pois teve apoio de amplos setores sociais, de empresários às classes médias; um apoio que vinha sendo construído havia anos, e se traduzia em recursos financeiros, materiais, além de manifestações de ruas. Diversas organizações da sociedade civil, como meios de comunicação, organizações femininas e setores da Igreja Católica também incentivaram e se colocaram ao lado desse movimento, sobretudo quando ele eclodiu. Tudo isso, sem falar em importantes instituições políticas, grupos parlamentares do Congresso e governos estaduais, como os da Guanabara, Minas Gerais e São Paulo.

1964

Eu estive lá

Brigadeiro Francisco Teixeira depõe em 1989

As Forças Armadas não são intrinsecamente democráticas, nem reacionárias. Elas dependem muito da opinião predominante na sociedade civil. Você vê, por exemplo, em 61, na posse de Jango, a opinião pública era pela posse. A campanha que o Brizola iniciou, pela posse, pela legalidade, teve o inteiro apoio das Forças Armadas. Os três ministros militares não conseguiram nem reunir tropa para combater o movimento que se formou no Rio Grande. Já em 64 foi o oposto. Houve um movimento de opinião pública procurando caracterizar o governo Jango como um governo que se propunha ao continuísmo, ao estabelecimento de uma República sindicalista. A opinião militar acompanhou a opinião pública geral e o governo não conseguiu debelar a revolução.

(Citado em Dênis de Moraes. *A esquerda e o golpe de 64: Vinte e cinco anos depois, as forças populares repensam seus mitos, sonhos e ilusões*. Rio de Janeiro, Espaço e Tempo, 1989, p. 248)

Capitão Eduardo Chuahy depõe nos anos 1990

Então, com a entrada de muitos sargentos na política, houve, para os oficiais — e isso desbastou as hostes que apoiavam Jango — uma quebra muito grande da hierarquia. O Exército tem 5% de progressistas, 5% de direita e a massa reflete a sociedade civil, particularmente a classe média. A formação do oficial do Exército é boa, patriota, nacionalista. (...) Esse movimento dos sargentos causou tão mal ao Exército, que foi o maior fato para os oficiais se rebelarem. (...) Lembro que naquele último comício de Jango no Automóvel Clube, em que até o cabo Anselmo tomou a palavra, fiquei falando com o Kardec [Leme, coronel] para impedir que o presidente fosse. (...) Essa provocação jogava cada vez mais os oficiais para a ruptura institucional. Não tenho mais dúvidas disso hoje, passados trinta, quase quarenta anos. Tenho [isso] claro... Nós levamos a oficialidade à ruptura institucional. A mesma que em 61 defendeu a Constituição, três anos depois rasgou-a.

(Citado em Dênis de Moraes. *A esquerda e o golpe de 64: Vinte e cinco anos depois, as forças populares repensam seus mitos, sonhos e ilusões*. Rio de Janeiro, Espaço e Tempo, 1989, p. 337 e citado em Andrea Paula dos Santos. *À esquerda das Forças Armadas brasileiras: História oral de vida de militares nacionalistas de esquerda*. FFLCH/USP, dissertação de mestrado, 1998, pp. 355-6)

O GOLPE CIVIL E MILITAR: O MOVIMENTO EM MARCHA

Para o jornalista Carlos Castello Branco, a quantidade de oficiais militares transferidos para a reserva após a vitória do golpe civil e militar indica que Goulart tinha, de fato, um apoio militar considerável. "Parece fora de dúvida que o episódio que fez pender a balança em favor dos seus adversários foi a crise da Marinha", alega o jornalista.[34] A anistia aos marinheiros foi desastrosa para o governo. Para os militares, ela era um atentado aos princípios básicos da hierarquia e disciplina. A metáfora da gota d'água é apropriada. Só que essa gota teve o tamanho de um oceano.

22

O golpe civil e militar: o presidente sitiado

Ao amanhecer do dia 1º de abril, o governo de Jango já estava sitiado. Ele perdia muito rapidamente a capacidade de exercer sua autoridade no país. Do hospital, o ministro da Guerra, Jair Dantas Ribeiro, por telefone, disse a Goulart que ainda poderia garanti-lo no cargo, desde que, publicamente, rompesse com o CGT. Jango repetiu a mesma resposta dada aos generais Peri Bevilacqua e Amaury Kruel: "Não posso abrir mão de nenhuma força que esteja me apoiando, general."[1] Jango então nomeou o general Moraes Âncora para o Ministério da Guerra. A ordem era que ele pegasse a estrada para São Paulo e convencesse Kruel a recuar com suas tropas. Como?

Essa era uma espécie de missão impossível. A situação do presidente já era muito difícil, política e militarmente. Era praticamente insustentável. Ataques à sua legitimidade no cargo vinham de todos os principais jornais do Rio de Janeiro e de outros estados engajados no movimento civil e militar. Naquele dia, por exemplo, o *Correio da Manhã* chegou às bancas com uma nota em destaque na primeira página:

> "Art. 83. Parágrafo único. O presidente da República prestará, no ato da posse, este compromisso: "Prometo manter, defender e cumprir a Constituição da República, observar as suas leis, promover o bem geral do Brasil, sustentar-lhe a união, a integridade e a independência."

1964

Este foi o juramento prestado pelo sr. João Goulart no dia 7 de setembro de 1961, perante o Congresso Nacional.
Jurou e não cumpriu.
Não é mais presidente da República.

Além da nota, o jornal publicou um editorial violento e assustador, considerando-se que tinha, até então, linha política considerada moderada. O título era expressivo: "Fora!" O *Jornal do Brasil* acompanhava o mesmo tom em seu editorial. O jornal *O Globo*, como se disse, teve sua edição impedida de sair pela ação do "Comando de Resistência"; seu editorial do dia 1º só seria lido junto com o do dia 2 de abril, e em nada destoava do tom que se generalizou. Além disso, o governo perdeu os meios de comunicação que o defendiam. As emissoras Rádio Nacional, Mayrink Veiga, Mauá e Ministério da Educação foram caladas pela Polícia Militar da Guanabara.[2]

Editorial: Fora!

A Nação não mais suporta a permanência do sr. João Goulart à frente do Governo. Chegou ao limite final a capacidade de tolerá-lo por mais tempo. Não resta outra saída ao sr. João Goulart senão a de entregar o governo ao seu legítimo sucessor. Só há uma coisa a dizer ao sr. João Goulart: saia. (...) O sr. João Goulart iniciou a sedição no país. Não é possível continuar no poder. Jogou os civis contra os militares e os militares contra os próprios militares. É o maior responsável pela guerra fratricida que se esboça no território nacional. (...) Foi o sr. João Goulart quem iniciou de caso pensado uma crise política, social e militar, depois de ter provocado a crise financeira com a inflação desordenada e o aumento do custo de vida em proporções gigantescas. (...) Nós do CORREIO DA MANHÃ defendemos intransigentemente em agosto e setembro de 1961 a posse do sr. João Goulart, a fim de manter a legalidade constitucional. Hoje, como ontem, queremos preservar a Constituição. O sr. João Goulart deve entregar o governo ao seu sucessor, porque não pode mais governar o país. A Nação, a democracia e a liberdade estão em perigo. O povo saberá defendê-las. Nós continuaremos a defendê-las.

(*Correio da Manhã*. Rio de Janeiro, 1º de abril de 1964, 1ª página)

O GOLPE CIVIL E MILITAR: O PRESIDENTE SITIADO

> **Editorial: Fora da lei**
>
> Desde ontem que se instalou no país a verdadeira legalidade: aquela que, através das armas do movimento mineiro e paulista de libertação, procura imediatamente restabelecer a legalidade que o caudilho não quis preservar, violando-a no que de mais fundamental ela tem: a disciplina e a hierarquia militares. (...) Só há uma legalidade — a legalidade contra a desordem e a desunião implantadas no país pelo sr. João Goulart em sua desmedida e criminosa atuação política visando a continuar a qualquer preço no uso do poder. (...) A legalidade está conosco. Estamos lutando e vamos restabelecê-la. O Congresso será chamado a dizer quem substituirá o caudilho até as eleições de 1965, que assegurarão a continuidade do regime. A legalidade está conosco — e não com o caudilho aliado ao comunismo. As opções estão feitas e vamos para a vitória.
>
> (*Jornal do Brasil*. Rio de Janeiro, 1º de abril de 1964, p. 6)

Em Porto Alegre, o comandante do III Exército, Ladário Telles, e o deputado Leonel Brizola trabalhavam em conjunto. Na manhã do dia 1º de abril, Brizola formou uma cadeia de rádios, reeditando a Rede da Legalidade. Ambos esperavam a chegada de Goulart a Porto Alegre para dar início à resistência ao golpe. Entendiam que o presidente devia deixar o Rio de Janeiro, onde corria perigo de vida. Enquanto isso, na Guanabara, o almirante Aragão ainda esperava ordens de Goulart para prender Lacerda. Sindicalistas, estudantes, sargentos, fuzileiros navais, comunistas, brizolistas, entre outros, se mostravam dispostos à luta, que não aconteceria. Àquela altura, a única carta a ser jogada era a interrupção da marcha do II Exército. Isso ainda não acontecera; não se sabia se resultaria ou não. Já Lacerda, em seu *bunker* no Palácio Guanabara, desafiava abertamente o governo pelos alto-falantes.

1964

> **Trecho do discurso pronunciado por Carlos Lacerda no Palácio Guanabara na manhã de 1º de abril**
>
> Meus amigos de Minas, meus patrícios, ajudem-me, ajudem o governo da Guanabara, sitiado, mas indômito, cercado, mas disposto a todas as resistências. (...) O Brasil não quer Caim na presidência da República. Que fizestes de teus irmãos? De teus irmãos que iam ser mortos por teus cúmplices comunistas, de teus irmãos que eram roubados para que tu te transformasses no maior latifundiário e ladrão do Brasil? Abaixo João Goulart! O Palácio Guanabara está sendo atacado, neste momento, por um bando de desesperados. Fuzileiros, deixem suas armas, porque vocês estão sendo "tocados" por um oficial inescrupuloso. Aragão, covarde, incestuoso, deixe os seus soldados e venha decidir comigo essa parada. Quero matá-lo com o meu revólver! Ouviu, Aragão? De homem para homem. Os soldados nada têm a ver com isto.
>
> (Citado em Hélio Silva. *1964: Golpe ou contragolpe?* Rio de Janeiro, Civilização Brasileira, 1975, p. 416)

Lacerda, como se disse, era um "demolidor de presidentes". De fato, não havia ataque algum. Não houve ataque, embora o almirante Aragão, junto a majores e capitães, insistisse com o presidente que o autorizasse a invadir o palácio e a prender Lacerda. A resposta negativa de Goulart acabou sendo decisiva para o avanço dos golpistas: quer os que vinham de Minas, quer os de São Paulo. Jango estava convencido de que a melhor decisão era evitar uma guerra civil. Segundo Darcy Ribeiro, Jango tomou essa atitude com base nas informações de San Tiago Dantas: se Lacerda fosse preso, navios de guerra dos Estados Unidos, que estavam chegando às costas brasileiras, entrariam na Baía de Guanabara. Aí as consequências seriam imprevisíveis; por isso, não quis ordenar o ataque ao Palácio Guanabara.[3] Ou seja, por essa ou qualquer outra justificativa, não houve reação. O que teria acontecido, caso a decisão fosse outra, jamais saberemos. Mas é bem possível que os custos fossem altos, em especial diante do avanço dos comandos militares sobre a Guanabara, estes sim para derrubá-lo e prendê-lo.

Naquela manhã do dia 1º de abril, militares fiéis ao presidente sugeriram que ele deixasse a Guanabara. Não havia mais segurança. De fato, com as

O GOLPE CIVIL E MILITAR: O PRESIDENTE SITIADO

polícias estaduais nas ruas e com a iminente chegada das colunas mineira e paulista, Goulart ficaria sitiado. Brizola estava certo ao pedir que ele fosse para Porto Alegre

Era preciso decidir e rápido. Enquanto ficasse no Palácio Laranjeiras, sem dúvida, transmitia alguma esperança de reverter o golpe. Porém, tudo o que tentou fazer — pois o presidente não ficou sem ação —, desde as providências de troca de comandos militares, ao envio de tropas de elite para deter Mourão Filho, até as tentativas de convencimento do general Kruel, falharam redondamente. Por isso mesmo, quando, por volta do meio-dia, Goulart seguiu para Brasília, buscando segurança e, talvez, uma nova resistência, deixou desorientados seus partidários. A notícia se espalhou pela cidade. Sua ida para Brasília foi logo interpretada, como é fácil imaginar, sobretudo considerando-se o ponto de vista de seus opositores, mas não apenas deles, como uma fuga. O presidente renunciava ao cargo. Nos prédios de Copacabana, do Centro e da Tijuca, entre outros, se viam lençóis brancos nas janelas. Nas ruas, muitos comemoravam. Uma chuva de papel picado descia dos prédios. O mesmo ocorreu em São Paulo e Belo Horizonte. A população dessas cidades comemorou a "renúncia" de Goulart. Ela não foi uma plateia passiva, mesmo porque isso não existe. Alguns fizeram a festa; outros jogaram futebol ou viram TV. É certo também que houve quem se amargurasse e perguntasse: por que não houve reação? E houve quem aguardou, com temor, a repressão.

E ela não tardou. Lacerda enfim se sentiu livre para desencadear uma brutal perseguição aos "subversivos" na Guanabara. Homens da Polícia Militar e Civil, mas também grupos paramilitares partidários do governador passaram a cometer violências contra estudantes, sindicalistas e trabalhistas. Grupos lacerdistas incendiaram o prédio da UNE na praia do Flamengo. Estudantes foram espancados. Essa foi uma ação exemplar, pelo alvo e pelo fogo utilizado. O jornal *Ultima Hora*, o único que defendeu o governo até aquele momento, foi depredado. Milhares de pessoas foram presas. Ainda não se sabia muito bem, mas começava um tempo de truculência no Brasil.

Só ao final da tarde daquele dia, os generais Amaury Kruel e Moraes Âncora se encontraram, a meio caminho entre o Rio de Janeiro e São Paulo. Precisamente, na cidade de Resende, na Academia Militar das Agulhas

Negras. O general Âncora, é bom lembrar, era o novo ministro da Guerra, nomeado por Goulart com a missão específica de convencer Kruel, o comandante do II Exército, a recuar com suas tropas, o que poderia garantir seu governo. Contudo, antes mesmo de conversarem, o general Âncora foi informado da ida do presidente para Brasília. Mas a notícia que chegou a ele, certamente não por acaso, foi a de que Jango havia renunciado. Diante disso, nada mais havia a conversar com Kruel ou convencê-lo de qualquer coisa, se o presidente renunciara. De maneira amigável, fizeram um lanche. Impressionante.

Também ao final dessa tarde, por volta das 17h, o líder de um dos grupos de conspiradores da Guanabara, general Arthur da Costa e Silva, tomou uma atitude ousada. Deixou o gabinete da repartição que chefiava e entrou no prédio do Ministério da Guerra. Desconhecendo a autoridade do ministro nomeado por Goulart, o general Moraes Âncora, que estava em Resende com o general Kruel, Costa e Silva se autonomeou ministro da Guerra, com a alegação de ser o general mais antigo no Exército. Reconhecido pelos militares presentes como o novo ministro da Guerra, também instituiu o que chamou de Comando Supremo da Revolução. Além de ministro da Guerra, também se autonomeou chefe do recém-criado Comando. Com isso, Costa e Silva declarava vitorioso o movimento civil e militar em curso, que chamava de revolução. Ele também se declarava seu chefe maior, atropelando o comando de militares como Castello Branco e Amaury Kruel, entre outros, e de civis como Magalhães Pinto e Carlos Lacerda.

Enquanto tudo isso ocorria, Goulart chegava ao Palácio do Planalto em Brasília. Pegou, rapidamente, alguns documentos importantes e deu ordens para que sua família fosse retirada do país. Temia pela segurança deles. Do Planalto foi para a Granja do Torto na companhia de Darcy Ribeiro, Waldir Pires, Doutel de Andrade, Almino Afonso, Assis Brasil e Tancredo Neves. Na conversa então travada, Jango considerou que, naquele momento, só contava com apoio político e militar no Rio Grande do Sul.[4] Depois de algum tempo, o presidente pediu que Tancredo Neves, Almino Afonso e Doutel de Andrade redigissem, em seu nome, uma Declaração ao Povo para ser amplamente lida pelas rádios do país.

O GOLPE CIVIL E MILITAR: O PRESIDENTE SITIADO

Manifesto de João Goulart (1° de abril. 1964)

Da capital da República, (...) na plenitude dos meus poderes constitucionais, que o povo me outorgou, que o povo ratificou, em pronunciamentos memoráveis, reafirmo a minha inabalável decisão de defender intransigentemente, numa luta sem tréguas, esse mesmo povo contra as arremetidas da prepotência da pressão do poder econômico.

Sei que o povo ignora o verdadeiro significado das pressões a que meu Governo está sendo submetido, desde que, para salvaguardar os mais legítimos interesses da Nação, tive que adotar no plano internacional uma política externa independente e, no plano interno, medidas inadiáveis de proteção à sua espoliada economia, arrastei a fúria insensata e odienta dos impatrióticos interesses contrariados. (...) Quando meu Governo se impunha, vitoriosamente, na repressão à ganância dos exploradores da economia popular, quando meu Governo se levantou contra a exploração dos preços, da distribuição dos gêneros de primeira necessidade, quando se levantou em defesa do povo, tabelando medicamentos, fixando aluguéis, assisti mancomunarem-se contra mim, numa ação insidiosa dos que sempre se locupletaram com a miséria do nosso povo. Quando a inflação, pela qual não se pode responsabilizar o meu Governo, que tudo tem feito para debelá-la, (...) corroía salário e vencimentos e ampliava a área de miséria entre as famílias da classe média, busquei recompor, na justa remuneração do trabalho, enviando ao Congresso mensagem solicitando a escala móvel de salários. Levantou-se a grita da incompreensão e do egoísmo, do capitalismo intolerante, desumano e anticristão. (...)

Mistificam com a supervalorização do perigo comunista, como se não fôssemos uma democracia plantada irremovivelmente no coração de nossa gente. Estou firme na defesa e ao lado do povo. Do povo, em que acredito e em quem deposito a certeza da vitória da nossa causa. Não recuarei, não me intimidarão. Reagirei aos golpes dos reacionários, contando com a lealdade, a bravura e a honra das forças militares, e com a sustentação das forças populares do nosso País.

Da Granja do Torto, Goulart iria para Porto Alegre, onde Brizola já o esperava. Com o comandante do III Exército, sondaria a possibilidade de articular resistência ao golpe. No entanto, era inegável que sua ida para o Rio Grande do Sul, mesmo sendo uma estratégia para tentar manter-se

1964

no poder, significava um recuo, uma derrota política. O presidente não teve sua segurança garantida no Rio de Janeiro, onde se encontrava no dia 31 de março, nem em Brasília, onde apenas passou, no dia 1º de abril. Tancredo Neves e todos os demais que o acompanharam até o aeroporto estavam desolados. Jango e alguns ministros entraram em um Coronado, avião da Varig. Contudo, ele apresentou problemas técnicos. Chegou-se a pensar em sabotagem. Afinal, a Operação Mosquito, em 1961, estava na memória recente desses homens. O Coronado foi trocado por outro avião, bem mais lento: um Avro, turboélice da FAB.[5] O presidente levantou voo. Ninguém poderia saber, mas foi a última vez que ele esteve em Brasília.

Nesse momento, no Congresso Nacional, a oposição udenista atacava ferozmente o governo e Jango, cuja "fuga" era apresentada como renúncia ao cargo. Um dos poucos parlamentares que defenderam Goulart foi o deputado Francisco Julião, líder das Ligas Camponesas do Nordeste. Interessante, pois, até aquela data, Julião se referia a Jango usando termos como "latifundiário" ou "lacaio do latifúndio". Mas política é assim; depende da configuração de forças do momento. E, naquele momento, para as esquerdas, mesmo as que sempre o criticaram por sua "moderação", era preciso defender o presidente. Razão pela qual Julião ameaçou enfrentar os golpistas mobilizando sessenta mil homens armados das Ligas Camponesas. Segundo ele, cinco mil desses homens estariam perto de Brasília. Como se soube depois, não havia camponês armado algum.[6] Porém, a ameaça de que milícias rurais armadas poderiam invadir Brasília jogou mais combustível na fogueira da oposição. Assim, se ainda havia deputados indecisos, eles se assustaram tanto que passaram a apoiar de vez os golpistas. Um caso exemplar de como o feitiço pode se virar contra o feiticeiro.

Nas primeiras horas do dia 2 de abril, Goulart ainda voava para o Rio Grande do Sul. No Congresso Nacional, os trabalhistas acreditavam que a oposição poria em votação o *impeachment* do presidente. Mas os deputados udenistas sugeriram ao presidente do Senado, Auro de Moura Andrade, que declarasse a vacância da presidência da República. Com isso, se criaria um fato consumado.[7] Assim, às 2h da manhã, em tom dramático, o presidente do Senado declarou vago o cargo de presidente da República e, obedecendo à linha de sucessão, convocou o presidente da Câmara dos Deputados, Ranieri Mazzilli, para assumir a presidência da República.

O GOLPE CIVIL E MILITAR: O PRESIDENTE SITIADO

O pessedista Tancredo Neves, que levara Jango ao aeroporto poucas horas antes, tentou impedir o que considerou um autêntico golpe às instituições, comandado pelo presidente do Senado. Da tribuna parlamentar, ele leu uma carta, redigida por Darcy Ribeiro, informando ao Congresso Nacional que João Goulart e seu ministério estavam em Porto Alegre. Portanto, o presidente da República não havia renunciado e ainda se encontrava em território nacional.[8] Não havia vacância do cargo, sendo que um manifesto do presidente ao povo brasileiro, escrito horas antes de sua partida para Porto Alegre, deveria ser irradiado para todo o país, explicando a situação que se vivia. Auro de Moura Andrade, no entanto, impediu qualquer debate ou votação sobre o assunto. Como ficou evidente para todos os presentes, o presidente do Senado não estava atuando como parlamentar, mas como aliado do movimento civil e militar em curso. Por isso, encerrou a sessão, desligando os microfones e apagando as luzes do plenário. Um ato de grande importância, pois através dele o Congresso Nacional legitimava o golpe de Estado, cujo objetivo era depor Jango da presidência. Rapidamente, o governo dos Estados Unidos reconheceu o novo governo do Brasil e seu presidente: Ranieri Mazzilli. Na madrugada do dia 2 de abril, legalmente, Jango não era mais o presidente da República. Um novo governo, estabelecido pelo Congresso Nacional, tinha o total apoio da mais poderosa nação das Américas.

Eu estive lá

Jornalista Flávio Tavares depõe em 1999

Todos tiveram responsabilidade no desastre. Não só os militares que deram o golpe ou os políticos que os induziram a golpear. O setor político como um todo, o Parlamento — expressão desse setor político — não se comportou muito diferente do pessoal de farda. (...) Presenciei no Congresso um desfile de bravatas recíprocas, que despencaram como um bólido nas contínuas sessões de 48 horas anteriores à consumação do golpe. Os chamados "cardeais" da UDN — Adauto Cardoso, Aliomar Baleeiro, Bilac Pinto e Pedro Aleixo —, todos pessoalmente brilhantes e que constituem o cerne da oposição, atiçaram o fogo e depois lançaram em plenário a equipe de reserva para manter acesa a fogueira e cuspir labaredas por todos os lados. (...) Mas sem a participação do

1964

> Parlamento, sem a sua conivência com o movimento militar, a formalização ou legalização do golpe teria sido dificultosa. A oposição "udenista" tumultuou tanto e tão habilmente tudo entre 31 de março e 1º de abril de 1964 que nessa última noite o senador Auro de Moura Andrade — presidindo o Congresso — abriu a sessão comunicando que "o presidente da República deixou a sede do governo" e, de imediato, sem nenhum debate, deliberação ou votação, simplesmente declarou vaga a presidência da República.
>
> (Flávio Tavares. *Memórias do esquecimento*. Rio de Janeiro, Editora Globo, pp. 149 e 151)

O Poder Legislativo foi partícipe do golpe, desempenhando função estratégica, inclusive em termos de relações internacionais. O reconhecimento do novo governo pelos Estados Unidos abria caminho para outras nações fazerem o mesmo. Mas o Poder Judiciário também esteve presente. O presidente do Supremo Tribunal Federal, Álvaro Ribeiro da Costa, não questionou, em nenhum aspecto, a atuação do presidente do Senado, no mínimo muito rápida, pois se sabia que Jango estava no Brasil. Sobretudo se o STF considerasse a movimentação militar, que vinha ocorrendo desde 31 de março, tinha em vista a deposição de Goulart pela força. Álvaro Ribeiro da Costa agiu como se o estabelecimento de um novo governo estivesse dentro da maior legalidade. Foi ao Palácio do Planalto e, na condição de chefe do Poder Judiciário, legitimou a posse de Mazzilli na presidência da República.[9] Empossado no cargo, imediatamente Mazzilli telefonou para o general Costa e Silva, pedindo proteção militar. Em duas horas, paraquedistas desciam na Praça dos Três Poderes com a tarefa de garantir o novo governo.[10] A harmonia entre a ação de militares e civis, visando a depor Goulart, podia ser vista nos céus de Brasília.

Enquanto esse novo governo era estabelecido, as tropas lideradas pelos generais Mourão e Muricy chegavam à Avenida Brasil, porta de entrada da cidade do Rio de Janeiro. Durante o dia 2 de abril, os soldados marcharam pelas ruas. Milhares de homens, mulheres e crianças os aplaudiam. O destino final era o Ministério da Guerra, na Avenida Presidente Vargas, onde se apresentariam ao general Costa e Silva. Não havia resistência possível dentro do estado da Guanabara. Os sargentos da Aeronáutica recuaram

O GOLPE CIVIL E MILITAR: O PRESIDENTE SITIADO

depois que o coronel-aviador Rui Moreira Lima (aquele que sobrevoara as tropas de Mourão) passou o comando da Base Aérea de Santa Cruz a um militar da confiança dos golpistas.

Avelino Bioen Capitani, dirigente da Associação de Marinheiros e Fuzileiros Navais, depõe em 1997

Sem orientação do Comando de Resistência e com a diretoria dispersa, sentia-me só. (...) Resolvi enviar mensageiros a todas as unidades, apelando para que pegassem as armas e se concentrassem no Ministério. (...) Em poucas horas, uma pequena multidão estava entre o Ministério da Marinha e o mar. Três mil marinheiros moviam-se silenciosamente, agrupando-se em torno de alguns rádios em busca de notícias. Esperavam ordens que, segundo o combinado, deveriam vir dos diretores da Associação. Mas, da diretoria, só estava eu. Comecei a agir. Deveríamos formar pelotões, companhias e batalhões. Mas como organizar rapidamente uma multidão com experiência profissional tão heterogênea? (...) O marinheiro entende de navio, mas muito pouco de combate terrestre. Ao entardecer [do dia 2 de abril], só um contingente de fuzileiros, comandados por Aragão, formava um cinturão de segurança ao longo da orla quando um coronel do Exército chegou como enviado. Não era uma negociação, era um pedido de rendição. Dez mil soldados apontavam seus tanques e canhões em nossa direção. Estavam bem à nossa frente.

(Avelino Bioen Capitani. *A rebelião dos marinheiros*. Porto Alegre, Artes e Ofícios, 1997, pp. 65-6)

Na Marinha não havia igualmente possibilidade de luta. As notícias eram as piores possíveis: os sindicalistas não tinham conseguido deflagrar a greve geral. Os fuzileiros e marinheiros estavam sós na resistência. Pior: dizia-se que o presidente deixara o país. O almirante Aragão e o ministro da Marinha consideraram que era preciso convencer esses homens a depor as armas.[11] As consequências de qualquer ato desse tipo, naquela situação, eram previsíveis e inúteis.

Os boatos sobre o presidente tiveram lá sua eficácia. Ele estava, de fato, no Brasil e seu destino era Porto Alegre. A cidade estava sob o controle do comandante do III Exército, general Ladário Telles, e de Leonel Brizola. Ambos

1964

esperavam a chegada de Goulart. O governador do estado, Ildo Meneghetti, tinha sido deposto do cargo por Brizola. Refugiou-se em uma cidade do interior à espera dos acontecimentos. Ladário Telles convocou diversos generais para planejar a resistência. A maioria deles, no entanto, não compareceu à reunião. Argumentaram que, naquele momento, obedeciam apenas às ordens do novo ministro da Guerra, general Costa e Silva. Ladário Telles, no entanto, continuava reconhecendo Goulart como presidente da República.[12]

Ainda persistem versões de que o III Exército estaria disposto a resistir ao golpe, como em 1961. Mas, em 1964, os sinais eram evidentes e de outro tipo. Embora o general Ladário Telles fosse um militar legalista e defensor da ordem democrática, não se pode confundir o conjunto da oficialidade com seu comandante. Muitas guarnições no Rio Grande do Sul, Santa Catarina e Paraná declararam seu apoio à deposição de Goulart e reconheceram a autoridade do novo ministro da Guerra, Arthur da Costa e Silva. Embora Ladário Telles se esforçasse para manter sua autoridade, ele não mais controlava seus comandados. A Brigada Militar gaúcha, por exemplo, manteve fidelidade ao governador Meneghetti.[13] Não há fundamentos nas versões que sustentam a disposição do III Exército, como um todo, de defender a legalidade em 1964.

DEU NO JORNAL

Discurso de Leonel Brizola em frente à prefeitura de Porto Alegre

O presidente João Goulart não renunciará, em hipótese alguma, já devendo estar a caminho do Rio Grande do Sul. (...) Os comandantes das unidades de Uruguaiana, Bagé e Santa Maria são gorilas e reacionários. Traíram o regulamento, a palavra empenhada no juramento à bandeira, e se transformaram em capitães do antipovo. Sargentos: o povo pede a prisão, de qualquer maneira, desses militares rebeldes. Tomem-lhes as armas tiradas de vocês, e prendam-nos. (...) Os gorilas vencem até agora, como jogadores de xadrez com punhos de renda. Mas é chegado o momento de ver quem tem mais fibra e raça. Na hora do cheiro de pólvora é que vamos ver quem tem medo, pois os gaúchos responderão à bala.

(*Jornal do Brasil*. Rio de Janeiro, 2 de abril de 1964, p, 3)

O GOLPE CIVIL E MILITAR: O PRESIDENTE SITIADO

Editorial: Presente

O problema era a permanência inaceitável do sr. João Goulart no poder que não soube cumprir, nem honrar. Esse problema foi resolvido pela restauração da legalidade, na sua pureza democrática. (...) A solução está nos textos constitucionais. Dentro da Constituição e da verdadeira legalidade é que se vai recompor, sem hesitações nem controvérsias, o regime representativo traído, mas afinal vitorioso. (...) Congresso e Forças Armadas terão que partir sem a menor demora para o restabelecimento do status legal do poder, de maneira que ao presidente da República que rompeu a legalidade se substitua o presidente da República da fiel definição constitucional. (...) Está na Constituição que a presidência vacante deverá ser ocupada pelo presidente da Câmara dos Deputados, o primeiro na ordem da sucessão, cabendo ao Congresso eleger trinta dias depois o novo chefe do Poder Executivo. (...) Queremos que a hora da vitória seja também uma hora da grandeza. A restauração da legalidade democrática constitui todo o triunfo, por si só. Um tal triunfo não pede tripúdios, nem retaliações. Pede, ao contrário, a meditação que é própria da humildade. (...) O legado do ex-presidente João Goulart é o mais sinistro: divide-se ele entre a estagnação e a ruína. Sob o manto da Constituição e com a Nação tranquila será possível o milagre de transformar essa herança de frustração e de ressentimentos numa obra positiva.

(*Jornal do Brasil*. Rio de Janeiro, 2 de abril de 1964, p. 5)

Jango só chegou a Porto Alegre às 4h da manhã do dia 2 de abril. Reuniu-se, mais tarde, com Ladário Telles, Leonel Brizola e quatro generais do III Exército. Também estavam presentes o ministro da Saúde, Wilson Fadul, o da Agricultura, Osvaldo Lima Filho, e o do Trabalho, Amauri Silva. O presidente pediu uma avaliação realista da situação militar. Os quatro generais foram unânimes: a maioria das guarnições do III Exército já obedecia ao novo ministro da Guerra, o general Costa e Silva. Não havia condições efetivas para uma resistência. Na visão do general Floriano Machado, seria uma aventura qualquer atitude nesse sentido. Ladário Telles discordou dos quatro colegas. Ele acreditava dispor de diversas guarnições, além dos voluntários civis liderados por Brizola.[14] Um dos generais presentes interferiu, alegando que se tratava de uma loucura tentar resistir.

1964

O comandante do III Exército permanecia determinado a enfrentar os golpistas. Brizola sugeriu que Goulart formasse um governo no Rio Grande do Sul. Ali estavam os ministros da Agricultura, Trabalho e Saúde. Ladário Telles seria nomeado ministro da Guerra e Brizola, ministro da Justiça. Feito isso, o presidente viajaria para São Borja, enquanto Brizola e Ladário organizariam a resistência civil e militar. Em outras palavras, Brizola propunha a manutenção do governo Jango, legitimamente eleito, em paralelo àquele ilegitimamente criado em Brasília.

A proposta não agradou Goulart. A questão principal não era a da legitimidade política. A questão era militar, e as avaliações dos quatro generais leais a Ladário Telles e a dele mesmo eram de que não se devia, pois não se podia mais resistir. Porém, só tomou sua decisão final quando o próprio Ladário Telles usou um argumento desconcertante: "Presidente, devo, finalmente, afirmar-lhe que minha mentalidade de soldado é de que enquanto se dispõe de um punhado de homens se resista, até esperar que a vitória se conquiste por milagre..."[15] Ora, o comandante do III Exército estava concordando com seus generais e admitindo que, de fato, não tinha força militar para resistir aos golpistas. Todos os presentes sabiam que Ladário Telles não tinha mais o controle do III Exército, a começar pelos comandantes que nem atenderam seu chamado de se reunir com o presidente.

O presidente não teve mais dúvidas de que uma resistência seria sufocada rapidamente. O golpe contra seu governo resultara de uma ampla coalizão civil-militar, com apoio dos Estados Unidos.[16] De seu ponto de vista e considerando suas circunstâncias naquela manhã do dia 2 de abril, qualquer reação seria pífia, mas jogaria o país em uma guerra civil. Segundo versão de Brizola, Goulart teria dito:

> "Eu verifico o seguinte. Que a minha permanência no governo terá que ser à custa de derramamento de sangue. E eu não quero que o povo brasileiro pague este tributo. Então eu me retiro. Peço a vocês que desmobilizem que eu vou me retirar."[17]

Ladário e Brizola ainda insistiram. Foi inútil. Nesse momento, Goulart renunciou à presidência.

O GOLPE CIVIL E MILITAR: O PRESIDENTE SITIADO

Editorial: Ressurge a democracia

Vive a Nação dias gloriosos. Porque souberam unir-se todos os patriotas, independentemente de vinculações políticas, simpatias ou opinião sobre problemas isolados, para salvar o que é essencial: a democracia, a lei e a ordem. Graças à decisão e ao heroísmo das Forças Armadas, que obedientes a seus chefes demonstraram a falta de visão dos que tentaram destruir a hierarquia e a disciplina, o Brasil livrou-se do governo irresponsável (...). Agora o CONGRESSO dará o remédio constitucional à situação existente, para que o país continue sua marcha em direção a seu grande destino, sem que os direitos individuais sejam afetados, sem que as liberdades públicas desapareçam, sem que o poder do Estado volte a ser usado em favor da desordem, da indisciplina e de tudo aquilo que nos estava a levar à anarquia e ao comunismo. (...) Salvos da comunização que celeremente se preparava, os brasileiros devem agradecer aos bravos militares que os protegeram de seus inimigos. (...) As Forças Armadas chamaram a si a tarefa de restaurar a Nação na integridade de seus direitos, livrando-a do amargo fim que lhe estava reservado pelos vermelhos que haviam envolvido o Executivo Federal.

(*O Globo*. Rio de Janeiro, 2 de abril, 1ª página)

Jango foi para sua fazenda em São Borja. Ficou lá até o dia 4 de abril, quando partiu para Montevidéu, no Uruguai. Brizola ainda ficou um mês em Porto Alegre. Com apoio de amigos, ele tentou organizar uma resistência na clandestinidade. Ao final, foi levado para a praia de Capão da Canoa, a 130 quilômetros de Porto Alegre, disfarçado em um uniforme da Brigada Militar. Na praia, um avião enviado por Jango o resgatou.

Vários personagens que viveram aqueles dias como também estudiosos do golpe defenderam que a resistência era possível e que o golpe poderia ter sido revertido. Essa é uma questão interessante, pois envolveu e continua envolvendo uma avaliação sobre as decisões de Goulart. Sobre sua própria figura de homem público. Teria ficado indeciso ou sido fraco ao não resistir? Ou teria sido prudente e um tanto heroico ao não resistir? Como se vê, uma imagem partida, dividida entre um lado bom e outro mau. Algo bastante maniqueísta, já que os homens têm sempre lados bons e maus, ao mesmo tempo. É claro que, se tivesse resistido, a história teria sido outra, como temos insistido, quase como um mantra neste livro. Nesse caso, como em todos os demais, jamais saberemos o que teria acontecido. De toda forma, considerando a hipótese de que a resistência era possível, vale a pena fazer um exercício e pensar: por que Goulart não lutou?

Acompanhando-se suas decisões, é possível dizer que Jango foi se dando conta, rapidamente, da amplitude do golpe militar. Logo verificou que dele participaram o Poder Legislativo e o Poder Judiciário. Na coalizão golpista estavam os governadores dos estados mais importantes do país: Guanabara, São Paulo, Minas Gerais e Rio Grande do Sul. Os governadores de Goiás e Paraná também apoiaram o golpe. Todos eles dispunham de importantes efetivos policiais. A imprensa e os meios de comunicação, a partir de determinado momento, passaram a apoiar e incentivar o golpe. Os editoriais aqui transcritos têm a intenção de transmitir tanto o clima de indignação como o de júbilo que dominaram os últimos dias de março e os primeiros de abril de 1964. Empresários da indústria e do comércio e proprietários de terras estavam na oposição a seu governo. Muitos deles havia bastante tempo. Não era nenhum segredo. Parcelas significativas das classes médias e de trabalhadores estavam cansadas da inflação que corroía seus salários. Isso já se tornara visível em algumas cidades.

Jango também sabia do apoio do governo dos Estados Unidos à movimentação civil-militar golpista. Fora informado por San Tiago Dantas ainda no dia 31 de março. Sabia que navios de guerra estavam se dirigindo para Santos. Logo, que não era impossível uma intervenção militar no Brasil — embora na reunião em Porto Alegre não tenha mencionado esse fato.

Para Flávio Tavares, em depoimento muitos anos depois,[18] pesaram muito, para a decisão do presidente de não resistir, duas conversas mantidas ainda no dia 31 de março, na Guanabara. A primeira, com San Tiago, já mencionada. Foi ele que informou a Goulart o apoio do presidente dos Estados Unidos ao que seria um governo provisório de Magalhães Pinto, inclusive, com o deslocamento de navios de guerra para a costa brasileira. A segunda, com Juscelino Kubistchek, que não só confirmou essa informação, como veio dizer pessoalmente a Jango que não mais o apoiaria. Assim, o PSD, a UDN e pequenos partidos conservadores, no Congresso Nacional,

O GOLPE CIVIL E MILITAR: O PRESIDENTE SITIADO

seriam uma forte base de oposição parlamentar. De fato, foi o que se viu, quando o presidente do Senado declarou vaga a presidência da República, passou-a ao presidente da Câmara e apagou as luzes do Congresso. Tudo ficou escuro e muito claro também.

A despeito de tudo isso, a opção de resistir existia. Se Jango mobilizasse o país, possivelmente haveria luta. Setores nacionalistas e legalistas das Forças Armadas, bem como aliados civis, estavam dispostos a isso. Os exemplos dos marinheiros no Rio de Janeiro e do general Ladário Telles em Porto Alegre, além de Brizola, são inequívocos. Poderia ter havido resistência. Sobretudo nos momentos iniciais do golpe. Não se sabe, nesse caso, o que teria ocorrido. O tempo e o custo em vidas dessa reação são apenas imagináveis.

O que o governo dos Estados Unidos faria, nesse caso, também não saberemos. Porém, segundo a documentação, provavelmente optaria por abastecer e municiar o novo governo, evitando uma intervenção desgastante e desnecessária. O golpe civil e militar que resultou na queda de Jango foi articulado e executado por brasileiros. Mesmo sem um comando único e com iniciativas controversas, ganhou adesões e força entre militares e também civis. Dessa maneira, foi corroendo os pontos nos quais uma resistência política e militar poderia ser articulada com alguma chance de real enfrentamento. Ao final, ela acabou não acontecendo.

Jango foi um homem que viveu o golpe de 1964 em posição única e extremamente difícil. Para ele, estava dado que o futuro seria duro e difícil. O quanto, nem ele, nem ninguém podia imaginar. Mas, certamente, uma alternativa conhecida era que aquela intervenção militar repetisse o ocorrido em 1945. Getúlio Vargas, o presidente deposto, fica exilado no próprio país e, a seguir, retoma a vida política.[19] Por que não? De toda forma, Jango, para o bem e para o mal, não lutou.

Depois que deixou o país, outros nomes passaram a dominar as manchetes dos jornais. Mas muitos também se repetiram. O futuro do golpe estava em aberto. Nem os próprios líderes militares e civis mais destacados sabiam o que se seguiria, no curto e médio prazo. O golpe não continha um ideário de governo. Não apontava para uma ditadura civil e militar como o Brasil iria viver, durante mais de uma década. As eleições de 1965 estavam logo ali e havia vários candidatos animados a disputá-la e vencê-la. O golpe de 1964 foi um projeto contra o governo Jango e as esquerdas.

1964

Não havia, de forma definida, um projeto de governo a *favor* de algo. Depor Goulart e fazer uma limpeza política no país era o que se queria. A limpeza era também um projeto *contra*. Contra os trabalhistas, os comunistas, os sindicalistas, os subversivos em geral. Os que seriam chamados de inimigos da Revolução vitoriosa.

João Goulart, no exílio uruguaio, explica a Jorge Otero por que tomou a decisão de não resistir ao golpe

Haveria mesmo derramamento de sangue. Mas esse sangue a ser derramado seria o de civis. Era mister evitá-lo. Porque, Jorge [Otero], já lhe disse: lobo [militar] não come lobo. Ameaçam, fazem pronunciamentos. No final, dá-se um jeito. Além disso, até que ponto poderíamos resistir? Onde obteríamos os recursos e o combustível imprescindíveis? Os entreguistas do Brasil já estavam garantidos ao receberem o apoio dos Estados Unidos. Só os civis seriam as grandes vítimas. E esse é um povo maravilhoso, independentemente de suas convicções políticas. Não, Jorge, eu não teria esse direito. Nem gostaria de arcar com essa enorme responsabilidade, que contraria meu foro íntimo.

(Citado em Jorge Otero. *João Goulart: Lembranças do exílio*. Rio de Janeiro, Casa Jorge, 2001, pp. 168-9)

Um maior domínio de informações sobre o período e sobre o próprio momento do golpe permite, cada vez mais e melhor, a construção de análises menos simplistas. Daí a centralidade do acesso à documentação histórica, que permite compreender processos e acontecimentos, sempre muito complexos. Mas, sem dúvida, o historiador sabe que isso não significa que interpretações que valorizem a figura do presidente ou a desvalorizem deixem de circular e ter adeptos, continuamente. Do mesmo modo que interpretações que defendam a necessidade e justeza do golpe ou a ele se contraponham, deixem de ter seguidores. O passar do tempo, inclusive, vai se encarregando de alterar posições, uma vez que, em 1964, ninguém poderia saber, exatamente, o que o futuro daquele movimento civil e militar reservaria ao Brasil. Muitos estavam certos de que tal futuro seria promissor. Outros, com igual certeza, acreditavam que seria trágico.

O GOLPE CIVIL E MILITAR: O PRESIDENTE SITIADO

Golpes de Estado são eventos traumáticos, que podem ser bem planejados e executados. Mas uma vez efetivados, é frequente que abram alternativas políticas diversas. Por isso, o que ocorre após muitos golpes de Estado foge completamente ao controle de muitos dos que o promoveram e apoiaram. Após o golpe de 1964, o que se pôde ver de imediato, sobretudo de determinados pontos de vista, é que ele era um projeto violento, recorrendo a prisões e torturas abertamente. Os golpistas, que se chamaram de revolucionários, cassavam e caçavam seus inimigos. E pobres daqueles que foram definidos como inimigos dessa revolução.

23

E o golpe virou revolução...

No dia 2 de abril de 1964 o golpe se transformara numa revolução vitoriosa. Havia um Comando Supremo da Revolução em funcionamento e os comandos das Regiões Militares, espalhados pelo Brasil, o reconheciam, bem como ao novo ministro da Guerra, o general Arthur da Costa e Silva. Dois em um. A Marinha e a Aeronáutica estavam sob controle. Havia igualmente um novo presidente da República, empossado pelo Poder Legislativo e Judiciário: Ranieri Mazzilli. Esse novo governo já fora reconhecido pelos Estados Unidos e caminhava para a obtenção de muitos outros reconhecimentos no cenário internacional.

A decisão de Goulart de não empreender resistência armada assegurava que não haveria derramamento de sangue em uma luta para mantê-lo no poder. Algo que não excluía que isso acontecesse em outros terrenos de luta, uma vez que a perseguição aos "inimigos da revolução" foi imediata e violenta, ocorrendo em várias cidades do país. Ao menos parte dessa repressão, realizada em nome da democracia, podia ser lida e vista nos jornais: houve registros escritos e fotográficos. Os sentidos atribuídos a tais ações variaram desde esse momento. Houve leitores que os viram como uma prova de que o país corrigia seu curso político, ameaçado pelos "comunistas", categoria sempre capaz de se

1964

alargar e ter contornos fluidos na História do Brasil. Houve leitores que se surpreenderam com o que se fazia em nome da legalidade; outros que começaram a se assustar com a dureza com que militantes sindicalistas e deputados do PTB, por exemplo, eram tratados.

As formas de recepção do golpe de 1964 e das primeiras notícias sobre os atos desse movimento foram e continuariam a ser múltiplas. Diversas instituições, organizações e pessoas nele envolvidas mudaram suas avaliações no decorrer das décadas seguintes, conforme as circunstâncias políticas iam se transformando. Um exemplo paradigmático é o do jornal *O Globo* que, em 1º de setembro de 2013, fez uma espécie de autocrítica em relação à posição que assumiu no episódio. O título da matéria é ilustrador: "Apoio editorial ao golpe de 64 foi um erro." Segue-se então o subtítulo: "A consciência não é de hoje, vem de discussões internas de anos, em que as Organizações Globo concluíram que, à luz da História, o apoio se constituiu um equívoco."[1] O jornal não teria como silenciar seu apoio ao golpe, mas o fez demonstrando a seus leitores que se apercebeu do "erro" cometido e passou a fazer objeções ao regime civil e militar, diante das violências que passaram a acontecer. O que importa aqui destacar é que a memória e a história do golpe (bem como de todos os acontecimentos históricos) vão sendo construídas continuamente. A memória seleciona fatos para lembrar, dependendo de quem lembra e quando se lembra. A memória sofre as influências do momento em que o passado é rememorado por alguém. A narrativa histórica também se transforma com o passar do tempo, com a abertura de novos arquivos e com os debates entre os historiadores, por exemplo. Além disso, a história não mais pretende alcançar "uma verdade do que realmente aconteceu", como se acreditou no século XIX.

Os historiadores, e não apenas eles, aprenderam que isso não existe. Ao longo das décadas que decorreram entre os anos 1960 e 2010, muitas pesquisas foram realizadas e inúmeros livros e artigos científicos foram escritos por historiadores e cientistas sociais. Também muitos livros de memórias, além de filmes e entrevistas, foram produzidos. Um material vastíssimo que evidencia como um evento tem sempre várias interpretações, dependendo do ponto de vista de quem narra e do momento em que narra. O golpe de 1964 foi e continuará sendo um evento fundamental para se entender a História do Brasil contemporâneo. Por isso, ele foi objeto de inúmeros estudos, que elaboraram interpretações diversas, que foram sendo

E O GOLPE VIROU REVOLUÇÃO...

defendidas e debatidas ao longo dessas décadas. Compreender um acontecimento histórico é um trabalho coletivo, que exige discussão e se beneficia tanto das concordâncias como das discordâncias entre as teses em debate.

Construir conhecimento, na História e Ciências Sociais, exige igualmente acesso a arquivos, que permitam a consulta de documentos variados e abundantes, pois são eles que registram as ações dos diversos personagens envolvidos. Através dos documentos, os pesquisadores podem elaborar suas interpretações, levando em conta e confrontando as percepções e ações dos vários personagens presentes no evento. Uma tarefa que foi e continua sendo difícil, uma vez que o golpe de 1964 é um evento sensível, em torno do qual muitos dos envolvidos querem guardar silêncio. Uma estratégia para se fazer isso, por exemplo, é não permitir o acesso dos pesquisadores à documentação existente.

De toda forma, pode-se dizer que a documentação disponível sobre o golpe de 1964 aumentou com o passar das décadas, beneficiando-se da abertura de arquivos dentro e fora do Brasil, sobretudo após a redemocratização e com a Constituição de 1988. Mas sabemos que tal documentação poderá crescer ainda mais e de maneira decisiva, dependendo dos resultados dos trabalhos da Comissão Nacional da Verdade e das Comissões Estaduais da Verdade, por exemplo. Não é, portanto, surpreendente que, ao longo de meio século, algumas interpretações tenham se fortalecido e outras se enfraquecido. Em virtude da quantidade de autores e da variedade de posições defendidas e debatidas, durante tanto tempo, não é adequado fazer aqui um balanço do que se produziu. O importante é assinalar que este livro se beneficiou explicitamente das pesquisas e contribuições dessa vasta bibliografia. Vale lembrar, aliás, que os próprios autores fazem parte do amplo conjunto de estudiosos que se debruçou sobre o tema. Sendo assim, concordamos com algumas das interpretações, de maneira clara e até enfática, embora nem sempre completamente. Também discordamos, em parte ou no todo, de outras interpretações sobre o golpe de 1964, que continuam a circular e são muito compartilhadas. Por fim, temos nós mesmos uma proposta de compreensão dos acontecimentos que decorreram entre 1961 e 1964. Ela se apresenta como uma narrativa e se constitui em nossa interpretação sobre o golpe.

Diante disso, é bom voltar ao dia 2 de abril de 1964, apenas para finalizar. Esse não seria um dia qualquer, pois, mesmo antes de o general

1964

Mourão Filho sair de Minas com suas tropas, na Guanabara havia sido planejada a realização da Marcha da Família com Deus pela Liberdade. Uma versão carioca do que havia se passado em várias cidades do estado de São Paulo. Contudo, com a vitória do golpe civil e militar, a marcha mudou de nome, passando a se chamar de A Marcha da Vitória. A historiadora Aline Presot descreve bem esse evento.[2] A Marcha começou às 16h, com uma multidão concentrada em frente da Igreja da Candelária. Seguiu pela Avenida Rio Branco e, mais adiante, entrou na Avenida Almirante Barroso, com destino à área conhecida como Esplanada do Castelo. Um veículo da Rádio Nacional, posicionado no início do cortejo, irradiava o evento em cadeia pela Agência Nacional.

Vinte soldados do Regimento de Cavalaria da Polícia Militar, carregando lanças com flâmulas da corporação, abriam o desfile. Na frente da Marcha, o ex-presidente e marechal Eurico Gaspar Dutra. Mulheres que atuavam na Campanha da Mulher pela Democracia o acompanhavam. O jornal O Globo estimou oitocentas mil pessoas. Em outros cálculos, fala-se de um milhão. Os cartazes empunhados eram sugestivos: "Trabalhador, só na democracia poderás escolher a tua religião" ou "Vermelho bom, só batom". O que marcou a caminhada foram os grupos religiosos e, claro, as mulheres. Embora a Conferência Nacional dos Bispos do Brasil não apoiasse oficialmente as Marchas, nada impedia que padres e bispos, por sua própria convicção pessoal, participassem do evento. Mas estiveram presentes também fiéis das igrejas protestantes, rabinos, espíritas kardecistas e umbandistas. Estudantes universitários caminhavam ao lado deles, como os da Pontifícia Universidade Católica, da Universidade Santa Úrsula, da Universidade do Estado da Guanabara (atual UERJ) e da Universidade do Brasil (atual UFRJ). Em seus cartazes, os estudantes diziam: "Verde e amarelo, sem foice e sem martelo" ou "Estudantes autênticos saúdam a UNE desejando-lhe felicidade nas profundezas do inferno".

Quando a Marcha chegou a seu destino, começaram os discursos. É importante observar quem foram os oradores. Houve líderes religiosos falando em nome dos espíritas kardecistas e da Comissão de Divulgação da Imagem de Iemanjá, além de um rabino, um pastor protestante e um representante da Igreja Romana Ortodoxa. O monsenhor Bessa proferiu a oração da ave-maria. Usaram também da palavra sindicalistas, políticos e militares. Descendo de helicóptero, de forma espetacular, Carlos Lacerda

E O GOLPE VIROU REVOLUÇÃO...

chegou à manifestação. Pode-se pensar que matava dois coelhos com uma cajadada: festejava a vitória da revolução e entrava, triunfalmente, em campanha para a presidência da República.

De forma geral, a Marcha mais lembrada é a de 19 de março, ocorrida na cidade de São Paulo. Muito possivelmente porque demonstrava o apoio de amplas parcelas da população à derrubada do governo Goulart, sendo, posteriormente, vista como um aval da sociedade à "revolução". A Marcha da Vitória do dia 2 de abril no Rio é pouco lembrada, mas não pouco significativa. Ela evidencia o mesmo aval, só que após a vitória do golpe civil e militar. Além disso, muitas outras Marchas continuaram movimentando as ruas brasileiras, durante os meses de abril e junho nos estados de São Paulo, Minas Gerais, Rio de Janeiro, Brasília, Ceará, Rio Grande do Norte, Alagoas, Piauí, Santa Catarina e Goiás. Segundo levantamento de Aline Presot, nesses meses foram realizadas no país 69 Marchas de apoio ao golpe.[3]

Essas marchas reuniram muita gente nas ruas de muitas cidades, mas foram aos poucos sendo esquecidas pela sociedade brasileira, em especial com o processo de redemocratização. É compreensível. À medida que a ditadura ia sendo desmascarada, evidenciando-se a prática da tortura e da censura que atingiu importantes setores sociais, inclusive a imprensa — agente de formação de opinião pública —, a lembrança de uma sociedade que festejou o golpe foi se tornando incômoda. Melhor recordar as também grandiosas manifestações contra os militares e contra a ditadura, crescentes a partir dos anos 1980. Permaneceu, contudo, a referência da Marcha ocorrida na cidade de São Paulo, como se ela fosse uma exceção, um acidente imprevisto no comportamento político da população. No entanto, pesquisas demonstram exatamente o contrário. Essa marcha não foi um evento isolado. Foi, de um lado, uma reação ao Comício da Central do Brasil e, de outro, um ponto de partida para outras manifestações que se organizaram antes e depois do golpe de 31 de março.

O que nos leva a atentar para a necessidade de se saber, sempre, quem está construindo uma narrativa sobre os fatos e quando isso está sendo feito. Por isso, segundo diversos historiadores, em especial a partir dos anos 1980, o golpe e a própria ditadura civil e militar passaram a ser lembrados como eventos possíveis devido à ação de instituições que dispunham de amplo poder de repressão e propaganda. A sociedade teria sido vítima dessa opressão física e ideológica das elites militares e civis que controlavam o regime. Mas, como temos insistido ao longo deste livro, não há plateia passiva. Grandes parcelas da sociedade brasileira aplaudiram o golpe ou foram fazer outras coisas: nem preto nem branco. Vários tons de cinza.[4] O que, evidentemente, não significa dizer que toda a sociedade brasileira comemorou o golpe quando ele ocorreu ou deu seu apoio à ditadura, em toda a sua duração. Como Denise Rollemberg e Samantha Quadrat advertem, é sempre muito difícil compreender como as ditaduras surgem e se consolidam mantendo vínculos com as sociedades. Mesmo que elas tenham sido arquitetadas e dirigidas por elites.

O golpe civil e militar de 1964 é exemplar. Ele não foi um evento externo à sociedade e alheio à sua participação, ainda que seu comando estivesse nas mãos de elites militares e civis brasileiras.

Além disso, seu futuro, obviamente, não era conhecido. Os historiadores nunca podem ser teleológicos. Como seu ofício é compreender o passado — ainda que em um passado recente, em que muitas das testemunhas, diretas ou indiretas, estão vivas —, o futuro para eles é conhecido. Algo instigante, até sedutor, mas pode ser também perigoso. A tentação é supor que o que aconteceu teria que ter acontecido. Uma postura que tem como premissa, absolutamente falsa, que os protagonistas da ação, no momento em que ela está ocorrendo, não têm dúvidas, não têm escolhas. Ou seja, que para eles só "um" futuro é possível e está à sua frente. Mais uma vez, o golpe civil e militar de 1964 é exemplar. Como vimos, ele não incluía, necessariamente, um projeto de ditadura, menos ainda tão longa e feroz. Seu objetivo era retirar João Goulart do poder.

Muitos dos editoriais de jornais que fizeram franca oposição a Goulart e apoiaram abertamente o golpe, naquele momento, sequer se referiam à formação de um governo militar. Eles defendiam e desejavam uma solução constitucional, que seria prerrogativa do Congresso Nacional. Um Congresso que dera total apoio à ação militar e incluía diversos líderes político-partidários que queriam chegar à presidência da República pelas eleições de 1965. O jornal *Correio da Manhã* merece atenção mais cuidadosa. Seus redatores não compactuaram com o alarmismo anticomunista e estiveram na defesa do regime democrático, criticando os radicalismos de direita e de esquerda. No setor editorial, participavam jornalistas efetivamente comprometidos com o regime democrático e que, mais tarde, lutaram contra a ditadura. Entre eles estavam Márcio Moreira Alves, Antonio Callado,

E O GOLPE VIROU REVOLUÇÃO...

Otto Maria Carpeaux e Carlos Heitor Cony. Este último, após o golpe, foi dos primeiros a escrever duras críticas à ditadura. Mas todos apoiaram a deposição de Goulart e foram responsáveis pelos editoriais "Basta!", de 31 de março, e "Fora", de 1º de abril. A equipe editorial do *Correio da Manhã* incitou a queda de Goulart da presidência da República, mas não apoiou a ditadura que se seguiu. Ao contrário, a ela se opôs e sofreu perseguições.

Com a consolidação da ditadura no Brasil e com o estabelecimento da repressão e da tortura como políticas de Estado, o posicionamento de diversos homens públicos foi se alterando. Entre eles, e como exemplo, esteve o advogado Heráclito Fontoura Sobral Pinto. Quando o governo militar editou o Ato Institucional, em 9 de abril de 1964, Sobral Pinto denunciou que o instrumento "destruiu a soberania do Congresso Nacional, que deixou de ser um dos três Poderes da República".[5] Posteriormente, atuou como advogado de presos políticos na ditadura. Quando do Comício das Diretas Já, no Rio de Janeiro, no dia 10 de abril de 1984, já com idade bastante avançada, ele emocionou mais de um milhão de pessoas ao exigir eleições diretas para presidente da República. Sobral Pinto, no entanto, em março de 1964, apoiou o golpe que tirou Jango do poder. Outro caso paradigmático é o de Dom Paulo Evaristo Arns. Ele morava em Petrópolis quando ocorreu o golpe e viajou para o Rio de Janeiro com o objetivo de abençoar as tropas do general Mourão Filho. Ora, Dom Paulo Evaristo Arns, já na condição de arcebispo de São Paulo, se tornaria um dos homens mais corajosos e importantes na luta contra a ditadura civil e militar e suas bárbaras torturas.[6]

Evidentemente, o que se deseja destacar com tais exemplos, bem eloquentes, é como é fundamental desvincular o contexto do golpe civil e militar que derrubou João Goulart dos longos anos de ditadura que se seguiram, e que, obviamente, podiam não estar nos planos de muitos deles. Muitos daqueles que apoiaram o golpe de Estado não imaginavam que os militares viriam para ficar e que a violência seria a marca do novo regime. Porém, é igualmente fundamental ressaltar que, ainda durante o dia 1º de abril, a violência estava nas ruas. Ela não tardou; não foi algo posterior ao Ato Institucional nº 5, de 1968, sem dúvida um marco para o endurecimento do regime autoritário. Sem os mecanismos de controle do poder das autoridades públicas, próprios aos regimes democráticos, sem as garantias constitucionais que sustentam os direitos civis, a repressão e a impunidade garantiram a violência, praticamente desde o momento em

1964

que o golpe se proclamou uma revolução vitoriosa. O que ocorreu com o militante do Partido Comunista Gregório Bezerra, pessoa já idosa, no Recife, não foi e não seria um caso isolado.

Eu estive lá

Preso no dia 1º de abril de 1964, Gregório Bezerra, em suas memórias, relata as torturas que sofreu no Quartel de Motomecanização, no bairro da Casa Forte, Recife

Ao chegar a essa unidade do Exército, ainda no pátio do quartel, estava à minha espera o comandante, coronel Villocq. Recebeu-me a golpes de cano de ferro na cabeça, tendo eu por isso desmaiado. Enquanto esse sádico me batia com a barra de ferro, outros me desferiam pontapés e coronhadas por todo o corpo, especialmente no estômago, barriga e testículos. Fui arrastado pelas pernas e jogado num xadrez. Ali, os verdugos diziam que eu ia receber uma "sessão espírita", ou seja, a continuação dos espancamentos. (...) Por várias vezes, tentou introduzir a barra de ferro em meu corpo, mas não o conseguiu, porque eu concentrava toda a minha força para defender-me de semelhante ignomínia. Quando eu já estava todo machucado na cabeça e no baixo-ventre, os dentes todos arrebentados e a roupa encharcada de sangue, despiram-me, deixando-me com um calção esporte. Deitaram-me de barriga. Villocq pisou na minha nuca e mandou seu grupo de bandidos sapatearem sobre meu corpo. A seguir, puseram-me numa cadeira e três sargentos seguraram-me por trás, enquanto Villocq, com um alicate, ia arrancando meus cabelos. Logo depois, puseram-me de pé e obrigaram-me a pisar numa poça de ácido de bateria. Em poucos segundos, estava com a sola dos pés em carne viva. Toda a pele tinha sido destruída. A dor que senti era tanta que, se estivesse com as mãos livres, apesar de todo amassado, seria capaz de agarrar-me com Villocq e morrermos juntos. (...) Laçaram-me o pescoço com três cordas e obrigaram-me a passear sobre pedregulhos britados para, segundo Villocq, "aliviar a dor dos pés". E assim fui arrastado pelas principais ruas do bairro da Casa Forte. Um sargento me apertava cada vez mais a garganta e eu procurava contrair os músculos do pescoço, pois, apesar dos sofrimentos, eu queria viver. Foi um desfile doloroso.

(Gregório Bezerra. *Memórias*. São Paulo, Boitempo Editorial, s/d, pp. 533-4)

E O GOLPE VIROU REVOLUÇÃO...

As rupturas institucionais, como o golpe de Estado de 1964, abrem alternativas políticas que escapam ao controle dos próprios líderes e de muitos daqueles que apoiam tais movimentos. Márcio Moreira Alves, um dos redatores do *Correio da Manhã*, já mencionado, afirmou anos mais tarde que, para o grupo de jornalistas da redação do jornal, a "intervenção militar deveria ser rápida, seguida pela devolução do poder aos políticos civis. Para nós, uma ditadura militar prolongada era inimaginável no Brasil".[7] Talvez por isso, no dia 3 de abril de 1964, o *Correio da Manhã* denunciou a violência da polícia de Carlos Lacerda e o perigo da ditadura. Só que já era tarde.

Editorial: Terrorismo, não!

A vitória da Nação, em virtude do afastamento do sr. João Goulart, não pode ser maculada com a onda de arbitrariedades e de violência (...). Não estamos em estado de sítio e o sr. João Goulart entregou o poder, por vontade ou não, sem opor nenhuma resistência militar. Não é crível que se queira manchar de sangue, como já se manchou, um movimento de amplitude nacional que derrubou o presidente da República. O que existe, na realidade, é um desabafo patológico do sr. Carlos Lacerda, que procura, na violência, a supercompensação para os dias em que permaneceu em silêncio, amedrontado (...). O afastamento do sr. João Goulart foi para evitar a sua manobra continuísta. Não admitimos que se prepare e se organize a investida brutal do totalitarismo de direita para o esmagamento das liberdades democráticas. A Liberdade é um dogma. Existe ou não existe. (...) Querem, tanto o governador da Guanabara como o governador de São Paulo, que o Congresso eleja imediatamente um presidente da República e que este presidente seja apartidário. O Congresso Nacional é soberano e não pode agir sob pressão de ninguém. (...) O afastamento do Sr. João Goulart foi precisamente para garantir as instituições em vigor e não para atentar contra elas.

(*Correio da Manhã*. Rio de Janeiro, 3 de abril, 1ª página)

De fato, ainda no dia 2 de abril, os vitoriosos, civis e militares, passaram a se desentender abertamente. A derrubada de Goulart da presidência da República, que uniu inicialmente vários grupos sem comando único,

1964

transformou-se em uma clara disputa pelo poder entre diversas facções das Forças Armadas. O grupo vencedor teve a liderança do general Castello Branco, que, em 15 de abril de 1964, tornou-se presidente da República, eleito pelo Congresso Nacional. Potencializando os conflitos entre os militares, estavam também disputas entre as lideranças civis conservadoras e de direita, que contribuíram decisivamente para o golpe e concorriam entre si.

O que inicialmente ocorreu foi uma ampla articulação militar e civil com o objetivo de expurgar as principais lideranças trabalhistas e sindicalistas, principalmente as ligadas ao CGT. Foram esses grupos das esquerdas os primeiros a sofrer (o verbo não é casual) o que se chamou de "expurgar os comunistas" do país. Assistiu-se então à entrada no cenário político de capitães, majores, tenentes-coronéis e coronéis que, apoiados por generais e ao mesmo tempo os influenciando, desencadearam um feroz combate ao "comunismo e à corrupção". Eles admiravam Carlos Lacerda pelas atitudes audaciosas que tomara contra Jango, bem como o general Costa e Silva, que foi um dos que deram início a esse amplo processo punitivo.[8]

Mas os militares não estavam sozinhos nesse furor persecutório. Tiveram o apoio de instituições como o Conselho Superior das Classes Produtoras, Associações Comerciais dos estados, o Centro Industrial do Rio de Janeiro, a Sociedade Rural Brasileira, a Campanha da Mulher pela Democracia, além de vários governadores de estados.[9] Tendo em vista os objetivos da "revolução", era preciso cassar mandatos de senadores, deputados federais e estaduais comprometidos, de alguma forma, com as "esquerdas". Aí, o medo tomou conta do Congresso Nacional; mas já era um pouco tarde. O vice-presidente da Ordem dos Advogados do Brasil apoiou as perseguições e cassações de mandatos. Segundo ele, "os vencedores se investem do poder e a eles, portanto, fica assegurada a faculdade de constituição de um novo regime jurídico".[10]

Preâmbulo do Ato Institucional de 9 de abril de 1964, posteriormente chamado de Ato Institucional n° 1

É indispensável fixar o conceito do movimento civil e militar que acaba de abrir ao Brasil uma nova perspectiva sobre o seu futuro. O que houve e continuará a haver neste momento, não só no espírito e no comportamento das classes armadas, como na opinião pública nacional, é uma

E O GOLPE VIROU REVOLUÇÃO...

> autêntica revolução. A revolução se distingue de outros movimentos armados pelo fato de que nela se traduz não o interesse e a vontade de um grupo, mas o interesse e a vontade da Nação. A revolução vitoriosa se investe no exercício do Poder Constituinte. Este se manifesta pela eleição popular ou pela revolução. Esta é a forma mais expressiva e mais radical do Poder Constituinte. Assim, a revolução vitoriosa, com Poder Constituinte, se legitima por si mesma.

Com tal preâmbulo, o Ato Institucional de 9 de abril transformou o Congresso Nacional em Colégio Eleitoral. Em junho de 1964, 23 bispos e dois cardeais que participavam da Conferência Nacional dos Bispos do Brasil (CNBB) declararam seu apoio ao "expurgo revolucionário", desde que os acusados tivessem direito à defesa.[11] Os mesmos jornais que, nos dias 31 de março e 1º de abril, defendiam que a solução para a deposição de Goulart deveria ser dada pelo Congresso Nacional não muito tempo depois faziam referências e reverências à "revolução".

> **Editorial: Fé na Revolução e no governo**
>
> Fez bem o general Costa e Silva em reafirmar os propósitos da Revolução, pois já não são poucos os que parecem esquecer que a gloriosa jornada que teve início a 31 de março só se concluirá quando a vida pública brasileira for restaurada em sua passada dignidade, quando a economia estiver recuperada, as finanças saneadas, a administração pública (expurgada dos aproveitadores e corruptos) tornada eficiente (...). Mas isto sem violência, sem arbitrariedades e sem desrespeito à lei. Ainda falta muito para que a Revolução se complete, e não se pode estranhar que assim seja, sobretudo depois de haver mostrado o chefe do Executivo como estava adiantada a marcha da subversão, perturbada a máquina administrativa e difundida a corrupção. Os que desejam esquecer que houve uma Revolução que necessita atingir seus objetivos para não frustrar as esperanças nacionais estão procedendo como contrarrevolucionários, embora sem coragem para adotar, claramente, esta posição. (...) As palavras do general Costa e Silva tranquilizam os partidários da Revolução, que são os verdadeiros democratas.
>
> (*O Globo*. Rio de Janeiro, 28 de maio de 1964, 1ª página)

1964

As perseguições, as prisões, entre outras arbitrariedades, se tornaram regra desde esse momento inicial, ao contrário do que às vezes se proclama. As lideranças civis do golpe não apenas apoiaram, mas incitaram tais perseguições e punições. O governador de São Paulo, Ademar de Barros, declarou, em 10 de abril de 1964, que daria "combate sem trégua aos comunistas, caçando-os onde estiverem, em qualquer ponto do território nacional".[12] Quando Juscelino Kubitschek foi cassado e perdeu seus direitos políticos, sob a ótica de Lacerda, ele se desvencilhava do nome que mais ameaçava sua candidatura à presidência da República. Quer dizer, nem só sobre as esquerdas se abateu a violência; havia muito interesse político nas perseguições realizadas em nome da eliminação dos comunistas, dos subversivos.

Aliás, no clima que se instalou, qualquer um podia ser suspeito de "subversão da ordem". Ninguém tinha garantias, nem mesmo os membros do Supremo Tribunal Federal. Um artigo no jornal *O Estado de S. Paulo* diz estranhar a maneira "inerte" como agia a "Revolução" diante de dois "comunistas", referindo-se claramente aos ministros Evandro Lins e Silva e Hermes Lima. Em depoimento concedido nos anos 1990, Evandro Lins e Silva caracteriza o "ambiente de terror, de pânico de todo mundo", inclusive no STF.[13]

Por conseguinte, não há como desconhecer que as torturas, mortes e perseguições tiveram início desde a vitória do golpe e continuidade com o estabelecimento do governo do general Castello Branco. Desde 1964, houve torturas, muitas vezes acompanhadas de execuções sumárias dos considerados opositores do regime. O sargento Raimundo Soares foi uma dessas vítimas. Preso em março de 1966, foi submetido a bárbaras torturas no DOPS de Porto Alegre. Em agosto daquele ano, seu corpo apareceu boiando com as mãos amarradas no rio Jacuí. Antes da execução, os torturadores injetaram álcool em suas veias.[14]

Cálculos falam em cinco mil presos nas primeiras semanas após o golpe. Entre 1964 e 1966, aproximadamente dois mil funcionários públicos foram demitidos ou aposentados compulsoriamente, 421 oficiais militares, obrigados a passar para a reserva, enquanto 386 foram cassados e/ou tiveram os direitos políticos suspensos por dez anos.[15] A limpeza começou "dentro de casa". Os militares e civis suspeitos de apoiar Jango ou de não apoiar a "revolução" — uma variação muito abrangente, é bom

E O GOLPE VIROU REVOLUÇÃO...

notar — foram punidos drasticamente com, no mínimo, o afastamento do serviço público. No caso dos marinheiros e fuzileiros navais, quatrocentos foram expulsos, processados e condenados após o golpe. Muitos cumpriram penas em presídios políticos. Outros 963 foram licenciados *ex officio* por terem participado da assembleia na sede do Sindicato dos Metalúrgicos.

Na área sindical, sete em cada dez diretorias de confederações e sindicatos de trabalhadores perderam seus mandatos. Os militares instituíram os chamados Inquéritos Policiais Militares (IPMs), em que civis eram investigados e julgados por militares. Em novembro de 1964, 2.176 pessoas sofreram tais inquéritos.[16] A perseguição se estendeu de maneira implacável aos líderes estudantis, e os intelectuais não escaparam da violência. No campo partidário, os políticos do PTB foram os alvos preferenciais, mas, embora em menor número, políticos do PSD e de outros partidos também foram atingidos. A UDN se preservava; afinal, as grandes lideranças civis do golpe, como governadores de estado e parlamentares, pertenciam a esse partido político.

Na avaliação de Elio Gaspari, os militares consideravam que o Brasil estava "sujo" e o melhor detergente para a "limpeza" era a violência. Diante da truculência militar, para esse autor, "os liberais, que discretamente apoiaram a derrubada de Goulart, refluíam para a oposição ou, pelo menos, para um silêncio envergonhado diante da anarquia de IPMs, delações e arbitrariedades militares". Enquanto os liberais recuavam, avançavam os novos aliados da extrema direita.[17]

Ainda no governo de Castello Branco, por força do Ato Institucional nº 2, de 1965, e nº 3, de 1966, foram suprimidas as eleições diretas para presidente da República, governadores de estados, capitais dos estados e municípios considerados áreas de segurança nacional. Os partidos políticos foram extintos, substituídos por apenas dois: Aliança Renovadora Nacional (Arena) e Movimento Democrático Brasileiro (MDB). Uma Constituição foi outorgada em 1967, com a anuência de um Congresso Nacional acuado.

O regime civil e militar, repressivo e punitivo, necessitou de um vasto sistema de espionagem. A peça-chave foi o Serviço Nacional de Informações (SNI), criado ainda em 1964. O SNI tornou-se o órgão central do Sistema Nacional de Informações (SISNI), fundado em 1970. Vários órgãos

1964

formaram uma rede de espionagem: Sistemas Setoriais de Informações dos Ministérios Civis, Sistemas Setoriais de Informações dos Ministérios Militares, Subsistema de Informações Estratégicas Militares, entre outros. Em cada ministério civil havia uma Divisão de Segurança e Informações. Surgiram, também, órgãos de espionagem em cada uma das Forças Armadas: o Centro de Informações da Marinha (CENIMAR), o Centro de Informações do Exército (CIE) e o Centro de Informações de Segurança da Aeronáutica (CISA).[18]

Com a edição do Ato Institucional nº 5, de 1968, o regime civil e militar assumiu aberto caráter ditatorial, mas com a característica de procurar manter as instituições políticas. O Poder Legislativo e o Poder Judiciário continuavam funcionando, embora crescentemente sem quaisquer prerrogativas e submissos aos generais presidentes. Mais grave ainda, a tortura tornou-se prática disseminada por uma política de Estado. Não se tratava mais de violências nas dependências do DOPS ou de um ou outro oficial militar anticomunista mais exaltado. Os torturadores, homens da ditadura, passaram também a praticar atos de terrorismo, como o envio de cartas-bombas. Uma delas matou a Sra. Lyda Monteiro da Silva, secretária da Ordem dos Advogados do Brasil, em agosto de 1980. Também foi terrorismo a tentativa, felizmente fracassada, de atentado ao show no Riocentro, em abril de 1981. Se tivesse sucesso, milhares de jovens teriam morrido no maior atentado terrorista que o país teria conhecido. Como diversos pesquisadores chamam a atenção, em apenas seis anos o Brasil estava desfigurado. A repressão não atingiu apenas as esquerdas, mas também os grupos liberais e, a seguir, as próprias lideranças conservadores, inclusive as que apoiaram o golpe militar, como Carlos Lacerda e Ademar de Barros.

Sem dúvida, a sociedade brasileira ainda pode e precisa conhecer melhor o que aconteceu em março e abril de 1964. Os militares não foram os únicos envolvidos nesse evento, como temos demonstrado com insistência. Mas foram seus protagonistas diretos, mantendo essa posição posteriormente. O processo de radicalização política à esquerda e à direita foi decisivo para impedir qualquer tipo de solução política negociada para a grave crise que precedeu o golpe. Nem as esquerdas nem os grupos de direita queriam efetivamente negociar. Todos apostavam no confronto, o que evidencia o pouco ou nenhum apreço pela democracia, cujo valor era alardeado, mas não praticado. Mas não foram as esquerdas que deram o

E O GOLPE VIROU REVOLUÇÃO...

golpe; foram grupos civis e militares de direita que se articularam, mesmo com discordâncias internas e sem comando único. Foram forças militares que desencadearam o movimento armado, contando com apoio político civil em vários estados da federação e no Congresso Nacional. Assim, é mais do que hora de superar as versões maniqueístas que demonizam alguns personagens e inocentam outros.

Há também muito a se pesquisar sobre o período da ditadura civil e militar que se seguiu ao golpe. Certamente, há muita documentação não consultada, pois mantida em segredo, longe dos olhos dos pesquisadores e da sociedade brasileira. Outro ponto fundamental é o reconhecimento de que houve apoio da sociedade ao golpe em 1964. Apoio que comemorou uma Copa do Mundo de futebol, em 1970, e o sesquicentenário da Independência do Brasil, em 1972, com um presidente que, inegavelmente, conseguia aprovação popular: Emílio Médici.[19] O mesmo general presidente sob cujo governo a tortura atingiu requintes de crueldade inimagináveis, que foram se tornando mais e mais conhecidos. Às vésperas dos cinquenta anos do golpe e por força da ação de Comissões da Verdade e da coragem de cidadãos brasileiros, os horrores dessa política de Estado ganharam a forma de testemunhos públicos de imensa importância, como o da professora Dulce Pandolfi, uma entre as mulheres e homens que foram atingidos por tal prática e sobreviveram.

EU ESTIVE LÁ

Depoimento de Dulce Pandolfi à Comissão da Verdade do Rio em 28 de maio de 2013 na Assembleia Legislativa do Rio de Janeiro (ALERJ)

Naquela noite do dia 20 de agosto de 1970, no momento em que entrei no quartel da Polícia do Exército situado na Rua Barão de Mesquita número 425, no bairro da Tijuca, no Rio de Janeiro, ouvi uma frase que até hoje ecoa forte nos meus ouvidos: "Aqui não existe Deus, nem Pátria, nem Família. Só existe nós e você." Hoje, passados mais de quarenta anos, penso no efeito que aquela frase produziu em mim. Com 21 anos de idade, cheia de certezas e transbordando de paixões, eu não queria morrer. (...) Era naquele quartel que funcionava o DOI-

1964

CODI. (...) Durante os mais de três meses em que fiquei no DOI-CODI, fui submetida, em diversos momentos, a diversos tipos de tortura. Umas mais simples, como socos e pontapés. Outras mais grotescas, como ter um jacaré andando sobre o meu corpo nu. Recebi muito choque elétrico e fiquei muito tempo pendurada no chamado "pau de arara": os pés e os pulsos amarrados em uma barra de ferro e a barra de ferro, colocada no alto, numa espécie de cavalete. (...) Embora essa tenha sido a tortura mais frequente, havia uma alternância de técnicas. Uma delas, por exemplo, era o que eles chamavam de "afogamento". Amarrada numa cadeira, de olhos vendados, tentavam me sufocar, com um panoou algodão umedecido com algo com um cheiro muito forte, que parecia ser amônia. (...) Quando passei a correr risco de vida, montaram uma pequena enfermaria em uma das celas do segundo andar. Ali fui medicada, ali fiquei tomando soro. Meu corpo parecia um hematoma só. Por conta, sobretudo, da grande quantidade de choque elétrico, fiquei com o corpo parcialmente paralisado. Achava que tinha ficado paralítica. Aos poucos fui melhorando. (...) No dia 20 de outubro, dois meses depois da minha prisão e já dividindo a cela com outras presas, servi de cobaia para uma aula de tortura. O professor, diante dos seus alunos, fazia demonstrações com o meu corpo. Era uma espécie de aula prática, com algumas dicas teóricas. Enquanto eu levava choques elétricos, pendurada no tal pau de arara, ouvi o professor dizer: "Essa é a técnica mais eficaz." Acho que o professor tinha razão. Como comecei a passar mal, a aula foi interrompida e fui levada para a cela. Alguns minutos depois, vários oficiais entraram na cela e pediram para o médico medir minha pressão. As meninas gritavam, imploravam, tentando, em vão, impedir que a aula continuasse. A resposta do médico Amilcar Lobo, diante dos torturadores e de todas nós, foi: "Ela ainda aguenta." E, de fato, a aula continuou. A segunda parte da aula foi no pátio. O mesmo onde os soldados diariamente faziam juramento à bandeira, cantavam o Hino Nacional. Ali fiquei um bom tempo amarrada num poste, com o tal do capuz preto na cabeça. Fizeram um pouco de tudo. No final, avisaram que, como eu era irrecuperável, eles iriam me matar, que eu ia virar "presunto", um termo usado pelo Esquadrão da Morte. Ali simularam meu fuzilamento. Levantaram rapidamente o capuz, me mostraram um revólver, apenas com uma bala, e ficaram brincando de roleta russa. Imagino que os alunos se revezavam no manejo do revólver porque a "brincadeira" foi repetida várias vezes. (...) Anos depois, a Justiça Militar me absolveu. Mas nenhuma absolvição pode apagar os métodos utilizados durante o tempo em que estive presa sob a responsabilidade do Estado brasileiro

E O GOLPE VIROU REVOLUÇÃO...

O sofrimento incomensurável de pessoas que padeceram com exílios, torturas e mortes de entes queridos é um fato que a sociedade brasileira não deve esquecer jamais. Viver a experiência do autoritarismo marcou gerações e precisa ser alvo de reflexões permanentes. Um aprendizado deixado por esse terrível período da História do Brasil é o da importância das instituições, práticas e valores do regime democrático, por mais incompletudes que ele possa ter. A democracia deve ser um valor inegociável, pois só ela pode garantir a manutenção e avanço dos direitos de cidadania.

A democracia não é um regime perfeito e muito menos um regime do consenso. Tem sentido exatamente para dar solução, de maneira pacífica e negociada, respeitando-se as leis vigentes, aos conflitos sociais existentes: grandes, graves, demorados. Esse regime só se sustenta quando as principais forças políticas e sociais aceitam submeter seus interesses a procedimentos e valores republicanos. Em outras palavras, quando aceitam a vitória e a derrota, quase sempre parciais.

Por fim, a democracia não é um jogo cujas regras — o "contrato social" — são sustentadas por alguém que está fora dele. As regras do jogo são preestabelecidas e aceitas pelos participantes. A democracia se mantém se as partes em conflito consideram que vale a pena participar do jogo, cumprindo suas regras. Se não for assim, ele acaba. Como ocorreu na virada de março para abril de 1964.

Notas

Introdução

1. *O Cruzeiro*. Rio de Janeiro, 10 de abril de 1964, p. 3. O crédito da foto é de José Nicolau.
2. *Manchete*. Rio de Janeiro, edição histórica, p. 4-13.
3. Idem, p. 26.
4. Idem, p. 27.
5. *Manchete,* Rio de Janeiro, 11 de abril de 1964, p. 4-9.
6. *O Cruzeiro,* Rio de Janeiro, 10 de abril de 1964, p. 44 e 45.
7. O general Castello Branco tornou-se presidente da República e em 22 de julho de 1964 seu mandato foi prorrogado até 1967. Porém, em 27 de outubro de 1965, com o Ato Institucional nº 2, as eleições diretas para presidente foram canceladas e os partidos políticos, extintos, entre outras medidas.

Um brinde ao imprevisível

1. Flávio Tavares, *O dia em que Getúlio matou Allende e outras novelas do poder.* Rio de Janeiro, Record, 2004, pp. 193-4.
2. Thomas Skidmore. *Brasil: de Getúlio a Castello.* Rio de Janeiro, Editora Saga, 1969, p. 204.
3. Mário Victor. *Cinco anos que abalaram o Brasil.* Rio de Janeiro, Civilização Brasileira, 1965, pp. 110-5.
4. Idem, p. 127. A equipe econômica de Jânio Quadros tinha conhecimento que não havia um mercado em perfeita concorrência, nem no Brasil nem no mundo. Em abril de 1961, o presidente enviou anteprojeto contra abusos econômicos, formação de monopólios, desrespeito à legislação tributária, burla contra concorrência pública, elevação abusiva de preços, entre outras medidas.
5. Paulo Fagundes Vizentini. *Relações exteriores do Brasil (1945-1964): O nacionalismo e a política externa independente.* Petrópolis, Vozes, 2004.

1964

6. Jefferson José Queler. Entre o mito e a propaganda política: Jânio Quadros e sua imagem pública (1959-1961).Tese de doutorado. Campinas, UNICAMP, 2009.
7. Mário Victor. *Op. cit.*, p. 153.
8. Angela de Castro Gomes. "Memórias em disputa: Jango, ministro do Trabalho ou dos trabalhadores?" In Marieta de Moraes Ferreira (org.) *João Goulart: Entre a memória e a história*, Rio de Janeiro, FGV, 2006, pp. 57-78.
9. *Diário Carioca*. Rio de Janeiro, 26 de agosto de 1961, p. 2.
10. Hélio Silva. *1964: Golpe ou contragolpe?* Rio de Janeiro, Civilização Brasileira, 1975, p 124.
11. Citado em Jorge Otero. *João Goulart. Lembrança do exílio.* Rio de Janeiro, Casa Jorge, 2001, p. 23.
12. Argelina Figueiredo. *Democracia ou reformas? Alternativas democráticas à crise política: 1961-1964.* São Paulo, Paz e Terra, 1993, p. 37.

A posse: golpe militar e negociações políticas

1. Amir Labaki. *A crise da renúncia e a solução parlamentarista.* São Paulo, Brasiliense, 1986, p. 66.
2. F. C. Leite Filho. *El caudillo, Leonel Brizola: um perfil biográfico.* São Paulo, Aquariana, 2008, p. 98.
3. Jorge Ferreira. *João Goulart. Uma biografia.* Rio de Janeiro, Civilização Brasileira, 2011, pp. 243-4.
4. Jorge Ferreira. *O imaginário trabalhista: Getulismo, PTB e cultura política popular (1945-1964).* Rio de Janeiro, Civilização Brasileira, 2005, p. 286.
5. Citado em Joaquim Felizardo. *A legalidade: O último levante gaúcho.* Porto Alegre, Editora da UFRGS, 1988. O discurso completo de Brizola encontra-se nas pp. 33-40.
6. Vivaldo Barbosa. *A rebelião da legalidade.* Rio de Janeiro, FGV, 2003, p. 112.
7. Jorge Ferreira. *João Goulart.* Op. cit., p. 241.
8. Hugo de Faria (depoimento) Rio de Janeiro, FGV/CPDOC — História Oral, 1983, pp. 205-6.
9. Citado em Amir Labaki. Op. cit., p. 105.
10. Citado em idem, pp. 105-6.
11. Norberto da Silveira. *Reportagem da legalidade: 1961/1991.* Porto Alegre, NS Assessoria de Comunicação Ltda., 1991, pp. 126 e 131 e *Jornal do Brasil.* Rio de Janeiro, 20 de agosto de 2001, p. 3.
12. Ver Jorge Ferreira. *O imaginário trabalhista.* Op. cit.
13. Norberto da Silveira. Op. cit., p. 140.

NOTAS

14. Ver Jorge Ferreira. *O imaginário trabalhista.* Op. cit., p. 305.
15. *Tribuna da Imprensa.* Rio de Janeiro, 31 de agosto de 1961, p. 2.
16. Tratava-se de projeto que instituía o parlamentarismo no Brasil de autoria do deputado federal pelo Rio Grande do Sul Raul Pilla, fundador e líder do Partido Libertador.
17. Paulo Markun e Duda Hamilton. *1961: Que as armas não falem.* São Paulo, Ed. do Senac, 2001, p. 313.
18. Idem, p. 325.
19. Hélio Silva. Op. cit., pp. 144-5.

O parlamentarismo e a estratégia do presidente

1. Citado em Wanielle Brito Marcelino (org). *Discursos selecionados do presidente João Goulart.* Brasília, Fundação Alexandre Gusmão, 2012, p. 10.
2. Argelina Figueiredo. Op. cit., p. 49.
3. Além desses nomes, participaram do ministério Armando Monteiro Filho, na Agricultura; Antônio de Oliveira Brito, na Educação; Estácio Souto Maior na Saúde; Gabriel Passos, nas Minas e Energias; Virgílio Távora, na Viação e Obras Públicas; Alfredo Nasser, na Justiça; almirante Ângelo Nolasco, na Marinha; brigadeiro Clóvis Travassos, na Aeronáutica, e general João Segadas Viana, na Guerra.
4. Lucia Hippolito. *De raposas a reformistas: O PSD e a experiência democrática brasileira, 1945-64.* Rio de Janeiro, Paz e Terra, 1985, pp. 37-42.
5. Antônio Lavareda. *A democracia nas urnas: O processo partidário eleitoral brasileiro.* Rio de Janeiro, IUPERJ/Rio Fundo, 1991.
6 Maria Vitória Benevides. *A UDN e o udenismo: Ambiguidades do liberalismo brasileiro (1945-1965).* São Paulo, Paz e Terra, 1981.

Diretas em ação

1. Citado em Hélio Silva. Op. cit., p. 203.
2. *Jornal do Brasil.* Rio de Janeiro, 7 de setembro de 1961, p. 6.
3. Rodrigo Patto Sá Motta. *Em guarda contra o "perigo vermelho": O anticomunismo no Brasil (1917-1964).* São Paulo, Perspectiva/Fapesp, 2002, p. 268.
4. René A. Dreifuss. *1964: A conquista do Estado.* Petrópolis, Vozes, 1987, p. 207.
5. Idem, p. 181.
6. Idem, p. 170. Segundo Dreifuss, 297 corporações americanas financiaram o *IPES.* Op. cit, p. 206.

1964

7. Citado em Hélio Silva. Op. cit., p. 254.

8. René A. Dreifuss. Op. cit., p. 180.

9. Idem, p. 207.

10. Rodrigo Patto Sá Motta. "João Goulart e a mobilização anticomunista de 1961-1964". In Marieta de Moraes Ferreira (org.). *João Goulart: Entre a memória e a história*. Rio de Janeiro, FGV, 2006, p. 135.

11. Idem, pp. 130-1.

12. Paulo Cesar Loureiro Botas. *A bênção de abril. Brasil Urgente: memórias e engajamento político 1963-64*. Petrópolis, Vozes, 1983, p. 17.

13. Monica Kornis. Ação Católica Brasileira (ACB). *Dicionário histórico-biográfico brasileiro*. Rio de Janeiro, CPDOC-FGV, versão CD-Rom.

14. René A. Dreifuss. *1964: A conquista do Estado*. Op. cit., p. 281.

15. Idem, p. 232.

16. Rodrigo Patto Sá Motta. *João Goulart e a mobilização anticomunista de 1961-1964*. Op. cit., p. 136.

17. René A. Dreifuss. Op. cit., p. 243.

18. Citado em idem, p. 336.

O PTB e o avanço das esquerdas

1. Angela de Castro Gomes. "Trabalhismo e democracia: o PTB sem Vargas". In idem (org.). *Vargas e a crise dos anos 50*. Rio de Janeiro, Relume-Dumará, 1994, pp. 133 e seg.

2. Antônio Lavareda. Op. cit., p. 149.

3. Maria Celina D'Araujo. *Sindicatos, carisma e poder. O PTB de 1945-65*. Rio de Janeiro, FGV, 1996, p. 121. Sobre o PTB, ver também Lucilia de Almeida Neves Delgado. *PTB: Do getulismo ao reformismo*. São Paulo, Marco Zero, 1989.

4. José Antonio Segatto. *Reforma e revolução: As vicissitudes políticas do PCB (1954-1964)*. Rio de Janeiro, Civilização Brasileira, 1995.

5. Marco Aurélio Santana. *Bravos companheiros: A aliança comunista-trabalhista no sindicalismo brasileiro (1945-1954)*. In Jorge Ferreira e Daniel Aarão Reis (orgs.). Nacionalismo e reformismo radical (1945-1964). Coleção As Esquerdas no Brasil. Rio de Janeiro, Civilização Brasileira, 2007.

6. Marcelo Ridenti. *Em busca do povo brasileiro. Artistas da revolução, do CPC à era da TV*. Rio de Janeiro, Record, 2000, pp. 76 e 108.

7. Paulo Cesar Loureiro Botas. Op. cit., pp. 21-2.

8. Paulo E. C. Parucker *Praças em pé de guerra: O movimento político dos subalternos militares no Brasil, 1961-1964*. Niterói, 1992. Dissertação (mestrado) — PPGH/ICHF, UFF, pp. 81 e 85-6.

NOTAS

Um presidente em apuros

1. Discurso de posse do presidente Jânio Quadros, citado em Mário Victor, op. cit., p. 80-81.
2. Amir Labaki. Op. cit., p. 143.
3. *Correio da Manhã*. Rio de Janeiro, 9 de setembro de 1961, 1ª página.
4. Moniz Bandeira. *O governo João Goulart: As lutas sociais no Brasil: 1961-1964*. Rio de Janeiro, Civilização Brasileira, 1977, pp. 47-8.
5. Vale observar que o governador de Minas assumia uma posição moderada, em especial em relação à reforma agrária, sobretudo dentro da UDN.
6. Dênis de Moraes. *A esquerda e o golpe de 64: Vinte e cinco anos depois, as forças populares repensam seus mitos, sonhos e ilusões*. Rio de Janeiro, Espaço e Tempo, 1989, pp. 45-6.
7. Elide Rugai Bastos. *As Ligas Camponesas*, Petrópolis, Vozes, 1984, p. 135.
8. Aspásia Camargo. "A questão agrária: crise de poder e reformas de base (1930-1964)". In Boris Fausto (dir.). *O Brasil Republicano, tomo III, Sociedade e política*, 3º vol. São Paulo, Difel, 1983, p. 173.
9. Citado em idem.
10. As informações que se seguem estão em *O Cruzeiro*. Rio de Janeiro, 25 de abril de 1962, pp. 6-13.
11. Marieta de Moraes Ferreira e César Benjamin. "Goulart, João". In Israel Belochi e Alzira Alves Abreu. DHBB, Rio de Janeiro. Forense Universitária/CPDOC/FINEP, 1984, p.1512.
12. Citado em Marco Antonio Villa, pp. 70-1.
13. *Valor Econômico*, 10.10.2001.
14. *Novos Rumos*. Rio de Janeiro, n. 163, 30 de março a 5 de abril de 1962, 1ª página.
15. Argelina Figueiredo. Op. cit., p. 53.

O parlamentarismo em queda livre

1. *Correio da Manhã*. Rio de Janeiro, 3 de maio de 1962, p. 4.
2. Argelina Figueiredo. Op. cit., p. 74.
3. *Ultima Hora*. Rio e Janeiro, 23 de junho, p. 2.
4. Angela de Castro Gomes. "Trabalhismo e democracia: o PTB sem Vargas". Op. cit., p. 149.
5. O novo ministério foi constituído por Walter Moreira Salles, na Fazenda; Cândido de Oliveira Neto, na Justiça; Afonso Arinos de Mello Franco, nas

1964

Relações Exteriores; Roberto Lira, na Educação; Hélio de Almeida, na Viação; Marcolino Candau, na Saúde; Renato Costa Lima, na Agricultura; João Mangabeira, nas Minas e Energia; Ulysses Guimarães, na Indústria e Comércio; general Nelson de Melo, na Guerra; almirante Pedro Paulo Suzano, na Marinha; brigadeiro Reinaldo de Carvalho, na Aeronáutica; Amaury Kruel, no Gabinete Militar e Hugo de Faria, no Gabinete Civil.

6. Marcelo de Paiva Abreu, "Inflação, estagnação e ruptura: 1961-1964". In Marcelo de Paiva Abreu (org.), *A ordem do progresso: cem anos de política econômica republicana, 1889-1989*, Rio de Janeiro, Ed. Campus, 1990, p. 205 e 406.

7. Mário Victor. Op. cit., p. 440.

8. Thomas Skidmore. Op. cit., p. 270.

Em campanha pelo presidencialismo

1. Citado em Mário Victor. Op. cit., p. 441.

2. Mário Victor. Op. cit., p. 442.

3. Paulo Schilling foi assessor de Brizola durante a Campanha da Legalidade, um dos fundadores do Movimento de Agricultores Sem Terras (Master), secretário da FMP e editor do jornal *Panfleto*.

4. Paulo Schilling. Op. cit., pp. 234-9.

5. Luís Mir. Op. cit., pp. 77-8.

6. Moniz Bandeira. Op. cit., pp. 61-2.

7. Carlos Castello Branco. Op. cit., p. 59.

8. Idem, p. 57.

9. Luís Mir. Op. cit., p. 84.

10. *Novos Rumos*. Rio de Janeiro, n. 187, 14 de setembro de 1962, p. 8.

11. *Novos Rumos*. Rio de Janeiro, 14 de setembro de 1962, 1ª página.

12. Citado em Mário Victor. Op. cit., p. 444.

13. O novo ministério foi constituído por João Mangabeira, na Justiça; João Pinheiro Neto, no Trabalho; Hermes Lima acumulando as Relações Exteriores; Eliseu Paglioli, na Saúde; Miguel Calmon, na Fazenda; Eliézer Batista, nas Minas e Energia; Hélio de Almeida, na Viação; Otávio Dias Carneiro, na Indústria e Comércio; Renato Costa Lima, na Agricultura; Darcy Ribeiro, na Educação; general Amaury Kruel, na Guerra; almirante Pedro Paulo de Araújo Suzano, na Marinha; brigadeiro Reinaldo de Carvalho, na Aeronáutica; general Albino Silva, no Gabinete Militar e Hugo de Faria, no Gabinete Civil.

14. René Dreifuss. Op. cit, p. 245.

NOTAS

15. Moniz Bandeira. Op. cit., p. 68.
16. René Dreifuss. Op. cit., pp. 102 e 320.
17. Idem, p. 335.
18. Idem, p. 338
19. Citado em René A. Dreifuss. Op. cit. p. 336.
20. Rodrigo Patto Sá Motta. "João Goulart e mobilização anticomunista de 1961-1964." In Marieta de Moraes Ferreira (org.). Op. cit., p. 134.

O plebiscito: a hora e a vez de João Goulart

1. Hugo de Faria. Op. cit., pp. 211-2.
2. René Dreifuss. Op. cit, p. 169.
3. "Goiânia: determinada prisão de 24 agitadores comunistas", *O Estado de S. Paulo*, 4 de dezembro de 1962, p. 8.
4. Flávio Tavares. *Memórias do esquecimento*. São Paulo, Editora Globo, 1999, pp. 77-9.
5. Idem, p. 77.
6. Idem, p. 78.
7. Cléria Botêlho da Costa. "Posseiros e política: Goiás nos anos 60". São Paulo. *Revista de História*, n. 134, 1º semestre de 1996, p. 66.
8. Para informações mais precisas, veja Dênis de Moraes. Op. cit., pp. 83-93.
9. Citado em Lucília de Almeida Neves. Op. cit., p. 236.
10. Sobre a Frente de Mobilização Popular, ver Jorge Ferreira. "A estratégia do confronto: A Frente de Mobilização Popular". In *Revista Brasileira de História*. São Paulo, Anpuh, vol. 24, n. 47, jan.-jun., 2004.
11. Citado em *Política e negócios*. Rio de Janeiro, 25 de janeiro, 1962, pp. 6-8.
12. Citado em Dênis de Moraes. Op. cit., p. 78.
13. Ricardo Antonio Souza Mendes. "As direitas e o anticomunismo no Brasil: 1961-1965." *Locus: Revista de História*. Juiz de Fora, v. 10, n. 1, jan.-jun. de 2004, pp. 86-9.
14. Lei 4.131 de 3 de setembro de 1962.
15. Moniz Bandeira. Op. cit., pp. 76-80.
16. *Folha de S. Paulo*. São Paulo, 12 de agosto de 2001, Folha Mundo, p. A17-A18.
17. Moniz Bandeira. Op. cit., pp. 85-86.
18. Luís Mir. Op. cit., pp. 90-1.
19. Os números totais foram 9.457.488 votos a favor do presidencialismo e 2.073.582 contra.

1964

O governo João Goulart e o Plano Trienal

1. Além desses nomes, integravam o primeiro ministério sob o governo presi-dencialista de Goulart Teotônio Monteiro de Barros, na Educação; Hélio de Almeida, na Viação e Obras Públicas; Paulo Pinheiro Chagas, na Saúde; Antônio Balbino, na Indústria e Comércio; Ernâni Amaral Peixoto, no ministério extra-ordinário para a Reforma Administrativa; general Amaury Kruel, na Guerra; brigadeiro Reinaldo de Carvalho, na Aeronáutica; almirante Pedro Paulo de Araújo Suzano, na Marinha; e general Albino Silva, no Gabinete Militar.
2. Mário Victor. Op. cit. p. 447.
3. Marcelo de Paiva Abreu, Op. cit., p. 403 e 406.
4. Argelina Figueiredo. Op. cit., p. 91.
5. Helena Bomeny. "Duas paixões meteóricas: A UnB e Jango, primeiras notas." In Marieta de Moraes Ferreira (org.) *João Goulart...* Op. cit.
6. Hélio Silva. Op. cit., p. 167.
7. Idem, p. 168.
8. Argelina Figueiredo. Op., cit., p. 102.
9. *Novos Rumos*. Rio de Janeiro, 1 a 7 de fevereiro de 1962, p. 3.
10. *Novos Rumos*. Rio de Janeiro, 8 a 14 de fevereiro de 1963, p. 7.
11. As citações que se seguem estão em Dênis de Moraes. Op. cit., p. 115.
12. *Ultima Hora*. Rio de Janeiro, 7 de março de 1963, p. 2.
13. Citado em Dênis de Moraes. Op. cit. p. 115.
14. Marieta de Moraes Ferreira e César Benjamin. Op. cit., pp. 1515-6.
15. *Ultima Hora*. Rio de Janeiro, 16 de abril, p. 12.
16. Argelina Figueiredo. Op. cit., pp. 110-2.
17. Hélio Silva. Op. cit., p. 248.
18. Idem, pp. 170-1.

A luta pela reforma agrária

1. Mário Grynszpan. "O período Jango e a questão agrária: Luta política e afir-mação de novos atores", Marieta de Moraes Ferreira. Op. cit. p. 67.
2. Idem, p. 68.
3. Argelina Figueiredo. Op. cit., pp. 114 e seguintes.
4. *Ultima Hora*. Rio de Janeiro, 2 de maio de 1963, p. 4.
5. O novo ministério foi constituído por Carlos Alberto Carvalho Pinto, na Fazenda; Paulo de Tarso Santos, na Educação; Abelardo Jurema, na Justiça; Egídio Michaelsen, na Indústria e Comércio; Amauri Silva, no Trabalho;

NOTAS

Antônio Ferreira de Oliveira Brito, nas Minas e Energias; Evandro Lins e Silva, nas Relações Exteriores; Wilson Fadul, na Saúde; Expedito Machado, na Viação; Oswaldo Lima Filho, na Agricultura; general Jair Dantas Ribeiro, na Guerra; almirante Sílvio Mota, na Marinha; brigadeiro Anísio Botelho, na Aeronáutica; Darcy Ribeiro, no Gabinete Civil, e general Albino Silva, no Gabinete Militar, sendo este último substituído por Argemiro de Assis Brasil, em outubro.

6. Wanderley Guilherme dos Santos. *Sessenta e quatro: Anatomia da crise*, São Paulo, Vértice, 1986. A tabela completa está na página 117. Estamos utilizando apenas os dados gerais, suficientes para demonstrar as numerosas tentativas de Jango de negociar por meio das reformas ministeriais.

7. Argelina Figueiredo, op. cit., p. 124.

8. *Ultima Hora*. Rio de Janeiro, 9 de maio de 1963, p. 4.

9. Arquivo Cordeiro de Farias. Rio de Janeiro, CPDOC-FGV.

10. Lucia Hippolito. Op. cit, p. 238.

"O país quer trabalhar": radicalização à esquerda e à direita

1. Optamos pelo uso da categoria rebelião (movimento de minorias sem participação de massas populares) e não revolta ou motim, por considerá-la mais adequada, mesmo não estando presente na legislação militar. Ver Anderson da Silva Almeida, *Todo leme a bombordo: Marinheiros e ditadura civil-militar no Brasil, da rebelião de 1964 à anistia*. Rio de Janeiro, Arquivo Nacional, 2012.

2. Paulo Eduardo Castello Parucker. Op. cit.

3. Citado em Mário Victor. Op. cit., p. 452.

4. *Novos Rumos*. Rio de Janeiro, n. 239, 20-26 de setembro, p. 8.

5. *Novos Rumos*. Rio de Janeiro, n. 239, 20-26 de setembro, p. 3.

6. Textos citados em Dênis de Moraes. Op. cit., pp. 97-98.

7. Mário Victor. Op. cit., pp. 452-4.

8. Alzira Alves Abreu "1964: A imprensa ajudou a derrubar o governo Goulart". In Marieta de Moraes Ferreira (org.). Op. cit., pp. 117-8.

9. *Jornal do Brasil*. Rio de Janeiro, 13 de setembro de 1963, p. 6.

10. *Tribuna da Imprensa*. Rio de Janeiro, 1º de outubro de 1963, p. 12.

11. Idem.

12. Mário Victor. Op. cit., pp. 459-60.

13. *Ultima Hora*. Rio de Janeiro, 7 de outubro de 1963, p. 3.

14. Hélio Silva. Op. cit., p. 240.

15. Lucia Hippolito. Op. cit., p. 239.

1964

1963: o ano que não acabou

1. Em 12 de novembro de 1963, o deputado Vieira de Mello ocuparia a tribuna da Câmara dos Deputados para falar sobre a necessidade de se proceder a uma reforma constitucional voltada para o problema de distribuição de terras no país, pedindo uma efetiva e imediata reforma agrária.
2. *Panfleto. O jornal do homem da rua.* Rio de Janeiro, n. 5, 16 de março de 1964, p. 8.
3. *Novos Rumos.* Rio de Janeiro, n. 249, 29 de novembro-5 de dezembro de 1963, 1ª página.
4. *Novos Rumos.* Rio de Janeiro, n. 251, 13-19 de dezembro de 1963, 1ª página.
5. *Jornal do Brasil.* Rio de Janeiro, 10 de outubro de 1963, p. 4.
6. *Panfleto. O jornal do homem da rua.* Rio de Janeiro, n. 6, 23.3.64, p. 30.
7. *Panfleto. O jornal do homem da rua.* Rio de Janeiro, n. 7, 30-3-64, p. 9.
8. *Panfleto. O jornal do homem da rua.* Rio de Janeiro, n. 4, 9-3-64, p. 33.
9. *Panfleto. O jornal do homem da rua.* Rio de Janeiro, n. 1, 17.2.64, p. 13.
10. Lucia Hippolito. Op. cit., p. 233.
11. Idem, pp. 235-6.
12. *Ultima Hora.* Rio de Janeiro, 2 de maio de 1963, p. 4.
13. *Panfleto. O jornal do homem da rua.* Rio de Janeiro, 17 de fevereiro de 1964, p.p 14-5.
14. Dênis de Moraes. Op. cit., pp. 329 e 353.

Rumo à esquerda

1. Fernando Teixeira da Silva. "Entre o acordo e o acórdão: A Justiça do Trabalho paulista na antevéspera do golpe de 1964" In Angela de Castro Gomes e Fernando Teixeira da Silva (orgs.). *História da Justiça do Trabalho no Brasil*, Campinas, Ed. Unicamp, 2013.
2. A tese de que houve um processo de "paralisia de decisões" no governo Goulart é de Wanderley Guilherme dos Santos. Op. cit.
3. Hildete P. de Melo, Carlos P. Bastos e Victor L. de Araújo. "A política macroe-conômica e o reformismo social: impasses de um governo sitiado". In Marieta de Moraes Ferreira, op. cit., 2006, pp. 79-104.
4. Dênis de Moraes. Op. cit., pp. 146-7.
5. *Ultima Hora.* Rio de Janeiro, 22 de novembro de 1963, p. 4.
6. *Ultima Hora.* Rio de Janeiro, 4 de dezembro de 1963, p. 4.
7. Citado em Marieta de Moraes Ferreira e César Benjamin. Op. cit., p. 1518.

NOTAS

8. José Gomes Talarico (depoimento). Rio de Janeiro, FGV/CPDOC — História Oral, 1982, p. 146.

9. Dênis de Moraes. Op. cit., p. 118.

10. Hércules Corrêa. Depoimento a Jorge Ferreira e Angela de Castro Gomes em 27 de julho de 2004.

11. Argelina Figueiredo. Op. cit., p. 138.

12. Citado em Angela de Castro Gomes e Jorge Ferreira. *Jango. As múltiplas faces.* Rio de Janeiro, FGV, 2007, p. 157.

13. Hugo de Faria (depoimento). Rio de Janeiro, FGV/CPDOC — História Oral, 1983, pp. 247 e 189.

14. Rodrigo Patto Sá Motta. "João Goulart e a mobilização anticomunista de 1961-1964". In Marieta de Moraes Ferreira (org.). Op. cit., p. 135.

15. Marcelo de Paiva Abreu, Op. cit., p. 403.

16. Citado em João Pinheiro Neto. *Jango; um depoimento pessoal.* Rio de Janeiro, Record, 1993, pp. 72-4.

17. Decreto n. 53.451 de 20 de janeiro de 1964.

18. Mário Victor. Op. cit., pp. 466-7.

Duas frentes e um presidente

1. Angela de Castro Gomes. "Trabalhismo e democracia: o PTB sem Vargas". Op. cit., pp. 143 e seg.

2. San Tiago Dantas, *Ideias e rumos para a revolução brasileira.* Rio de Janeiro, José Olympio, 1963.

3. San Tiago Dantas. Op. cit., p. 3.

4. Angela de Castro Gomes. "Trabalhismo e democracia: o PTB sem Vargas". Op. cit. e Argelina Figueiredo. Op. cit.

5. As propostas de San Tiago Dantas foram publicadas em *Novos Rumos.* Rio de Janeiro, n. 257, 24 a 30 de janeiro de 1964, p. 8.

6. As citações de Miguel Arraes que se seguem estão em *Novos Rumos.* Rio de Janeiro, n. 257, 24 a 30 de janeiro de 1964, p. 3.

7. *Novos Rumos.* Rio de Janeiro, n. 257, 24 a 30 de janeiro de 1964, p. 3.

8. *Panfleto, o jornal do homem da rua.* Rio de Janeiro, n. 1, 17 de fevereiro de 1964, pp. 10-2.

9. *Novos Rumos.* Rio de Janeiro, n. 257, 24 a 30 de janeiro de 1964, p. 8.

10. *Novos Rumos.* Rio de Janeiro, n. 262, 6 a 12 de março de 1964, p. 3.

11. Angela de Castro Gomes. Op. cit., p. 152.

12. Argelina Figueiredo. Op. cit., entre outros.

13. Rodrigo Patto Sá Motta. Op. cit., p. 264.

1964

O longo março de 1964

1. *O Dia*. Rio de Janeiro, 11 de março de 1964, p. 2.
2. *O Globo*. Rio de Janeiro, 11 de março de 1964, 1ª página.
3. *O Estado de S. Paulo*. São Paulo, 11 de março de 1964, p. 3.
4. *Correio da Manhã*. Rio de Janeiro, 11 de março de 1964, 1ª página.
5. Argelina Figueiredo. Op. cit., p. 198.
6. *O Jornal*. Rio de Janeiro, 12 de março de 1964, 1ª página.
7. *O Jornal*, Rio de Janeiro, 7 de março de 1964, p. 5.
8. Maria Celina D'Araujo; Gláucio Soares; Celso Castro. *Visões do golpe: A memória militar sobre 1964*. Rio de Janeiro, Relume-Dumará, 1994, p. 17.
9. Carlos Castello Branco. In Vários autores. *Os idos de março e a queda de abril*. Rio de Janeiro, José Álvaro, 1964, pp. 287-90.
10. *Panfleto. O jornal do homem da rua*. Rio de Janeiro, n. 6, 23 de março de 1964, p. 4.
11. José Antônio Segatto. *Reforma e Revolução*: As vicissitudes políticas do PCB (*1954-1964*). Rio de Janeiro, Civilização Brasileira, 1995, p. 164.
12. Citado por Araújo Neto. In Vários autores. *Os idos de março...*, p. 50.
13. *Novos Rumos*. Rio de Janeiro, n. 263, 13-19 de março de 1964, 1ª página.
14. Lucia Hippolito. Op. cit., p. 242.
15. Raul Ryff (depoimento). Rio de Janeiro, FGV/CPDOC — História Oral, 1984, p. 216.
16. Moniz Bandeira. Op. cit., p. 130.
17. Carlos Castello Branco. In Vários autores. *Os idos de março...* Op. cit., pp. 295-96.
18. Abelardo Jurema. *Sexta-feira, 13. Os últimos dias do governo João Goulart*. Rio de Janeiro, Ed. O Cruzeiro, 1964. p. 119.
19. Elio Gaspari. *A ditadura envergonhada*. São Paulo, Companhia das Letras, 2002, pp. 91-2.
20. Depoimento de Wilson Fadul a Jorge Ferreira, 2001.

O comício da Central do Brasil

1. *Correio da Manhã*. Rio de Janeiro, 13 de março de 1964, 1ª página.
2. *Ultima Hora*. Rio de Janeiro, 13 de março de 1964, p. 4.
3. *Correio da Manhã*. Rio de Janeiro, 14 de março de 1964, pp. 2 e 5.
4. Idem, 8 de março de 1964, 1ª página.
5. Hércules Corrêa. *Memórias de um stalinista*. Rio de Janeiro. Opera Nostra, 1994, pp. 89-90.

NOTAS

6. Abelardo Jurema (depoimento). Rio de Janeiro, FGV/CPDOC — História Oral, 1983, pp. 335-6.
7. *Jornal do Brasil*. Rio de Janeiro, 14 de março de 1964, p. 4.
8. *Jornal do Brasil*. Rio de Janeiro, 14 de março de 1964, p. 5.
9. *Jornal do Brasil*. Rio de Janeiro, 14 de março de 1964, p. 4.
10. *O Globo*. Rio de Janeiro, 14 de março de 1964, p. 8.
11. *O Globo*. Rio de Janeiro, 14 de março de 1964, p. 8.

O governo das esquerdas

1. Wilson Figueiredo. In Vários autores. *Os idos de março...* Op. cit., pp. 199-200.
2. *Panfleto. O jornal do homem da rua*. Rio de Janeiro, n. 5, 16 de março de 1964, p. 4.
3. *Panfleto. O jornal do homem da rua*. Rio de Janeiro, n. 5, 16 de março de 1964, p. 8.
4. Araújo Neto. In Vários autores. *Os idos de março...* Op. cit., p. 44.
5. Citado em Cláudio Bojunga. Op. cit., p. 804.
6. Araújo Neto. In Vários autores. *Os idos de março...* Op. cit., p. p. 46.
7. *O Globo*. Rio de Janeiro, 16 de março de 1964, p. 7.
8. Jacob Gorender. "Era o golpe de 64 inevitável?" In Caio Navarro de Toledo (org.). *1964. Visões críticas do golpe. Democracia e reformas no populismo*. Campinas/São Paulo, Editora da Unicamp, 1997, p. 110.
9. Leandro Konder. "Vaca fardada". In *Margem Esquerda. Ensaios marxistas*, n. 3, 2004, pp. 49 e 50.
10. *Novos Rumos*. Rio de Janeiro, n. 264, 20 a 26 de março de 1964, p. 3.
11. *Panfleto, o jornal do homem da rua*. Rio de Janeiro, n. 6, 23 de março de 1964, p. 6.
12. Paulo Schilling. *Como se coloca a direita no poder*, vol. 2, Os Acontecimentos. São Paulo, Global, 1981, p. 41.
13. *Panfleto. O jornal do homem da rua*. Rio de Janeiro, n. 5, 16 de março de 1964, p. 8.
14. Boris Fausto. *História concisa do Brasil*. São Paulo, Edusp, 2006, p. 253.
15. Daniel Aarão Reis. *Ditadura militar, esquerdas e sociedade*. Rio de Janeiro, Jorge Zahar, 2000.
16. Argelina Figueiredo. Op. cit., p. 202.
17. Antônio Lavareda. Op. cit., p. 176.
18. Idem, pp. 179-80.
19. *Folha de S. Paulo*. São Paulo, 9 de março de 2003.

1964

20. Rodrigo Martins, "Verdade exumada: pesquisas captaram um amplo apoio popular a Jango às vésperas do golpe, revela o historiador Luiz Antonio Dias", *Carta Capital*, 6 de novembro de 2013, p. 40-43. Apenas em 2003, quando o arquivo do IBOPE é doado à Unicamp, essas informações foram amplamente conhecidas.
21. Antônio Lavareda. Op. cit, p. 190.

Rumo à direita

1. *Jornal do Brasil*. Rio de Janeiro, 19 de março, 1ª página.
2. Alberto Dines. In Vários autores. *Os idos de março* ... Op. cit., p. 318.
3. *Jornal do Brasil*. Rio de Janeiro, 19 de março, 1ª página.
4. *Jornal do Brasil*. Rio de Janeiro, 19 de março de 1964, p. 4.
5. *Jornal do Brasil*, Rio de Janeiro, 19 de março de 1964, p. 4.
6. Hélio Silva. Op. cit., pp. 336-7.
7. Eurílio Duarte. Vários autores. *Os idos de março...* Op. cit., pp. 132-4.
8. Aline Alves Presot. *As Marchas da Família com Deus pela Liberdade e o golpe de 1964*. Rio de Janeiro. Dissertação de mestrado. Programa de pós-graduação em História Social da Universidade Federal do Rio de Janeiro, 2004, p. 59.
9. Idem, pp. 143-4.
10. Alberto Dines. Vários autores. *Os idos de março...* Op. cit., p. 319.
11. Carlos Castello Branco. In Vários autores. *Os idos de março...* Op. cit., pp. 289 e seguintes.
12. Hélio Silva. Op. cit., pp. 342-3. As citações dos parágrafos seguintes foram retiradas dessa fonte.
13. *Correio da Manhã*, Rio de Janeiro, 24 de março de 1964, p. 2.

A gota d'água

1. Paulo Schilling. Op. cit., p. 59, e Abelardo Jurema, Depoimento. Rio de Janeiro, FGV/CPDOC — História Oral, 1983 pp. 528 e seg.
2. Anderson da Silva Almeida, Op. cit., pp. 34-5. Taifeiros são os militares encarregados dos serviços de arrumação e cozinha nas Forças Armadas.
3. Abelardo Jurema. Sexta-feira, 13, p. 298.
4. Mário Victor. Op. cit., pp. 495 e seg.
5. *Jornal do Brasil*. Rio de Janeiro, 28 de março de 1964, pp. 3-4.
6. Dênis de Moraes. Op. cit., p. 101.
7. *Panfleto. O jornal do homem da rua*. Rio de Janeiro, n. 7, 30 de março de 1964, 1ª página.

NOTAS

8. As informações que se seguem estão em Dênis de Moraes. Op. cit., pp. 101 e seg.
9. *Novos Rumos*. Rio de Janeiro. Edição extra de 27 de março, 1ª página.
10. Raul Ryff. Op. cit., pp. 264-5.
11. Abelardo Jurema. Op. cit., p. 159.
12. Citado em Araújo Neto. In Vários autores. *Os idos de março...* Op. cit., p. 58.
13. Hugo de Faria (depoimento). Op. cit., pp. 268-9.
14. Antonio Callado. In Vários autores. *Os idos de março...* Op. cit., 1964, p. 265.
15. Jorge Ferreira. *Jango: Uma biografia*. Op. cit. p. 451.
16. *O Globo*. Rio de Janeiro, 30 de março de 1964, p. 6.
17. Claudio Bojunga. Op. cit., p. 806.
18. Alzira Alves Abreu. 1964: "a imprensa ajudou a derrubar o governo Goulart." In Marieta de Moraes Ferreira (coord.). Op. cit., pp. 123-4.
19. *Jornal do Brasil*. Rio de Janeiro, 30 de março de 1964, 1ª página.
20. Francisco Teixeira (depoimento). Rio de Janeiro, FGV/CPDOC, 1983-4, pp. 223-4.
21. José Gomes Talarico. Rio de Janeiro, FGV/CPDOC — História Oral, 1982, pp. 72-3.
22. Raul Ryff. Citado em Angela de Castro Gomes e Jorge Ferreira. Op. cit., p. 197.
23. Abelardo Jurema. Op. cit., pp. 173-4.
24. Citado em Mário Victor. Op. cit., pp. 506-7.
25. *O Globo*. Rio de Janeiro, 31 de março de 1964, p. 6.
26. Raul Ryff (depoimentos). Op. cit., p. 128.
27. Citado em Andréa de Paula Santos. Op. cit., p. 264.
28. Wilson Figueiredo. In Vários autores. *Os idos de março...* Op. cit., p. 234-37.
29. Citado em *Folha de S. Paulo*. São Paulo, 10 de setembro de 1999, p. 8.

O golpe civil e militar: o movimento em marcha

1. *Jornal do Brasil*. Rio de Janeiro, 31 de março de 1964, 1ª página.
2. *O Globo*. Rio de Janeiro, 31 de março de 1964, p. 16.
3. *Jornal do Brasil*. Rio de Janeiro, 1º de abril de 1964, pp. 2 e 3.
4. Carlos Chagas. *O Globo*. Rio de Janeiro, 28 de março de 2004, Caderno Especial, p. 8.
5. Citado em Elio Gaspari. Op. cit., p. 70.
6. Carlos Chagas. *O Globo*. Rio de Janeiro, 28 de março de 2004, Caderno Especial, p. 8.
7. Maria Celina D'Araujo, Gláucio Soares e Celso Castro (orgs.). *Visões do golpe. A memória militar de 1964*. Rio de Janeiro, Relume-Dumará, 1994, p. 16.

1964

8. Jacob Gorender. "Era o golpe de 64 inevitável?" Op. cit. p. 112.
9. Carlos Fico. *O grande irmão: Da operação Brother Sam aos anos de chumbo. O governo dos Estados Unidos e a ditadura militar brasileira*. Rio de Janeiro, Civilização Brasileira, 2008, p. 76.
10. Citado em Araújo Neto. Vários autores. *Os idos de março...* Op. cit., pp. 62-3.
11. Moniz Bandeira. Op. cit., pp. 180-1.
12. Elio Gaspari. Op. cit., p. 71.
13. Batista de Paula. Op. cit., pp. 61-2.
14. *Folha de S. Paulo*. São Paulo, 10 de setembro de 1999, p. 8.
15. Carlos Fico. Op. cit., p. 86 e seg.
16. Citado em Angela de Castro Gomes. *Olhando para dentro...* Op. cit., p. 140.
17. Citado em Marieta de Moraes Ferreira e César Benjamin. Op. cit., p. 1520.
18. Mário Victor. Op. cit., pp. 520-1.
19. Batista de Paula. Op. cit., p. 63.
20. Jorge Ferreira. *João Goulart: Uma biografia*. Op. cit. pp. 478-490.
21. Citado em Angela de Castro Gomes. *Olhando para dentro...* Op. cit., p. 138.
22. Hélio Silva. Op. cit., pp. 414-5.
23. Francisco Teixeira (depoimento). Op. cit., p. 240.
24. Avelino Bioen Capitani. *A rebelião dos marinheiros*. Porto Alegre, Artes e Ofícios, 1997, p. 62.
25. Darcy Ribeiro. *Confissões*. São Paulo, Companhia das Letras, 1998, p. 353.
26. Mário Victor. Op. cit., p. 515.
27. Elio Gaspari. Op. cit., p. 74.
28. Mário Victor. Op. cit., p. 515.
29. Idem, p. 524.
30. Eurílio Duarte. In Vários autores. *Os idos de março...* Op. cit., p. 145.
31. Moniz Bandeira. Op. cit., 180.
32. Mário Victor. Op. cit., p. 525.
33. Elio Gaspari. Op. cit., pp. 91-2.
34. Carlos Castello Branco. In Vários autores. *Os idos de março...* Op. cit., pp. 303-4.

O golpe civil e militar: o presidente sitiado

1. Citado em Antonio Callado. In Vários Autores. *Os idos de março...* Op. cit., p. 270.
2. Hélio Silva. Op. cit., p. 398.
3. Dênis de Moraes. Op. cit., p. 303.
4. Hélio Silva. Op. cit., pp. 421-2.

NOTAS

5. Darcy Ribeiro. Op. cit., p. 354.
6. Flávio Tavares. Op. cit., p. 150.
7. Hélio Silva. Op. cit., pp. 424-5.
8. Darcy Ribeiro. Op. cit., p. 355.
9. Flávio Tavares. Op. cit., 152-3.
10. Hélio Silva. Op. cit., p. 429.
11. Avelino Bioen Capitani. Op. cit., pp. 66-7.
12. Hélio Silva. Op. cit., p. 442.
13. Idem, p. 441.
14. Idem, p. 443.
15. Idem, p. 444.
16. A avaliação de Goulart foi confidenciada a Waldir Pires no exílio. Citada em Dênis de Moraes. Op. cit., p. 219.
17. Depoimento de Leonel Brizola no IFCS/UFRJ em 21 de dezembro de 2001.
18. Flávio Tavares. *O dia em que Getúlio...* Op. cit., pp. 260- 261.
19. Raul Ryff. Op. cit., p. 216. Veja também Abelardo Jurema. Op. cit., p. 319.

E o golpe virou revolução...

1. *O Globo*. Rio de Janeiro, 1º de setembro de 2013, p. 15.
2. Aline Alves Presot. Op. cit., pp. 17-27.
3. Idem, capítulo 2. A autora faz um minucioso levantamento das Marchas ocor-ridas em várias cidades e estados do Brasil, fornecendo dados sobre o número de participantes e de como elas se desenvolveram.
4. Denise Rollemberg e Samantha Viz Quadrat (orgs.). Op. cit., p. 11. Outros his-toriadores, como Carlos Fico, Daniel Aarão Reis, Jorge Ferreira, têm igualmente chamado a atenção para esse ponto.
5. Mário Victor. Op. cit., p. 552.
6. Paulo César Gomes Bezerra. *Os bispos católicos e a ditadura militar brasileira: A visão da espionagem (1971-1980)*. Editora Multifoco, 2013, p. 58.
7. *O Globo*. Rio de Janeiro, 28 de março de 2004, p. 7.
8. Carlos Fico. *Como eles agiram. Os subterrâneos da ditadura militar: Espionagem e polícia política*. Rio de Janeiro, Record, 2001, p. 39.
9. Mário Victor. Op. cit., 543.
10. Citado em idem, p. 552.
11. *Jornal do Brasil*. Rio de Janeiro, 3 de junho de 1964, p. 3.
12. *O Cruzeiro*. Rio de Janeiro, 10 de abril de 1964, edição extra.
13. Evandro Lins e Silva. *O salão dos passos perdidos*. Depoimento ao CPDOC. Rio de Janeiro, Nova Fronteira/Editora da FGV, 1997, p. 380.

1964

14. www.torturanuncamais-rj.org.br. Site visitado em 6 de setembro de 2013.
15. Elio Gaspari. Op. cit., pp. 130-1.
16. Idem, pp. 131 e 135.
17. Idem, pp. 222 e 224.
18. Ver Carlos Fico. Op. cit., capítulo 2.
19. Janaina Martins Cordeiro. *Lembrar o passado, festejar o presente: 25 comemorações do sesquicentenário da independência.* Tese de doutorado, Niterói, UFF, 2012.

Fontes

Periódicos

A Noite, Correio da Manhã, Diário Carioca, Diário da Noite, Diário de Notícias, Folha de S. Paulo, Jornal do Brasil, Novos Rumos, O Dia, O Estado de S. Paulo, O Globo, Panfleto, o jornal do homem da rua, Tribuna da Imprensa, Ultima Hora, Valor Econômico

Depoimentos

Abelardo Jurema (depoimento). Rio de Janeiro, FGV/CPDOC — História Oral, 1983.

Afonso Arinos de Mello Franco (depoimento). Rio de Janeiro CPDOC/FGV — História Oral, 1982-3.

D'ARAUJO, Maria Celina e CASTRO, Celso. *Geisel.* Ed. FGV, 1997.

D'ARAUJO, Maria Celina; SOARES, Gláucio; CASTRO, Celso. *Visões do golpe: A memória militar sobre 1964.* Rio de Janeiro, Relume-Dumará, 1994.

Ernani do Amaral Peixoto (depoimento). Rio de Janeiro, CPDOC/FGV — História Oral, 1977-84.

Francisco Teixeira (depoimento). Rio de Janeiro, FGV/CPDOC — História Oral, 1983-4.

Hugo de Faria (depoimento). Rio de Janeiro, FGV/CPDOC — História Oral, 1983.

José Gomes Talarico. (depoimento). Rio de Janeiro, FGV/CPDOC — História Oral, 1982.

Leonel Brizola. Depoimento no IFCS/UFRJ em 21 de dezembro de 2001.

MORAES, Dênis de. *A esquerda e o golpe de 64: Vinte e cinco anos depois, as forças populares repensam seus mitos, sonhos e ilusões.* Rio de Janeiro, Espaço e Tempo, 1989.

Nós e a legalidade. Depoimentos. Porto Alegre, Instituto Estadual do Livro/Editora Agir, 1991.

1964

Raul Ryff (depoimento). Rio de Janeiro, FGV/CPDOC — História Oral, 1984.

SANTOS, Andréa Paula dos. *À esquerda das Forças Armadas brasileiras. História oral de vida de militares nacionalistas de esquerda.* São Paulo, FFLCH-USP, dissertação de mestrado, 1998.

SILVEIRA, Norberto da. *Reportagem da legalidade — 1961/1991.* Porto Alegre, NS Assessoria de Comunicação Ltda., 1991.

Wilson Fadul. Entrevista a Jorge Ferreira, 2001.

Memórias publicadas

BEZERRA, Gregório. *Memórias.* São Paulo, Boitempo Editorial, s/d.

CAPITANI, Avelino Bioen. *A rebelião dos marinheiros.* Porto Alegre, Artes e Ofícios, 1997.

CORRÊA, Hércules. *Memórias de um stalinista.* Rio de Janeiro. Opera Nostra, 1994.

LINS E SILVA, Evandro. *O salão dos passos perdidos.* Depoimento ao CPDOC. Rio de Janeiro, Nova Fronteira/Editora da FGV, 1997.

MOURÃO FILHO, Olympio. *Memórias: A verdade de um revolucionário.* Porto Alegre, L&PM, 1978.

OTERO, Jorge. *João Goulart.* Lembrança do exílio. Rio de Janeiro, Casa Jorge, 2001.

PAULA, Batista de. *Plantão Militar.* Rio de Janeiro, mimeo, s/d.

PINHEIRO NETO, João Pinheiro. *Jango: Um depoimento pessoal.* Rio de Janeiro, Record, 1993.

RIBEIRO, Darcy. *Confissões.* São Paulo, Companhia das Letras, 1998.

SCHILLING, Paulo. *Como se coloca a direita no poder,* vol. 2, Os Acontecimentos. São Paulo, Global, 1981.

SCHILLING, Paulo. *Como se coloca a direita no poder.* vol. 1, Os Protagonistas. São Paulo, Global, 1979.

TAVARES, Flávio. *Memórias do esquecimento.* São Paulo, Editora Globo, 1999.

Entrevistas publicadas

ALMEIDA, Francisco Inácio de. (org.). *O último secretário: A luta de Salomão Malina.* Brasília, Fundação Astrojildo Pereira, 2002.

REZENDE, Hilda e CAMPOS, Nilo de Araújo (orgs.). *Clodesmidt Riani: Trajetória.* Juiz de Fora, FUNALFA Ed., 2005.

FONTES

Discursos publicados

San Tiago Dantas, *Ideias e rumos para a revolução brasileira*. Rio de Janeiro, José Olympio, 1963.
Wanielle Brito Marcelino (org). *Discursos Selecionados do Presidente João Goulart*. Brasília, Fundação Alexandre Gusmão, 2012.

Arquivo privado

Arquivo Cordeiro de Farias. Rio de Janeiro, CPDOC-FGV.

Filme

Jango, filme de Silvio Tendler, 1984.

Bibliografia

AARÃO REIS, Daniel. *Ditadura militar, esquerdas e sociedade,* Rio de Janeiro, Jorge Zahar, 2000.

AARÃO REIS, Daniel, RIDENTI, Marcelo e MOTA, Rodrigo Patto Sá (orgs.). *O golpe e a ditadura militar 40 anos depois.* Bauru/São Paulo, EDUSC, 2004.

ABREU, Marcelo de Paiva. "Inflação, estagnação e ruptura: 1961-1964". In ABREU, Marcelo de Paiva (org.) *A ordem do progresso: Cem anos de política econômica republicana, 1889-1989,* Rio de Janeiro, Ed. Campus, 1990.

ALMEIDA, Anderson da Silva. *Todo leme a bombordo: Marinheiros e ditadura civil-militar no Brasil, da rebelião de 1964 à anistia.* Rio de Janeiro, Arquivo Nacional, 2012.

BANDEIRA, Moniz. *Brizola e o trabalhismo.* Rio de Janeiro, Civilização Brasileira, 1979.

BANDEIRA, Moniz. *O governo João Goulart: As lutas sociais no Brasil: 1961-1964.* Rio de Janeiro, Civilização Brasileira, 1977.

BARBOSA, Vivaldo. *A rebelião da legalidade.* Rio de Janeiro, FGV, 2003.

BASTOS, Elide Rugai. *As Ligas Camponesas,* Petrópolis, Vozes, 1984.

BENEVIDES, Maria Vitória. *A UDN e o udenismo: Ambiguidades do liberalismo brasileiro (1945-1965).* São Paulo, Paz e Terra, 1981.

BEZERRA, Paulo César Gomes. *Os bispos católicos e a ditadura militar brasileira: A visão da espionagem (1971-1980).* Editora Multifoco, 2013.

BOJUNGA, Cláudio. *JK: O artista do impossível.* Rio de Janeiro, Objetiva, 2001.

BOTAS, Paulo Cesar Loureiro. *A bênção de abril. Brasil Urgente: Memórias e engajamento político 1963-64.* Petrópolis, Vozes, 1983.

CORDEIRO, Janaína Martins. *Lembrar o passado, festejar o presente: as comemorações do sesquicentenário da independência.* Tese de doutorado. Niterói, UFF, 2012.

1964

CAMARGO, Aspásia. "A questão agrária: crise de poder e reformas de base (1930-1964)." In FAUSTO, Boris (dir.). *O Brasil Republicano*, tomo III, Sociedade e política, 3º volume. São Paulo, Difel, 1983.

CARVALHO, José Murilo de. *Cidadania no Brasil: O longo caminho*. Rio de Janeiro, Civilização Brasileira, 2004.

CASTELLO BRANCO, Carlos. *Introdução à revolução de 64: A agonia do poder civil*, Ed. Artenova, 1975.

COSTA, Cléria Botêlho da. "Posseiros e política: Goiás nos anos 60". São Paulo. *Revista de História*, n. 134, 1º semestre de 1996.

D'ARAUJO, Maria Celina. *Sindicatos, carisma e poder. O PTB de 1945-65*. Rio de Janeiro, FGV, 1996.

DELGADO, Lucilia de Almeida Neves. *PTB: Do getulismo ao reformismo*. São Paulo, Marco Zero, 1989.

_____. "O governo João Goulart e o golpe de 1964: memória, história e historiografia. In *Tempo*. Revista do Dept. de História da UFF. Niterói, vol. 14, nº 28, 2010.

DREIFUSS, René A. *1964: A conquista do Estado*. Petrópolis, Vozes, 1987.

FAUSTO, Boris. *História concisa do Brasil*. São Paulo, Edusp, 2006, p. 253.

FELIZARDO, Joaquim. *A legalidade: O último levante gaúcho*. Porto Alegre, Editora da UFRGS, 1988.

FERREIRA, Jorge (org.). *O populismo e sua história: Debate e crítica*. Rio de Janeiro, Civilização Brasileira, 2001.

FERREIRA, Jorge. & DELGADO, Lucília de Almeida Neves. *O Brasil Republicano. O tempo da experiência democrática*, volume 3. Rio de Janeiro, Civilização Brasileira, 2003.

FERREIRA, Jorge & AARÃO REIS, Daniel. *As esquerdas no Brasil: Nacionalismo e reformismo radical (1945-1964)*, volume 2. Rio de Janeiro, Civilização Brasileira, 2007.

FERREIRA, Jorge. "A estratégia do confronto: A Frente de Mobilização Popular". In *Revista Brasileira de História*. São Paulo, Anpuh, vol. 24, n. 47, jan.-jun., 2004.

_____. *O imaginário trabalhista: Getulismo, PTB e cultura política popular (1945-1964)*. Rio de Janeiro, Civilização Brasileira, 2005.

_____. *João Goulart: Uma biografia*. Rio de Janeiro, Civilização Brasileira, 2011.

FERREIRA, Marieta de Moraes (org.) *João Goulart, entre a memória e a história*, Rio de Janeiro, FGV, 2006.

BIBLIOGRAFIA

FERREIRA, Marieta de Moraes e BENJAMIN, César. "Goulart, João". In BELO-CH, Israel e ABREU, Alzira Alves. *Dicionário histórico-biográfico brasileiro: 1930-1983*. Rio de Janeiro, FGV/CPDOC, 2001, 5 vols.

FICO, Carlos. *Como eles agiram. Os subterrâneos da ditadura militar: espionagem e polícia política*. Rio de Janeiro, Record, 2001.

_____. *O grande irmão: Da Operação Brother Sam aos anos de chumbo. O governo dos Estados Unidos e a ditadura militar brasileira*. Rio de Janeiro, Civilização Brasileira, 2008.

FIGUEIREDO, Argelina. *Democracia ou reformas? Alternativas democráticas à crise política: 1961-1964*. São Paulo, Paz e Terra, 1993.

FONSECA, Pedro Cezar Dutra. "Legitimidade e credibilidade: Impasses da política econômica do governo Goulart". In *Estudos Econômicos*. São Paulo, v. 34, n. 1 (93), 2004.

GASPARI, Elio. *A ditadura envergonhada*. São Paulo, Companhia das Letras, 2002.

GOMES, Angela de Castro (org.). *Olhando para dentro, 1930-1964*. Rio de Janeiro, 2013.

GOMES, Angela de Castro e FERREIRA, Jorge. *Jango: As múltiplas faces*. Rio de Janeiro, FGV, 2007.

GOMES, Angela de Castro. "Trabalhismo e democracia: o PTB sem Vargas". In Idem (org.). *Vargas e a crise dos anos 50*. Rio de Janeiro, Dumará, 2009.

GOMES, Angela de Castro. "Memórias em disputa: Jango, Ministro do Trabalho ou dos trabalhadores?" In FERREIRA, Marieta de Moraes. *João Goulart entre a memória e a história*, Rio de Janeiro, Ed. FGV, 2006.

GORENDER, Jacob. *Combate nas trevas. A esquerda brasileira: Das ilusões perdidas à luta armada*. São Paulo, Ática, 1987.

_____. "Era o golpe de 64 inevitável?" In TOLEDO, Caio Navarro (org.). *1964. Visões críticas do golpe. Democracia e reformas no populismo*. Campinas/São Paulo, Editora da Unicamp, 1997.

GREEN, James e JONES, Abigail. "Reinventando a história: Lincoln Gordon e as suas múltiplas versões de 1964. In *Revista Brasileira de História*. ANPUH, São Paulo, vol. 27, nº 57, jan-jun., 2009.

HIPPOLITO, Lucia. *De raposas a reformistas: O PSD e a experiência democrática brasileira, 1945-64*. Rio de Janeiro, Paz e Terra, 1985.

IANNI, Octávio. *O colapso do populismo no Brasil*. Rio de Janeiro, Civilização Brasileira, 1968.

JAGUARIBE, Hélio Jaguaribe. In SANTOS, Theotonio dos; JAGUARIBE, Helio; RICUPERO, Rubens *Cadernos do Desenvolvimento*. Ano 1, nº 1. Rio de

1964

Janeiro: Centro Internacional Celso Furtado de Políticas para o Desenvolvimento, 2006.

KONDER, Leandro. "Vaca fardada". In *Margem Esquerda. Ensaios marxistas*, n. 3, 2004.

KORNIS, Monica. "Ação Católica Brasileira (ACB)." *Dicionário histórico-biográfico brasileiro*. Rio de Janeiro, CPDOC-FGV, versão CD-Rom.

LABAKI, Amir. *A crise da renúncia e a solução parlamentarista*. São Paulo, Brasiliense, 1986.

LAVAREDA, Antônio. *A democracia nas urnas: O processo partidário eleitoral brasileiro*. Rio de Janeiro, IUPERJ/Rio Fundo, 1991.

LEITE FILHO, F. C. *El caudillo, Leonel Brizola: Um perfil biográfico*. São Paulo, Aquariana, 2008.

MARKUN, Paulo e HAMILTON, Duda. *1961: Que as armas não falem*. São Paulo, Ed. do Senac, 2001.

MARTINS FILHO, João Roberto (org.) *O golpe de 1964 e o regime militar: novas perspectivas*, São Carlos: EDUFSCAR, 2006.

MENDES, Ricardo Antonio Souza. "As direitas e o anticomunismo no Brasil: 1961-1965." *Locus: Revista de História*. Juiz de Fora, v. 10, n. 1, jan.-jun. de 2004.

MIR, Luís. *A revolução impossível: A esquerda e a luta armada no Brasil*. São Paulo, Best Seller/Círculo do Livro, 1994.

MOTTA, Rodrigo Patto Sá. *Em guarda contra o "perigo vermelho". O anticomunismo no Brasil (1917-1964)*. São Paulo, Perspectiva/Fapesp, 2002.

———. *Jango e o golpe de 1964 na caricatura*. Rio de Janeiro, Jorge Zahar Editor, 2006.

PARUCKER, Paulo E. C. *Praças em pé de guerra. O movimento político dos subalternos militares no Brasil, 1961-1964*. Niterói, 1992. Dissertação de Mestrado. PPGH/ICHF, UFF.

PRESOT, Aline Alves. *As Marchas da Família com Deus pela Liberdade e o golpe de 1964*. Rio de Janeiro. Dissertação de mestrado. Programa de pós-graduação em História Social da Universidade Federal do Rio de Janeiro, 2004.

QUELER, Jefferson. Entre o mito e a propaganda política: Jânio Quadros e sua imagem pública (1959-1961).Tese de doutorado. Campinas, UNICAMP, 2009.

RIDENTI, Marcelo. *Em busca do povo brasileiro. Artistas da revolução, do CPC à era da TV*. Rio de Janeiro, Record, 2000.

ROLLEMBERG, Denise e QUADRAT, Samantha Viz (orgs.). *A construção social dos regimes autoritários: Legitimidade, consensos e consentimentos no século XX. Brasil e América Latina*. Rio de Janeiro, Civilização Brasileira, 2010.

FONTES

SANTANA, Marco Aurélio. "Bravos companheiros: A aliança comunista-trabalhista no sindicalismo brasileiro (1945-1954)." In FERREIRA, Jorge e AARÃO REIS, Daniel (orgs.). *Nacionalismo e reformismo radical (1945-1964)*. Coleção As Esquerdas no Brasil. Rio de Janeiro, Civilização Brasileira, 2007.

SANTOS, Wanderley Guilherme dos. *Sessenta e quatro: Anatomia da crise,* São Paulo, Vértice, 1986.

SCHMIDT, Benito Bisso. "Cicatriz ou página virada? Lembrar e esquecer o golpe de 1964". In *Anos 90*. Revista do PPGH-UFRGS, Porto Alegre, vol. 29, nº 57, 2009.

SEGATTO, José Antonio. *Reforma e revolução. As vicissitudes políticas do PCB (1954-1964)*. Rio de Janeiro, Civilização Brasileira, 1995.

SILVA, Fernando Teixeira da. "Entre o acordo e o acórdão: A Justiça do Trabalho Paulista na antevéspera do golpe de 1964". In GOMES, Angela de Castro e SILVA, Fernando Teixeira da (orgs.). *História da Justiça do Trabalho no Brasil*, Campinas, Ed. Unicamp, 2013.

SILVA, Hélio. *1964: Golpe ou contragolpe?* Rio de Janeiro, Civilização Brasileira, 1975.

SKIDMORE, Thomas. *Brasil: De Getúlio a Castello*. Rio de Janeiro, Editora Saga, 1969.

SOARES, Gláucio Ary Dillon. *A democracia interrompida*. Rio de Janeiro, FGV, 2001.

STARLING, Heloisa Maria Murgel. *Os senhores das Gerais: Os novos inconfidentes e o golpe de 1964*. Petrópolis, Vozes, 1986.

STEPAN, Alfred C. *Os militares na política*. Rio de Janeiro, Artenova, 1975.

TAVARES, Flávio. *O dia em que Getúlio matou Allende e outras novelas do poder.* Rio de Janeiro, Record, 2004.

Vários autores. *Os idos de março e a queda de abril.* Rio de Janeiro, José Álvaro, 1964.

VICTOR, Mário. *Cinco anos que abalaram o Brasil*. Rio de Janeiro, Civilização Brasileira, 1965.

VILLA, Marco Antônio. *Jango: Um perfil (1945-1964)*. Rio de Janeiro, Editora Globo, 2004.

VIZENTINI, Paulo Fagundes. *Relações Exteriores do Brasil (1945-1964): O nacionalismo e a política externa independente*. Petrópolis, Vozes, 2004.

O texto deste livro foi composto em Minion Pro Regular,
A impressão se deu sobre papel off-white
pelo Sistema Digital Instant Duplex
da Divisão Gráfica da Distribuidora Record.